Studienbücher zur Kommunikations- und Medienwissenschaft

Reihe herausgegeben von

Hans-Bernd Brosius, Universität München, München, Deutschland

Patrick Donges, Universität Leipzig, Leipzig, Deutschland

Maria Löblich, FU Berlin, Berlin, Deutschland

Jörg Matthes, Universität Wien, Wien, Österreich

Begründet von

Günter Bentele, Universität Leipzig, Leipzig, Deutschland

Otfried Jarren, Universität Zürich, Zürich, Schweiz

T0349741

Herausgeber und Verlag streben mit der Reihe „Studienbücher zur Kommunikations- und Medienwissenschaft" an, die Kommunikationswissenschaft sowie ihre relevanten Teil- und Forschungsgebiete darzustellen. In den Bänden werden die vielfältigen Perspektiven und Forschungsergebnisse der Kommunikationswissenschaft systematisch präsentiert, eingeordnet sowie kritisch reflektiert. Die Studienbücher wenden sich sowohl an Studierende des Fachs wie angrenzender Bereiche als auch an eine größere, thematisch interessierte Öffentlichkeit.

Herausgeber und Verlag wollen mit der Reihe zweierlei erreichen:

Zum ersten soll zur weiteren Entwicklung und Profilierung des Faches Kommunikationswissenschaft beigetragen werden. Kommunikationswissenschaft wird als sozialwissenschaftliche Disziplin verstanden, die sich – mit interdisziplinären Bezügen – vor allem mit Phänomenen der öffentlichen Kommunikation in der Gesellschaft befasst.

Zum zweiten soll den Studierenden und allen thematisch Interessierten ein solider, zuverlässiger, kompakter und aktueller Überblick über die Teilgebiete der Kommunikationswissenschaft geboten werden. Dies beinhaltet die Darstellung der zentralen Theorien, Ansätze, Methoden sowie der Kernbefunde der Forschung. Die Studienbücher konzentrieren sich also auf das notwendige Basiswissen und sollen sowohl dem studienbegleitenden Lernen an Universitäten, Fachhochschulen und einschlägigen Akademien wie auch dem Selbststudium dienlich sein. Auf die didaktische Aufbereitung des Stoffes wird deshalb großer Wert gelegt.

Weitere Bände in der Reihe https://link.springer.com/bookseries/12331

Hans-Bernd Brosius · Alexander Haas ·
Julian Unkel

Methoden der empirischen Kommunikationsforschung

Eine Einführung

8., vollständig überarbeitete und erweiterte Auflage

 Springer VS

Hans-Bernd Brosius
Institut für Kommunikationswissenschaft
und Medienforschung, Ludwig-Maximilians-
Universität München
München, Deutschland

Alexander Haas
Institut für Kommunikationswissenschaft
und Medienforschung, Ludwig-Maximilians-
Universität München
München, Deutschland

Julian Unkel
Institut für Kommunikationswissenschaft
und Medienforschung, Ludwig-Maximilians-
Universität München
München, Deutschland

ISSN 2524-3306   ISSN 2524-3314   (electronic)
Studienbücher zur Kommunikations- und Medienwissenschaft
ISBN 978-3-658-34194-7   ISBN 978-3-658-34195-4   (eBook)
https://doi.org/10.1007/978-3-658-34195-4

Die Deutsche Nationalbibliothek verzeichnet diese Publikation in der Deutschen Nationalbibliografie;
detaillierte bibliografische Daten sind im Internet über http://dnb.d-nb.de abrufbar.

Lektorat/Planung: Barbara Emig-Roller
Springer VS ist ein Imprint der eingetragenen Gesellschaft Springer Fachmedien Wiesbaden GmbH und ist ein
Teil von Springer Nature.
Die Anschrift der Gesellschaft ist: Abraham-Lincoln-Str. 46, 65189 Wiesbaden, Germany

Vorwort zur 8. Auflage

Zum 20-jährigen Jubiläum des Lehrbuches begrüßen wir mit der achten Auflage Julian Unkel als neuen Ko-Autoren, der vor allem in dem wachsenden Bereich „Computational Communication Science" seine Expertise einbringt. Eben dieser Bereich wurde in der aktuellen Auflage auch an verschiedenen Stellen ausgebaut. Das betrifft ein deutlich erweitertes Kapitel zur automatisierten Inhaltsanalyse und ein neues zur automatisierten Beobachtung mit besonderem Fokus auf digitale Verhaltensspuren. Ein Abschnitt über Online-Fragebogenexperimente wurden ebenfalls neu eingefügt. Eine Vielzahl kleinerer Änderungen und Aktualisierungen soll das Buch auch in der achten Auflage aktuell halten. Als Service für die lernenden Studierenden haben wir am Ende des Buches eine Auflistung der in unseren Augen wichtigsten Schlüsselbegriffe zum Thema empirische Forschung zusammengestellt, quasi als Vergewisserungsmöglichkeit für Studierende, ob sie die grundlegenden Prinzipien empirischer Methoden verinnerlicht haben.

Besonders danken möchten wir an dieser Stelle Friederike Koschel, die an den vorigen Auflagen maßgeblich mitgewirkt hat.

München, Deutschland

Hans-Bernd Brosius
Alexander Haas
Julian Unkel

Vorwort zur 1. Auflage

Dieses Lehrbuch ist in erster Linie für Studienanfänger gedacht und soll einen allgemeinen Überblick zum Thema „Methoden in der Kommunikationswissenschaft" bieten. Dabei kommt es uns weniger auf die vollständige und umfassende Darstellung dieser Methoden an. Ziel ist vielmehr die Vermittlung eines Grundverständnisses dafür, was es heißt, in der Kommunikationswissenschaft wissenschaftlich zu arbeiten. Denn erst mit diesem Grundverständnis ausgerüstet kann man verstehen, mit welchen Inhalten sich die empirische Kommunikationsforschung beschäftigt, warum sie bestimmte Fragestellungen wählt, wie Ergebnisse zustande kommen und wie man wissenschaftliche Ergebnisse interpretieren muss. Anhand von zahlreichen Beispielen aus der aktuellen Forschungspraxis wird gezeigt, nach welchen Kriterien beispielsweise eine Befragung konzipiert und durchgeführt oder das Kategorienschema einer Inhaltsanalyse aufgestellt wird. Auch hier gilt: Nicht die Aneignung von Detailwissen, das womöglich auswendig gelernt wird, ist das Ziel, sondern die Entwicklung eines kritischen Verständnisses für den Umgang mit diesen Methoden.

Methoden lernt man durch Anwendung: Diese Einführung bietet sich deshalb auch als begleitende Lektüre zu etwaigen Praxisübungen wie „Befragung", „Inhaltsanalyse" und „Experiment" an, in denen die jeweilige Methode theoretisch vertieft und praktisch eingeübt wird. Unabhängig davon, ob Sie sich später mehr mit journalistischer Praxis oder der Kommunikationsforschung im engeren Sinn befassen: Die Kenntnis und kritische Reflexion von Methoden ist wichtig. Auch während des Studiums gehört die Beherrschung kommunikationswissenschaftlicher Methoden zu den ganz zentralen Ausbildungszielen.

Im Schwerpunkt befasst sich diese Einführung mit quantitativen Verfahren. Diese Verfahren werden nicht deshalb bevorzugt dargestellt, weil sie „richtiger" oder „besser" als andere wären, sondern aus pragmatischen und nutzerorientierten Erwägungen. Ein Großteil der kommunikationswissenschaftlichen Forschungsergebnisse basiert auf quantitativen Methoden.

Das Lehrbuch basiert auf einer einsemestrigen Vorlesungskonzeption, die sich bezüglich der Stoffauswahl und -fülle gut bewährt hat. Der Umstand, dass das Buch einer Vorlesung folgt, ist deshalb erwähnenswert, weil – wie dies in unserem Verständnis stets bei Vorlesungen der Fall ist – nicht nur inhaltliche und didaktische Erwägungen bei der Stoffauswahl eine Rolle spielen, sondern auch persönliche Vorlieben und Überzeugungen, was die optimale Vermittlung des Stoffes betrifft. In diesem Sinn wurde auch die sprachliche und gestalterische Umsetzung gewählt: So haben wir zum Beispiel wichtige Kernsätze optisch herausgehoben. Anders als in angefügten Glossaren bleibt der Stoff auf diese Weise im Zusammenhang erhalten. Weiterführende Literaturhinweise finden sich im Literaturverzeichnis am Ende des Buches und in den Fußnoten.

Wir wollen plakativ und anregend erzählen, Lust auf das Fach machen und eine Hilfestellung für einen vertieften Zugang zum Thema bieten. Methoden müssen nicht trocken und langweilig sein, mit ihnen kann man ein spannendes Feld – und das ist die Beschäftigung mit Kommunikation und Medien – erschließen. Folgen Sie mit Interesse und nicht aus purer (Schein-)Pflicht.

Inhaltsverzeichnis

Was sind Methoden, was ist Empirie?

Die Physik beschäftigt sich mit der Natur, die Medizin im weitesten Sinn mit dem Körper des (kranken) Menschen; die Kommunikationswissenschaft befasst sich mit der gesellschaftlichen oder öffentlichen (Massen-)Kommunikation. Trotz ganz unterschiedlicher Erkenntnisinteressen besteht jede Wissenschaft im Prinzip aus zwei Bereichen: Den Theorien und den adäquaten Methoden, mit denen gesicherte und nachweisbare Erkenntnisse erzielt werden. Der theoretische Bezugsrahmen einer Wissenschaft umfasst die Annahmen und Aussagensysteme über den jeweiligen Gegenstandsbereich. Mit Hilfe der Methoden versuchen Wissenschaftler:innen, ihre theoretischen Befunde und die theoretischen Überlegungen zu begründen und zu *überprüfen*. Und auch für diesen Bereich gilt: Jede Wissenschaft hat ihre Methoden, wie sie ihre Gegenstände untersucht und die Ergebnisse absichert.

Ein Beispiel soll dies verdeutlichen: Die Kommunikationswissenschaft beschäftigt sich immer wieder mit der Frage, ob Gewaltdarstellungen im Fernsehen einen negativen Einfluss auf die Zuschauer:innen haben. Mit den Methoden der Medizin käme man bei der Erforschung dieser Fragestellung nicht sehr weit: Es ergäbe keinen Sinn, an das Fernsehgerät ein Hörgerät anzuschließen und zu messen, welche Geräusche es von sich gibt. Es ergäbe auch keinen Sinn, zu versuchen, den Kaliumspiegel des Geräts zu bestimmen, und es wäre ebenfalls wenig zielführend, den Kaliumspiegel der Rezipient:innen zu erheben, weil die Wirkung von Gewaltdarstellungen im Fernsehen vermutlich nicht in einer Veränderung des Kaliumspiegels liegt. Um zu überprüfen, ob Rezipient:innen nach einem gewalthaltigen Film aggressiv werden, *befragen* Kommunikationswissenschaftler:innen ihre „Patienten", sie *beobachten* deren Verhalten während oder nach der Rezeption, untersuchen sie im Rahmen eines sozialwissenschaftlichen *Experiments* und erheben Inhalte von Medien mit einer *Inhaltsanalyse*.

H.-B. Brosius et al., *Methoden der empirischen Kommunikationsforschung*, Studienbücher zur Kommunikations- und Medienwissenschaft, https://doi.org/10.1007/978-3-658-34195-4_1

Es ist offensichtlich, dass jede Wissenschaft ihr eigenes Inventar von Methoden hat. Dieses Inventar ist notwendig, um in dieser Wissenschaft zu arbeiten. Ohne die Kenntnis der fachspezifischen Methoden kann man die erzielten Ergebnisse weder verstehen noch selbst in einer solchen Wissenschaft forschen. Man muss also lernen, diese Verfahren zu beherrschen – ebenso, wie das bei einer Fremdsprache der Fall ist.

Wissenschaft, also auch die Kommunikationswissenschaft, findet nicht im Elfenbeinturm statt, sondern ist öffentlich. Untersuchungsergebnisse werden in Fachzeitschriften[1] publiziert, auf Tagungen[2] vorgetragen oder in (Lehr-)Büchern aufgeschrieben. Da leuchtet es unmittelbar ein, dass man eine gemeinsame Sprache, gewissermaßen ein Gerüst braucht, um über wissenschaftliche Erkenntnisse zu diskutieren und sie nachvollziehen zu können.

1.1   Empirische versus nicht-empirische Methoden

Welche sind nun die Methoden der Kommunikationswissenschaft und wie unterscheiden sie sich von anderen Wissenschaftstraditionen? Zunächst einmal ist die Kommunikationswissenschaft im Unterschied zur Theologie oder der Mathematik, die sich nicht-empirischer Methoden bedienen, eine empirische Wissenschaft, so wie andere Sozialwissenschaften auch. Ein Blick auf die Entwicklung des Faches zeigt, dass in der deutschen und in der für die Disziplin wichtigen amerikanischen Kommunikationswissenschaft heute der überwiegende Teil der Fragestellungen mittels empirischer Methoden beantwortet wird. Nicht-empirische Methoden finden sich relativ selten.[3] Es gibt wiederum andere Wissenschaftskulturen, in denen nicht-empirische Methoden zum Standardrepertoire gehören. Dazu zählen in erster Linie die Mathematik, Teile der Geisteswissenschaften oder die Philosophie.

Empirisch versus nicht-empirisch: Diese Unterscheidung ist zunächst das wichtigste Trennkriterium, um das Methodenrepertoire der Kommunikationswissenschaft zu verorten. Was sich leicht anhört, ist nicht so selbstverständlich, wenn man versucht, den Begriff „Empirie" zu übersetzen. Man kann das vielleicht am besten mit Begriffen wie „Erfahrung", „Erfahrung sammeln" tun.

---

[1]Die beiden wichtigsten deutschen Fachzeitschriften in der Kommunikationswissenschaft sind die *Publizistik* und die *Medien & Kommunikationswissenschaft*.

[2]Die deutschsprachigen Wissenschaftler:innen sind im Wesentlichen in der *Deutschen Gesellschaft für Publizistik und Kommunikationswissenschaft* (DGPuK) organisiert und treffen sich einmal jährlich zum Austausch neuester Erkenntnisse aus dem Fach.

[3]Einen detaillierten Einstieg in die Darstellung und Anwendung verstehender Methoden in der Kommunikationswissenschaft bietet Wagner (1999).

▶ Empirisch vorzugehen heißt, Erfahrungen über die Realität zu sammeln, zu systematisieren und diese Systematik auf den Gegenstandsbereich der Kommunikationswissenschaft anzuwenden. Dabei wird das Vorgehen so dokumentiert, dass es intersubjektiv nachvollziehbar ist und somit prinzipiell von Anderen wiederholt werden kann.

Ein Beispiel für eine empirische Methode ist die Befragung. Wenn Forscher:innen bereits Minuten nach Schließung der Wahllokale sagen können, dass eine Partei ca. 42 % der Stimmen bekommen hat, dann ist dies das Ergebnis der Datenerhebung mit Hilfe einer empirischen Methode: In diesem Fall sind es viele Angaben von Wähler:innen, die in „exit polls" systematisch gesammelt und ausgewertet werden. Empirisch ist auch, wenn man mit Hilfe einer Inhaltsanalyse die Themenstruktur der Tageszeitungen in den 1990er-Jahren ermittelt. Hier sammelt man zwar keine aktuellen Erfahrungen, sondern bewegt sich in der (zeitgeschichtlichen) Vergangenheit, man wird aber auch in diesem Fall systematisch vorgehen.

Zentrale Charakteristika empirischen Vorgehens sind somit 1) die Sammlung von Erfahrung, 2) die dabei verwendete Systematik und 3) die intersubjektive Nachvollziehbarkeit. Häufig sind empirische Methoden auch quantitativ, d. h., es werden viele Erfahrungen gesammelt. Eine nicht-empirische Methode zu beschreiben ist nicht ganz so leicht, weil zwar häufig einzelne der drei oben genannten Merkmale vorliegen, aber eben nicht alle. Ein Beispiel für eine nicht-empirische Methode ist eine hermeneutische Gedichtinterpretation. Hier sammelt beispielsweise eine Forscherin auf der Grundlage der bereits vorliegenden Literatur und ihres Vorverständnisses Informationen und verdichtet diese in ihrer Interpretation. Sie mag dabei auch Erfahrungen aus der Realität sammeln, tut dies aber nicht in intersubjektiv-nachvollziehbarer Weise. Ein anderer Wissenschaftler (mit einem evtl. abweichenden Verständnis der Literatur) kann somit zu anderen Interpretationen kommen, worüber man wiederum diskutieren kann. Häufig beschäftigen sich nicht-empirische Methoden auch mit einem singulären Gegenstand, einem einzelnen Gedicht, das über oder neben der sozialen Realität steht – heute genauso wie in fünfzig Jahren. Dieses wird vor dem Hintergrund des sozialen Umfeldes des Dichters interpretiert. Dabei greifen Wissenschaftler:innen unter Umständen auf eigene Eindrücke und Erfahrungen, Erkenntnisse aus Nachbarwissenschaften und Ähnliches zurück. Auch diese Vorgehensweise ist wissenschaftlich, aber eben nicht empirisch.

▶ Nicht-empirisch vorzugehen heißt, einen singulären Sachverhalt auf der Grundlage eigener Erfahrung und des theoretischen, allgemeinen Wissens einer Wissenschaft zu verstehen und systematisch einzuordnen.

Die Unterscheidung zwischen empirisch und nicht-empirisch ist nicht immer einfach, es gibt durchaus systematische Vorgehensweisen, in denen die intersubjektive Nachvollziehbarkeit nicht voll gewährleistet ist. Vor allem der Begriff der „Erfahrung" ist hier schwierig. Menschen machen prinzipiell dauernd eigene Erfahrungen, ohne dass dies gleich ein wissenschaftlich-empirisches Vorgehen wäre. Ohne die Systematik und die Nachvollziehbarkeit sind Erfahrungen eben individuelle und subjektive Erfahrungen, aber keine Grundlage für empirisches Forschen.

1.2   Quantitative versus qualitative empirische Methoden

Die empirischen Methoden kann man in quantitative und qualitative Verfahren unterteilen.

▶ Quantitative Verfahren sind solche, in denen empirische Beobachtungen über wenige, ausgesuchte Merkmale systematisch mit Zahlenwerten belegt und auf einer zahlenmäßig breiten Basis gesammelt werden.

Die Befragung von 2000 Wahlberechtigten mit dem Ergebnis, dass 42 % eine bestimmte Partei gewählt haben, ist demnach eine quantitative empirische Methode. Kennzeichnend für dieses Verfahren ist schon auf den ersten Blick die *Reduktion von komplexen Zusammenhängen auf wenige Aussagen,* die zumeist in Zahlen, Prozent- und Mittelwerten auszudrücken sind.

▶ Qualitative Verfahren beschreiben ein komplexes Phänomen in seiner ganzen Breite.

Bleibt man beim gleichen Gegenstand, einer Befragung von Wahlberechtigten, so würde eine qualitative Befragung nicht mit 2000, sondern vielleicht mit 20 Personen durchgeführt. Man wäre nicht an Prozentwerten interessiert, sondern an individuellen, subjektiven und detaillierten Begründungen, warum und wie einzelne Menschen gewählt haben. Qualitative Methoden eignen sich, um die Meinungen und Einstellungen dieser 20 Personen zum Thema Wahlen in ihrer ganzen Komplexität abzubilden. Auch qualitative Forschung hat dabei allerdings das Ziel, auf Basis der geringen Fallzahlen Zusammenhänge und Erklärungen zutage zu fördern, die verallgemeinerbar sind (vgl. Meyen et al. 2019, Kap. 1). Beide Herangehensweisen können sich ergänzen: Direkt nach der Wahl interessiert sich die Öffentlichkeit zunächst für Prozentzahlen, für den Ausgang der Wahl. Später können komplexe, in die Tiefe gehende Befunde zu Gründen und Ursachen der Wahlentscheidung hilfreich sein. Die Stärke der einen ist die Schwäche der anderen Herangehensweise: Während quantitative Verfahren (nur) reduzierte Aussagen auf Basis großer Stichproben erlauben, lassen qualitative Verfahren sehr detaillierte Aussagen auf Basis kleiner Stichproben zu. Quantitative Verfahren liefern die Breite, qualitative die Tiefe.

Empirisch versus nicht-empirisch – quantitativ versus qualitativ: Wissenschaftliche Methoden sind nicht von vornherein besser oder schlechter. Alle bisher beschriebenen Verfahren werden angewendet, um wissenschaftliche Fragestellungen zu beantworten. Aber nicht jedes Verfahren ist für jede Fragestellung gleich gut geeignet. Ob man sich eines quantitativen oder qualitativen Verfahrens bedient; ob man empirisch oder mit den „verstehenden Methoden" eine Frage zu beantworten sucht, hängt davon ab, ob die gewählte Methode zur Beantwortung der wissenschaftlichen Fragestellung geeignet ist. Die eingangs erwähnten Beispiele haben das schon angedeutet. Nicht zuletzt entscheiden in der täglichen Arbeit aber auch Zeit und Budget über die wissenschaftlichen Verfahren, die gewählt werden (müssen).

In der Kommunikationswissenschaft, aber auch in den Sozialwissenschaften ganz allgemein, verwendet man häufig qualitative Methoden, wenn ein Gegenstandsbereich bislang relativ wenig erforscht ist. In diesem Fall wird man versuchen, detaillierte Gespräche mit Expert:innen auf diesem Gebiet zu führen – eine groß angelegte Befragung der Bevölkerung wäre sinnlos, weil man noch nicht genau weiß, wonach man eigentlich fragen muss. Wenn man dagegen viel über einen Gegenstandsbereich weiß, haben quantitative Methoden den Vorteil, dass Aussagen über die gesamte Bevölkerung dieses Wissen statistisch absichern und dem Wissen hinzugefügt werden können.

1.3 Befragung, Inhaltsanalyse, Beobachtung und Experiment

Innerhalb der empirischen Verfahren unterscheidet man zwischen der *Untersuchungsanlage* und den *Methoden der Datenerhebung*. Die Untersuchungsanlage bzw. das Untersuchungsdesign kann experimentell oder nicht-experimentell sein. Mit einem *Experiment* ist ein spezielles Untersuchungsdesign gemeint, das es ermöglicht, Ursache-Wirkungs-Beziehungen zu identifizieren (vgl. Kap. 14–16). Die Datenerhebung kann mittels einer Befragung, einer Inhaltsanalyse, durch eine Beobachtung von Personen oder durch psychophysiologische Verfahren erfolgen. Mit der Methode der Befragung erhebt man vorwiegend Einstellungen und Meinungen in der Bevölkerung; mit der Inhaltsanalyse werden Medieninhalte systematisch beschrieben; die Beobachtung erfasst das tatsächliche Verhalten von Menschen. Das Gros der Datenerhebungen in empirischen

empirisch			nicht-empirisch
Art der Messung und Auswertung	Methoden der Datenerhebung	Untersuchungs-anlage	
qualitativ	Befragung	experimentell	Hermeneutik
	Inhaltsanalyse		phänomenologische Beschreibung
quantitativ	Beobachtung	nicht-experim.	dialektische Verfahren usw.
	physiologische Messung		

Abb. 1.1 Überblick über die Methoden der Kommunikationswissenschaft. (Eigene Darstellung)

Untersuchungen erfolgt in der Kommunikationswissenschaft mittels Befragung und/ oder Inhaltsanalyse; Beobachtungen und physiologische Messungen sind seltener. Alle Methoden der Datenerhebung können im Rahmen experimenteller oder nicht-experimenteller Untersuchungsdesigns angewandt werden. Der Gesamtraum der zur Verfügung stehenden Methoden setzt sich demnach wie in Abb. 1.1 dargestellt zusammen.

1.4   Deskriptive und explanative Forschung

Deskription und Explanation, Beschreiben und Erklären, sind die Ziele empirischer Forschung. Bei der deskriptiven Forschung interessiert die systematische Beschreibung bestimmter Phänomene wie etwa die konkrete Mediennutzung in der Bevölkerung.

▶ Deskriptive Forschung richtet sich auf die systematische Beschreibung von kommunikationswissenschaftlichen Phänomenen, häufig in der Form von Prozentanteilen, Mittelwerten oder relativen Häufigkeiten.

Typische Ergebnisse deskriptiver Forschung (etwa im Bereich der Mediennutzung) sind, dass die Deutschen im Schnitt gut dreieinhalb Stunden täglich fernsehen, dass ältere Menschen deutlich mehr sehen und dass die Ostdeutschen häufiger Privatsender nutzen als die Westdeutschen. Von der deskriptiven ist die explanative Forschung abzugrenzen.

▶ Explanative Forschung beschäftigt sich mit dem Aufdecken von Wenn-dann-Beziehungen zwischen zwei oder mehr Sachverhalten.

Dabei geht es in der Regel darum, Zusammenhänge oder Kovariationen zwischen Phänomenen zu suchen. „Wenn Menschen viele gewalthaltige Filme anschauen, dann sind sie auch gewaltbereiter" ist ein Beispiel für eine Fragestellung bzw. ein Ergebnis der explanativen Forschung. Interessanter im Sinne eines Zugewinns von Erkenntnis über die soziale Realität ist natürlich die explanative Forschung. Durch sie lassen sich Zusammenhänge, Folgen und Ursachen von Phänomenen finden.

Bei der Suche nach Kovariationen macht die Wissenschaft das, was wir im Alltag ständig tun. „Trau' keinem über 30!" ist nichts anderes als der Ausdruck einer Kovariation von körperlichen Merkmalen und Charaktereigenschaften. Wissenschaftlich ausgedrückt: „Wenn das Lebensalter einer Person 30 überschreitet, ist diese Person nicht mehr vertrauenswürdig." Die Identifikation solcher Kovariations-Prinzipien gehört zu unserem alltäglichen Leben und erleichtert es, uns im Alltag zurechtzufinden. Man erfasst und klassifiziert Situationen auf diese Weise relativ schnell und erhält Verhaltenssicherheit, weil man aufgrund seiner Erfahrung oder aufgrund von Stereotypen antizipiert, in welcher Situation man sich befindet und was man tun muss: „Wenn schon viele Leute an der Haltestelle stehen, kommt die Trambahn wahrscheinlich bald." Wissenschaftliche Kovariationen sehen prinzipiell genauso aus. Sie sind allerdings systematisch formuliert und gehen über rein subjektive Erfahrungen hinaus. Das heißt, sie formulieren *Wenn-dann-Beziehungen,* die unabhängig vom Beobachtenden oder Forschenden in einem systematischen, gesetzmäßigen Zusammenhang existieren. Die Alltagsweisheit „Trau' keinem über 30!" mag das Verhalten eines 20-Jährigen leiten, als wissenschaftliche Erkenntnis wird sie jedoch wenig fruchtbar sein.

1.5   Zur Relevanz empirischer Kommunikationsforschung

1.5.1   Aufgabenstellung der Wissenschaft

An diesem Punkt der Erläuterung erscheint es angebracht, eine prinzipielle Frage zu stellen: Warum treibt man eigentlich Wissenschaft? Wer hat ein Interesse an sozialwissenschaftlicher Erkenntnis? Zu welchem Zweck wird Kommunikationsforschung überhaupt betrieben?

Die Wissenschaft ist nach unserem Verständnis ein Teil der Gesellschaft und hat eine dienende Funktion: Sie soll vor allem zur Lösung von Problemen, die diese Gesellschaft hat, beitragen. Wissenschaft sollte deshalb nie Selbstzweck sein; das geflügelte Wort vom Elfenbeinturm mit verschrobenen Professoren weist allenfalls auf Fehler im System, nicht jedoch auf einen Fehler per se hin. Die immer wiederkehrenden Diskussionen um eine größere Effektivität der universitären Ausbildung, die Finanzierbarkeit angewandter Forschung und der internationale Wettbewerb um technologischen Fortschritt zeigen, wie eng die wissenschaftliche Forschung mit „der Gesellschaft" verknüpft ist. Natürlich gibt es hinsichtlich des Verhältnisses zwischen Gesellschaft und Wissenschaften eine Reihe von Streitpunkten, die nach der Relevanz des wissenschaftlichen Forschens fragen:

- Löst es gesellschaftliche Probleme, wenn wir wissen, wie man ein Neutron aus einem Atomkern abspaltet, oder werden dadurch erst welche geschaffen?
- Warum ist es wichtig, die Motive für Mediennutzung zu kennen?
- Wer beauftragt die Wissenschaft, wer verantwortet die Resultate wissenschaftlichen Forschens, wer verwertet wissenschaftliche Erkenntnisse?

Ein gesellschaftliches Problem, mit dem sich die Kommunikationswissenschaft seit längerem auseinandersetzt, ist die zunehmende Jugendgewalt und die immer wiederkehrende Vermutung, dass der Medienkonsum dabei eine Rolle spielt. Verschiedene mehr oder weniger einflussreiche Gruppen diskutieren dieses Problem via Massenmedien und es gibt annähernd so viele Meinungen wie Diskutanten zu dem Thema: Zum Beispiel werden Kulturvergleiche mit Amerika gezogen; die Debatte erhitzt sich über die Streitfragen, ob die Nachrichten nicht auch gewalthaltig sind, ob Sexismus auch Gewalt ist oder ob man nicht auf die Debatte ganz verzichten sollte, weil Gewalt doch sowieso Ausdruck unserer Gesellschaft ist. Wenn jeder einfach nur seine Meinung sagt, wird man ein bestimmtes Problem auf rational vernünftige Weise nicht lösen können. Problemlösungen, also Entscheidungen, brauchen eine verlässliche Grundlage. Und hier kommt die (Kommunikations-)Wissenschaft ins Spiel, die entweder von Interessierten (z. B. Landesmedienanstalten) beauftragt oder von sich aus tätig wird.

Was die empirische Kommunikationsforschung nun von Lobbyist:innen, Politiker:innen oder Journalist:innen unterscheidet, ist zunächst einmal die *Herstellung* dieser verlässlichen Grundlage, nämlich die systematische Erhebung von Daten zu dem gesellschaftlichen Problem (vgl. Abschn. 1.6) und deren Auswertung, die auf einer anerkannten und nachvollziehbaren Methode beruht. Um die Frage nach dem Zusammenhang zwischen Mediengewalt und der Aggressivität Jugendlicher zu beantworten, werden dann beispielsweise Befragungen von Jugendlichen, Erzieher:innen, Eltern oder Lehrer:innen durchgeführt oder es werden Filme in Bezug auf ihre Gewalthaltigkeit analysiert: Die Möglichkeiten der Datenerhebung und -auswertung sind beinahe unbegrenzt. Eine wissenschaftliche Ergebnisdarstellung der zuvor erhobenen Daten über ein soziales Phänomen beruht dann nicht auf der subjektiven Einschätzung eines Einzelnen, sondern auf der Grundlage dieser Daten.

1.5.2 Wissenschaftliches Vorgehen: methodisch und systematisch

Wissenschaftler:innen nehmen also Phänomene der gesellschaftlichen Realität nicht unmittelbar und unreflektiert wahr, wie dies zuweilen der sogenannte Alltagsverstand tut. Nicht subjektive Meinung, sondern die Distanz zum Untersuchungsgegenstand zeichnet das Vorgehen aus. Das Ergebnis der Forschung ist unabhängig von der Person, die sie durchgeführt hat. Wissenschaftliche Erkenntnisse über das Phänomen Jugendgewalt zu erlangen, würde beispielsweise für empirische Kommunikationsforscher:innen hinsichtlich ihrer Vorgehensweise bedeuten, dass sie

- ihren Untersuchungsgegenstand definieren,
- Befragte nach feststehenden Stichprobenverfahren systematisch auswählen und sich nicht mit der nächstbesten Person unterhalten,
- das Erhebungsinstrument, also den Fragebogen, so entwickeln, dass er für den Untersuchungsgegenstand und die Befragten angemessen ist,
- die Fragen an alle Befragten gleich und in der gleichen Reihenfolge stellen,
- die Daten mit nachvollziehbaren und angemessenen statistischen Verfahren auswerten und
- alle methodischen Schritte und die Daten im Sinne einer transparenten, nachvollziehbaren und reproduzierbaren Wissenschaft (*Open Science;* siehe auch Dienlin et al., 2021) offenlegen.

Ziel ist es also, über subjektive Erfahrungen hinaus systematisch und intersubjektiv nachvollziehbar Erkenntnisse über den Gegenstand zu erlangen.

▶ Die systematische und intersubjektiv nachvollziehbare Datenerhebung ist die Grundlage dafür, Prognosen zu formulieren und Erkenntnisse mit quantifizierbaren Größen zu belegen.[4]

Eine systematische Datenerhebung ist die unabdingbare Basis für die intersubjektive Nachvollziehbarkeit der Ergebnisse und entsprechender Prognosen. Angenommen, man findet heraus, dass Jugendliche, die häufig Mediengewalt rezipieren, eher zu Aggressivität neigen. Offenlegung von Daten würde dann bedeuten, dass man zum Beispiel in einem Forschungsbericht erklären müsste, nach welchen Gesichtspunkten der Untersuchungsgegenstand ausgewählt, warum eine Befragung und nicht etwa ein Experiment durchgeführt wurde, warum bestimmte Berechnungsarten gewählt wurden, kurz: Alle Schritte, die zu wissenschaftlicher Erkenntnis geführt haben, müssen offengelegt werden.

▶ Methodisch zu arbeiten heißt, nach einem auf allgemein anerkannten Regeln aufbauenden Verfahren planvoll vorzugehen, um zu wissenschaftlichen Erkenntnissen zu gelangen. Die Befolgung einer Methode ist zugleich die Befolgung eines bestimmten Regelkanons.

Nur wenn subjektive Meinung und die Erhebung und Analyse der Daten streng voneinander getrennt sind, wird es möglich, diese Ergebnisse auf einem quasi-objektiven Niveau zu beurteilen und mit anderen Untersuchungen zu vergleichen. Dies wird insbesondere durch *die Offenlegung der methodischen Vorgehensweise* erreicht. Sie macht ein kommunikationswissenschaftliches Ergebnis – zum Beispiel zum Thema Jugendgewalt – noch nicht objektiv im Sinn einer mathematischen Formel. Wohl aber ist der Weg zum Ergebnis so weit durchschaubar, dass die interessierte (Fach-)Öffentlichkeit eine rationale Grundlage für die weitere Diskussion vorfindet. Man spricht hier von *intersubjektiver Nachvollziehbarkeit* (vgl. Abschn. 1.8).

---

[4]Es finden sich viele Beispiele, in denen zwar empirische Methoden zum Einsatz kommen, ihre Systematik und Nachvollziehbarkeit für andere jedoch vernachlässigt werden. Etwa bei der Darstellung aktueller Umfrageergebnisse (z. B. Wahlabsicht). Betrachtet man Grafiken in der Berichterstattung, so fällt auf, dass nicht immer alle relevanten Aspekte angegeben sind. Dazu gehören neben der Anzahl und Auswahl der befragten Personen auch der genaue Wortlaut der Fragestellung und der Antwortvorgaben. Es versteht sich natürlich, dass nicht immer – zumal in einer Publikation, die für eine breite Öffentlichkeit gedacht ist – jeder einzelne Schritt des methodischen Vorgehens geschildert werden kann. Aber dieser Hinweis soll dafür sensibilisieren, Daten und Zahlen, die ja per se etwas Objektives an sich haben, immer zu hinterfragen.

1.5.3 Alles eine Frage der Wahrscheinlichkeit

Die Sozialwissenschaften unterscheiden sich in der Generierung ihrer Aussagen von den Naturwissenschaften. Die Naturwissenschaft postuliert in der Regel *nomothetische* Gesetzmäßigkeiten, sie stellt also Gesetze auf, die immer zutreffen. Ein Stein wird überall auf der Erde zu Boden fallen, vor 500 Jahren genauso wie heute. Die Beziehung zwischen dem Gewicht des Steines und der Erdanziehungskraft ist eine Gesetzmäßigkeit, die für alle Objekte zu allen Zeiten universell gilt. In den Sozialwissenschaften, auch in der Kommunikationswissenschaft, sind nomothetische Aussagen oder nomothetische Zusammenhänge nicht denkbar, vielmehr spricht man von *probabilistischen* Aussagen.

▶ Aussagen der empirischen Kommunikationswissenschaft sind probabilistisch.

Es existiert keine Gesetzmäßigkeit, dass Mediengewalt auf alle Menschen gleich wirkt, sondern es finden sich immer nur bestimmte *Wahrscheinlichkeiten,* unter denen unsere Wenn-dann-Beziehungen gelten: Wenn Personen häufig gewalthaltige Medieninhalte nutzen, ist die Chance, dass sie danach selbst aggressiver sind, unter gewissen Rahmenbedingungen größer als bei solchen Personen, die wenig Mediengewalt konsumieren. Probabilistische Aussagen sind mit einer großen Variationsbreite behaftet: Es mag Menschen geben, die von medialen Gewaltdarstellungen überhaupt nicht beeinflusst werden, und es mag jene geben, die im Sinne einer Nachahmung aggressiv reagieren. Wenn man in den Sozialwissenschaften mit Wahrscheinlichkeiten operiert, gibt es selbstverständlich auch die Wahrscheinlichkeit, sich zu irren: Diese *Irrtumswahrscheinlichkeit* (vgl. auch Abschn. 4.4) geht letztendlich auf zweierlei Punkte zurück. Erstens auf den Untersuchungsgegenstand, mit dem man sich vorwiegend beschäftigt: den Menschen. Menschen sind komplex organisiert, zumindest wenn man sie mit Gegenständen der unbelebten Materie vergleicht, mit der sich andere Wissenschaften beschäftigen. Zweitens wird in empirischen Studien meistens eine *Stichprobe* von Objekten (z. B. Personen) untersucht (vgl. Kap. 4). Beim Rückschluss von dieser Stichprobe auf die Gesamtmenge der Objekte geht man zwangsläufig ein gewisses Risiko ein, sich zu irren.

Jede Form von Sozialwissenschaft hat eine unscharfe Relation eingebaut, die in der Natur der dynamischen, sich stets entwickelnden Sache selbst liegt. Theorien über soziale oder psychologische Phänomene sind notwendigerweise einem Wandel unterworfen, während der absolute Nullpunkt in der Physik immer der absolute Nullpunkt bleibt. In sozialwissenschaftlichen Theorien, die gewissermaßen mit ihren Untersuchungsgegenständen wachsen, perpetuiert sich die Unvollständigkeit des sozialwissenschaftlichen Gegenstandes. Ziel bleibt natürlich die Annäherung an nomothetische Aussagen, also starke Zusammenhänge zu finden, die mit *großer* Wahrscheinlichkeit zutreffen.

Eine Chance, dem Ziel näher zu kommen, eröffnet die empirische Vorgehensweise selbst. Man versucht, das Problem probabilistischer Zusammenhänge dadurch zu lösen, dass man Bedingungen einführt, die diese Zusammenhänge weiter auffächern. So wäre etwa denkbar, dass der exzessive Konsum von Mediengewalt nur bei Auftreten weiterer Bedingungen (Gewalterfahrung in der Familie, Situation in der Schule etc.) negative Effekte auf Jugendliche hat. Dass diese verstärkt in einem bestimmten Alter und bei bestimmten Medieninhalten auftreten etc. Die allgemeine Aussage eines Zusammenhangs wird weiter differenziert, indem man auf Seiten der Jugendlichen und auf Seiten der Medieninhalte qualifizierende Bedingungen findet, unter denen der postulierte Zusammenhang zutrifft, so dass in diesem eingeschränkten Gültigkeitsbereich die Wahrscheinlichkeit des Zusammenhangs steigt und wir damit nomothetischen Aussagen nahekommen. Das wird nie vollständig gelingen. Die *Eingrenzung des Gültigkeitsbereiches* einer Aussage ist dabei aber nur so lange sinnvoll, wie diese Aussage ein gesellschaftliches Phänomen noch widerspiegelt und auf „die Gesellschaft" in irgendeiner Form übertragbar ist. Diese Differenzierung von Aussagen bringt aber letztlich Erkenntnisgewinn.

Die probabilistische Natur kommunikationswissenschaftlicher Aussagen liegt an der komplexen Natur des Menschen. Verschiedene Menschen reagieren in der gleichen Situation völlig unterschiedlich, ja selbst dieselbe Person wird je nach Stimmung auf eine identische Situation anders reagieren. Allein schon die Tatsache, dass Menschen wissen, dass sie untersucht werden, verändert ihr Verhalten. Man spricht hierbei von *Reaktivität*. Dieser Aspekt sollte bei der Konzeption einer empirischen Untersuchung immer beachtet werden und wird im Laufe dieses Buchen noch häufiger thematisiert werden. Befragte in Interviews geben beispielsweise häufig Antworten, von denen sie denken, dass der Interviewer/die Interviewerin sie hören will. Steine, Moleküle, Atomkerne als Untersuchungsobjekte werden sich dagegen unter den gleichen Bedingungen immer gleich verhalten.

Die Natur probabilistischer Aussagen ermöglicht auch, dass verschiedene Studien zu unterschiedlichen Ergebnissen kommen. Meist bleibt in diesen Fällen die Kritik aus der Gesellschaft nicht aus: „Nun gibt es doch schon 5000 Studien zur Wirkung von Gewalt und sie wissen immer noch nicht, ob Gewalt schädlich ist oder nicht." So oder so ähnlich könnte eine populäre Klage über die „Verschwendung von Geldern" lauten, besonders dann, wenn das Thema Jugendgewalt wieder einmal verstärkt in den Medien auftaucht. Wer sich allerdings die Mühe macht und genauer hinsieht, wird feststellen, dass gerade wegen der großen Variationsbreite der qualifizierenden Bedingungen, unter denen Untersuchungsergebnisse interpretierbar sind, die 5000 Studien vielleicht einen gemeinsamen Trend aufweisen, jedoch weit davon entfernt sind, einen gesetzmäßigen Zusammenhang zwischen Jugendgewalt und Medienkonsum beweisen zu können.

1.6   Zum Verhältnis von Theorie und sozialer Wirklichkeit

Gesellschaftliche Realität ist in ihrer gesamten Komplexität nicht wahrnehmbar. Nur wenn man sich auf bestimmte Aspekte konzentriert, wird sie erfassbar und damit auch wissenschaftlich bearbeitbar. Abb. 1.2 verdeutlicht den Prozess einer wissenschaftlichen Problemlösung. Am Anfang steht das konkrete, gesellschaftliche Phänomen, die soziale Realität, zum Beispiel der steigende Medienkonsum. Im gesellschaftlichen, noch vorwissenschaftlichen Diskurs, etwa in der Medienpolitik, entwickeln sich Vorstellungen und meist kontroverse Meinungen über dieses Phänomen. Unter Umständen wird es als gesellschaftliches Problem definiert, etwa in der allgemeinen Form: „Steigender Medienkonsum ist schädlich." In der Phase, in der ein soziales Phänomen als zu lösendes Problem empfunden wird, tritt die Wissenschaft als Teil der Gesellschaft auf den Plan. Sie überführt das Problem in eine wissenschaftliche Fragestellung und formuliert zu

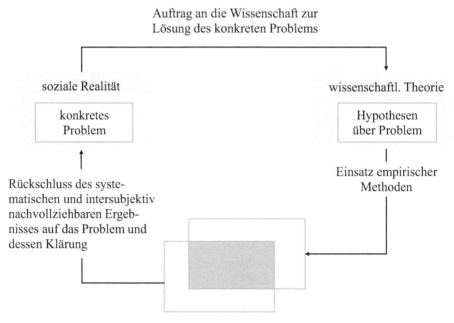

Abb. 1.2 Einsatz empirischer Methoden zur Aufklärung gesellschaftlicher Probleme mittels sozialwissenschaftlicher Theorien. (Eigene Darstellung. Mit dem Einsatz empirischer Methoden soll erreicht werden, dass die wissenschaftliche Theorie Probleme der Gesellschaft so genau wie möglich abbildet. Ein höherer Grad an Deckungsgleichheit bedeutet einen höheren Grad an Gültigkeit der Theorie. Dies erlaubt eine höhere Präzision beim Rückschluss von der abstrakten Theorie auf das konkrete Problem, das gelöst werden soll)

überprüfende Hypothesen. Anders ausgedrückt: Im Unterschied zum gesellschaftlichen Diskurs, der in der Regel Einzelfälle herausgreift, mit privaten Ansichten verquickt sowie politische und wirtschaftliche Opportunitäten je nach Standpunkt in die Argumentation einbaut, entwickelt die Wissenschaft in dieser ersten Phase unabhängig vom Einzelfall eine möglichst universelle, allgemeingültige Theorie über das spezielle soziale Problem. Dies sei am Beispiel der sogenannten Kultivierungshypothese nachvollzogen.[5]

Diese postuliert, dass Menschen, die viel fernsehen, ihre Realitätssicht aus dem Fernsehen entnehmen und nicht aus ihrer tatsächlichen Umgebung. Solche „Vielseher:innen" halten dann beispielsweise die Welt für gefährlicher als „Wenigseher:innen", weil sie im Fernsehen ständig mit Verbrechen konfrontiert werden. Die wissenschaftliche Fragestellung, die sich nun an diesen gesellschaftlichen Sachverhalt anknüpft und die von amerikanischen Wissenschaftler:innen erstmals untersucht wurde, war also, ob das Fernsehen in bestimmten Ausmaßen die Sozialisation ganzer Generationen übernimmt. Anders ausgedrückt: Lassen sich langfristig generelle Einstellungen und Verhaltensweisen, etwa zum eigenen Rollenverständnis, zum Geschlechterverhältnis, politische Auffassungen oder das Religionsverständnis (auch) auf den Einfluss von Medieninhalten zurückführen? Beziehen Menschen, die in hohem Maße audio-visuelle Medien nutzen, ihr Weltbild eher aus den Medien als solche, die diese Medien in geringerem Umfang nutzen?

Tatsächlich würde eine Bestätigung der Kultivierungshypothese bedeuten, dass sogenannte Vielseher:innen den prozentualen Anteil derer, die mit Verbrechensbekämpfung zu tun haben, genauso überschätzen wie den Anteil von Personen, die im Gesundheitswesen arbeiten. Vielseher:innen würden also eher das für die Realität halten, was Medien konstruieren; ihr Weltbild wäre in gewisser Weise verzerrt. Mit der Annahme an sich gibt sich nun die Forschung nicht zufrieden. Sie möchte sie bestätigen. Ziel ist ja, eine annähernde Deckungsgleichheit zwischen Realität und Theorie herzustellen. Auf Seiten der Wissenschaft, ganz im Sinne einer empirischen, systematischen Vorgehensweise, wird nun nach qualifizierenden Bedingungen gesucht, unter denen die Theorie einer Überprüfung standhalten könnte. Das bedeutet zunächst, dass nicht das komplexe soziale Phänomen „Kultivierung durch die Medien" auf einmal untersucht wird, sondern nur kleine Ausschnitte davon. Man entwickelt Arbeitshypothesen, sozusagen Unterhypothesen, die nach und nach einem Mosaik gleich eine komplexe Theorie untermauern. Mit der Arbeitshypothese beginnt die empirische Phase, in der man mit Hilfe verschiedener Methoden den vermuteten Zusammenhang überprüft.

▶ Die Formulierung von Arbeitshypothesen zerlegt ein komplexes Problem in konkrete, überprüfbare Untersuchungsschritte.

---

[5]Der Protagonist der Kultivierungshypothese ist der amerikanische Wissenschaftler George Gerbner. Eine Zusammenfassung des Ansatzes findet sich bei Schenk (2007) oder Rossmann (2008).

Die Annahme, dass Vielseher:innen ihre Weltsicht aus den Medien übernehmen, lässt sich also nicht einfach dadurch beantworten, dass man Vielseher:innen fragt: „Übernehmen Sie Ihre Weltsicht aus audio-visuellen Medien?" Einmal abgesehen von einem wenig ergiebigen Ergebnis (was weiß man schon, wenn Befragte mit „Ja" oder „Nein" antworten?) muss man sich der verschiedenen Schwierigkeiten bewusst sein. Zum einen können die Menschen meistens gar nicht sagen, woher sie ihre Meinung zu bestimmten Themen haben, zum anderen können die Befragten aber auch einfach falsche Antworten geben, weil sie entweder die Frage nicht verstehen oder der Meinung sind, dass sie sich ihre Einstellung zu bestimmten Themen ganz allein gebildet und sicher nicht aus den Medien übernommen haben. Will man also zur Klärung der Frage nach der Kultivierung durch die Medien beitragen, muss das komplexe Konstrukt „Weltsicht" sinnvoll reduziert und damit *messbar* gemacht werden (vgl. Operationalisierung Abschn. 1.9.5 und 2.1). Es würden all jene Erfahrungen und Einstellungen wegfallen, die mit der Kultivierungshypothese vermutlich nichts zu tun haben. Man würde also nicht nach der Nutzung von Verkehrsmitteln oder einer Lieblingsspeise fragen. Aber auch das Wahlverhalten einer Person oder das Vertrauen in Medienangebote sind im Zusammenhang mit der Kultivierungshypothese zweitrangig.

▶ Die Reduktion der komplexen Persönlichkeit eines Menschen auf wenige relevante Merkmale erlaubt eine systematische und empirische Überprüfung der Arbeitshypothesen.

Man wird immer nur einen *Ausschnitt* aus der sozialen Realität betrachten und nie die gesamte Realität.[6] Man wird weiterhin versuchen, den oben postulierten Zusammenhang zu konkretisieren. In dem Zusammenhang „Vielseher:innen übernehmen die Weltsicht aus dem Fernsehen" steckt zunächst der Begriff „Vielseher:in". Vielseher:innen sind aber so direkt nicht feststellbar: Was sollen Menschen auf die Frage „Sind Sie ein(e) Vielseher:in?" antworten? Eine bessere Frage wäre: „Wie viele Stunden am Tag schauen Sie normalerweise fern?" Noch genauer wäre es, mit einem Gerät sekundengenau zu messen, wann der Fernseher ein- bzw. ausgeschaltet ist und welche Sender jeweils angesehen werden. Eine weitere konkrete Frage wäre dann: „Was glauben Sie, wie viele Morde werden täglich in Deutschland verübt?"

Die erhobenen Daten einer solchen Befragung würden Aufschluss darüber geben, ob Vielseher:innen eine höhere Zahl nennen als Wenigseher:innen. Eine Interpretation des

---

[6](Quantitativ) empirisch zu forschen bedeutet daher *immer*, sich auf einen gewissen Aspekt sozialer Realität zu fokussieren. Es gäbe Millionen Fragestellungen, die sich untersuchen ließen. Indem man sich für einzelne Fragestellungen entscheidet, blendet man automatisch unzählige andere aus. Insofern muss die Konzeption einer Untersuchung und die Datenerhebung und -analyse intersubjektiv nachvollziehbar und frei von den Wertvorstellungen der Forschenden sein. Bei der Entscheidung, welche Fragenstellungen man als Wissenschaftler:in überhaupt untersucht, spielen persönliche Präferenzen aber natürlich eine Rolle.

Ergebnisses könnte lauten: „Die Überschätzung täglicher Gewalttaten ist ein Indikator (unter vielen) dafür, dass die Vielseher:innen ihre Weltsicht eher aus dem Fernsehen übernehmen als die Wenigseher:innen." Ein weiterer Indikator, der denselben Zusammenhang messen soll, wäre die Frage „Wie groß, glauben Sie, ist die Chance, dass Sie überfallen werden, wenn Sie um Mitternacht durch eine leere Fußgängerzone gehen?" Auch in diesem Fall würde man vermuten, dass die Vielseher:innen aufgrund der Tatsache, dass sie viel Gewalt und viele Verbrechen sehen, häufiger oder mit der größeren Wahrscheinlichkeit sagen, „Ja, das kann sein, dass ich Opfer eines Verbrechens werde." Die Konkretisierung der Hypothese bzw. die Überprüfung der aufgestellten Theorie erfolgt mit einer ganzen Reihe von Indikatoren, aufgrund derer in der Analyse resümierend festgestellt werden kann: „Ja, die Vielseher:innen übernehmen ihr Weltbild in einem stärkeren Maße aus dem Fernsehen als die Wenigseher:innen." Diese Aussage wäre zwar nur ein ganz kleiner Ausschnitt aus der sozialen Realität, aber immerhin: Man hat zu einem gewissen Grad eine Strukturgleichheit zwischen Theorie und Realität festgestellt.

1.7   Empirische Kommunikationsforschung als Prozess

Sowohl der wissenschaftliche Prozess als Erkenntnisprozess als auch jede einzelne Untersuchung gestalten sich häufig sehr viel komplizierter als in Abb. 1.2 schematisch dargestellt. Das Prinzip ist allerdings immer ein ähnliches: Man entwickelt eine allgemeine Annahme, eine Theorie, übersetzt diese in ein empirisches Vorgehen, in diesem Fall eine Befragung, entwickelt Konstrukte, die mit angemessenen Fragen erhoben werden, und leistet aus den Ergebnissen dieser Untersuchung einen Rückschluss auf die ursprüngliche Überlegung. Mit der Ergebnisdarstellung endet der wissenschaftliche Prozess nicht, im Gegenteil. An dieser Stelle lohnt es sich, noch einmal auf den Unterschied von Natur- und Sozialwissenschaft zurückzukommen: Die Sozialwissenschaft stellt keine nomothetischen, sondern probabilistische Annahmen auf. Am Ende eines Untersuchungszyklus wird man vielleicht feststellen, dass der postulierte Zusammenhang „Je mehr die Menschen fernsehen, desto stärker wird ihr Weltbild von Medieninhalten geprägt" nicht immer stimmt. Also wird man in der nächsten Studie untersuchen, unter welchen Bedingungen der Zusammenhang besonders stark ist. Das kann bei dem Vielseher-Beispiel dazu führen, dass der Zusammenhang differenzierter formuliert wird: „Vielseher:innen mit niedrigem sozio-ökonomischen Status werden stärker von Medieninhalten geprägt als andere Bevölkerungsgruppen" oder: „Vielseher:innen, die selten aus dem Haus gehen, sind ängstlicher als solche, die viele soziale Kontakte haben." Für die Medienseite könnte man ebenfalls differenzieren: „Diejenigen, die Soap Operas sehen, werden eher von Medieninhalten geprägt als solche, die stärker informationsorientiert fernschauen." Generelles Ziel bleibt es immer, eine größtmögliche Strukturähnlichkeit zwischen Theorie und Realität zu erzielen.

So viel sollte bis hierher klar geworden sein: Ohne Theorie, ohne verallgemeinernde Gedanken über die Realität, ist jede empirische Methode sinnlos. Realität ist nur mit einer Theorie erkennbar. Sie ist quasi die Brille, die man beim Forschen aufsetzt. Der Vielseher existiert nicht als Naturgesetz, „er" wird erst durch die Kultivierungstheorie konstruiert und damit erfassbar. Die Anwendung einer Methode kann nur dann zu neuer Erkenntnis führen, wenn ihr eine theoretische – vielleicht sogar philosophische – Auseinandersetzung mit „der Welt" vorausgegangen ist.

▶ Empirische Kommunikationsforschung baut auf den grundlegenden Theorien des Fachs auf und entwickelt sie zugleich weiter.

Nur die theoretische Auseinandersetzung mit einem konkreten Phänomen ermöglicht es der Wissenschaft, Realität zu strukturieren und systematisch an die Aufarbeitung von gesellschaftlich relevanten Fragestellungen heranzugehen.[7] Die theoretische Vorstellung über einen Sachverhalt zu Beginn des wissenschaftlichen Prozesses schränkt natürlich das ein, was als Ergebnis herauskommen kann. Dabei hat Forschung auch eine historische Dimension. Eine Untersuchung zur Kultivierungshypothese baut auf vielen bereits durchgeführten Studien auf und kann von diesen die Indikatoren, vielleicht sogar Teile des Fragebogens übernehmen. Man wird sich diese Indikatoren und Faktoren betrachten (empirische Forschung ist ja intersubjektiv nachvollziehbar) und neue Fragestellungen, neue Untersuchungsansätze entwickeln. So bleibt die Wissenschaft lebendig und interessant.

1.8   Wissenschaftstheorie als Wissenschaftsprogramm

Jede Wissenschaft will möglichst wahre und objektive Aussagen treffen, die mit der Realität übereinstimmen. Sie will Annahmen formulieren, die unabhängig von individuellen Betrachtungsweisen der Forschenden existieren. Die erkenntnistheoretische Frage, die hinter allen wissenschaftlichen Aussagen steht, befasst sich mit dem generellen Problem von Objektivität und Wahrheit: Ist absolute Wahrheit möglich? Können wir überhaupt wahre Aussagen über die soziale Realität machen? Sind wissenschaftliche Forschungsergebnisse zur Mediennutzung von Menschen oder zu psychologischen Phänomenen objektiv und wahr?

---

[7]Diese Überlegungen sind insofern von Bedeutung, als sie den Streit zwischen Empirikern und Theoretikern, quantitativen und qualitativen Forscher:innen andeuten (vgl. auch Fahr 2011). Der Vorwurf an die Empirie, sie sei theorielos und nur verliebt in ihre eigenen Daten, mit denen sie beliebig Ergebnisse aus dem Hut zaubert, befasst sich in der Regel nur mit der Phase der Datenerhebung und -auswertung, nicht jedoch mit dem gesamten Forschungsprozess, in dem immer – unabhängig davon, mit welcher wissenschaftlichen Methode gearbeitet wird – der theoretische Unterbau zur Lösung von Problemen durchdacht sein muss.

Im Verlauf des Kapitels wurde die Differenz zwischen Natur- und Sozialwissenschaft mit dem Unterschied zwischen nomothetischen und probabilistischen Aussagen erklärt – gesetzmäßig deterministischen versus wahrscheinlichkeitsorientierten Aussagen. Bei der Frage nach Wahrheit und Objektivität der Wissenschaft, insbesondere der Kommunikationswissenschaft, taucht dieser Punkt zum zweiten Mal auf. Es wurde erläutert, dass mittels empirischer Forschung der Versuch unternommen wird, so nahe wie möglich an nomothetische Theorien, gesetzmäßige Aussagen, heranzukommen. Man kann auch sagen: Man versucht, der Wahrheit so nahe wie möglich zu kommen. Heißt dies nun, dass Forschungsergebnisse, wenn sie nicht objektiv und wahr sein können, deshalb subjektiv sind? Kommunikationswissenschaftliche Aussagen sind dem Begriff nach keine objektiven und wahren Aussagen. Dennoch repräsentieren sie keineswegs die willkürliche, subjektive Meinung einer Person. Nicht die Erkenntnis über einen Sachverhalt ist wahr und objektiv, sondern der wissenschaftliche Forschungsprozess über ihn. So hat sich in der empirischen Sozialforschung ein Begriff etabliert, der außerhalb der Logik von Objektivität und Subjektivität steht: *intersubjektive Nachvollziehbarkeit.*

▶ Intersubjektive Nachvollziehbarkeit bedeutet, dass sozialwissenschaftliche Aussagen im Rahmen empirischer Forschung mit nachvollziehbaren, offengelegten empirischen Methoden gewonnen werden, d. h., die empirische Untersuchung läuft unabhängig von der Person und den persönlichen Vorlieben der Forschenden ab.

Die Offenlegung des Ablaufs der Untersuchung eröffnet für jeden (intersubjektiv) die Möglichkeit, Daten einzusehen, Berechnungen noch einmal durchzuführen (Nachvollziehbarkeit), die ganze Studie noch einmal unter den gleichen Bedingungen zu wiederholen und auf diese Weise wissenschaftliche Aussagen zu bestätigen oder zu widerlegen. Dabei muss auch die Vorgehensweise bei der Konzeption der Untersuchung und die Interpretation der Ergebnisse inhaltlich nachvollziehbar sein. Beides (Konzeption, Ergebnisinterpretation) sollte unabhängig von eigenen Wertvorstellungen oder den Interessen eines möglichen Auftraggebers sein. Was die Aussagen selbst angeht – das wurde bereits betont –, greifen diese immer nur einen Ausschnitt aus der sozialen Realität auf. Ihre Gültigkeit endet stets an der Grenze, die Forschende mit der Bestimmung des Untersuchungsgebietes abstecken. Wenn also Ergebnisse innerhalb dieser Grenzen ihre Gültigkeit haben, ist dies stets relativ, immer einschränkend zu würdigen. Man kann sagen: Die Ergebnisse einer kommunikationswissenschaftlichen Untersuchung besitzen immer eine relative Gültigkeit. Sie beanspruchen keine Objektivität im Sinne einer umfassenden Gültigkeit, sie entstammen jedoch einem intersubjektiv nachvollziehbaren Prozess, der in seiner (empirischen) Vorgehensweise Objektivität beanspruchen darf.

Mit der Art und Weise, wie wir Wissenschaft betreiben, beschäftigt sich die Wissenschaftstheorie. Wissenschaftstheorie wird in Zusammenhang mit verschiedenen Fächern gelehrt. Ob Psychologie, Pädagogik oder Sozialwissenschaften – jede Wissenschaft beschäftigt sich mit der „Theorie der Wissenschaft". So ist diese Disziplin eine *Meta-*

Wissenschaft: Sie entwickelt und untersucht die Regeln, nach denen jede Einzelwissenschaft vorgeht. Sie ist die Basis und die Klammer, die alle Einzeldisziplinen unabhängig von den konkreten Forschungsgegenständen zusammenhält.

▶ Wissenschaftstheorie beschäftigt sich mit der Frage, wie Wissenschaft zu ihren Aussagen kommt und damit letztendlich mit Fragen nach Wahrheit, Objektivität und Subjektivität. Insofern ist Wissenschaftstheorie auch Erkenntnistheorie.

Im Rahmen einer Einführung kann Wissenschafts- bzw. Erkenntnistheorie nicht in der notwendigen Tiefe diskutiert werden. Hierzu sei auf die einschlägige Literatur verwiesen (z. B. Chalmers 2007). Dennoch wird (und sollte) jede(r), die/der sich mit empirischer Kommunikationsforschung befasst, schnell auf Fragen stoßen, mit denen sich Wissenschaftstheorie beschäftigt.

1.9   Begriffe und Definitionen

Einführend wurde erläutert, dass sich die Sozialwissenschaften, also auch die Kommunikationswissenschaft, in aller Regel mit einem komplexen Untersuchungsobjekt bzw. Ausschnitten von ihm befassen: der sozialen Realität. Dabei kann es sich um vergleichsweise einfache Phänomene handeln wie etwa die durchschnittliche Mediennutzungsdauer der Bürger:innen an einem Werktag. Weit häufiger jedoch befasst sich die Forschung mit abstrakten und komplexen Untersuchungsbereichen, die der direkten Beobachtung nicht zugänglich sind: mit Mediengewalt, Eskapismus, Medienvertrauen und vielem mehr. Einen Ausschnitt von sozialer Realität zu untersuchen bedeutet zugleich, dass dieser Ausschnitt, bevor man intersubjektiv nachvollziehbare Aussagen treffen kann, definiert werden muss. Es gibt kein Naturgesetz darüber, was unter Mediengewalt oder Medienvertrauen zu verstehen ist. Die Definition des Untersuchungsbereiches ist unabdingbare Voraussetzung jeglicher empirischen Forschung und Basis jeder Diskussionsgrundlage. Die Definition von Begriffen ist ein ganz zentraler Bereich der Wissenschaftstheorie.

Man stelle sich das Wort „Stuhl" vor. Welche Vorstellungsinhalte kann man assoziieren? Holz, vier Beine, drei Beine, Sitzfläche, Armlehne und so weiter. Vermutlich hat jede Leserin/jeder Leser dieser Zeilen automatisch Assoziationen und vermutlich sind diese Vorstellungen in den überwiegenden Fällen ähnlich, aber eben nicht identisch. Begriffe haben offenbar einen Bedeutungskern, auf den man sich relativ leicht verständigen kann. Und genauso haben Begriffe eine Randzone von Bedeutung, über die eine Verständigung erst erfolgen muss.

1.9.1 Definition von Begriffen

Es hängt natürlich immer davon ab, wie zentral ein Begriff für eine Untersuchung ist. Entsprechend ausführlich und genau muss er definiert werden. Nun ist dies beim Begriff „Stuhl" relativ einfach. Wie steht es aber mit einem Begriff wie „Mediengewalt"? Zählt hier nur physische Gewalt? Fällt psychische Gewalt auch unter den Begriff? Und wie lässt sich dann psychische Gewalt definieren? Was ist mit Gewalt in Cartoons? Dass eine Definition überhaupt notwendig wird, liegt an der Erkenntnis, dass der Gegenstand aus der Realität, über den man nachdenkt, nicht identisch ist mit dem Begriff. Der Begriff manifestiert sich im Wort. Das Wort ist zunächst nur eine Kombination von Konsonanten und Vokalen. Man könnte sich für den Begriff S T U H L auch auf die Buchstabenkombination P R I T Z L K W einigen. Die Notwendigkeit einer Definition ergibt sich vor allem aus der Tatsache, dass man Begriffen keine eindeutige Bedeutung zuordnen kann. Im Gegenteil, die Bedeutung und die Vorstellungsinhalte sind im Prinzip unendlich vielfältig. Der Begriff Stuhl ist demnach nicht identisch mit dem Gegenstand, auf den sich sein Vorstellungsgehalt bezieht.

Im Alltag taucht dieses Problem eher selten auf. Aufgrund von Konventionen und einer entsprechenden Sozialisation existiert für die Begriffe des täglichen Lebens ein Bedeutungskern, ohne dass man noch lange darüber nachdenken muss. Auf diese Weise bekommen Worte Sinn, so erst wird auch Verständigung in einer Gemeinschaft möglich. In Zweifelsfällen streitet und einigt man sich auf gerade die Bedeutung, die jetzt gelten soll, z. B.: „Was verstehst du jetzt eigentlich unter ‚teuer'?" Das heißt, man trifft selektiv nach bestimmten Kriterien eine Auswahl von möglichen, zumeist jedoch nicht allen Bedeutungsinhalten (Abb. 1.3).

Abb. 1.3 Begriffsbildung. (Eigene Darstellung. Wenn zwei ‚Stuhl' sagen, stellen sie sich nicht unbedingt dasselbe vor. Es sei denn, sie sprechen über den ganz bestimmten Stuhl: „du weißt schon, der, den wir gestern abgeschliffen haben." – Ein Begriff abstrahiert vom Besonderen und erhält seinen vollen Bedeutungsgehalt erst durch seine definitorische Bestimmung)

Die Kommunikationswissenschaft beschäftigt sich mit komplexen Begriffen wie Mediengewalt, Vielseher oder Kultivierung. Diese Begriffe sind formell genauso angelegt wie der Begriff „Stuhl". Man findet zunächst das Wort vor, die Buchstabenansammlung. Die Buchstabenansammlung an sich ist aber bedeutungslos, erst die gemeinsame Zuschreibung eines bestimmten Inhaltes oder bestimmter Merkmale des Begriffs bewirkt, dass man inhaltlich über ihn diskutieren kann. „Kultivierung" ist ein gutes Beispiel, um zu zeigen, dass solche Begriffe sehr viel schwieriger zu fassen sind als „Stuhl". In einer Gärtnerei wird Kultivierung von den dort arbeitenden Personen sicher anders verstanden als im Kontext der Kommunikationswissenschaft. Ein Gärtner wird vermutlich an Pflanzenzucht denken, eine Kommunikationswissenschaftlerin eher daran, dass Menschen ihr Weltbild aus dem Fernsehen übernehmen. Begriffe in der Kommunikationswissenschaft sind in der Regel sehr komplex, so dass der gemeinsame Kern oft klein ist und die Randgebiete größer sind, als dies bei Begriffen des täglichen Lebens der Fall ist.

1.9.2   Zum Begriff des Begriffs

Ein Begriff lässt sich als Brücke zwischen Realität und dem Nachdenken über Realität (der wissenschaftlichen Theorie) verstehen. Zwischen Realität und Theorie existiert zunächst keine Verbindung, außer dem individuellen Nachdenken über sie. Begriffe überwinden diese Kluft. Nur in ihnen existiert der Bedeutungsausschnitt, auf dessen Grundlage wissenschaftlich, das heißt theoretisch und systematisch, gearbeitet werden kann. Anders ausgedrückt: Im Begriff ist ein Gegenstand – Stuhl – oder ein Konstrukt – Mediengewalt – seiner bedeutungsmäßigen Randzonen entkleidet und nur noch Bedeutungskern. Das heißt zugleich, dass man durch die Definition von Begriffen bewusst Bedeutungen, die *auch* möglich wären, ausklammert, somit einen Gültigkeitsbereich absteckt und nun innerhalb dieser abgesteckten Bedeutungsgrenzen intersubjektiv nachvollziehbare Aussagen machen kann. Allerdings gibt es hier das Problem, dass Begriffe immer wieder nur über Begriffe definiert werden können; die Barriere zwischen Sprache und Realität bleibt daher auch bei noch so intensiver Definition eines Begriffs und seiner Bestandteile bestehen.

1.9.3   Typen von Begriffen

Die Kommunikationsforschung befasst sich vorwiegend mit komplexen Phänomenen, die nicht derart gegenständlich existieren wie ein Stuhl oder ein Hund.

▶ Begriffe für Gegenstände in der Realität nennen wir Begriffe mit direktem empirischem Bezug zur Realität.

Sie gehören etwas Vertrautem an, das man anfassen kann und über das man sich normalerweise nicht den Kopf zerbricht. Begriffe wie „Mediengewalt" oder „Kultivierung" haben dagegen keine gegenständlichen Bezugspunkte, sie setzen sich aus ganz verschiedenen Bedeutungsinhalten zusammen.

▶ Abstrakte Begriffe, die sich nicht unmittelbar in der Realität manifestieren, bezeichnet man als Begriffe mit indirektem empirischem Bezug.[8]

Für diesen Begriffstyp ist eine Definition unabdingbar, eben weil solche Begriffe in der Realität keine gestalthafte Entsprechung haben. Erst durch die definitorische Festlegung, was genau unter dem Begriff zu verstehen ist, wird das Konstrukt systematisch zugänglich und in einem zweiten Schritt messbar. Die Definition steckt die Bedeutung eines Begriffs für die eigene Untersuchung ab. Eine andere Untersuchung wird somit ggf. eine abweichende Definition desselben Begriffs vornehmen. Gerade bei häufig verwendeten Begriffen etabliert sich meist im Zeitverlauf eine vorherrschende Definition. Wenn ein Begriff wie Mediengewalt definiert ist, kann in einem zweiten Schritt die Operationalisierung erfolgen (vgl. Abschn. 1.9.5).

Eine weitere Begriffsart bereitet bei ihrer wissenschaftlichen Bearbeitung Probleme: Was *bedeutet* eigentlich „gut" oder „schlecht"? Im Unterschied zu deskriptiven Begriffen, die auf irgendeine Weise wahrnehmbar sind (oder gemacht werden können), handelt es sich hier um (moralische) Wertungen, deren Bedeutung nicht per Definition festgelegt werden kann. Diese sogenannten *präskriptiven Begriffe* sind solche, mit denen man aufwächst, die einem in Fleisch und Blut übergehen, die aber von Kultur zu Kultur vollkommen verschieden sozialisiert und interpretiert werden können und gewissermaßen für sich stehen. Diese Problematik wird insbesondere in der interkulturellen Kommunikationsforschung relevant, ist aber auch zu bedenken, wenn internationale Forschungsergebnisse verglichen werden.

Die letzte relevante Gruppe von Begriffen, die sich jedoch per se einer Definition entziehen, sind die *logischen Begriffe,* also Verknüpfungen, die vielleicht aus Computerbefehlen bekannt sind: Worte wie „und", „oder", „außer" und ähnliche mehr haben syntaktisch eine verbindende oder eben trennende Funktion; sie stellen Zusammenhänge, Verhältnisse zwischen Begriffen oder ganzen Aussagen her.

---

[8]Vgl. Prim und Tillmann (1989).

1.9.4 Gültigkeitsbereich einer Definition/Typen von Definitionen

Definitionen im Verständnis der modernen Sozialwissenschaften stecken den Bedeutungsgehalt von Begriffen ab. Sie beanspruchen für sich keine Gesetzmäßigkeit, deren Wahrheitsgehalt universell und für alle Zeit gültig wäre. Ihre Brauchbarkeit ist auf das jeweilige Untersuchungsgebiet, auf die konkrete Fragestellung zugeschnitten bzw. reduziert. Praktisch bedeutet dies, dass Diskussionen über wissenschaftliche Erkenntnis genau genommen immer nur auf der Grundlage spezieller, für den Anlass erarbeiteter Begriffsdefinitionen zulässig sind.

Anders als auf der Grundlage von sogenannten *Realdefinitionen*[9], die das endgültige, objektive, wahre Wesen einer Sache erfassen wollen, operieren (empirisch arbeitende) Sozialwissenschaftler in der Regel mit *Nominaldefinitionen*, die eine Festsetzung der *Verwendung* eines Begriffes darstellen. Diese stellen somit eine Konvention darüber dar, was unter einem Begriff zu verstehen ist. Folglich können Nominaldefinitionen nicht wahr oder falsch, wohl aber zweckmäßig oder unzweckmäßig sein. So wäre die in der Biologie gebräuchliche Nominaldefinition des Begriffes „Kultivierung" nicht falsch, aber eben für die Kommunikationswissenschaft wenig zweckmäßig. Umgekehrt gilt natürlich dasselbe.

Der zu definierende Begriff wird in mehrere Teile zerlegt. Das Definiendum ist der (noch unbekannte) zu erklärende Begriff, das Definiens besteht aus jenen Begriffen, die den Inhalt des Definiendums festlegen. Die Begriffe des Definiens müssen ihrerseits völlig eindeutig und klar sein. Sie legen einzeln und alle miteinander den Bedeutungsraum des Definiendums fest. Hier deutet sich der bereits oben angesprochene endlose Regress an: Begriffe werden immer nur wieder durch Begriffe definiert. Ziel allerdings ist es, möglichst solche Begriffe für eine Definition zu verwenden, die in sich einfach sind und direkten empirischen Bezug haben.

1.9.5 Operationalisierung von Begriffen und operationale Definitionen

In der Kommunikationswissenschaft werden Begriffe (das Definiendum) durch Indikatoren (Definiens) in ihrem Bedeutungsgehalt identifiziert. Indikatoren sind die bedeutungsmäßigen Teilbereiche, die dem gesuchten Begriff seine Identität verleihen. Am Beispiel des Konstruktes „Vielseher:in" soll dies verdeutlicht werden: Vielseher:innen spielen in der Kommunikationsforschung eine wichtige Rolle. Wer oder was ist ein(e) Vielseher:in? In jedem Fall hat man es mit einem Begriff mit indirektem

---

[9]Realdefinitionen haben hauptsächlich eine historische Bedeutung. Heute sind sich Sozialwissenschaftler meist einig, dass das „wahre Wesen" eines Phänomens oder eines Objektes in dieser Form nicht erfassbar ist.

empirischen Bezug zu tun. Man sieht es Menschen nicht an, ob sie Vielseher:in sind oder nicht. Wir müssen also *Indikatoren* suchen, um deutlich zu machen, was wir genau damit meinen. Wir werden zunächst recherchieren, welche Indikatoren schon in der wissenschaftlichen Diskussion für das Konstrukt Vielseher:in verwendet wurden. Darüber hinaus werden wir prüfen, ob sich noch andere Aspekte hinter dem Konstrukt verbergen könnten, für die wir vielleicht neue Indikatoren brauchen.

Ein naheliegender Indikator ist sicherlich die Zeit, die jemand vor dem Fernseher verbringt. Aber was bedeutet das? Ist „viel" relativ zu anderen zu verstehen oder handelt es sich um einen absoluten Begriff? Sind Vielseher:innen vor der Einführung des Privatfernsehens unter Umständen anders zu definieren als heute? Wie ist die Nutzung von Online-Mediatheken, Streaming-Diensten etc. zu berücksichtigen? Die ersten kommunikationswissenschaftlichen Untersuchungen definierten Vielseher:innen tatsächlich in erster Linie über die Dauer des Fernsehkonsums. Allerdings gab es auch hier schon Unterschiede. In einigen Studien waren Vielseher:innen diejenigen, die mehr als vier Stunden fernsahen, in anderen Studien lag die Grenze bei drei Stunden. Man kann zu Recht fragen, ob die Dauer der Nutzung *allein* ein guter Indikator ist. Werden Vielseher:innen einzig anhand dieses Kriteriums identifiziert, wird eine Vielzahl unterschiedlicher Fernsehnutzer:innen in einen Topf geschmissen. Es gibt Menschen, die nur nebenbei fernsehen, während sie z. B. telefonieren oder Hausarbeit verrichten. Andere dagegen sehen sehr intensiv fern. Einige schauen vielleicht vier Stunden Nachrichten und Ratgebersendungen, andere vier Stunden Soap Operas und Krimis. Einige schauen zielgerichtet, andere wahllos. Es gibt Fälle, in denen Wenigseher:innen vorübergehend zu Vielseher:innen werden, wenn beispielsweise eine Fußballweltmeisterschaft stattfindet. Sind das alles Vielseher:innen im Sinne einer Begriffsdefinition? Es ist unschwer zu verstehen, dass Begriffsdefinitionen gerade bei Begriffen mit indirektem empirischem Zugang nicht nur notwendig, sondern auch relativ kompliziert sind. Und dass Studien, die unterschiedliche Definitionen verwenden, möglicherweise schon deshalb unterschiedliche Ergebnisse produzieren.

▶ Ein Begriff mit indirektem empirischem Bezug muss durch einen, meist aber mehrere Indikatoren näher bestimmt bzw. definiert werden.

Ein Großteil wissenschaftlicher Auseinandersetzungen lässt sich auf diese Phase des Definierens von Begriffen zurückführen. Gerade weil eine Begriffsdefinition in den Sozialwissenschaften nicht vergleichbar mit dem Aufstellen einer universell gültigen mathematischen Formel ist, besteht natürlich immer die Gefahr der Instrumentalisierung eines wissenschaftlichen Ergebnisses für außerwissenschaftliche Zwecke. Je nachdem, wie zuvor ein Begriff und somit sein Gültigkeitsbereich definiert wurde, wird die Untersuchung im Resultat ganz unterschiedliche Ergebnisse hervorbringen. Man kann sich leicht vorstellen, dass die Einbeziehung von Cartoons bei der Definition von Mediengewalt deren Menge deutlich höher erscheinen lässt, denn diese Zeichentricksendungen enthalten bekanntermaßen einen hohen Anteil an (allerdings folgenloser) Gewalt – unter

Umständen könnte eine entsprechende Untersuchung ergeben, dass das Kinderprogramm gewalthaltiger als das Spätabendprogramm ist, weil Tom und Jerry dauernd gevierteilt werden.

▶ Mittels Indikatoren wird ein Begriff operationalisiert (d. h. messbar gemacht).

Mit der operationalen Definition von Begriffen hat man einen wesentlichen Teil zur Konstruktion von Aussagen oder Hypothesen beigetragen. Aber dies ist nur die halbe Miete. Erst die Hinzufügung logischer und außerlogischer Begriffe lässt sinnhafte Aussagen (auch empirische Sätze genannt) über die soziale Realität zu, die mit Methoden überprüft werden können. „Je höher der Fernsehkonsum, desto eher übernehmen Personen ihre Weltsicht aus dem Fernsehen" wäre ein solcher Satz. Hierbei handelt es sich um Sätze, deren Gültigkeit über ein singuläres Ereignis hinausgeht. Zwei oder mehrere Sachverhalte werden kausal miteinander in Beziehung gesetzt, so dass wir zu einer Erklärung der Realität kommen (explanative Forschung). Es wird eine Abhängigkeit dieser beiden Sachverhalte behauptet, die noch überprüft werden muss. Anders ausgedrückt:

▶ Empirische oder auch hypothetische Sätze haben zum Ziel, wissenschaftlich nachprüfbare Aussagen über die Realität zu machen. Dies entspricht der vorher erwähnten explanativen Forschung.

Dabei stehen diese Sätze nicht unverbunden nebeneinander, sondern sollen im Idealfall zu einem Netz von Aussagen verknüpft werden, das soziale Realität so allgemeingültig wie möglich widerspiegelt. Eine wissenschaftliche Theorie ist demnach nichts anderes als ein umfassendes und geschlossenes System logisch miteinander verknüpfter Aussagen über einen Realitätsbereich, wobei die einzelnen Sätze möglichst gut empirisch überprüft sind. Diese Aussagen, man sagt auch Sätze, können ganz unterschiedliche Abstraktions- und Allgemeinheitsniveaus besitzen. Wissenschaft sollte dabei möglichst umfassende, im Idealfall sogenannte Allsätze aufstellen („*Alle* Menschen sterben einmal."), die nomothetischen Charakter haben. Davon zu unterscheiden sind eingeschränkte Sätze („Die privaten Fernsehanbieter werden *häufiger* von Vielseher:innen genutzt."), die eher probabilistischen Charakter haben und – wie schon das Beispiel zeigt – in der Kommunikationswissenschaft wesentlich häufiger vorkommen.

1.10 Theorie und Empirie

Das Verständnis davon, in welchem Verhältnis unsere Theorien über die Realität zur Realität selbst stehen, hat sich im Laufe der Zeit geändert. Eine vergleichsweise naive Vorstellung geht davon aus, dass man einfach durch Verallgemeinerung von Erfahrungen Gesetzmäßigkeiten findet. Man müsse die Realität nur hinreichend ausdauernd beobachten, dann zeigten sich ihre Gesetzmäßigkeiten von selbst: Man beobachtet fallende Äpfel und entdeckt darüber das Fallgesetz. Wenn man sich lange genug mit Mediennutzer:innen beschäftigt, so in etwa die Analogie, dann werden alle wichtigen Gesetzmäßigkeiten und Theorien, die es im Bereich der Kommunikationswissenschaft gibt, automatisch entdeckt, etwa in der Form: „Ich schaue häufig das Fernsehprogramm an und finde, dass die ARD mehr Information bringt und RTL mehr Unterhaltungsprogramme." In der Wissenschaftstheorie wird dieser Standpunkt als *naiver Empirismus* bezeichnet.

▶ Der naive Empirismus geht davon aus, dass sich durch Kumulation singulärer Beobachtungen alle Gesetzmäßigkeiten, die diese Welt bestimmen, automatisch entdecken lassen.

Aus der Herangehensweise des naiven Empirismus folgen zwei wissenschaftliche Prinzipien, Induktion und Verifikation. Bei der Induktion handelt es sich um eine Vorgehensweise, die vom besonderen Einzelfall auf das Allgemeine, Gesetzmäßige schließt – vereinfacht ausgedrückt: Induktion ist Verallgemeinerung. Die Induktion ist demnach eine wissenschaftliche Methode zur Entwicklung von Theorien, die im Wesentlichen darauf beruht, dass sich Forschende dem Untersuchungsgegenstand ohne theoretische Vorstellungen und Konzeptionen nähern. Im wissenschaftlichen Prozess wird dann eine Annahme immer wahrscheinlicher, wenn nacheinander immer wieder dieselben Erfahrungen gemacht werden. Auf dieser Erfahrungsgrundlage basieren dann die Erwartungen an zukünftige Ereignisse.

Auch wenn es so aussieht, Wissenschaft funktioniert *nicht* nach dem Induktionsprinzip. Ohne eine Annahme über die Realität zu haben, kann man Realität gar nicht wahrnehmen, sie bleibt ein sinnloses raum-zeitliches Kontinuum. Nur wenn Sie die Annahme haben, dass Sie in einer Vorlesung sitzen, können Sie die Verhaltensweisen der Beteiligten verstehen. Erst kommt die Annahme über die Realität, dann die Wahrnehmung von Ausschnitten dieser Realität. Induktion ist also logisch gar nicht möglich. Beispielsweise existieren Vielseher:innen nicht einfach irgendwo, erst durch unsere Kultivierungshypothese nehmen wir Menschen als Viel- oder Wenigseher:innen wahr. Der sogenannte *logische Empirismus* als Weiterentwicklung des naiven Empirismus geht deshalb vom Prinzip der *Deduktion* aus. Durch die Bildung einer Hypothese unterstellt man eine Gesetzmäßigkeit, die man dann durch Beobachtung der Realität (Erfahrung = Empirie) überprüfen kann. Ohne die Hypothese könnte man die Erfahrungen zur Bildung einer Gesetzmäßigkeit gar nicht machen.

Aber nicht nur das Induktionsprinzip, sondern auch das Prinzip der Verifikation von Hypothesen ist kritisiert worden. Der *Kritische Rationalismus,* von vielen als der gegenwärtige Stand der Wissenschaftstheorie angesehen, wendet sich vom Verifikationshin zum Falsifikationsprinzip. Karl Popper hat 1935 mit seinem Buch „Logik der Forschung" die Grundlagen des Kritischen Rationalismus entwickelt. Er postuliert ebenso wie die logischen Empiriker, dass es keine Induktion gibt, weil allgemeine

Theorien nicht aus singulären Sätzen ableitbar sind. Theorien können aber – und hier unterscheidet sich Popper fundamental von seinen Vorgängern – auch nicht letztlich verifiziert werden, weil die Anzahl der Beobachtungen, mit denen dies geschieht, prinzipiell unendlich ist. Beispielsweise kann selbst das Fallgesetz nicht letztlich verifiziert (endgültig bewiesen) werden, weil es in Zukunft unter anderen Bedingungen möglicherweise Dinge gibt, die nicht zu Boden fallen, wenn man sie loslässt. Daraus folgert Popper, dass Theorien letztlich nur falsifiziert (d. h. widerlegt), nie aber verifiziert werden können *(Prinzip der Falsifikation)*. Theorien besitzen nach diesem Verständnis stets den Status von *vorläufigen Hypothesen*. Positive empirische Belege sind für vorläufige Hypothesen demnach logisch irrelevant: Obwohl sie deren Brauchbarkeit bestätigen, können sie nie zur endgültigen Verifikation beitragen. Negative, widersprechende empirische Belege dagegen können eine Theorie sofort falsifizieren. „Der Schluß von den durch ‚Erfahrung' [was immer wir auch mit diesem Worte meinen] verifizierten besonderen Aussagen auf die Theorie ist logisch unzulässig, Theorien sind somit niemals empirisch verifizierbar." (Popper 1984, S. 14). Der Ausgangspunkt im Prozess der wissenschaftlichen Erkenntnis ist in diesem Konzept der schöpferische Einfall, der Entwurf einer Theorie. Eine Theorie entwickelt sich nicht aus empirischen Beobachtungen, sondern bildet die Voraussetzung dafür, systematisch Fragen stellen zu können. Aus allgemeinen Aussagen – also aus Hypothesen oder Theorien – werden *deduktiv-logisch* Basissätze abgeleitet, die in *falsifikatorischer* Absicht mit empirisch gewonnenen Aussagen über die Realität verglichen werden.

▶ Der Kritische Rationalismus postuliert, dass wissenschaftliche Theorien, die einen universellen Gültigkeitsbereich beanspruchen, nie verifiziert, sondern lediglich falsifiziert werden können.

Hinter dieser Logik des Forschens steckt ein Theorieverständnis, das vor allem und zunächst auf nomothetische Theorien zutrifft, also auf ein Netz von Aussagen, die immer und überall zutreffen. Der Forschungsprozess sieht nach Popper verkürzt wie folgt aus: Am Anfang steht eine Theorie bzw. Aussage, die universelle Gültigkeit beansprucht, z. B. „Wenn Menschen fernsehen, dann beziehen sie ihre Weltsicht aus den Medien." Ohne dass die Bedeutung dieser Aussage verändert würde, wird der Satz in seine Negation transformiert: „Es gibt keinen Menschen, der fernsieht und dessen Weltsicht nicht aus den Medien bezogen wäre." Diese Transformation ist nun die Grundlage für den Prozess der Falsifikation. Popper sagt, dass derartige *Es-gibt-nicht-Aussagen,* die nach wie vor Universalität beanspruchen, durch singuläre, auf einen konkreten Sachverhalt bezogene *Es-gibt-Aussagen,* die sogenannten Basissätze, widerlegt werden können. In diesem Fall könnte man einen *Basissatz* etwa so formulieren: „Der Student Karl aus Köln sieht seit 2010 fern und bezieht seine Weltsicht nicht aus den Medien." Dieser auf ein singuläres Ereignis bezogene Satz wäre im nächsten Schritt zu generalisieren: „Es gibt Menschen, die fernsehen und ihre Weltsicht nicht aus den Medien beziehen." Beide, sowohl der partikulare Basissatz als auch der generelle Es-gibt-Satz stehen im

Widerspruch zum Ausgangspunkt, somit ist die Theorie widerlegt. Während das Verifikationsprinzip ein nie endendes Beweisprogramm wäre, ist nun eine Falsifikation ausreichend, um die Gültigkeit der Theorie zu widerlegen: Weil es den Studenten Karl gibt, kann die nomothetische Theorie vom Anfang, „Wenn Menschen fernsehen …", nicht aufrechterhalten werden, und dazu ist der singuläre Fall völlig ausreichend.

Kann man Poppers Kritischen Rationalismus auf die Sozialwissenschaften mit ihren probabilistischen Theorien und Aussagen anwenden? Wenn man das tun würde, hätten wir keine brauchbaren Theorien mehr. Wenn man sagt „Gewalt im Fernsehen führt zu Gewalt bei Rezipient:innen", dann ist diese Theorie nach der Popper'schen Logik falsifiziert, sobald man einen Rezipienten findet, bei dem Gewalt keine negativen Auswirkungen oder keine Gewaltbereitschaft erzeugt hat. Das wird nicht schwerfallen. Analoge Beispiele zu anderen Theorien unseres Faches (Schweigespirale, Wissenskluft, Agenda-Setting) wären leicht zu finden. Insofern wäre das ganze Theoriegebäude, das ja soziale Realität erklären soll, mit einem kurzen Handstreich falsifiziert und wir könnten nach Hause gehen.

Für die Sozialwissenschaften wurde – beispielsweise von Holzkamp (1976) – der Kritische Rationalismus weiterentwickelt, um dem Dilemma der Falsifizierbarkeit in probabilistischen Kontexten zu entkommen. Der Ausweg liegt im sogenannten *Bewährungsgrad;* dies ist eine Art vorläufiger Bericht, der den Stand der kritischen Diskussion einer Theorie zu einem bestimmten Zeitpunkt bewertet. Der Bewährungsgrad ist sozusagen ein Bericht über die bisherigen Leistungen einer Theorie. Je häufiger eine Hypothese durch empirische Forschung bestätigt wurde, desto bewährter ist sie, ohne deshalb gleich als wahr im Sinne eines Allsatzes zu gelten. Je häufiger eine Theorie widerlegt wurde, desto größer ist ihre *Belastetheit:* Eine Theorie ist also nicht dann schon falsifiziert und muss verworfen werden, wenn eine einzelne empirische Beobachtung gegen die Theorie spricht. Je mehr Falsifikationsversuche eine Theorie übersteht, desto bewährter ist sie, je mehr Falsifikationen erfolgreich waren, desto belasteter ist die Theorie. Jede Theorie hat sozusagen zwei Konten, die mitgeführt werden, das „Bewährtheitskonto" und das „Belastetheitskonto". Aus der Belastetheit einer Theorie folgt nun nicht mehr, dass man sie verwerfen muss, sondern man versucht, diese Theorie zu exhaurieren, d. h., man typisiert die fehlgeschlagenen und die gelungenen Falsifikationen und führt somit ex post Bedingungen ein, unter denen die Theorie bestätigt bzw. nicht bestätigt werden kann. Man unterteilt die Theorie gewissermaßen in Fälle, die einem bestimmten Muster folgen. Allsätze werden relativiert, indem weitere intervenierende Bedingungen eingeführt werden: „außer wenn …".

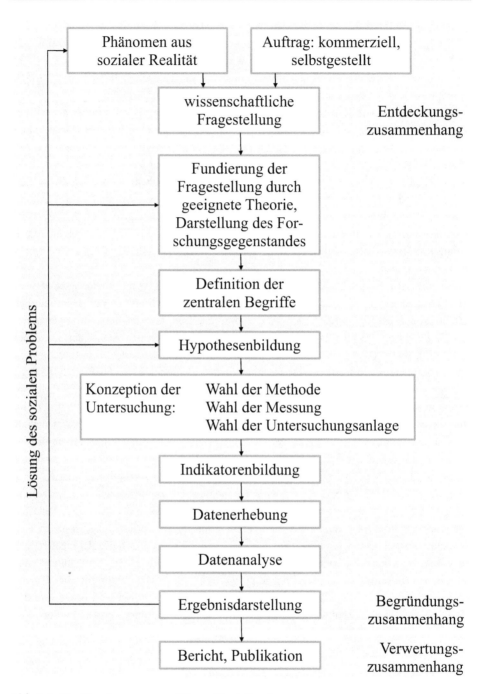

Abb. 1.4   Der Forschungsprozess. (Eigene Darstellung)

1.11 Ablauf des empirischen Forschungsprozesses am Beispiel

Der Ablauf des Wissenschaftsprozesses, insbesondere der empirischen Forschung, ist schematisch in Abb. 1.4 dargestellt. Ähnliche Darstellungen finden sich in anderen Einführungen zu den Methoden der empirischen Sozialforschung (vgl. z. B. Friedrichs 1990; Schnell et al. 2018). Dabei ist wichtig zu wissen, dass dieser Ablauf bei jeglicher Methode im Wesentlichen derselbe bleibt. Egal, ob eine Befragung oder eine Inhaltsanalyse durchgeführt werden: Die Begriffe ändern sich, das Instrumentarium ebenfalls, nicht jedoch die Struktur. Es ist deshalb möglich, alle Stufen dieses Prozesses für die jeweilige Methode zu „übersetzen".

Man sieht auf den ersten Blick, dass die Beherrschung der Methoden zwar ein zentraler, aber nicht ausreichender Bestandteil wissenschaftlicher Vorgehensweise ist. Bis zum Einsatz des Fragebogens oder einer experimentellen Untersuchungsanlage befasst sich die Forschung – ausgehend vom konkreten sozialen Phänomen – mit dem ihr zur Verfügung stehenden theoretischen Instrumentarium. In der Literatur findet man häufig eine Dreiteilung des gesamten Prozesses in Entdeckungs-, Begründungs- und Verwertungszusammenhang.

Der Forschungsablauf sei am Beispiel der gesellschaftlichen Debatte über die Wirkung der Nutzung von *Instagram* durch Jugendliche erläutert.

1.11.1 Der Entdeckungszusammenhang

Das soziale Problem wird in der Öffentlichkeit diskutiert und für wichtig erachtet. In der Praxis beantragen Forschende sogenannte Drittmittel: Das sind Gelder, die von öffentlichen Institutionen, z. B. der Deutschen Forschungsgemeinschaft, von verschiedenen Ministerien oder von privaten Auftraggebern für die wissenschaftliche Befassung mit dem Problem zur Verfügung gestellt werden. Forschung und wissenschaftlicher Erkenntnisgewinn finden häufig nur dann statt, wenn dafür gezahlt wird, ob nun Auftraggeber an bestimmten Ergebnissen interessiert sind (meist bei privaten Geldgebern) oder nicht. Sobald die allgemeine Themenstellung skizziert ist, wird man daraus eine oder mehrere wissenschaftliche Fragestellungen formulieren, die das Herz der folgenden Untersuchung sein sollen. Die Trennung zwischen kommerzieller und akademischer bzw. grundlegender und angewandter Forschung ist dabei auch schwer zu ziehen. Häufig erwachsen aus kommerziellen Projekten neue Theorien und Ergebnisse von Grundlagenprojekten werden in der Praxis genutzt bzw. nutzbar gemacht.

Zurück zur Fragestellung hinsichtlich der Wirkung der Instagram-Nutzung auf Jugendliche. Konkret geht es um die Wirkung auf die Zufriedenheit mit dem eigenen Körper. Entwickeln Jugendliche, die häufig Intragram nutzen, ein unrealistisches Körperideal und verschlechtert sich infolge dessen die Zufriedenheit mit dem eigenen Körper? Wenn dieses Problem etwa innerhalb des Gesundheitsministeriums als brennend genug empfunden wird, werden Verantwortliche sich an die Wissenschaft wenden. Um die

Frage, ob und inwiefern Instagram negative Effekte auf Jugendliche hat, zu beantworten, werden die beauftragten Forscher:innen möglicherweise die Kultivierungshypothese heranziehen. Auf Basis dieser Theorie würde zunächst der Satz gelten „Jugendliche Vielnutzer:innen von Instagram entwickeln ein unrealistisches Körperideal." Dieser Zusammenhang zwischen sozialem Problem, Auftrag und Theorie ist der Entdeckungszusammenhang.

1.11.2 Der Begründungszusammenhang

In der nächsten Phase, dem Begründungszusammenhang, werden auf der Grundlage dieser zentralen Fragestellungen einschlägige Theorien herangezogen, der Forschungsstand wird auf Basis der Literatur analysiert und dokumentiert und für den eigenen Auftrag fruchtbar gemacht. Hier erhält man bereits eine Vorstellung davon, ob – und wenn ja, wie – die bereits existierenden Theorien auf das konkrete Problem anwendbar sind bzw. ob Abweichungen denkbar sind. Aus Abb. 1.2 kann man entnehmen, dass das Ziel jeden Forschens die Verbesserung der Strukturähnlichkeit zwischen Theorie und Wirklichkeit ist. Jetzt ist der Zeitpunkt gekommen, sich theoretisch damit auseinanderzusetzen. In dieser Phase – auf der Grundlage eigener Überlegungen und der entsprechenden Ergebnisse der Forschung – beginnt man, zentrale Begriffe (also zum Beispiel „Influencer:in" und „Körperideal") zu definieren und in Arbeitshypothesen zu überführen. Im ersten Fall (Influencer:in) handelt es sich um einen deskriptiven Begriff mit indirektem empirischem Bezug, d. h., man muss Indikatoren dafür festlegen, wer als Influencer:in gelten und im Rahmen der Studie berücksichtigt werden soll. Man wird also etwa die Anzahl der Follower, die Häufigkeit der Postings und die Inhalte dieser Postings zu Indikatoren erklären, die den Begriff definieren und abgrenzen sollen. Im zweiten Fall (Körperideal) wird man sich vermutlich stärker an bereits vorliegenden wissenschaftlichen Auseinandersetzungen mit diesem Begriff orientieren. Aus der Definition dieser Begriffe lassen sich dann Hypothesen entwickeln, die im empirischen Teil der Untersuchung einem Falsifikationsversuch unterworfen werden. Man formuliert also Hypothesen, die untersucht werden sollen, z. B.: „Jugendliche, die vielen Influencer:innen auf Instagram folgen, haben stärker von der Realität abweichende Körperideale als Jugendliche, die dies nicht tun."

Auch wenn man vielleicht schon eine Vorstellung entwickelt hat, welche Methode wohl am besten geeignet wäre, so kann man streng genommen erst auf der Basis der Begriffsdefinitionen und Hypothesen entscheiden, welche Methode tatsächlich die richtige ist. In dieser Phase des Begründungszusammenhangs wird die komplette Untersuchung konzipiert: Welche Methode? Experimentell oder nicht-experimentell? Qualitativ oder quantitativ? Sind diese Entscheidungen gefallen, beginnt man mit der Entwicklung des Messinstruments: Dies kann ein Fragebogen sein oder das Kategorienschema zu einer Inhaltsanalyse.

Wenn man vermutete Wirkungen von Instagram auf das Körperideal von Jugend-lichen untersuchen will, wäre es naheliegend, ein *Experiment* konzipieren. Medien-wirkungen sind im strengen Sinne nur durch experimentelle Anordnungen kausal zu belegen. Man erzeugt hierbei künstlich Ursachen, deren Wirkung man später messen will (vgl. Kap. 14–16). Allerdings handelt es sich dabei um eine unerwünschte Medien-wirkung. Wir wollen ja nicht, dass die Jugendlichen als Folge unseres Experimentes ein unrealistisches Körperideal und im zweiten Schritt ggf. eine geringere Zufriedenheit mit dem eigenen Körper entwickeln. Gerade bei der Konzeption von Experimenten muss man sich also genau mit etwaigen ethischen Problemen auseinandersetzen. Vermut-lich konzipiert man also eine nicht-experimentelle *Befragung,* um die Zusammenhänge zwischen dem Körperideal und der Instagram-Nutzung zu untersuchen.

Die Datenerhebung ist in der Regel nicht die anspruchsvollste Tätigkeit, verschlingt aber viel Zeit, wenn etwa eine Face-to-Face-Befragung durchgeführt wird. Belohnung für diese Mühen findet man in der nun anstehenden Datenanalyse (die in diesem Buch nur selten thematisiert wird): Hier erscheinen am Bildschirm erstmals Ergebnisse zu den Fragen, mit denen man sich schon monatelang theoretisch befasst hat und dies ist ein wirklich spannender Augenblick. Wer hier nicht streng nach seinen eigenen Vorgaben – sprich seinen selbst aufgestellten Hypothesen – vorgeht, verliert sich in Details und entfernt sich allzu schnell von seinem Erkenntnisinteresse. In die folgende Ergebnis-darstellung gehören dann auch entsprechend nur die Ergebnisse der zuvor aufgestellten Hypothesen: Hier werden sie entweder bestätigt oder widerlegt. Fände man bei der Hypothesenprüfung mittels Datenanalyse nun einen signifikanten Einfluss der Instagram-Nutzung auf das Körperideal und die Zufriedenheit mit dem eigenen Körper, dann hätte die Kultivierungshypothese einen Pluspunkt auf ihrem Bewährtheitskonto.

1.11.3 Der Verwertungszusammenhang

Nun beginnt mit dem Verwertungszusammenhang die dritte Phase, in der die Lösung des konkreten sozialen Problems ansteht. Mit der sorgfältigen und eingehenden Inter-pretation der Ergebnisse wird die zentralen Untersuchungsfrage auf der Grundlage der Befunde beantwortet. Dies erlaubt es, zunächst Rückschlüsse auf die zugrunde liegende Theorie zu ziehen: Konnte die Theorie bestätigt werden oder muss man zumindest einen Ausschnitt verwerfen, weil die eigenen Ergebnisse der Theorie widersprechen? Anhand der Ergebnisse wird man auch Rückschlüsse auf das Problem ziehen und Empfehlungen sowie Ausblicke auf die Zukunft aussprechen. Man wird einen Forschungsbericht für den Auftraggeber schreiben, die Ergebnisse in Vorträgen präsentieren, vielleicht ein Buch oder einen wissenschaftlichen Aufsatz daraus machen, der dann zur Diskussions-grundlage sowohl für gesellschaftlich relevante Gruppen als auch für die Fachöffent-lichkeit wird. Wie andere damit umgehen, hat man unter Umständen nicht mehr in der Hand – es bleibt also offen, ob beispielsweise auf Basis der Ergebnisse ein Präventions-programm oder eine Informationskampagne gestartet wird oder nicht.

Der *Begründungszusammenhang* umfasst also alles, was während der empirischen Untersuchung geschieht: eine Qualifizierung von Begriffen, Festlegung von Hypothesen, Festlegung einer Untersuchungsart, Durchführung der Untersuchung usw. Der *Verwertungszusammenhang* bezieht sich dann auf das, was man selber oder was andere mit den Ergebnissen anfangen. Diese Stufen des Forschungsprozesses werden sich in der einen oder anderen Form immer wiederfinden.

2.1   Messen in der empirischen Kommunikationsforschung

Das folgende Kapitel beschreibt die Vorgehensweise, wie Ausschnitte der sozialen Realität für die Forschung wahrnehmbar, erfahrbar, systematisiert und eben intersubjektiv nachvollziehbar „gemacht" werden. Die Notwendigkeit einer Transformation liegt auf der Hand: Wer nicht am partikularen Einzelfall interessiert ist, sondern Aussagen über „die Bevölkerung", „Fernsehanstalten" oder „Vielseher:innen" machen will, muss die Realität dieser diversen Gruppen zunächst auf wesentliche Aspekte reduzieren.[1]

▶ Vor allem die quantitative empirische Sozialforschung ist daran interessiert, zu einem bestimmten Phänomen viele Fälle systematisch und intersubjektiv nachvollziehbar zu untersuchen.

Nicht die fachliche Einschätzung eines Forschenden über ein Individuum ist das Mittel der Wahl, sondern die von allen untersuchten Einzelfällen unabhängige Darstellung eines bestimmten Merkmals, das allen Fällen gleichermaßen anhaftet. Dazu muss das Merkmal quasi extrahiert, vom Merkmalsträger gelöst und so dargestellt werden, dass nicht mehr seine spezielle Besonderheit zählt, sondern nur mehr das Merkmal als Objekt unter seinesgleichen: Damit wird es messbar.

---

[1]Eine Einzelfallanalyse, etwa in der Psychiatrie, würde vielleicht Videobeobachtung, Tagebucheintragungen, Tiefeninterviews mit dem Arzt und ähnliche Dinge zur Erklärung dieses Falls verwenden.

H.-B. Brosius et al., *Methoden der empirischen Kommunikationsforschung,*
Studienbücher zur Kommunikations- und Medienwissenschaft,
https://doi.org/10.1007/978-3-658-34195-4_2

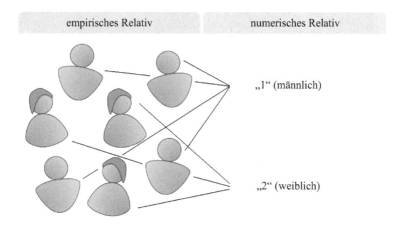

Abb. 2.1 Überführung eines empirischen in ein numerisches Relativ. (Eigene Darstellung. Der Code ‚1' wird viermal, der Code ‚2' dreimal vergeben. Die strukturgleiche (in diesem Fall homomorphe) Abbildung des empirischen in ein numerisches Relativ ist vollzogen)

Wenn man im Alltag an Messen denkt, hat man vermutlich spontan Längen- oder Gewichtsmessung vor Augen. Man denkt an ein Zentimetermaß, an eine Waage, vielleicht auch an eine Geschwindigkeitsmessung. Messen in der empirischen Kommunikationsforschung funktioniert prinzipiell genauso, nur sind die Messinstrumente andere. Ziel ist es, Konstrukte wie „Gewaltbereitschaft", „politische Einstellung" oder „Ängstlichkeit" zu messen. Das bedeutet, dass wir diese abstrakten Konstrukte zunächst durch operationale Definitionen und anschließende Indikatorenbildung überhaupt messbar machen und dann geeignete Instrumente zur Messung entwickeln. Messen und Zählen sind in der empirischen Kommunikationsforschung ganz wesentliche Mittel, um Aussagen über Untersuchungsgegenstände intersubjektiv nachvollziehbar treffen zu können. Nach Friedrichs (1990, S. 97) lässt sich das Konzept des Messens in der empirischen Sozialforschung so formulieren:

▶ „Messen [ist] die systematische Zuordnung einer Menge von Zahlen oder Symbolen zu den Ausprägungen einer Variablen, mithin auch zu den Objekten. [...] Die Zuordnung (oder genauer: Abbildung) sollte so erfolgen, dass die Relationen unter den Zahlenwerten den Relationen unter den Objekten entsprechen."

In der empirischen Kommunikationsforschung wird somit nicht die Gesamtheit einer Person in ihrer ganzen Komplexität erfasst, sondern stets nur für die jeweilige Forschungsfrage bedeutsame Ausschnitte (vgl. Abb. 2.1). Man will bestimmte Merkmalsausprägungen von Menschen systematisch erfassen, so dass man Aussagen treffen kann wie „Männer schauen häufiger Sport und Nachrichten als Frauen." In diesem Beispiel ist dann nicht der Wohnort einer Person, sondern es sind nur die

Merkmale von Bedeutung, die für die Forschungsfrage relevant sind, also „Geschlecht" und „Fernsehnutzung". Messen ist nun der Vorgang, der einem empirischen Relativ, also der Merkmalsausprägung „männlich", systematisch ein numerisches Relativ, zum Beispiel die Zahl Eins, zuordnet. Im numerischen Relativ sind demnach Zahlenwerte niedergelegt, im empirischen Relativ sind Objekte oder Merkmalsträger niedergelegt.

Messen heißt in diesem Kontext, allen Mitgliedern des empirischen Relativs einen Zahlenwert zuzuordnen: „Männlich" ist immer „1", „weiblich" wäre immer „2". Für jedes Mitglied des empirischen Relativs wird ein definierter Zahlenwert zugeordnet, so dass die Relationen im empirischen Relativ den Relationen im numerischen Relativ entsprechen, einander äquivalent sind. Man bildet im Vorgang der Messung die ausgewählte Merkmalsausprägung 1:1 numerisch ab. Die Messung ist also eine Art Übersetzung in einen Code. Messung ist Datenerhebung: „Männlich" und „weiblich" bzw. deren numerische Relative „1" und „2" sind Daten, die genau den definierten und kontrollierten Ausschnitt aus der sozialen Realität darstellen, über den wissenschaftliche Aussagen gemacht werden sollen. Mit dem Vorgang des Messens verlässt man die Realität und überführt Merkmale in einen wohlstrukturierten Objektbereich, in dem es nicht mehr „Michael aus München" mit allen seinen Macken und Vorzügen, sondern nur noch seine Merkmale „Geschlecht", „politische Einstellung", „Fernsehkonsum" und Ähnliches gibt.

Dieses Prinzip kann am Beispiel der Notenvergabe verdeutlicht werden. Will man einen empirischen Merkmalsbereich (Leistung von 100 Studierenden) strukturgleich, also 1:1 abbilden, so impliziert dies eine bestimmte Reihenfolge, die die Leistung (empirisches Relativ) als Note (numerisches Relativ) ausdrückt. Dies geschieht durch das Aufstellen von Regeln, etwa die Vergabe von Punktzahlen für das Lösen von Aufgaben und die Umrechnung von erreichten Punkten in Noten. Die Leistung einer Studentin/eines Studenten wird gemessen und findet in einer Note von 1,0 bis 5,0 ihren strukturgleichen numerischen Ausdruck. In diesem Fall spricht man von einer *homomorphen Abbildung*.

▶ Von homomorphen Abbildungen spricht man, wenn eine Strukturgleichheit zwar gewährleistet ist, die Überführung des empirischen Relativs in das numerische jedoch nicht mehr eindeutig umkehrbar ist.

Es wird mehreren Elementen des empirischen Relativs (z. B. besagten 100 Studierenden) das gleiche numerische Relativ (z. B. die Note 2,0) zugeordnet. Nur durch das Wissen um die Merkmalsausprägung „Note" kann man eine Person also nicht eindeutig identifizieren.

▶ Von isomorphen Abbildungen spricht man, wenn diese Zuordnung möglich ist, d. h. empirisches und numerisches Relativ umkehrbar und eindeutig einander zuzuordnen sind.

Dies bedeutet, dass jeder Wert des numerischen Relativs nur einmal vorkommt. So hat beispielsweise jeder Läufer in einem Marathon eine einzigartige Laufzeit, wenn man diese nur genau genug misst. Anhand der vorliegenden Zeit kann ich eindeutig den entsprechenden Läufer identifizieren. Während die Messung des Merkmals „Alter" oder „Leistung im Seminar" noch recht einfach erscheint, leuchtet es ein, dass eine Messung des Merkmals „Gewaltbereitschaft" wesentlich komplizierter ist. Das Alter einer Person ist leichter festzustellen als ihre Gewaltbereitschaft. In der Mehrzahl werden in der Kommunikationswissenschaft Daten erhoben, die ihrem Begriff nach nur einen indirekten empirischen Bezug haben. Auch hier muss der Messvorgang empirische Relative 1:1 in numerische überführen. Die korrekte Abbildung des vollständigen Spektrums des theoretischen Konstruktes „Gewaltbereitschaft" muss demnach in einem Objektbereich mit numerischen Relativen 1, 2, … strukturgleich darstellbar sein.

2.2   Merkmalsträger, Merkmale, Merkmalsausprägungen

Die Kommunikationswissenschaft erhebt nicht nur Merkmale von Personen. Auch bei Fernsehsendern können bestimmte Merkmale identifiziert werden, die von Interesse sind. Dies sind zum Beispiel die Einschaltquote eines Senders, die Anzahl der Beschäftigten bei diesem Sender oder die technische Reichweite. In wissenschaftlichen Untersuchungen kann also auch ein Fernsehsender zum Merkmalsträger werden. Das Gleiche gilt für Zeitungsartikel. Wie häufig werden die Kanzlerkandidat:innen der großen Parteien erwähnt? Welche Eigenschaften werden ihnen zugeschrieben? Wie ist die Themenstruktur in bestimmten Artikeln? (Tab. 2.1).

In diesem Fall ist der Merkmalsträger ein Zeitungsartikel, der bestimmte Merkmale mit bestimmten Ausprägungen aufweist. Man kennt also ganz verschiedene Merkmalsträger, denen die verschiedensten Merkmale in unterschiedlichen Merkmalsausprägungen zu eigen sind. Aus der jeweiligen Fragestellung folgt, mit welcher Methode die Merkmalsträger und ihre Merkmale untersucht werden. Wenn Zeitungsartikel die Merkmalsträger sind, scheidet die Methode der Befragung aus. Zeitungsartikel lassen sich nicht befragen. Personen als Merkmalsträger dagegen kann man befragen oder beobachten, aber keiner Inhaltsanalyse unterziehen.

2.3   Mess- bzw. Skalenniveaus

Durch die äquivalente Überführung empirischer in numerische Relative entstehen *Skalen*. Beispielsweise wird die Länge von Objekten mit einer Skala, dem Metermaß, gemessen. Dabei gibt es verschiedene Arten von Skalen, die sich hinsichtlich ihres Messniveaus und ihrer mathematischen Eigenschaften unterscheiden. Am sogenannten *Skalenniveau* erkennt man, ob erhobene Werte zum Beispiel zusammengezählt und anschließend geteilt werden dürfen, um etwa einen Mittelwert zu errechnen. Wollte man

Tab. 2.1 Beispiele für Merkmalsträger, Merkmale, Ausprägungen sowie ihre Überführung in numerische Relative (eigene Darstellung)

Merkmalsträger	Merkmal	Ausprägung	Numerisches Relativ
Personen	Wahlverhalten	CDU/CSU SPD Grüne usw.	1 2 3
	Fernsehnutzung	ARD ZDF RTL usw.	1 2 3
Haushalte	Einkommen	Bis 749 750–1499 1500–2249 usw.	1 2 3
	Familienmitglieder	Eltern Großeltern Kinder usw.	1 2 3
Zeitungsartikel	Thema	Außenpolitik Innenpolitik Sport usw.	1 2 3
	Quelle der Nachricht	dpa AP AFP usw.	1 2 3

dies mit den Werten 1 für männlich und 2 für weiblich tun, um dann „1,5" herauszubekommen, läge man zwar mathematisch goldrichtig, der Sache nach jedoch ziemlich daneben. Die Überführung von konkreten Merkmalsausprägungen in reine Zahlen birgt durchaus Risiken. Der konkrete, in der sozialen Realität wahrnehmbare Fall, zum Beispiel das politische Engagement einer Befragten, wird mit dem Messvorgang nicht nur in seiner Komplexität extrem reduziert (es wurde schon mehrfach betont, dass in der empirischen Kommunikationsforschung zumeist nur ein ganz bestimmter Aspekt erhoben und analysiert werden soll). Mit dem kleinen Kreuzchen eines Interviewers bei der Zahl Zwei (sagen wir, 2 stünde für die Antwort „Ich gehe ab und zu auf eine Bezirksversammlung.") ist ein großer Schritt, nämlich mitten in die Mathematik bzw. Statistik, getan. Man kann mit der Zahl rechnen. Um allerdings sachlogischen Unsinn zu vermeiden, ist der gedankliche Rückbezug auf den Ausgangspunkt immer wichtig: Was will man eigentlich mit den Zahlen herausbekommen? Mit welchen Merkmalen hat man es gerade zu tun? Was „darf" man überhaupt mit diesen Merkmalen rechnen, ohne Nonsens zu produzieren? Zu dieser Entscheidung gibt es klare Vorschriften, die sich mit den oben schon erwähnten Skalenniveaus auseinandersetzen. Grundsätzlich unterscheidet man drei Skalenniveaus:

2.3.1 Nominale Skalierung

▶ Bei einer nominalen Skalierung werden die Merkmale eines Merkmalsträgers so klassifiziert, dass gleiche Ausprägungen Gleiches, ungleiche Ausprägungen Ungleiches bedeuten.

Die numerischen Relative (man spricht auch von Ausprägungen) einer nominalen Skalierung schließen sich logisch gegenseitig aus. Wiederum am Beispiel „Geschlecht" wird das deutlich: Durch den Messvorgang erhält man zwei Klassen des Merkmals: männlich $= 1$ und weiblich $= 2$. Sie schließen sich logisch wechselseitig aus, d. h., die Zugehörigkeit zu einer Klasse bedeutet zugleich immer auch die Nicht-Zugehörigkeit zu der anderen Klasse. Weitere Beispiele für eine nominale Klassifikation sind „Religionszugehörigkeit", „Parteienpräferenz" oder „Lieblingssender". Wenn sich alle Merkmalsträger in zwei Ausprägungen einteilen lassen, sprechen wir von *dichotomen* nominalskalierten Merkmalen, wenn es mehr als zwei Ausprägungen gibt, von *polytomen* nominalskalierten Merkmalen.

▶ Dichotome Merkmale sind solche, die genau zwei Ausprägungen haben, polytome Merkmale weisen mehr als zwei Ausprägungen auf.

Dabei ist zu beachten, dass Merkmale nicht per se dichotom oder polytom sind. Es kommt ganz auf die Fragestellung und die Messvorschrift an, mit der ein Merkmal erhoben wird. Die Frage, ob jemand männlich oder weiblich sei, ist eine Messvorschrift, die zu einem dichotomen Merkmal auf Nominalebene führt. Gerade bei diesem Merkmal sehen wir aber auch, dass empirische Sozialforschung Veränderungen der sozialen Realität berücksichtigen sollte. In einer Umfrage von 1990 wurde das Geschlecht als dichotomes Merkmal operationalisiert. Heute würde man Befragten zusätzlich die Optionen „divers" und ggf. „kann/möchte ich nicht angeben" zur Verfügung stellen. Fragt man nach der Religionszugehörigkeit und gibt als Antwortkategorien „katholisch", „evangelisch", „muslimisch", „sonstiges" oder „keine Religion" an, erhält man durch diese Messvorschrift ein fünfstufiges polytomes Merkmal ebenfalls auf Nominalniveau. Denkbar wäre allerdings auch, die Religionszugehörigkeit als dichotomes Merkmal zu erheben, indem man beispielsweise nach „christlich" und „andere" fragt. Im Resultat erhält man ein dichotomes Merkmal mit zwei Ausprägungen auf Nominalniveau, welches das gleiche Merkmal (Religionszugehörigkeit) anders, gröber gemessen hat.

  Die Anzahl der möglichen Ausprägungen solcher Nominalskalen reicht von 2 bis theoretisch unendlich. Wenn auf Nominalskalenniveau erhoben wird, werden die Ergebnisse in der Regel als Häufigkeiten oder Prozentwerte dargestellt. Beispiele sind „51 % der Einwohner:innen Deutschlands sind weiblich", „25,7 % der Wähler:innen haben bei der Bundestagswahl 2013 die SPD gewählt" oder „89 % der deutschen Haushalte verfügen über ein Fernsehgerät." Technisch gesprochen können wir nur feststellen, ob zwei Merkmalsträger die gleiche oder eine verschiedene Merkmalsausprägung haben. Aus diesem Grund könnte man für nominalskalierte Merkmale auch Buchstaben oder Symbole vergeben, etwa X für männlich und Y für weiblich. Da wir allerdings später mit den erhobenen Daten rechnen wollen, um zum Beispiel bestimmte Anteile beschreiben zu können, ist es praktisch und Konvention, auch nominalskalierte Merkmale in Zahlen zu überführen.

2.3.2   Ordinale Skalierung

▷ Die Messwerte auf einer ordinalen Skalierung lassen sich in eine sachlogische Rangfolge bringen.

Ordinale Skalen werden deshalb auch *Rangskalen* genannt. Eine Rangskala ist eine strukturgleiche Abbildung, die entweder homomorph oder isomorph sein kann. Ein Notenspiegel ist eine homomorphe Darstellung, weil mehrere Studierende die gleiche Note erhalten können. Die Objekte einer Rangskala werden auf der logischen Ebene eines *Vergleichs* gemessen: Wer ist besser, was ist größer, was kommt häufiger vor als das andere Objekt? Das heißt, wie bei den Nominalskalen werden die Qualitäten von Merkmalsausprägungen miteinander verglichen. Allerdings lassen sich nicht nur gleich und ungleich (Platz 1 ist ungleich von Platz 2), sondern auch *größer* und *kleiner* unterscheiden. Wichtig an den Ausprägungen der Rangskala ist nun die Tatsache, dass die „Abstände" zwischen den Ausprägungen nicht gleich groß sind. Wohl kann man angeben, dass die Note „sehr gut" besser als ein „gut" ist, aber sie ist keineswegs doppelt so gut; auch der Abstand zwischen „sehr gut" und „gut" ist vermutlich kleiner als der zwischen „ausreichend" und „mangelhaft". Daher darf man streng genommen keine Mittelwerte berechnen. Bei der Berechnung einer Durchschnittsnote von beispielsweise 2,2 handelt es sich folglich um eine sachlogisch nicht angemessene Rechenoperation. Die Praxis ignoriert diesen Sachverhalt jedoch häufig, was ein Blick auf das eigene Abiturzeugnis belegt.

2.3.3   Metrische Skalierung

Auch die Objekte einer metrischen Skala nehmen eine Rangfolge ein.

▷ Ausprägungen, die metrisch skaliert gemessen werden, können jeden beliebigen Zahlenwert annehmen. Die Abstände bzw. die Intervalle zwischen den möglichen Messpunkten müssen immer gleich groß sein.

Das Metermaß ist ein typisches Beispiel für eine metrische Skala. Die wichtigste Unterscheidung derartiger Merkmalsausprägungen zu denen auf nominalen oder ordinalen

Skalen ist die Tatsache, dass sie der numerischen Metrik folgen. Metrisch skalierte Objekte können nun ihrerseits verschiedene Eigenschaften besitzen, die für die Datenauswertung von großer Bedeutung sind. Man unterscheidet diskrete und sogenannte stetige Merkmale. Diskrete Merkmale haben Ausprägungen, die in ganzen Zahlen darzustellen und insofern abzählbar sind. Dies könnten sein: Anzahl von Studierenden in einem Semester, gekaufte Autos in einem Geschäftsjahr oder eingeschaltete Fernsehgeräte um 20 h. Im Prinzip können diese Merkmalsausprägungen einen unendlichen Wert annehmen, sie bleiben der Sache nach aber zählbar.

Im Gegensatz dazu stehen stetige Variablen. Hier kommt es nur darauf an, wie genau das Messinstrument ist, mit dem die Merkmalsausprägung gemessen wird. Man denke sich das Beispiel „Fernsehkonsum einer Person". Will man die Nutzungsdauer – was üblich ist – in Minuten messen, erhält man eine zählbare, diskrete Ausprägung. Theoretisch wäre jedoch denkbar, dass man die Nutzungsdauer von Personen mit so feinen Abstufungen misst, dass sie einer stetigen Funktion nahekommen bzw. die Ausprägungen auf einem Kontinuum darstellen, deren Abstände unendlich nah aneinanderrücken. Typische stetige Maße sind unter anderem Länge, Zeit, Temperatur und Gewicht.

In der Praxis wird allerdings kaum zwischen diskreten und stetigen Merkmalen unterschieden. Man orientiert sich an den Möglichkeiten der Messinstrumente und den Forschungsinteressen. Beispielsweise würde es ungleich mehr Aufwand bedeuten, den Fernsehkonsum als stetiges Datum (also in unendlich feiner Abstufung) zu messen. Der Informationsgehalt einer einfacheren Messung, beispielsweise auf der Basis von Viertelstundenintervallen, ist nur unwesentlich geringer.

Innerhalb der metrischen Skalen kann man *Intervall- und Ratioskalen* unterscheiden. Intervallskalen haben keinen absoluten (sondern wie bei der Temperaturmessung in °C allenfalls einen willkürlich gesetzten) Nullpunkt. Beispiele sind Beurteilungsskalen, die von „sehr schlecht" bis „sehr gut" reichen, sie gehen von einem Minimalwert bis zu einem Maximalwert. Die Abstände (Intervalle) zwischen den einzelnen Skalenpunkten sind genau gleich groß. Im Gegensatz dazu haben Ratioskalen einen absoluten Nullpunkt, z. B. die Fernsehnutzungsdauer in Minuten. Dabei geben die Zahlen die Verhältnisse der Merkmalsausprägungen korrekt wieder. Jemand, der vier Stunden fernsieht, sieht *doppelt so viel* wie jemand, der nur zwei Stunden sieht. Im Gegensatz dazu würde eine solche Aussage bei intervallskalierten Merkmalen nicht sinnvoll sein. Liegt die durchschnittliche Temperatur einer Winternacht bei $-8\,°C$, so ist diese nicht „doppelt so kalt" wie eine Nacht mit einer durchschnittlichen Temperatur von $-4\,°C$.

In der Forschungspraxis wird zusätzlich häufig der Begriff der *quasi-metrischen* Skalierung verwendet. In vielen Fällen misst man in der empirischen Kommunikationsforschung Konstrukte mittels Skalen, die strenggenommen eine Ordinalskala darstellen: Einstellungen und Meinungen zu Themen, die Bewertungen von Politiker:innen, Persönlichkeitseigenschaften, Mediennutzungsmotive usw. Bleiben wir beim letzten Beispiel: Wir wollen die Motive der Nutzung von Medienangeboten untersuchen. Dazu legen wir den Befragten unterschiedliche Aussagen vor. Etwa: „Ich nutze Netflix, weil ich dabei so schön abschalten kann." Die Befragten sollen anhand einer 5-stufigen Skala von „trifft

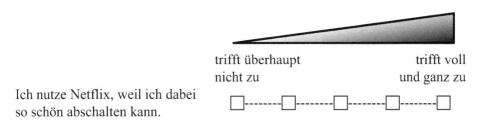

trifft überhaupt   trifft voll
nicht zu   und ganz zu

Ich nutze Netflix, weil ich dabei so schön abschalten kann.

☐-------☐-------☐-------☐-------☐

Abb. 2.2 Quasi-metrisches Skalenniveau. (Eigene Darstellung)

Tab. 2.2 Nominale, ordinale, metrische Skalierung. (Eigene Darstellung)

Merkmal	Nominal	Ordinal	Metrisch
Geschlecht	männlich = 1 weiblich = 2 divers = 3		„Weiblichkeits- bzw. Männlichkeitsindex"
Kompetenz von Politiker:innen	ja = 1 nein = 0	1. Platz 2. Platz 3. Platz	Messung auf Skala von −5 bis +5
Fernsehkonsum	ja = 1 nein = 0	nie = 1 mehrmals pro Monat = 2 mehrmals pro Woche = 3 täglich = 4	minutengenaue Messung der Nutzungsdauer

überhaupt nicht zu" bis „trifft voll und ganz zu" ihre Zustimmung/Ablehnung angeben. Strenggenommen handelt es sich hierbei um eine Ordinalskala, da der Abstand zwischen dem ersten und dem zweiten Skalenpunkt für die meisten Befragten vermutlich nicht identisch zu dem zwischen dem zweiten und dem mittleren Skalenpunkt ist. Man versucht allerdings, diese gleichen Abstände auch durch eine grafische Verankerung zu verdeutlichen (vgl. Abb. 2.2).

Bei den folgenden Berechnungen werden dann auch Verfahren eingesetzt, die ein metrisches Skalenniveu erfordern. So wird beispielsweise der Mittelwert gebildet. Allerdings sollte man es dabei nicht übertreiben. Nicht jede Skala mit mehreren Skalenpunkten sollte als quasi-metrische Skala behandelt werden. So wird zum Beispiel in der politischen Kommunikation in Umfragen häufig nach dem allgemeinen Interesse an Politik gefragt: „Interessieren Sie sich ,sehr', ,etwas' oder ,gar nicht' für Politik?" Hier ist offensichtlich, dass die Abstände zwischen den Skalenpunkten nicht gleich sind. Entsprechend wäre auch die Berechnung eines Mittelwertes problematisch.

Nominal-, Ordinal- und metrisches Skalenniveau sind „abwärtskompatibel": Eine metrische kann auch als Ordinal- oder Nominalskala behandelt werden, eine Ordinal- auch als Nominalskala. Die entsprechenden Rechenoperationen sind also jeweils möglich. Es sei noch einmal betont, dass die Messung und nicht das gemessene Phänomen das Skalenniveau bestimmt. Das Geschlecht muss nicht nominal erfasst werden, obwohl das in der Praxis fast stets so geschieht. Und der Fernsehkonsum muss nicht metrisch erfasst werden. Wenn man Leute lediglich fragt, ob sie überhaupt fernsehen (ja oder nein), hat man Fernsehnutzung nominal-dichotom erhoben. Tab. 2.2 liefert ein paar Beispiele für die verschiedenen Skalenniveaus.

2.4   Differenziertheit von Messungen

Für die empirische Kommunikationsforschung sind die drei relevanten Skalenniveaus nicht zuletzt wegen der unterschiedlichen Differenziertheit der Messung interessant. Je höher das Skalenniveau, desto differenzierter die Messung.

▶ Je detaillierter ein Sachverhalt gemessen wird, desto genauere Aussagen können über diesen Sachverhalt gemacht werden.

Da keinem Merkmal a priori das richtige Skalenniveau anhängt, kommt es auf das Forschungsinteresse an, welches mit einer bestimmten Messung verfolgt wird. Man denke noch einmal an das Beispiel der „Vielseher:innen". Die Frage „Sehen Sie viel fern?" impliziert genau zwei Merkmalsausprägungen, nämlich „ja" und „nein". Abgesehen davon, dass gar nicht angegeben wurde, was „viel" bedeutet, lassen sich die Befragten nur sehr grob in zwei Gruppen einteilen. Bei einer Frage nach dem täglichen Fernsehkonsum in Minuten kann man Vielseher:innen schon sehr viel differenzierter beschreiben. Man hat die Möglichkeit, die Befragten in Gruppen einzuteilen (bis zu einer Stunde, bis zu zwei Stunden etc.) und zu prüfen, in welcher Gruppe die meisten Befragten landen. Man kann Minimum und Maximum bestimmen und Mittelwerte ausrechnen. Der Vorteil einer differenzierten Messung liegt also darin, dass mit den Daten mehr Berechnungen vorgenommen und sie daher detaillierter interpretiert werden können. Aus Nominalskalen lässt sich eben nicht so viel herausholen wie aus Ratioskalen. Allerdings ist immer zu bedenken, dass eine Messung mittels Ratioskala einen größeren Aufwand bei der Erhebung (auch für die Befragten!), Auswertung und Ergebnisdarstellung bedeutet.

2.4.1   Wahl des richtigen Skalenniveaus

Hier soll noch einmal verdeutlicht werden, dass sich die Wahl des Skalenniveaus am Forschungsinteresse orientiert: Wollte man herausfinden, wie maskulin bzw. feminin Männer und Frauen sind, würde man eine Skala zur Messung der Männlichkeit und Weiblichkeit verwenden. Man bekäme dann für jede Frau und für jeden Mann einen Männlichkeitswert und einen Weiblichkeitswert heraus, der intervallskaliert zum Beispiel als Index dargestellt werden könnte. Es ist also durchaus denkbar, dass selbst solche Merkmale, die für gewöhnlich nominal erhoben werden, auch als ein stetiges Kontinuum darstellbar sind. Wenn also ein Merkmal im Mittelpunkt des Interesses steht, wird man versuchen, es möglichst differenziert zu erheben, d. h. in der Regel metrisch skaliert. Wenn umgekehrt ein Merkmal eher am Rande interessiert, dann wird man es vielleicht hinnehmen, es nur mit einer einfachen „Ja-nein-Frage" nominal zu erheben. Theoretische Konstrukte wie „Vielseher:innen" müssen demnach mit mehreren Messungen, meist auf metrischem Skalenniveau erhoben werden, um der Komplexität des Phänomens gerecht zu werden. Dabei werden die verschiedenen Merkmale (Indikatoren), die man aus seinen theoretischen Überlegungen heraus dem Vielseher-Phänomen zuordnet, unterschiedlich differenziert erhoben. Fragen nach der Dauer und den Nutzenerwartungen des Fernsehkonsums werden vermutlich sehr detailliert erhoben.

Die Wahl des Messniveaus hängt jedoch nicht nur vom Erkenntnisinteresse, sondern auch vom Merkmalsträger selbst ab. Die Frage nach der politischen Einstellung kann man auf vielerlei Arten konzipieren und nicht alle Möglichkeiten werden den optimalen Erkenntnisgewinn bringen, weil der Merkmalsträger – also die Person – nicht immer antworten kann. Folgende Situation sei angenommen: Wenn man wissen will, wo eine Befragte im politischen Spektrum steht, könnte man sie fragen: „Schätzen Sie Ihre politische Position eher links oder eher rechts ein?" Das klingt, als ob es ganz leicht zu beantworten wäre. Aber was tun diejenigen, die sich tatsächlich als politisch neutral sehen? Sie haben keine Chance, gültig zu antworten. Man wird also ein verzerrtes Ergebnis bekommen und unter Umständen falsche Schlüsse aus den Daten ziehen. Die Wahl eines nominalen Messniveaus mit dichotomen Ausprägungen ist offenbar nicht angemessen. Anders verhält es sich, wenn der Befragten für die gleiche Auskunft eine Skala von 0 bis 100 vorgelegt wird, wobei die 0 eine extreme linke, die 100 eine extreme rechte Position darstellen soll. Diese Messung ist sehr viel detaillierter. Man muss sich allerdings fragen, ob eine solch genaue Skala tatsächlich entsprechend mehr Informationsgehalt bietet und nicht vielleicht die Befragten überfordert. Vermutlich wird kaum eine Person die Zahl 23 ankreuzen, viele dagegen 50 oder 20 oder 80. Die Skala ist zu differenziert für die überwiegende Mehrheit der Bürger:innen. Eine siebenstufige Antwortmöglichkeit für die Frage „Sind Sie politisch eher links oder rechts eingestellt?" wird vermutlich ein guter Kompromiss zwischen Differenziertheit einerseits und Realitätsnähe andererseits sein.

2.4.2 Veränderung des Skalenniveaus nach der Messung

Häufig werden nur bestimmte Ausprägungen eines Merkmals differenziert erfasst und damit wird eine *Restkategorie* in Kauf genommen. Das bedeutet, dass einem Teil der Merkmalsträger, der sich aus unterschiedlichsten „Minderheiten" zusammensetzt, eine quasi zusammenfassende Merkmalsausprägung *Sonstiges* zugeordnet wird. Ein bekanntes Beispiel sind Hochrechnungen zu Bundestagswahlen, wo die Grafiken in der Regel nur diejenigen Parteien ausweisen, die die Fünfprozenthürde übersprungen haben oder nur knapp darunterliegen. Hinter der Kategorie „Sonstige" verbergen sich sämtliche Stimmen der vielen Parteien, die unter dieser Grenze blieben. Selbstverständlich gäbe es die Möglichkeit, alle sogenannten Splitterparteien aufzuführen, denn es wurde ja bei der Wahl auch detailliert abgefragt (niemand macht sein Kreuzchen bei einer Kategorie „Sonstige"). Das allgemeine Interesse an der Hochrechnung richtet sich aber bekanntermaßen nur auf die „Großen". Deshalb haben Wahlforscher:innen nach der Datenerhebung, also der Wahl, bestimmte Ausprägungen zusammengefasst, weil es dem allgemeinen Interesse entspricht.

Dieser Vorgang der späteren Zusammenfassung von Ausprägungen ist in der quantitativen empirischen Kommunikationsforschung üblich: Man erfasst zunächst die Daten sehr genau und kann bei der Analyse viele detaillierte Ausprägungen zu neuen, größeren Gruppen zusammenfassen. Ein umgekehrtes Verfahren ist jedoch nicht möglich. Wenn man bei der Datenerhebung die Ausprägungen nur sehr grob misst, kann man nicht im Anschluss aus zwei Gruppen viele kleine machen. Daraus folgt: Eine Messung auf metrischem Skalenniveau („Wie viele Minuten schauen Sie täglich fern?") kann je nach Erkenntnisinteresse bei der Auswertung zu Gruppen zusammengefasst werden. Für das Skalenniveau bedeutet das nichts anderes als dass man die Ratioskala zu einer Ordinalskala reduziert. Zum Beispiel würde die erste Gruppe alle diejenigen umfassen, die bis zu einer Stunde fernsehen, die zweite Gruppe bis zu zwei Stunden usw. Es ist sogar denkbar, das Skalenniveau noch weiter zu reduzieren. Eine nominale, dichotome Skalierung könnte dann so aussehen, dass man Vielseher:innen als diejenigen bezeichnet, die mehr als drei Stunden sehen, die anderen als Wenigseher:innen.

2.4.3   Grenzen der Differenziertheit von Messungen

Zu guter Letzt spielt auch das zur Verfügung stehende Budget eine Rolle bei der Frage, wie differenziert man misst. Wissenschaftlich interessant wäre es natürlich immer, möglichst viele Personen möglichst detailliert zu untersuchen. Dies kostet jedoch zusätzliches Geld. Ein weiterer Grund, der dagegenspricht, möglichst ausführlich und differenziert zu erheben, ist die endliche Geduld der zu Untersuchenden. Zeitungsartikel kann man unendlich detailliert und lange analysieren, das ist nur eine Frage des Geldes (und natürlich der Belastbarkeit der Codierer:innen). Befragte werden aber bei zu langen Fragebögen ihre physischen und psychischen Grenzen erreichen. Die kann dazu führen, dass sie die Befragung abbrechen oder, was sogar problematischer wäre, ab einem bestimmten Zeitpunkt nicht mehr aufmerksam zuhören und die Fragen nicht mehr wahrheitsgemäß beantworten. Dies reduziert die Güte der Messung (vgl. Abschn. 3.2).

Die Konzeption einer Studie orientiert sich also nicht *nur* am wissenschaftlichen Erkenntnisinteresse. Der Forschungsprozess (vgl. Abb. 1.4) ist auch bestimmt von zeitlichen und finanziellen Restriktionen sowie pragmatischen Erwägungen, die bis hin zu Überlegungen zur Differenziertheit von Messungen gehen können.

Messen und Zählen II

3

3.1 Indexbildung und Skalierungsverfahren

Wie erfolgt nun die Messung von komplexeren Konstrukten in einer angemessenen Form? Im Folgenden werden die gängigsten Verfahren zur Skalenkonstruktion dargestellt. Zunächst einmal unterscheidet man zwischen Skalen und Indizes. Man beachte hierbei die unterschiedliche Verwendung des Begriffs „Skala". Beim *Skalenniveau,* das im vorigen Kapitel dargestellt wurde, bezieht er sich auf die Differenziertheit der Messung, in diesem Kontext zielt er auf die Zusammenfassung mehrerer Einzelmessungen zu einem Gesamtwert. Jedes dieser *Skalierungsverfahren* hat unterschiedliche Konstruktionsprinzipien, die im Folgenden beschrieben werden.

▶ Indizes repräsentieren einen Merkmalsraum, d. h., in einem Index sind bereits mehrere Items rechnerisch zusammengefasst.

▶ Skalen sind Messinstrumente, die sich aus mehreren Einzelmessungen (Items) zusammensetzen, die alle das gleiche Merkmal oder ähnliche Merkmale erfassen und sich auf das gleiche Konstrukt beziehen.

3.1.1 Indizes

Ein Phänomen der sozialen Realität, das mittels einer empirischen Studie untersucht werden soll, kann nicht mit einer Messung vollständig abgebildet werden, sondern erfordert in der Regel eine ganze Reihe von Messungen. Mit der operationalen Definition von Begriffen werden Indikatoren bestimmt, die den Gegenstandsbereich adäquat

© Der/die Autor(en), exklusiv lizenziert durch Springer Fachmedien Wiesbaden GmbH, ein Teil von Springer Nature 2022
H.-B. Brosius et al., *Methoden der empirischen Kommunikationsforschung,*
Studienbücher zur Kommunikations- und Medienwissenschaft,
https://doi.org/10.1007/978-3-658-34195-4_3

abbilden sollen. Gewaltbereitschaft wird man eben nicht mit einer Frage, sondern nur mit einem umfangreichen Katalog von Messungen (=Skala) in den Griff bekommen. Trotzdem bleibt es das Ziel der empirischen Forschung, das theoretische Konstrukt systematisch, intersubjektiv nachvollziehbar und im wahrsten Sinn des Wortes berechenbar darzustellen. Die Konstruktion eines Indexes erfolgt genau zu diesem Zweck. Man entwickelt zunächst viele Indikatoren, die ein Konstrukt beschreiben, misst sie und reduziert sie am Ende wieder zu einem Zahlenwert, der dann zum Beispiel das Ausmaß an Gewaltbereitschaft repräsentiert. Dieser Zahlenwert stellt dann den Index dar.

Ganz praktisch kennt jeder die Verwendung solcher Indizes, die für die beliebten Psychotests in Zeitschriften verwendet werden: „Testen Sie Ihr Einfühlungsvermögen!", „Welcher Essenstyp sind Sie?", „Sind Sie eine gute Autofahrerin?". Diese und ähnlich spannende Selbsteinschätzungen werden mit Hilfe von Indexbildungen plastisch gemacht. Der Test der Autofahrqualitäten besteht dann natürlich nicht in der Frage, ob man sich selbst als gute Fahrerin einschätzt, sondern in einer Batterie von Fragen, die die verschiedenen Indikatoren von Autofahrqualitäten vollständig und exklusiv abbilden sollten. Eine gute Autofahrerin muss vorausschauend fahren, muss auf Sicherheit bedacht sein, darf nicht zu schnell fahren und darf in Krisensituationen nicht den Kopf verlieren. Der Index „Gute Autofahrerin" setzt sich aus verschiedenen Indikatoren zusammen und für jeden Indikator nimmt man eine Messung vor in Form einer Frage, die die Leser:innen mit „Ja" oder „Nein" bzw. a, b, c oder d beantworten sollen. Das Resultat sind dann Punktwerte, die die Aspiranten einer Gruppe zuordnen. Der Punktwert selbst ist genau der Index, der alle Messungen umfasst.

Egal, ob es sich nun um einen *Gute-Autofahrer-Index* oder einen solchen zur Gewaltbereitschaft handelt: Der Einsatz von Indizes hat Implikationen, die unbedingt mit bedacht sein wollen:

- Indizes reduzieren den Merkmalsraum. Differenzierte Beschreibungen einzelner Indikatoren gehen verloren.
- Der Index ist die Summe aller gemessenen Merkmale und damit selbst ein neues Merkmal.
- Der Index muss den Merkmalsraum, sprich die Indikatoren eines theoretischen Konstruktes, vollständig und eindimensional abbilden.[1]
- Der Index selbst hat das Niveau einer Intervallskala, auch wenn die in ihm steckenden Indikatoren nominal (ja/nein) oder ordinal erhoben wurden.
- Die Messungen, die in den Index eingehen, sollten alle dasselbe Messniveau aufweisen, also z. B. nominale, dichotome Skalen sein.

---

[1] Nicht eindimensional wäre zum Beispiel die Aufnahme des folgenden Indikators in den Gute-Autofahrer-Index: Autowaschhäufigkeit. Würde man diesen Indikator mit aufnehmen, bekäme man am Ende (speziell in Deutschland) einen verzerrten Indexwert heraus, der das Konstrukt nicht bestmöglich messen würde.

Mit dem Vorteil, den ein Index zweifellos bietet, nämlich sozusagen auf einen Blick ein ganzes Konstrukt schön griffig darzustellen, handelt man sich immer auch den Nachteil ein, dass ein Index eine stark verkürzende, vollständig abstrakte Darstellung eines Untersuchungsgegenstandes ist. Deshalb wird man nicht ausschließlich mit Indizes arbeiten und argumentieren.

3.1.2   Skalierungsverfahren

3.1.2.1 Thurstone-Skala

Die Leserin, die brav alle Fragen zum „Autofahrqualitäten-Test" beantwortet hat, zählt in der Regel Punkte zusammen, durch die sie am Ende einer bestimmten Gruppe zugeordnet wird. Wenn dabei nicht bei jeder Frage die gleiche Anzahl an Punkten vergeben wird, handelt es sich bei der zugrunde liegenden Skala um eine Thurstone-Skala.

Die Besonderheit der unterschiedlichen Punktevergabe ist in der Konstruktion der Skala begründet. Diese erfolgt in einem zweistufigen Verfahren. Denkbar sind zwei Konstruktionsprinzipien:

Die erste Möglichkeit zur Konstruktion der Skala beginnt mit der Sammlung einer großen Anzahl an Items, die das Konstrukt „Autofahrqualitäten" möglichst in seiner Gesamtheit abbilden. Diese Items werden zunächst einer kleinen Gruppe von Personen vorgelegt. Ebenso wie die Leser:innen der Zeitschrift beurteilen diese Personen alle Indikatoren, allerdings nicht mit ja/nein, sondern auf einer Skala, die in der Regel elfteilig ist (Tab. 3.1).

Dabei sollen sie nicht ihre eigene Einstellung angeben, sondern lediglich einschätzen, inwiefern dieses Item auf schlechte bzw. gute Autofahrer:innen zutrifft. So würden die meisten Personen das Item „Wenn ich mir sicher bin, dass ich nicht erwischt werde, fahre ich über rote Ampeln" wahrscheinlich eher dem Pol „schlechte Autofahrer" (z. B. Punktwert − 4) zuordnen. Ein Item wie „Sicherheit steht für mich beim Autofahren an erster Stelle, selbst wenn ich dadurch manchmal zu spät komme" würde vermutlich eher dem Pol „gute Autofahrer" zugeordnet werden. Für den „Autofahrqualitäten-Test" ausgewählt werden nur solche Items, bei denen sich die Beurteilenden relativ einig sind. Gleichzeitig wird darauf geachtet, dass die gesamte Breite zwischen den beiden Polen durch Items abgedeckt ist und sich im Test somit Items befinden, denen „gute", „neutrale", aber auch „schlechte" Autofahrer:innen zustimmen würden. Die so auf weniger Items reduzierte und zusammengestellte Skala wird den tatsächlichen Befragten vorgelegt. Diese sollen nur angeben, ob sie dem Item zustimmen oder nicht. Stimmen sie der Aussage bzgl. der roten Ampeln zu, dann erhalten sie für ihre Zustimmung auch

Tab. 3.1 Kategorienvorgabe zur Beurteilung von Items (Eigene Darstellung)

schlechte Autofahrer:innen					neutral			gute Autofahrer:innen		
−5	−4	−3	−2	−1	0	1	2	3	4	5

genau die Punktzahl, die die Beurteilenden dem Item zugeordnet hatten, also z. B. minus vier Punkte.

Das zweite Konstruktionsprinzip läuft dagegen so ab: Man definiert erneut den Merkmalsraum eines Sachverhaltes, zum Beispiel „Fremdenfeindlichkeit". Die Indikatoren werden wiederum einer Gruppe von Beurteilenden vorgelegt, wobei man annimmt, dass das theoretische Konstrukt, das untersucht werden soll, in der Gruppe normalverteilt vorliegt.[2] Ein Indikator könnte vielleicht „Toleranz in der Familie" heißen und mit der Aussage „Einen Schwiegersohn, eine Schwiegertochter aus einem anderen Land würde ich nicht akzeptieren." erhoben werden. Die Beurteilenden sollen nun anhand der elfstufigen Skala angeben, wie stark *sie selbst* dieser Aussage zustimmen. Nun wird für jedes Item der Wert ermittelt, der die Bewertungen aller Beurteilenden in zwei gleiche 50 %-Hälften teilt. Wenn also von 30 Testpersonen 15 einen Wert von minus drei oder kleiner angekreuzt haben und somit ausdrücken, dass sie dieser Aussagen nicht zustimmen, erhält diese Frage den Punktwert − 3. Dies ist übrigens kein arithmetisches Mittel, sondern ein anderer Mittelwert, der sogenannte *Median*. In diesem ersten Schritt werden die Indikatoren, die eine Einstellung abbilden, gewissermaßen geeicht, einem festen Wert zugeordnet.

Im zweiten Schritt, der eigentlichen Befragung zur Fremdenfeindlichkeit, wird dann gemessen, ob Befragte dieser Frage zustimmen oder nicht. Es wird also gemessen, ob eine bestimmte Einstellung, die Teil einer generellen Einstellung (z. B. Fremdenfeindlichkeit) ist, bei Befragten vorliegt oder nicht. Wenn ein Befragter einem Einstellungs-Item zustimmt, wird der im ersten Schritt ermittelte Skalenwert (in diesem Fall minus drei Punkte) vergeben. Dies passiert im Folgenden mit vielleicht zwanzig Items, die alle Indikatoren für eine bestimmte Einstellung sind. Die Werte der 20 Items werden zusammengezählt und heraus kommt ein intervallskalierter Wert, der als *Thurstone-Skala* beispielsweise die Einstellung eines Befragten zu Fremden repräsentiert. Diese Skala setzt sich also aus 20 Einzelmessungen (Items) zusammen und misst das Konstrukt Fremdenfeindlichkeit.

▶ Eine Thurstone-Skala besteht aus mehreren Items mit dichotomer oder polytomer Antwortvorgabe, deren Werte, mit bestimmten Punktwerten gewichtet, zu einem Gesamtwert (Index) zusammengefasst werden.

In der Regel werden Thurstone-Skalen für die Messung von Einstellungen gegenüber sozialen Sachverhalten verwendet. Das erklärt auch, warum häufig unterschiedlich hohe Punktzahlen in den typischen Zeitschriften-Tests vergeben werden: Die Antwortmöglichkeiten bei einer Frage werden entsprechend des Vortests gewichtet. Bezogen auf den

---

[2] Will man zum Beispiel eine Thurstone-Skala zum Begriff Fremdenfeindlichkeit entwickeln, wird man seine Gruppe nicht aus den Reihen einer rechtsradikalen Partei rekrutieren.

Autofahrqualitäten-Test würde also ein „Ja" auf die Frage „Wenn ich mir sicher bin, dass ich nicht erwischt werde, fahre ich über rote Ampeln" mit − 4 Punkten gewichtet, die Antwort „Nein" dagegen mit 0 Punkten.

Eine weitere Variante liegt vor, wenn ich über einen bestimmten Gegenstandsbereich bereits über Vorinformationen verfüge. Nehmen wir an, wir hätten eine Gruppe von Personen zur Verfügung, die seit 30 Jahren unfallfrei Auto gefahren sind, und eine Gruppe, deren Mitglieder in der Flensburger Verkehrssünderdatei über viele Punkte verfügen. Beiden Gruppen legen wir eine große Anzahl von Fragen vor, die sich in der Regel aufs Autofahren beziehen, aber auch auf ganz andere Sachverhalte, z. B. die Lieblingsfarbe. Für die endgültige Skala werden dann die Items verwendet, die beide Gruppen am besten trennen, das kann dann theoretisch auch die Lieblingsfarbe sein. Wenn alle schlechten Autofahrer:innen „Rot" sagen und alle guten „Blau", dann wäre dieses Item sehr gut geeignet, gute und schlechte Autofahrer:innen zu trennen. Angesichts dieser Vorgehensweise ist dann auch verständlich, warum in solchen Tests in Zeitschriften bisweilen nicht direkt erkennbar ist, was eine Frage mit dem entsprechenden Phänomen zu tun haben soll.

3.1.2.2 Likert-Skala

Der zweite Skalentyp, der in der Kommunikationsforschung häufig eingesetzt wird, ist die sogenannte *Likert-Skala*. Bei dieser Likert-Skala sind die einzelnen Items intervall- und nicht wie bei der Thurstone-Skala nominalskaliert. Sie beziehen sich aber ebenfalls alle auf *ein* theoretisches Konstrukt.

▶ Eine Likert-Skala besteht aus mehreren mindestens fünfstufigen Items, die zu einem Index zusammengefasst werden.

Das Verfahren der Likert-Skala ist ähnlich wie bei der Thurstone-Skala. Zunächst wird eine große Anzahl von Items (ca. 100), die ein theoretisches Konstrukt eindimensional abbilden sollen, einer Stichprobe von Personen vorgelegt. Die Antwortvorgaben sind allerdings nicht dichotom (ja/nein), sondern abgestuft (z. B. trifft voll zu, trifft teilweise zu, unentschieden, trifft teilweise nicht zu, trifft gar nicht zu). Die Abstufungen können, wie im Beispiel, mit Textvorgaben belegt werden oder eine Zahlenskala beinhalten („Auf einer Skala von −5 bis +5, wie sympathisch ist Ihnen diese Politikerin?"). Für die endgültige Likert-Skala werden dann jene Items ausgewählt, die sich in der Vorstudie als geeignet erwiesen haben. Das sind erstens Items, die sich besonders dazu eignen, zwischen den beiden Gruppen der Vorstudienteilnehmer mit einer insgesamt sehr positiven bzw. sehr negativen Einstellung zu einem Gegenstand zu unterscheiden. Damit ist gemeint, dass sie von möglichst vielen Personen mit einer insgesamt sehr positiven Einstellung in die eine Richtung und von möglichst vielen Personen mit einer insgesamt negativen Einstellung in die andere Richtung beantwortet werden. Zweitens werden nur solche Items aufgenommen, die ähnlich wie die übrigen Items der Skala beantwortet wurden. Die endgültige Skala soll ein Konstrukt ja eindimensional abbilden.

Die so entwickelte Likert-Skala kann nun in der Forschung eingesetzt werden. Die Antworten auf die einzelnen Items werden summiert. Bleiben wir bei dem Beispiel der Beurteilung von Politiker:innen. Von jemandem, der über mehrere Politiker:innen hinweg einen Wert von +2,5 erhält, würde man annehmen, dass er vermutlich nicht politikverdrossen ist. Von jemandem mit einem Durchschnittswert von −3,5 würde man das Gegenteil annehmen. Es wird sicher Befragte geben, die ausschließlich die Politiker:innen der eigenen Partei mögen, andere werden vielleicht unabhängig von der eigenen Parteineigung urteilen. Der Indexwert einer Likert-Skala bildet jedenfalls die untersuchte Eigenschaft besser ab als ein einzelnes Item. Der Gesamtpunktwert ist für sich aussagekräftiger als der einer Thurstone-Skala, weil die einzelnen Items schon intervallskaliert sind. Daher ist die Likert-Skala sehr viel gebräuchlicher als die Thurstone-Skala.

Man muss sich natürlich die Frage stellen, ob die entwickelten Skalen (also die definierten Indikatoren und die dazugehörigen Fragen) tatsächlich das messen, was sie messen sollen, nämlich beispielsweise Politikverdrossenheit. Daher versuchen wir, auf bereits bewährte Skalen aus anderen Untersuchungen zurückzugreifen, so dass die Ergebnisse der eigenen Untersuchung anschlussfähig sind. Es hätte keinen Sinn, immer wieder ein völlig neues Messinstrument zu konzipieren. Man erfindet ja auch nicht jedes Mal einen neuen Meterstab, wenn man eine Längenmessung vornehmen will.

3.1.2.3 Semantisches Differential

Das *semantische Differential,* von Charles Osgood und seinen Mitarbeiter:innen entwickelt, ist eine typische Anwendung einer Likert-Skala mit dem Ziel, den Bedeutungsgehalt eines Begriffes empirisch zu bestimmen.

Semantische Differentiale bestehen in der Regel aus etwa 10 bis 20 Gegensatzpaaren. Auch hier werden die Befragten gebeten, ihre Meinung auf einer fünf- oder siebenteiligen Skala abzubilden. Der Befragte ordnet dem Untersuchungsgegenstand einen Wert zwischen den beiden Polen zu, weshalb man auch von einem *Polaritätenprofil* spricht. Danach werden die ermittelten Werte verbunden und es entstehen vertikale „Fieberkurven". Beliebt ist diese Sonderform der Likert-Skala, wenn man unterschiedliche Bewertungen zu Politiker:innen oder Objekten wie zum Beispiel Städten plakativ präsentieren möchte. Im Prinzip sind auch Vorher-Nachher-Vergleiche möglich, die dann einen Einstellungswandel zwischen zwei Zeitpunkten darstellen. Vorteil des semantischen Differentials ist darüber hinaus, dass man ganz unterschiedliche Objekte miteinander vergleichen kann (vgl. Abb. 3.1).

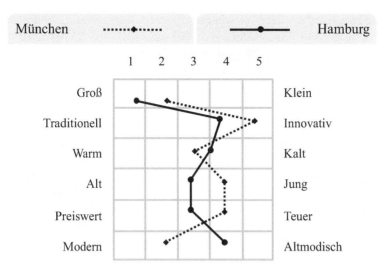

Abb. 3.1 Auszug aus einem semantischen Differential zur Bewertung zweier Objekte. (Eigene Darstellung)

3.2 Reliabilität und Validität als zentrale Forderungen an eine Messung

Wir hatten schon kurz die Frage angesprochen, ob unsere Skalen und Messinstrumente eigentlich geeignet sind, das zu messen, was wir messen wollen. In diesem Abschnitt werden deshalb zwei Grundvoraussetzungen für ein erfolgreiches Messen und Zählen diskutiert. Das sind die Begriffe Reliabilität und Validität von Messinstrumenten.

▶ Reliabilität eines Messinstruments heißt Zuverlässigkeit der Messung. Wiederholt man die Messung, sollte man das gleiche Ergebnis erzielen.

▶ Validität wird mit Gültigkeit übersetzt. Validität stellt sicher, dass man das misst, was man messen will.

3.2.1 Reliabilität

Eine Messung ist dann zuverlässig, wenn das Messinstrument bei wiederholter Messung immer wieder dasselbe Ergebnis anzeigt. Man stelle sich ein Metermaß aus Gummi vor. Es mag zwar sein, dass die Zentimetereinteilung korrekt abgetragen wurde, aber vermutlich werden verschiedene Messungen ein und desselben Objektes immer wieder andere Ergebnisse bringen. Anders ausgedrückt: Das empirische Relativ wird nicht zuverlässig in das ihm adäquate numerische Relativ überführt. Wenn ein Messinstrument derart unzuverlässig ist, ist es für wissenschaftliche Untersuchungen unbrauchbar.

Die Kommunikationsforschung verwendet natürlich keine Gummibänder als Messinstrumente, wohl aber Fragebatterien in Befragungen oder Kategorienschemata in Inhaltsanalysen. Fragen sind Messinstrumente, die bestimmte Merkmalsausprägungen zuverlässig (=reliabel) und gültig (=valide) erheben sollen.

Am Beispiel einer Skala von 0 bis 100, auf der Befragte ihre politische Position darstellen sollten, wurde dieses Problem schon implizit erörtert. Eine solche Messung wird vermutlich nicht zuverlässig, also nicht reliabel sein, weil die Befragten ihre politische Position nicht so fein abstufen können, wie das Messinstrument es von ihnen verlangt. Sie werden zu Recht keine Differenz zwischen 23 und 25 erkennen können und deshalb einigermaßen willkürlich eine Zahl in diesem Bereich angeben. Wenn das alle Befragten tun, wird man am Ende zu einem Ergebnis kommen, das in dieser Form nicht reproduzierbar ist. Wenn Messergebnisse aber nicht reproduzierbar sind, können sie die tatsächliche politische Position der Befragten nicht zuverlässig erfassen. Wenn man dieselben Personen eine Woche später bitten würde, nochmals ihre politische Position mit dieser Skala anzugeben, würden möglicherweise ganz andere Werte herauskommen.

Bei einer nur fünfstufigen Skala wäre die Zuverlässigkeit des Messinstrumentes bedeutend höher, weil eine Befragte von sich weiß, ob sie politisch ganz oder eher rechts, ganz oder eher links steht. Reliabel ist das Messinstrument also dann, wenn es bei wiederholten Messungen dasselbe Messergebnis bringt. Das bedeutet, dass das Messinstrument sowohl unabhängig vom Messenden funktionieren als auch robust gegen bewusste oder unbewusste Einflüsse des Befragten sein muss. Viele Messinstrumente, mit denen wir täglich umgehen, sind fast hundertprozentig reliabel. Wir wären sehr erstaunt, wenn wir einen Gegenstand zweimal mit einem Metermaß messen und unterschiedliche Längen herausbekommen würden.

In den Sozialwissenschaften kämpft man mit zwei grundlegenden Problemen bezüglich der Reliabilität. Eigentlich müsste sich bei jeder Messung mit einem bestimmten Messinstrument immer wieder dasselbe Ergebnis herausstellen, also eine hundertprozentige Zuverlässigkeit. Dies ist jedoch aus zwei Gründen nicht der Fall: Der erste Grund ist, dass alle Messungen in der empirischen Kommunikationswissenschaft mit einem Zufallsfehler behaftet sind. Stellen Sie sich vor, Sie haben einem Interview zugestimmt und erwarten den Interviewer um 10 h morgens. Alles ist so weit vorbereitet. Pünktlich um 10 h erscheint der Mann und beginnt mit seinen Fragen. Nach fünf Minuten beginnt eine Baukolonne, die Straßendecke vor Ihrem Haus aufzureißen … Es ist leicht denkbar, dass Ihre Antworten in so einem Fall anders als unter normalen Umständen ausfallen. Der zweite Grund für die Unzuverlässigkeit eines Messinstrumentes ist davon nicht ganz unabhängig. Die Untersuchungsobjekte und diejenigen, die die Messung durchführen, sind zumeist Menschen, die sich verhalten und verändern; sie reifen und sie lernen. Angenommen, die Befragung, an der Sie teilnahmen, ist eine sogenannte *Panelbefragung,* d. h., der Interviewer wird ein zweites Mal kommen – vielleicht nach vier Wochen – und Sie nochmals zu demselben Thema befragen. Vermutlich ist in der Zwischenzeit nicht nur die Baukolonne fertig, sondern auch Sie haben sich verändert: Sie haben über die Fragen nachgedacht, hatten vielleicht

Diskussionen mit Freunden, nach denen Sie ihre Einstellung zu einem Thema geändert haben, haben eine bestimmte Einstellung zu dem Interviewer gewonnen, kurz: Sie haben bezüglich dieses Ausschnittes Ihrer Wirklichkeit gelernt. Reifungsprozesse erfolgen vor allem in den ersten Lebensjahren. Keiner würde behaupten, dass ein Maßband nicht reliabel messen würde, weil eine Messung der Körpergröße im Abstand von einem Jahr bei Kindern unterschiedliche Werte hervorbringen würde. Die Kinder sind eben „gereift", also gewachsen. Ebenso können aber auch Befragungsteilnehmer hinsichtlich des Untersuchungsgegenstandes reifen. Aber auch ein Interviewer selbst kann die Reliabilität des Messinstrumentes beeinflussen. Auch er entwickelt sich im Laufe der Untersuchung, gerade wenn sich diese über einen längeren Zeitraum erstreckt. Welche Effekte dies haben kann, wird im Zusammenhang mit Versuchsleitereffekten im Rahmen von Experimenten beschrieben (vgl. Abschn. 15.4).

▶ Reifungs- und Lernprozesse beeinflussen die Reliabilität eines Messinstrumentes. Reifung führt in der Regel zu einer Unterschätzung der Reliabilität des Messinstruments, Lernen zu einer Überschätzung.

Zufällige Fehler haben wir bei den uns bekannten Messinstrumenten auch, zumindest wenn wir genau genug messen. Eine digitale Personenwaage wird, wenn sie in Milligramm misst, nicht immer genau den identischen Wert anzeigen. Gravierender ist das Reifungs- bzw. Lernproblem. Denn wenn wir eine Person zweimal befragen und wir stellen Unterschiede in den Antworten fest, so kann das einmal an der mangelnden *Zuverlässigkeit des Messinstrumentes* und einmal an Lernprozessen liegen. In der Praxis wird trotzdem die Reliabilität und damit die Brauchbarkeit des Messinstruments reduziert. Dies bedeutet, dass Forschende alle Randbedingungen der Untersuchung so weit wie möglich unter Kontrolle haben müssen, damit das Messinstrument weniger anfällig auf Zufallsfehler und Lernprozesse reagiert.

▶ Die Reliabilität von Messinstrumenten beschreibt man als Koeffizienten auf einer Skala von 0 bis 1.

„Null" steht für keine Reliabilität, „Eins" repräsentiert perfekte Reliabilität. Es handelt sich also um ein *Wahrscheinlichkeitsmaß,* das die Zuverlässigkeit von im Prinzip unendlich vielen Messungen eines Messinstrumentes angibt: Ziel ist es, zu zeigen, dass das Ergebnis einer Messung so gut ist wie das aller anderen und dass das Ergebnis derselben Messung so gut ist wie ihre Messung vier Wochen später. Dies ist schematisch in Abb. 3.2 dargestellt. Es gibt prinzipiell zwei Arten, die Reliabilität zu messen, die sogenannte Paralleltest-Methode und die Messwiederholungsmethode (Test–Retest).

▶ Die Überprüfung der Reliabilität durch Messwiederholung erfolgt zu zwei verschiedenen Zeitpunkten: Sofern dasselbe Messinstrument an derselben Person zweimal ein identisches Ergebnis erbringt, gilt das Messinstrument als reliabel.

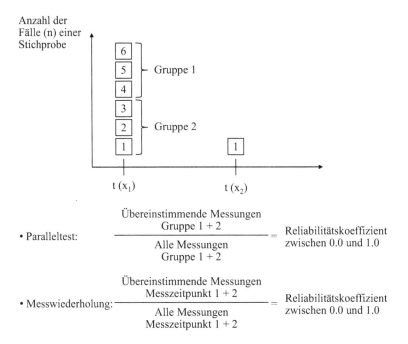

Abb. 3.2 Überprüfung der Reliabilität eines Messinstrumentes durch Paralleltests und Messwiederholung (Test–Retest). (Eigene Darstellung)

Die Test–Retest-Reliabilität ist die intuitiv angemessene Methode. Ich messe zweimal und vergleiche diese Ergebnisse. Allerdings haben wir es in der Kommunikationswissenschaft mit Menschen zu tun, die sich daran erinnern, dass wir sie „gemessen" haben. Wenn ich also heute jemanden frage, ob er gerne Casting-Shows sieht, dann wird er sich morgen daran erinnern und deshalb möglicherweise die gleiche oder vielleicht auch eine andere Antwort geben. Menschen sind zumindest teilweise unberechenbar. Wenn ich also zu kurz hintereinander befrage, wird die Reliabilität des Messinstruments durch Erinnerungseffekte beeinflusst. Wenn ich allerdings zu zwei weit auseinanderliegenden Zeitpunkten befrage, erhalte ich möglicherweise unterschiedliche Antworten, weil der Befragte vielleicht tatsächlich seine Meinung bzw. sein Verhalten geändert hat. Das Messinstrument wäre zwar reliabel, aber das Untersuchungsobjekt hat sich geändert. Genauso gut könnte ich die Größe von Kindern, die ja kontinuierlich wachsen, im Abstand von einem Jahr mit dem Metermaß messen und mich darüber wundern, dass die beiden Messungen nicht übereinstimmen. In einem solchen Fall wäre zwar das Messinstrument reliabel, durch den zeitlichen Abstand zwischen den Messungen unterschätzt man aber die Reliabilität. Die Test–Retest-Reliabilität ist also mit davon abhängig, wie groß der Zeitabstand zwischen den beiden Messungen ist. Aus diesem Grund, und weil die wiederholte Messung sehr aufwendig ist, wird häufig die Paralleltest-Methode verwendet.[3]

▶ Die Überprüfung der Reliabilität durch Paralleltest erfolgt zu einem Zeitpunkt: Eine Gruppe von Personen wird in zwei vergleichbare Teilgruppen unterteilt, die beide untersucht werden. Ergibt sich bei beiden Gruppen ein ähnlicher Messwert, gilt das Messinstrument als reliabel.

Die Paralleltest-Reliabilität vermeidet also das Problem der wiederholten Befragung der gleichen Person, indem sie mittels Zufallsauswahl zwei Parallelgruppen herstellt und diese jeweils nur einmal befragt. Der Nachteil dabei ist, dass man die Vergleichbarkeit der Gruppen nicht beweisen kann, sondern es aufgrund der Zufallsauswahl statistisch wahrscheinlich ist, dass in beiden Gruppen die zu messenden Merkmale gleich verteilt sind, eine Messung also gleiche Ergebnisse bringen muss. Problematisch wird dieses Vorgehen dann, wenn man feststellt, dass in einer Gruppe systematisch andere Antwortmuster vorkommen. Dann wäre die Vergleichbarkeit systematisch gestört, der Test müsste mit neuen Gruppen wiederholt werden. Gibt es keine derartigen Verzerrungen, ist der Rückschluss auf die Zuverlässigkeit des Messinstruments möglich.

Reliabilitätstests haben vor allem bei der Anwendung von Inhaltsanalysen – neben der Befragung wohl die wichtigste Methode der empirischen Kommunikationsforschung – ihre Bedeutung. Dies wird in den entsprechenden Abschnitten noch ausführlicher dargestellt. Nur so viel schon vorweg: Gerade bei Inhaltsanalysen, die nicht nur bestimmte Worte oder Themen zählen, sondern zum Beispiel Bewertungen von Sachverhalten messen wollen, ist die Zuverlässigkeit der Messung von großer Wichtigkeit. Nur wenn sichergestellt werden kann, dass alle Codierer:innen identisch vorgehen und codieren, sind die Ergebnisse reliabel und können interpretiert werden. An einem Beispiel wird das Problem deutlich: In einer Untersuchung über Fremdenfeindlichkeit wird die Berichterstattung der Massenmedien anhand von fünf Tageszeitungen über sieben Jahre hinweg ausgewertet. Die Codierung wird von einem Team von Codierer:innen vorgenommen. Sie arbeiten alle mit demselben Codebuch, das heißt nach

---

[3] In der Literatur (vgl. Friedrichs 1990; Schnell et al. 2018) wird unter Paralleltest häufig ein anderes, wenn auch selten angewendetes Testverfahren verstanden: Die Messung der Untersuchungsobjekte erfolgt sowohl mit dem zu testenden und mit einem inhaltlich vergleichbaren Instrument, das sich bereits bewährt hat. Der Quotient der Ergebnisse kann dann als Zuverlässigkeit des einen Messinstruments interpretiert werden: Je näher die Ergebnisse beieinanderliegen, je stärker also der Zusammenhang zwischen beiden Ergebnissen ist, desto höher ist die Reliabilität des getesteten Messinstruments. Das Problem der Vergleichbarkeit beider Messinstrumente ist allerdings derart gravierend, dass dieser Test selten zum Einsatz kommt. Wir verstehen unter Paralleltest die tatsächlich in der Praxis angewendete Methode, Reliabilität innerhalb der Untersuchung zu testen und sicherzustellen.

denselben Anweisungen, welche Artikel überhaupt in die Erhebung kommen und was bei diesen Artikeln gemessen werden muss. Die Anweisungen betreffen die Messung des Umfanges eines Artikels genauso wie die Erhebung der Themenbereiche innerhalb eines Artikels. Voraussetzung für die Reliabilität der gesamten Analyse ist nun, dass jede Codiererin und jeder Codierer genau das Gleiche tut. Sonst weisen die Ergebnisse ggf. Schwankungen auf, die nicht auf Entwicklungen in der Realität zurückzuführen sind, sondern nur etwas damit zu tun haben, dass die Codierer:innen unterschiedlich gearbeitet haben. Dies könnte beispielsweise zur Folge haben, dass wir Unterschiede zwischen den fünf Zeitungen oder auch Veränderungen der Berichterstattung im Zeitverlauf annehmen, obwohl es diese Unterschiede und Veränderungen in der Realität gar nicht gab. Das Problem der Zuverlässigkeit einer Messung geht schon bei der Bestimmung des Umfanges von Artikeln los. Wenn dazu keine konkreten Anweisungen mitgegeben werden, dann wird Codierer A vielleicht die Quadratzentimeteranzahl so berechnen, dass er Aussparungen mit berücksichtigt, während Codiererin B dies nicht tut. In dem Fall ist das Messinstrument, diese Kategorie „Umfang des Beitrags" im Codebuch, nicht reliabel. Noch komplizierter wird es, wenn nicht formale, sondern inhaltliche Gesichtspunkte gemessen werden sollen.

Im Fall formaler Merkmale erwartet man eine hohe Reliabilität, bei inhaltlichen Kategorien ist man in der Regel mit einem Quotienten von 0,7 zufrieden. Es gibt keine Faustregel, wie hoch der Reliabilitätskoeffizient sein muss. Je schwieriger eine Messung, desto eher nimmt man Abstriche in Kauf. Ergibt sich allerdings ein Koeffizient mit einem Wert kleiner als 0,5 bis 0,6, sollte man auf die Interpretation der so gewonnen Daten verzichten. Hier bleibt nichts übrig, als das Messinstrument in geeigneter Weise verändern und die Messung erneut durchzuführen. Ein Wert von 0,5 bedeutet nämlich konkret, dass nur 50 % der Messungen übereinstimmen. Ein solch großer Messfehler birgt eine zu große Gefahr von Fehlinterpretationen.

3.2.2 Validität

Die zweite Anforderung an eine Messung ist sehr viel schwieriger zu erfüllen und v. a. zu quantifizieren als die Reliabilität. Es ist die *Validität* – die Gültigkeit einer Messung.

▶ Die Validität eines Messinstrumentes gibt an, ob ein Instrument tatsächlich das misst, was es messen soll.

Ein Metermaß misst Körperlänge. Der Versuch, mit einem Maßband die Intelligenz messen zu wollen (z. B. durch Messung des Kopfumfanges), wäre natürlich ein absurdes, nicht valides Unterfangen. An diesem Beispiel lässt sich das Verhältnis von Reliabilität und Validität verdeutlichen. Bei Benutzung eines gängigen Maßbandes wäre die gerade beschriebene Messung trotz fehlender Validität hoch reliabel, da bei wiederholter

Messung dasselbe Ergebnis erzielt werden würde. Reliabilität stellt somit *eine notwendige, aber keine hinreichende* Bedingung für die Validität eines Messinstrumentes dar. In der empirischen Kommunikationsforschung sind ungültige Messversuche selten derart evident. Misst zum Beispiel die Frage nach Politikverdrossenheit tatsächlich Politikverdrossenheit? Misst sie nicht vielleicht eher soziale Erwünschtheit, weil es gerade en vogue ist, politikverdrossen zu sein? Misst eine solche Frage nicht Tagesform, Ausgeschlafenheit, letzte Erfahrungen, die gestern vielleicht beim Stammtisch gemacht wurden? Misst also ein Instrument, das konzipiert wurde, tatsächlich das, was es messen soll? Das Bewertungsmaß ist bei der Prüfung der Gültigkeit ebenfalls (zumindest theoretisch) ein Quotient, der nach derselben Logik wie der Reliabilitätskoeffizient ermittelt wird. „Eins" heißt wiederum, dass das Messinstrument vollständig das misst, was es messen soll, und „Null" deutet auf vollständige Ungültigkeit hin. Die Bestimmung der Validität bereitet allerdings Probleme, denn man kann sie nicht einfach dadurch erfassen, dass man wie zuvor zweimal misst oder einen Paralleltest einsetzt. Es geht bei der Validität nicht um das Messinstrument alleine, sondern um inhaltliche Richtigkeit und sachlogische Gültigkeit. Insofern enden Validitätsprüfungen nicht mit einem Koeffizienten zwischen 0 und 1, sondern mit Verbesserungsvorschlägen für das Untersuchungsdesign und das Erhebungsinstrument.

An der Entwicklung eines Intelligenztests soll dies demonstriert werden. Mit der Frage, ob Intelligenztests wirklich Intelligenz messen, haben sich ganze Generationen von Psycholog:innen beschäftigt. Eine erste Annäherung geschieht über die Frage nach der Inhaltsvalidität: Was ist überhaupt Intelligenz?

▶ Inhaltsvalidität bezieht sich auf die durch bisherige Forschung ermittelte Vollständigkeit des Konstruktes, das gemessen werden soll.

Nur wenn dies zuvor bestimmt wurde, kann das Messinstrument auf Inhaltsvalidität untersucht werden: Sind alle relevanten Aspekte der Intelligenz, die gemeint ist, erfasst? Will man beispielsweise Intelligenz als Strukturierungsfähigkeit auffassen, wäre die Aufforderung zur Fortsetzung einer Zahlenkolonne ein nicht valides Messinstrument, weil mit ihm eher Rechenfähigkeit abgefragt würde. Die Ermittlung der Inhaltsvalidität ist deshalb schwierig, weil man letztlich nicht weiß, ob wirklich alle Dimensionen eines Begriffes berücksichtigt wurden. Dies wird man mittels vorangegangener Untersuchungen, bereits existierender Tests, Expertenbefragungen und eigener Überlegungen versuchen. Ein abschließender Beweis ist dieser Vorgang jedoch nicht. Am Verfahren kann man bereits erkennen, dass hier im eigentlichen Sinn nichts gemessen wird, am Ende keine Zahl zwischen 0 und 1 herauskommt. Die Inhaltsvalidität ist eher ein Gesichtspunkt, bei dem das theoretische Vorwissen eine große Rolle spielt.

Die zweite und häufiger eingesetzte Form der Validitätsprüfung nennt man *Kriteriumsvalidität.*

▶ Die Kriteriumsvalidität prüft, ob die erhobenen Daten im Vergleich zu einem anderen Messkriterium gültig sind.

Zu deren Überprüfung werden die Ergebnisse des Intelligenztests zum Beispiel mit dem Lehrer:innenurteil über die Testperson verglichen. Das Lehrer:innenurteil dient als Kriterium für die Feststellung, ob der Intelligenztest tatsächlich die Intelligenz der Schüler:innen misst. Auch wenn Lehrer:innen vermutlich ganz andere Kriterien der Beurteilung haben als das Messinstrument, geht man davon aus, dass im Gesamturteil beide Einschätzungen sehr ähnlich ausfallen müssen, weil das Lehrer:innenurteil aufgrund der langjährigen Erfahrungen für so wichtig gehalten wird, dass es gewissermaßen als wahrer Wert im Sinne eines Außenkriteriums genommen werden kann, mit dem sich das Ergebnis des Tests vergleichen lässt.

Auch die Bestimmung der Kriteriumsvalidität ist problematisch, da sich trefflich über die Wahl des richtigen Kriteriums streiten lässt. Ist das Lehrer:innenurteil wirklich ein gutes Außenkriterium für einen Intelligenztest? Wäre es nicht besser, die Kinder zwei Jahre lang zu beobachten oder die Ergebnisse des Tests mit ihren Schulnoten zu vergleichen? Aber selbst, wenn man das richtige Vergleichskriterium gefunden hat, stellt sich gleich im Anschluss die Frage, warum man dann überhaupt noch einen neuen Test entwickeln muss. Ebenso wie bei der Inhaltsvalidität handelt es sich hier eher um eine sachlogische Bestimmung, die in der Planungs- und Konzeptionsphase berücksichtigt werden muss.

Die dritte Methode, die Gültigkeit eines Messinstrumentes zu bestimmen, ist die sogenannte *Konstruktvalidität,* die von der Bestimmung her nicht eindeutig von der Kriteriumsvalidität abzugrenzen ist. Hier wird eher die Brauchbarkeit eines Messinstruments im Forschungsprozess überprüft.

▶ Die Konstruktvalidität eines Messinstruments ist dann gegeben, wenn es im Forschungsprozess erfolgreich angewendet werden kann und sich mit ihm bedeutsame Forschungsergebnisse erzielen lassen.

Die Logik einer Konstruktvalidierung geht davon aus, dass ein Messinstrument, wenn es in mehreren Untersuchungen erfolgreich eingesetzt wurde, valide ist, indem eine sinnhafte Beziehung des zu messenden Konstruktes mit anderen Konstrukten vorliegt. Wenn man beispielsweise ein Messinstrument zur Politikverdrossenheit entwickelt hat und man in empirischen Untersuchungen feststellt, dass Politikverdrossene seltener wählen, in der Tageszeitung nie den Politikteil lesen und sich stärker den Unterhaltungsangeboten des Fernsehens widmen, dann hat man irgendetwas Brauchbares gemessen. Die Frage bleibt aber, ob das Politikverdrossenheit per se ist.

Für alle drei Methoden der Bestimmung von Validität gilt also, dass im Unterschied zur Reliabilität ein hohes Maß an Unbestimmtheit vorliegt. Man muss aber betonen, dass mit zunehmender Erfahrung in bestimmten Untersuchungsgebieten die Sicherheit zunimmt, dass man mit der Feststellung von Inhalts-, Kriteriums- und Konstruktvalidität richtigliegt. Nur kann man eben keinen griffigen Kennwert zwischen 0 und 1 berechnen, der das Ausmaß der Validität zahlenmäßig beschreibt. Je häufiger aber Skalen in verschiedenen Untersuchungen zu verschiedenen Themen eingesetzt werden, desto sicherer kann man entscheiden, ob die jeweiligen Skalen die zu messenden Konstrukte valide abbilden und messen.

Auswahlverfahren

4

Empirische Forschungsvorhaben, die Aussagen über große Populationen, zum Beispiel die deutsche Bevölkerung, machen wollen, untersuchen in der Regel nur einen Bruchteil dieser Population. Es wäre unsinnig und häufig unmöglich, die gesamte Population zu untersuchen. In diesem Abschnitt geht es darum, nach welchen Kriterien Menschen ausgewählt werden, an einer Untersuchung teilzunehmen, warum man angerufen und gebeten wird, bei einem Interview mitzumachen und warum ausgerechnet ein bestimmter Haushalt für die GfK-Messung von Einschaltquoten ausgewählt wird. Warum werden nicht alle, sondern meistens nur ein winziger Teil der in Frage kommenden Personen befragt? Und sind die Ergebnisse dieser Befragungen dann überhaupt aussagekräftig?

4.1 Grundgesamtheit

Es hängt von der jeweiligen Fragestellung ab, über welche Personen bzw. Merkmalsträger in einer Untersuchung Aussagen gemacht werden. Dieser Geltungsbereich wird *die Grundgesamtheit* von Fällen genannt. Die Untersuchung und anschließende Ergebnisdarstellung beziehen sich ausschließlich auf diese definierte Grundgesamtheit, also auf eine ganz *bestimmte* Objektmenge. Man kann zum Beispiel nicht Studierende befragen und in der Diskussion Aussagen über die deutsche Bevölkerung machen. Wie bereits im ersten Kapitel erwähnt, sind in der Regel nicht Individuen in ihrer ganzen Komplexität der Fokus des Interesses, sondern bestimmte Merkmale. Dass eine Wählerin, über deren Wahlverhalten man in einer Untersuchung Aussagen macht, ggf. auch noch Bahnfahrerin, Ärztin oder Konsumentin ist, interessiert in diesem Moment

H.-B. Brosius et al., *Methoden der empirischen Kommunikationsforschung*, Studienbücher zur Kommunikations- und Medienwissenschaft, https://doi.org/10.1007/978-3-658-34195-4_4

nicht, denn die quantitative empirische Forschung untersucht eben nur jene Merkmale eines Merkmalsträgers, die für die Fragestellung relevant sind.

▶ Eine Grundgesamtheit ist die Menge von Objekten, über die Aussagen getroffen werden sollen.

Für die Frage, wie die Grundgesamtheit am besten untersucht werden kann, sind zwei Sachverhalte wichtig: Ist die Grundgesamtheit endlich oder unendlich und ist sie bekannt oder unbekannt? Es gibt einige wenige Fälle in der empirischen Kommunikationsforschung, in denen die Grundgesamtheit bekannt und endlich ist; zum Beispiel die Bundestagsabgeordneten. Da es, je nach Anzahl der Überhangmandate, nur etwa 650 gibt, könnte man sie alle befragen. Das Gegenstück dazu sind Fernsehzuschauer:innen. Weder sind alle Zuschauer:innen dieser Welt bekannt noch ist ihre Anzahl endlich, weil in jeder Sekunde Menschen geboren werden und sterben, sich Fernsehgeräte an- oder abschaffen etc. Das Gleiche gilt natürlich auch für die Bevölkerung von Deutschland, weil Menschen ein- und auswandern, ihren Wohnsitz wechseln oder nicht mehr auffindbar sind. In Fällen, in denen die Grundgesamtheit bekannt und endlich ist, kann man durch Auswahlverfahren besonders leicht Teilmengen untersuchen. Wenn die Grundgesamtheit entweder nicht bekannt oder unendlich ist, dann wird die Auswahl schwieriger und es kommen andere Verfahren zur Anwendung. Die Art und Weise, eine solche Auswahl wissenschaftlich begründet zu treffen, ist Gegenstand dieses Kapitels.

Die definierte Grundgesamtheit besteht abstrakt gesprochen aus Merkmalsträgern, in den meisten Fällen wohl aus Personen, aber auch aus Zeitungsartikeln, Haushalten, Instagram-Postings oder anderem. In der *Stichprobentheorie* werden die Merkmalsträger *Elemente* genannt:

▶ Eine Grundgesamtheit besteht aus Elementen; die Gesamtanzahl der Elemente einer Grundgesamtheit wird für gewöhnlich mit einem großen N angegeben.

4.2   Voll- und Teilerhebungen

In der empirischen Kommunikationsforschung wird man in der Regel nicht alle Merkmalsträger bzw. Elemente der Grundgesamtheit, über die man Aussagen machen will, untersuchen. Eine sogenannte Vollerhebung wird nur selten stattfinden, weil man zu viele Merkmalsträger untersuchen müsste. Will man beispielsweise eine Untersuchung über die Bundestagsabgeordneten machen, ist eine Befragung *aller* Personen sinnvoll. Wenn man allerdings wissen möchte, was die Bevölkerung in Deutschland zu einem bestimmten Thema denkt, ist es ökonomisch unsinnig und praktisch nicht durchführbar, alle Menschen zu befragen. Zwei Varianten kommen einer kompletten Befragung der deutschen Bevölkerung allerdings recht nahe: Bundestagswahlen wären Vollerhebungen der wahlberechtigten Bevölkerung, wenn alle hingehen würden; und *Volkszählungen* sind Vollerhebungen von allen Personen und Haushalten. Es hängt also zumeist von „N" ab, ob eine Voll- oder eine Teilerhebung in Frage kommt. Und wie groß „N" ist, hängt wiederum von der konkreten Fragestellung ab. Wer sich intensiv mit der Bericht-erstattung einer bestimmten Tageszeitung in einem bestimmten Zeitraum befasst, wird wahrscheinlich eine Vollerhebung durchführen. Wer das Wahlverhalten der Bevölkerung studiert, wird nur einen kleinen Teil der Grundgesamtheit befragen. Auch an dieser Stelle des Forschungsprozesses wird man einen Kompromiss zwischen dem wissenschaftlich Wünschenswerten und Vertretbaren und dem zeitlich und finanziell Machbaren finden müssen. Dabei wird eine notwendige Auswahl jedoch nicht einfach willkürlich getroffen, sondern von statistisch abgesicherten Auswahlverfahren geleitet.

▶ Eine Teilerhebung der Elemente einer Grundgesamtheit wird durch die Ziehung einer Stichprobe vorgenommen. Eine Stichprobe soll dabei ein strukturgleiches, verkleinertes Abbild der Grundgesamtheit darstellen. Die Elemente der Stichprobe werden mit „n" angegeben.

4.3 Repräsentativität

In beiden Fällen, sowohl bei einer Vollerhebung als auch bei der Messung eines Teils der Grundgesamtheit, sollen Aussagen über die gesamte Grundgesamtheit bzw. Population gemacht werden. Ziel von Teilerhebungen ist es deshalb, trotz der kleinen Zahl von untersuchten Elementen Aussagen über die Grundgesamtheit machen zu können. Man will von Aussagen über eine Teilmenge auf die Gesamtmenge schließen können. Dieses Verfahren, auch *Repräsentationsschluss* genannt, ist nur dann zulässig, wenn die Elemente aus der Grundgesamtheit in der Teilmenge in derselben Zusammensetzung vertreten sind, die Teilmenge also ein *strukturgleiches, verkleinertes Abbild der Gesamt-menge* ist. Dieser Zustand ist am besten durch das Auswahlverfahren der *Zufallsstich-probe* herzustellen.

Wie kann man also darauf vertrauen, dass die gezogene Stichprobe tatsächlich die definierte Grundgesamtheit adäquat abbildet? Diese Frage ist keineswegs von rein akademischem Interesse. Umfragen sind nicht nur in der politischen Kommunikation ein Instrument, auf dessen Grundlage Entscheidungen getroffen werden. Insbesondere im kommerziellen Bereich spielen Teilerhebungen eine entscheidende Rolle hinsicht-lich Produktneueinführungen, Neugestaltung von Verpackungen oder Namensgebung von Produkten. Wenn man bedenkt, dass die Einführung eines neuen Produktes viele Millionen Euro kostet, ist klar, dass Produkttests auf Teilmärkten und Befragungen von potenziellen Käufer:innen zuverlässig auf eine gewünschte Grundgesamtheit übertrag-bar sein müssen und nicht nur für den befragten Ausschnitt gültig sein dürfen. Wenn Marktforschungsinstitute den Auftrag erhalten, das Marktpotenzial zur Einführung einer neuen Zahncreme herauszufinden und nach der Befragung von zweitausend potenziellen Käufer:innen feststellen, dass 13 % dieser Befragten ihre Zahncreme wechseln würden, hat man a priori keine Möglichkeit, festzustellen, ob diese Stichprobe des Umfrage-instituts wirklich den Schluss zulässt, dass auch 13 % *aller* Käufer:innen wechseln würden.

Die Repräsentativität einer Stichprobe zu überprüfen, setzt voraus, dass man die ent-sprechenden Merkmale in der Grundgesamtheit kennt. Man muss z. B. die Anteile von Frauen und Männern in Deutschland kennen, um zu beurteilen, ob deren Anteile in der Teilerhebung stimmen. Die beste Chance, einen *strukturellen Abgleich* zwischen gezogener Stichprobe und der Grundgesamtheit der Bevölkerung anzustellen, besteht im Vergleich mit den Ergebnissen der *Volkszählungen.* Zu wissen, wie viel Prozent der Menschen in Großstädten leben, wie viele männlich sind, welchen Berufen sie nach-gehen und in welchen Wohnverhältnissen sie leben, kurz, eine komplette Aufstellung des „Inventars" eines Landes zu erheben, ist nur mit einer Volkszählung zu leisten. Diese dient als Basis für Institute und Wissenschaftler:innen, um die Qualität ihrer Stichprobe einzuschätzen und damit sicherzustellen, dass sie tatsächlich ein verkleinertes Abbild der Grundgesamtheit ist. Eine weitere Möglichkeit, die Qualität der Auswahlverfahren von Meinungsforschungsinstituten zu beurteilen, sind Wahlprognosen, beispielsweise vor Bundestagswahlen. Am Ende des Wahltages wird die tatsächliche Stimmverteilung in der Grundgesamtheit mit der Prognose der Institute verglichen. Wer die tatsächliche Ver-teilung am genauesten prognostiziert hat, wird wohl die beste Stichprobe gezogen haben, die sich dann als genaues, verkleinertes Abbild der Grundgesamtheit herausstellte. Deswegen gibt es auch vor jeder Bundestagswahl einen Wettstreit, wer die besseren Prognosen vorweist.

▶ Die wahre Verteilung der Merkmale in der Grundgesamtheit ist das ausschlaggebende Kriterium für die Güte einer Stichprobe.

Insofern ist eine Volkszählung für Sozialwissenschaftler:innen ein wichtiges Instrument. Volkszählungen finden meist in relativ großen Abständen statt. Die vorletzte fand 1987 statt und war politisch äußerst umstritten (Spionage des Staats gegen seine Bürger:innen?). Im Rahmen einer EU-weiten Initiative fand 2011 eine Volkszählung statt, bei der aber nur zehn Prozent der Bevölkerung befragt wurden (Zensus). Zwischen diesen Erhebungen findet jährlich der sogenannte *Mikrozensus* statt. Beim Mikrozensus wird ein Prozent aller Bürger:innen befragt, was einer Teil-Volksbefragung gleichkommt. Der Mikrozensus dient der Fortschreibung der Volkszählung, so dass wir auch zwischen den Vollerhebungen wissen, wie es um die Grundgesamtheit „Bundesbürger:innen" bestellt ist.

Die Frage nach der Repräsentativität von wissenschaftlichen Aussagen wird dann zum Problem, wenn man eine Vollerhebung plant, die Merkmalsträger jedoch die Mitarbeit verweigern. Wenn man beispielsweise erfahren möchte, wie Bundestagsabgeordnete über Lobbyismus denken, untersucht man eine Grundgesamtheit, die genau bestimm-bar ist (im 19. Bundestag: N = 709). Man wird also alle Elemente der Grundgesamtheit anschreiben und um die Beantwortung eines Fragebogens bitten. Wenn trotz Nachfassaktionen am Schluss nur 284 Abgeordnete geantwortet haben, hat man ggf. ein Problem. Ist es auf dieser Basis zulässig, Aussagen über die Grundgesamtheit der Bundestagsabgeordneten zu formulieren? Ist die vorliegende Stichprobe ein verkleinertes Abbild der Population? Möglicherweise wird das nicht der Fall sein, weil 425 Abgeordnete nach ihren eigenen Kriterien entschieden haben, nicht an dieser Befragung teilzunehmen. Auf der einen Seite wäre nun denkbar, dass diese Abgeordneten gerade keine Zeit hatten, krank waren oder im Urlaub. In diesem Fall könnte man von Zufall sprechen und die Stichprobe wäre noch brauchbar. Was passiert jedoch, wenn alle Abgeordneten einer bestimmten Partei (z. B. der CSU) oder alle Abgeordneten über 50 Jahren die Auskunft verweigern? Vielleicht sind diese Verweigerer besonders offen für Lobbyismus oder haben einen anderen besonderen Grund, nicht zu antworten? Dann wären diese Ausfälle kein Zufall, sondern hätten System und die Stichprobe wäre unbrauchbar (vgl. hierzu auch Abschn. 4.10): Sie würde die Grundgesamtheit der Bundestagsabgeordneten nicht mehr verkleinert abbilden.

4.4   Die Zufallsstichprobe

Eine zuverlässige Auswahl von Merkmalsträgern aus einer Grundgesamtheit ist die sogenannte Zufallsstichprobe. „Zuverlässig" heißt in diesem Fall: Mit einer Zufallsstichprobe hat man eine große Wahrscheinlichkeit, die wahre Verteilung von Merkmalen einer Grundgesamtheit in einer Stichprobe abzubilden. Zentrales Merkmal für das folgende Auswahlverfahren soll also der *Zufall* sein.

▶ Eine Zufallsstichprobe ist dann gegeben, wenn jedes Element der Grundgesamtheit dieselbe von 0 verschiedene Chance hat, in eine Stichprobe aufgenommen zu werden und ein Zufallsalgorithmus zur Bestimmung der Stichprobenelemente herangezogen wird.

Dabei sind mehrere Voraussetzungen zu erfüllen: Alle Elemente müssen physisch oder symbolisch anwesend sein, die Anordnung der Elemente in der Grundgesamtheit muss zufällig und jedes Element darf nur einmal in der Grundgesamtheit vertreten sein. Nur wenn alle Elemente zumindest symbolisch (z. B. Einträge in einer Datenbank) präsent sind, kann man durch einen Zufallsalgorithmus die Elemente für die Stichprobe ziehen. Die Bevölkerung Deutschlands ist beispielsweise dadurch bekannt, dass es Einwohnermeldeämter gibt, wo im Prinzip (!) jede(r) Bürger:in gemeldet ist. In diesem Fall ist die Grundgesamtheit bekannt. Man ist in der Lage, jedes einzelne Element der Grundgesamtheit für die folgende Zufallsauswahl zu kennzeichnen. Bei anderen Grundgesamtheiten ist die Kennzeichnung nicht möglich, weil man nicht alle Elemente kennt: Wer sind „alle deutschen Hausmänner" oder „alle Instagram-Nutzerinnen"? In diesen Fällen ist die Grundgesamtheit nicht bekannt; es gibt keine Aufstellung aller Elemente dieser

Grundgesamtheit. Man kann folglich keine Zufallsstichprobe ziehen und auch keine repräsentativen Aussagen über „die deutschen Hausmänner" machen.

Wie und vor allem warum funktioniert nun eine Zufallsstichprobe, warum liefert sie ein verkleinertes Abbild der Grundgesamtheit, obwohl doch beispielsweise nur 2000 Personen der Bevölkerung befragt werden? Trotzdem soll die Verteilung der relevanten Merkmale in der durch Zufall ausgewählten Stichprobe so wie in der Grundgesamtheit sein. Die Modellvorstellungen der Statistik gehen auf den *Wahrscheinlichkeitsbegriff von Laplace* (1749–1822) und die Tatsache von *normalverteilten* Merkmalen in einer Grundgesamtheit zurück. Die Wahrscheinlichkeit, dass ein Ereignis eintritt, definiert Laplace als den Quotienten aus der Zahl der günstigen Fälle geteilt durch die Zahl aller möglichen Fälle. Der Zähler repräsentiert – übertragen auf das Problem der Güte einer Zufallsstichprobe – genau diese Stichprobe; der Nenner repräsentiert die definierte Grundgesamtheit: Jedes Element der Grundgesamtheit hat dieselbe Chance, in die Stichprobe zu kommen. Dass diese Stichprobe nun die wahren Verhältnisse in der Grundgesamtheit widerspiegelt, lässt sich durch Wiederholungen der Stichprobenziehung zeigen.

Angenommen, die Grundgesamtheit seien alle Studierenden der Kommunikationswissenschaft in Deutschland. Die Elemente liegen als Datei vor; N sei 20.000. Nun möchte man die durchschnittliche Abiturnote der Studierenden bestimmen. Dazu möchte man nicht alle 20.000 Fälle durchgehen, sondern mittels Zufallsstichprobe den wahren Wert ermitteln. Zunächst wird die Datei „gemischt", denn eine Voraussetzung für eine Zufallsstichprobe ist ja, dass die zu erhebenden Merkmale in der Datei zufällig angeordnet sein müssen. Mittels Zufallsgenerator werden dann 100 Studierende (Elemente) gezogen, gerade so wie die Wahl eines Loses in einer Lostrommel. Man ermittelt im Anschluss für diese 100 Studierenden eine Durchschnittnote von 1,65. Entspricht diese nun dem wahren Wert? Berechtigt die Berechnung der Stichprobenstatistik zu einem Rückschluss auf die Parameter der Grundgesamtheit? Bei einer zweiten Zufallsstichprobe von 100 Studierenden erhält man einen Wert von 1,76, bei einer dritten von 1,62 usw. Man könnte nun 50 oder mehr Stichproben ziehen und anhand der jeweils ermittelten Durchschnittsnote eine Grafik erstellen (vgl. Abb. 4.1).

Mittels Computersimulation lässt sich zeigen, dass eine genügend große Anzahl unabhängiger Stichproben dazu führt, dass ein Durchschnitt aller dieser Verteilungen dem wahren Wert – sagen wir für dieses Beispiel 1,70 – in der Grundgesamtheit entspricht. Die Verteilung (man sagt auch *Streuung*) aller ermittelten Stichprobenmittelwerte um den wahren Wert herum ähnelt einer Glocke und ist bekannt als die *Gauß'sche Normalverteilung*. Das bedeutet, dass in den *meisten* Stichproben ein Notendurchschnitt vorliegt, der dem tatsächlichen Wert *relativ* nahe kommt und nur wenige Stichproben einen Durchschnitt identifizieren, der deutlich nach unten oder nach oben von dem tatsächlichen Wert von 1,70 abweicht. Im Mittel würde sich diese Abweichung nach unten oder oben aber ausgleichen.

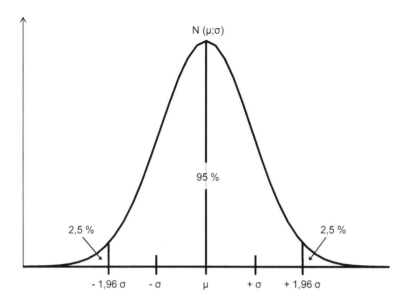

Abb. 4.1 Normalverteilung. (Eigene Darstellung. Die Fläche unter der Kurve entspricht der Gesamtheit aller Stichproben-Mittelwerte. Die Normalverteilung wird durch die Parameter μ = Mittelwert und σ = Standardabweichung vom Mittelwert charakterisiert. Das Konfidenzniveau t entspricht σ = −1/1. Bei einem Konfidenzniveau von 95 % liegt t bei 1,96. Dieses Niveau ist das in den Sozialwissenschaften meist verwendete)

▶ Je häufiger Zufallsstichproben aus derselben Grundgesamtheit gezogen werden und je größer der Anteil der untersuchten Stichprobe an der Grundgesamtheit ist, desto näher wird man an den wahren Wert in dieser Grundgesamtheit herankommen.

Aber genau das – nämlich möglichst große Stichproben oder möglichst viele Stichproben zu untersuchen – soll ja vermieden werden. Man will als empirische(r) Sozialforscher:in doch gerade mit *einer* Stichprobe möglichst nahe an die Realität herankommen, ohne dabei gleich die Hälfte der Grundgesamtheit untersuchen zu müssen. Den Beweis dieser sogenannten Normalverteilung der Stichprobenmittelwerte muss man aber nicht stets aufs Neue antreten. Vielmehr ist es Konvention, die Möglichkeit zu berücksichtigen, dass man sich täuscht. Wenn bewiesen ist, dass bei tausenden Stichprobenziehungen 95 % aller ermittelten Mittelwerte in einem akzeptablen Abstand zum wahren Mittelwert liegen, kann man berechnen, wie wahrscheinlich *eine* Stichprobe in die Nähe dieses wahren Wertes kommt. Das bedeutet, dass man jene Wahrscheinlichkeit berücksichtigt, mit der man falschliegt, wenn man das Ergebnis der Stichprobe auf die Grundgesamtheit überträgt: die *Irrtumswahrscheinlichkeit.*

▶ Die empirische Sozialforschung nimmt in der Regel eine fünfprozentige Irrtumswahrscheinlichkeit in Kauf. Ergebnisse, die sie produziert, sind mit diesem Zufallsfehler
behaftet.

Die Wahrscheinlichkeit, dass der Mittelwert der Stichprobe außerhalb des akzeptablen
Bereichs liegt, beträgt fünf Prozent. Gleichzeitig definiert die Festlegung auf diese
akzeptierte Irrtumswahrscheinlichkeit auch den „akzeptablen" Bereich. Es handelt sich
dabei um das sogenannte *Konfidenzintervall.* Dieses Intervall kann mit Hilfe der Stichprobe berechnet werden. Und innerhalb dieses Intervalls liegt dann zu 95 % auch der
wahre Wert der Grundgesamtheit.[1]

Dies soll am genannten Beispiel verdeutlicht werden: Unsere erste Stichprobe identifizierte anhand von 100 Studierenden einen Abiturdurchschnitt von 1,65. Die Streuung
der Stichprobenmittelwerte um den wahren Wert ist nicht bekannt, da wir ja nur eine
Stichprobe untersuchen. Was aber bekannt ist, ist die Streuung der Abiturnote *innerhalb* der Stichprobe. Es hatte ja nicht jeder Student/jede Studentin einen Schnitt von
1,65; manche waren besser, andere schlechter. Für diese Streuung um den Mittelwert
gibt es unterschiedliche Kennwerte. In der Abbildung ist die Standardabweichung (σ)
abgetragen. Diese soll in unserem Beispiel 0,5 betragen. Auf Basis des Mittelwerts,
der Standardabweichung und der Fallzahl kann man nun das 95 %-Konfidenzintervall
berechnen. Die Formel[2] hierfür lautet:

$$\textit{Mittelwert der Stichprobe} \pm 1{,}96 \times \frac{\textit{Standardabweichung der Stichprobe}}{\sqrt{\textit{Fallzahl der Stichprobe}}}$$

Die untere Grenze des Intervalls wäre somit 1,55, die obere Grenze wäre 1,75. Das
bedeutet: Wenn wir auf Basis unserer Stichprobe davon ausgehen, dass der wahre Wert
in der Grundgesamtheit zwischen 1,55 und 1,75 liegt, dann irren wir uns mit einer Wahrscheinlichkeit von fünf Prozent. Mit unserem Stichprobenwert von 1,65 wissen wir also
nun ziemlich sicher, dass der wahre Wert innerhalb eines (durchaus großen) Intervalls
von 1,55–1,75 liegt, können diesen aber auch nicht genauer verorten, ohne die Irrtumswahrscheinlichkeit zu erhöhen. Wir sehen also wieder, warum wir die Ergebnisse nur
einer empirischen Studie mit Vorsicht interpretieren und keinesfalls als Beweis für das
Zutreffen einer Theorie ansehen sollten. Zugleich können wir an der Formel für das
Konfidenzintervall aber auch erkennen, wie wir die Genauigkeit unserer Schätzung

---

[1]Genau genommen liegt der wahre Wert entweder mit einer Wahrscheinlichkeit von 0 % oder
100 % innerhalb des Intervalls – er ist ja fix. Aber mit 95 % Wahrscheinlichkeit haben wir anhand
der Stichprobe ein Intervall konstruiert, das den wahren Wert enthält.

[2]1,96 ist ein fester Wert für die Bestimmung von 95 %-Konfidenzintervallen, der sich daher
ableitet, dass 95 % der Fläche einer Normalverteilung mit Mittelwert 0 und Standardabweichung 1
(auch Standardnormalverteilung genannt) sich zwischen −1,96 und +1,96 befinden.

erhöhen können: das Intervall wird kleiner, je mehr Fälle sich in unserer Stichprobe befinden – je mehr der insgesamt 20.000 Studierenden in unserer Grundgesamtheit wir in unsere Stichprobe aufnehmen, desto präziser wird die Schätzung der tatsächlichen durchschnittlichen Abiturnote.

4.5 Verschiedene Auswahlverfahren

Allgemein spricht man von Auswahlverfahren, wenn die Ziehung der Stichprobe mittels einer nachvollziehbaren Systematik erfolgt. Die eben geschilderte Zufallsstichprobe ist nur eines – wenn auch das wichtigste – unter vielen verschiedenen Auswahlverfahren. Um wissenschaftlichen Ansprüchen zu genügen, muss ein Auswahlverfahren sicherstellen, dass die Stichprobe ein verkleinertes Abbild der Grundgesamtheit darstellt. Bei der Zufallsstichprobe wurde dies dadurch sichergestellt, dass jedes Element der Grundgesamtheit dieselbe Chance hat, in die Stichprobe aufgenommen zu werden. Nicht auf dem Zufallsprinzip basieren dagegen die bewusste und die willkürliche Auswahl. Bei der bewussten Auswahl werden die Merkmalsträger anhand logischer Erwägungen, bei der willkürlichen Auswahl dagegen ausschließlich aufgrund ihrer Verfügbarkeit oder anderer subjektiver Selektionskriterien der Auswählenden ausgesucht. Bei einer solchen Auswahl ist weder die Grundgesamtheit ausreichend definiert, noch ist für deren Elemente eine Auswahlwahrscheinlichkeit bezifferbar.

Wie die Wahl der Erhebungsmethode oder der Untersuchungsanlage, hängt auch die Wahl eines Auswahlverfahrens von der Fragestellung und dem Erkenntnisinteresse ab. Stichprobeneinheiten können entweder einzelne Elemente oder Klumpen aus Elementen

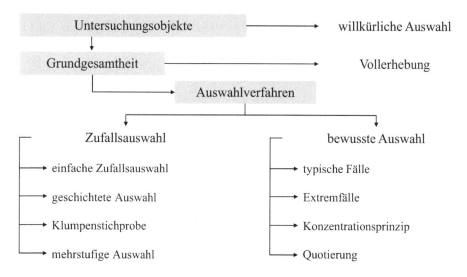

Abb. 4.2 Auswahlverfahren. (Eigene Darstellung)

sein. Typische Klumpen sind Haushalte, Schulklassen, Wohnhäuser. In den Klumpen wiederum sind Elemente enthalten: Personen, Schüler:innen, Haushalte. Auswahlverfahren können demnach einstufig oder mehrstufig sein (Abb. 4.2).

4.6   Willkürliche Auswahl

Neben einer systematischen Zufallsauswahl werden verschiedene andere Verfahren in der empirischen Sozialforschung verwendet, die unter dem Gesichtspunkt des Repräsentativitätsschlusses jedoch problematisch sind: die willkürliche und die bewusste Auswahl.

▶ Bei der willkürlichen Auswahl werden Merkmalsträger nach ihrer Verfügbarkeit ohne besondere Systematik ausgewählt.

Das klassische Beispiel für eine willkürliche Auswahl sind Straßenbefragungen: Die Interviewer:innen befragen nach Gutdünken alle, die ihnen „über den Weg laufen". Man könnte einwenden, dass in so einem Fall doch zufällig, also korrekt ausgewählt wurde. Betrachtet man jedoch die Bedingungen, die für eine einfache Zufallsauswahl gelten, sieht man schnell, dass *Willkür nicht gleich Zufall* ist. Will man beispielsweise alle Bürger:innen einer Stadt befragen, dann haben die Elemente dieser Grundgesamtheit nicht dieselbe Chance, in die Stichprobe zu kommen: Manche Personen kommen mehrfach vorbei, sind daher im Zweifelsfall überrepräsentiert; manche kommen gar nicht, weil sie bei der Arbeit und nicht in einer Fußgängerzone vorzufinden sind. Ergebnisse einer solchen Stichprobe wären sicher systematisch verzerrt: Arbeitslose, ältere Menschen, Schulschwänzer und Studierende wären vermutlich überrepräsentiert, Arbeitnehmer:innen und Jüngere dagegen entsprechend ihres Vorkommens in der Grundgesamtheit unterrepräsentiert. Derlei Befragungen sind problematisch, wenn auch nur implizit ein Meinungstrend in der Bevölkerung eingefangen werden soll. Denn dann tut man so, als stünden diese Passantenmeinungen repräsentativ für die Bevölkerungsmeinung. Im Journalismus werden solche Passantenbefragungen häufiger eingesetzt, jedoch sollte man auch als Journalist:in wissen, dass derlei Ergebnisse in aller Regel nicht geeignet sind, Rückschlüsse auf eine Grundgesamtheit zu ziehen. Wissenschaftlich gerechtfertigt sind Verfahren der willkürlichen Auswahl fast nie, außer alle Mitglieder der Grundgesamtheit verhalten sich gleich. Um beispielsweise den Einfluss von Alkohol auf die Konzentrationsfähigkeit zu untersuchen, könnten Wissenschaftler:innen eine willkürliche Auswahl treffen. Man darf davon ausgehen, dass alle Menschen unter Alkoholeinfluss weniger konzentriert sind.

4.7   Zufallsauswahl

4.7.1   Einfache und systematische Zufallsauswahl

Das einfachste mathematisch korrekte Auswahlverfahren ist die *einfache* oder auch *uneingeschränkte Zufallsauswahl*. Zu dieser Art der Auswahl gehört zum Beispiel das Lotterieverfahren, d. h. das zufällige Ziehen von Elementen aus einer begrenzten Grundgesamtheit. Bei nur symbolisch anwesenden Elementen, zum Beispiel einer Datei mit Identifikationsnummern von Studierenden der Kommunikationswissenschaft, werden nach demselben Zufallsprinzip Zufallstabellen, Zufallsgeneratoren und Ähnliches zur Auswahl verwendet.

In der Praxis, sprich für die Auswahl von Stichproben für eine Marktforschungserhebung oder für eine wissenschaftliche Untersuchung, werden Auswahlverfahren gewählt, die einer definierten Systematik unterliegen, d. h., jedes n-te Element aus einer Grundgesamtheit wird gezogen, wobei genau die Systematik angegeben wird, nach der diese Ziehung erfolgt. Gängige Verfahren sind die sogenannte „Last-Birthday-Methode" oder der „Schwedenschlüssel", mit denen die Person in einem Haushalt bestimmt wird, die befragt werden soll (und nicht derjenige befragt wird, der die Tür aufgemacht hat …). Bezogen auf das Studierendenbeispiel könnte ein Auswahlverfahren nach systematischer Zufallsauswahl diese Anweisung vorgeben: „Ziehe jede 100ste Nummer aus der Studierendenkartei." Es leuchtet gleich ein, dass insbesondere bei diesen systematischen Zufallsauswahlen die Ordnung der Elemente der Grundgesamtheit von entscheidender Bedeutung für die Güte der Stichprobe und somit für die Qualität der späteren Aussagen ist. Dass eine Grundgesamtheit nicht nach Geschlecht sortiert sein darf, wenn man eben dieses Merkmal erheben will, ist nachvollziehbar.

▶ Das Kriterium, nach dem eine systematische Zufallsauswahl erfolgt, muss unabhängig von den zu untersuchenden Merkmalen in der Grundgesamtheit verteilt sein.

Will man für eine experimentelle Untersuchung eine Gruppe von Studierenden in zwei Gruppen teilen, deren Merkmale nach dem Prinzip der Normalverteilung in beiden Gruppen anteilsmäßig gleich verteilt sind, so wäre wiederum das Geburtsdatum ein gutes Kriterium einer solchen Aufteilung, weil es in der Regel nichts mit dem Untersuchungsgegenstand zu tun hat: Alle mit geradem Geburtstag in die eine, alle mit einem ungeraden Geburtstag in die andere Gruppe.

Systematische Zufallsauswahlverfahren werden insbesondere dann verwendet, wenn eine einfache Zufallsauswahl zu kompliziert oder unzureichend ist. Typisch dafür ist die Wahl von Telefonnummern aus dem Telefonbuch bei telefonischen Befragungen. Man wird keine Vollerhebung durchführen, sondern eine repräsentative Stichprobe ziehen. Wie kommt man an die richtigen Nummern? Eine einfache Zufallsauswahl, zum Beispiel durch einen Zufallsgenerator, der Telefonnummern erzeugt, würde nicht zum gewünschten Ergebnis führen, weil zum einen Firmennummern, zum anderen nicht geschaltete Nummern oder Faxgeräte in die Stichprobe aufgenommen würden. Diese Probleme löst man durch die *systematische Zufallsauswahl* auf der Basis des Telefonbuchs. Man zählt die Nummern ab und zieht beispielsweise auf jeder Seite die sechste Nummer von oben. Ist dies eine Faxnummer oder ein Geschäftsanschluss wird abwechselnd die vorherige oder die nachfolgende Nummer gezogen. Zusätzlich ruft man nicht die Nummer an, die im Telefonbuch ausgesucht wurde, sondern schlägt auf die letzte Ziffer dieser Nummer eine Ziffer auf. Aus einer Endziffer 2 wird dann eine 3. Das Ergebnis dieser Veränderung der letzten Ziffer ist ein zufällig ausgewählter Telefonanschluss, der auch solche Anschlüsse mit der gleichen Wahrscheinlichkeit erfasst, die nicht im Telefonbuch stehen. Nachteil ist dann allerdings, dass man auch nicht geschaltete Telefonnummern anwählt.

Ein Problem bereiten allerdings inzwischen Haushalte, die auf einen Festnetzanschluss verzichten und lediglich über Mobiltelefon(e) zu erreichen oder aber mit mehr als einer Rufnummer ausgestattet sind. Es wurde schon erläutert, dass jedes Element einer Grundgesamtheit nur einmal vertreten sein darf, aber eben auch einmal vertreten sein muss. Sonst verletzt man die Voraussetzung einer Zufallsauswahl, dass jedes Element dieselbe Chance haben muss, in die Stichprobe zu kommen. Haushalte ohne Festnetzanschluss hätten keine, solche mit zwei Anschlüssen dagegen die doppelte Chance, angerufen zu werden und wären deshalb in der Stichprobe unter- bzw. überrepräsentiert.

4.7.2 Geschichtete Zufallsstichproben

Unabhängig davon, ob man die zu untersuchenden Merkmalsträger mittels uneingeschränkter Zufallsauswahl oder mit Hilfe einer Systematik identifiziert, erfolgt die Stichprobenziehung in einem einzigen Schritt. Die beiden folgenden Auswahlverfahren stellen dagegen zweistufige Varianten dar.

▶ Von geschichteten Zufallsstichproben spricht man, wenn man die Gesamtstichprobe anhand eines besonders zentralen Merkmals so teilt, dass dieses Merkmal nicht der Verteilung der Grundgesamtheit entspricht, für jede der Teilstichproben aber dennoch Repräsentativität gewährleistet ist.

Angenommen, eine Untersuchung beschäftigt sich mit der Wirkung von Krankenhausserien auf Zuschauer:innen. Dabei ist man insbesondere an der Einstellung von (wirklichen) Ärzt:innen interessiert. Das Merkmal „Beruf" mit der Ausprägung „Arzt/Ärztin" ist also besonders relevant für diese Untersuchung. Wenn man eine reine Zufallsauswahl zöge, wären nur sehr wenige Ärzt:innen in der resultierenden Stichprobe, so dass man über diese Gruppe von Menschen keine differenzierten Aussagen machen könnte. Zöge man eine einfache Zufallsstichprobe von zweitausend Merkmalsträgern, befänden sich in dieser Auswahl vielleicht ein bis zwei Ärzt:innen – ganz nach dem Wahrscheinlichkeitsprinzip von Laplace wäre der Anteil der Ärzt:innen in der Stichprobe proportional so vertreten wie in der Grundgesamtheit. Zu welchen Ergebnissen würde man kommen? Aussagen wie „50 % der Ärzt:innen haben im Ausland studiert" oder „100 % der Ärzt:innen schauen sich Krankenhausserien an" wären aufgrund des geringen Anteils von Ärzt:innen in der Stichprobe nicht sinnvoll, weil die Merkmale der (in diesem Fall zwei) zufällig ausgewählten Ärzt:innen viel zu stark in die Auswertung eingehen. Um eine genügend große Auswahl an Ärzt:innen zu erhalten, wird die Stichprobe geschichtet. Man lässt bewusst bestimmte Merkmale bzw. Merkmalsausprägungen einer Grundgesamtheit mit größerer Wahrscheinlichkeit als bei einer einfachen Zufallsauswahl in die Stichprobe eingehen, um überproportional viele Informationen zu diesem Merkmal erheben und analysieren zu können. Wenn also ein besonders relevantes Merkmal in der Grundgesamtheit nur gering repräsentiert ist, konstruiert man eine *disproportional geschichtete Zufallsstichprobe,* d. h., man gewichtet diese Gruppe höher. In diesem Fall würde man aus der Schicht der Ärzt:innen eine Zufallsauswahl von 200 treffen und sie dann mit dem Rest der Stichprobe (1.800 Fälle) vereinen. Nun wäre eine Aussage, dass 50 % der Ärzt:innen im Ausland studiert haben, sinnvoll und zulässig. Aussagen jedoch, die sich auf die gesamte Stichprobe beziehen – etwa die Dauer der Fernsehnutzung, das Einkommen oder die Wohnverhältnisse – werfen ein Problem auf. Durch den überproportionalen Anteil einer Berufsgruppe werden natürlich bestimmte Merkmale wie das Einkommen derart verzerrt, dass sie zunächst keinen Repräsentativschluss auf die Grundgesamtheit zulassen. Konkret bedeutet dies, dass durch eine Gewichtung, die der Überproportionalität reziprok entspricht, der stärkere Einfluss der Ärzt:innen auf die Ergebnisse „herausgerechnet" werden muss. In diesem Fall gingen die Daten von Ärzt:innen (etwa das Einkommen) nur mit einem sehr geringen Faktor in die Auswertung ein.

4.7.3 Klumpenstichproben

Der zweite Sonderfall zufälliger Stichprobenauswahl ist das sogenannte *Klumpenverfahren.* Die Eigenschaften eines Klumpens (in der englischen Literatur *Cluster*) verhalten sich umgekehrt wie die der eben dargestellten Schichten. Während Schichten in sich eher homogener als die Grundgesamtheit sind, erwartet man von Klumpen, dass sich ihre jeweiligen Elemente genauso heterogen verteilen wie in der entsprechenden Grundgesamtheit.

▶ Unter Klumpen versteht man eine raumzeitlich eng umgrenzte Ansammlung von Elementen der Grundgesamtheit, die ein strukturell verkleinertes Abbild der jeweiligen Grundgesamtheit bilden.

Man wählt daher per Zufallsauswahl eine Anzahl von Klumpen aus und untersucht alle Merkmalsträger, die in diesen Klumpen vorliegen. Ein Beispiel verdeutlicht dieses Verfahren der Zufallsauswahl: Eine Studie will den Fernsehkonsum von
Münchner Jugendlichen (13–17 Jahre) untersuchen. Die Zusammenstellung der entsprechenden Grundgesamtheit wäre recht aufwendig. Schneller, d. h. kostengünstiger
wäre deshalb die Zusammenstellung einer Liste von Schulklassen mit Schüler:innen der
entsprechenden Altersgruppen. Allgemeiner gesprochen: Bei Problemen, die Grundgesamtheit physisch oder symbolisch aufzulisten, versucht man, mit einer Klumpen-
bildung auf der nächsten Ebene die Elemente zusammenzufassen und darüber überhaupt
zu erreichen. Eine Aufstellung der entsprechenden Schulklassen wäre leichter zu
erstellen. Die Annahme ist nun, dass die Untersuchung der Schüler:innen aus einer per
Zufall ausgewählten Klasse (Klumpen) die gleichen Ergebnisse bringt wie die Untersuchung einer Stichprobe, die durch einfache Zufallsauswahl aus der Grundgesamtheit
(alle Schüler:innen Münchens) gezogen worden wäre. Dabei wird unterstellt (und das
ist das generelle Problem bei derartigen Klumpenstichproben), dass sich die Elemente
eines Klumpens genauso heterogen zusammensetzen wie die Elemente in der Grundgesamtheit. Nun ist leicht denkbar, dass selbst Schüler:innen in Grundschulklassen diese
Voraussetzung nicht erfüllen, da der Schulsprengel die Grundschule bestimmt, was je
nach Wohngebiet zu relativ homogenen und daher ungeeigneten Zusammensetzungen
der Klumpen führen kann. Schulklassen aus Arbeitervierteln sind „anders gestrickt"
als solche aus gutbürgerlichen Wohngegenden. Die Auswahl eines solchen Klumpens
(Arbeiterkinder) würde verzerrte Ergebnisse bringen, die keinen Repräsentationsschluss
auf alle Münchner Schüler:innen mehr zuließen. Dieses Problem lässt sich aber dadurch
entschärfen, dass eben Klumpen (=Klassen) aus unterschiedlichen Schulen untersucht werden. Dabei sollte man darauf achten, dass die Klumpen insgesamt wieder die
Grundgesamtheit repräsentieren. Wenn also etwa 55 % der Münchner Jugendlichen ein
Gymnasium besuchen, dann sollten auch 55 % der ausgewählten Klumpen aus diesem
Schultyp stammen.

In der deutschen Markt- und Medienforschung gibt es ein prominentes (wenn auch
nicht idealtypisches) Beispiel der Klumpenstichprobe: den *Haßlocher Testmarkt*. In
Haßloch, einer kleinen Stadt in der Vorderpfalz, verteilen sich die meisten soziodemografischen Merkmale etwa so wie in der gesamten Bundesrepublik. Haßloch erfüllt somit
die Anforderungen an eine (hier allerdings bewusste, nicht zufällige) Klumpenauswahl.
Die Auswahl *nur eines Klumpens* stellt einen Sonderfall dar. Normalerweise werden
mehrere Klumpen zufällig ausgewählt. Haßloch gibt aufgrund der beschriebenen Voraussetzungen einen guten Testmarkt ab. In Haßloch selbst sind wiederum – nach einer einfachen Zufallsauswahl – etwa dreitausend Haushalte mit einem sogenannten GfK-Meter
am Fernseher ausgerüstet. Dieses Gerät zeichnet nicht nur auf, was die Personen sehen,
sondern sendet auch selektiv Fernsehprogramme in die einzelnen Haushalte, zum Beispiel Werbespots. Man ist also in der Lage, eine bestimmte Werbekampagne in die eine
Hälfte der Haushalte zu schalten, in der anderen Hälfte werden andere Spots gesendet.
Im Anschluss daran wird das Kaufverhalten in den Supermärkten gemessen mit dem

Ziel, festzustellen, ob diejenigen, die eine bestimmte Werbekampagne gesehen haben, mit höherer Wahrscheinlichkeit das entsprechende Produkt kaufen.

4.8   Bewusste Auswahlverfahren

▶ Bei der bewussten Auswahl werden Merkmalsträger danach ausgewählt, wie „brauchbar" bzw. wie zentral ihre Untersuchung für die Beantwortung der gewählten Fragestellung ist.

Diese Auswahlverfahren sind problematisch hinsichtlich der Repräsentativität der Ergebnisse in den Stichproben, da die Auswahl nicht nach dem Wahrscheinlichkeitsprinzip, sondern nach sachlogischen Erwägungen erfolgt. Man unterscheidet vier Unterverfahren: die Auswahl typischer Fälle, die Auswahl nach dem Konzentrationsprinzip, die Auswahl von Extremgruppen und das Quotenverfahren.

4.8.1   Typische Fälle

Insbesondere bei qualitativen Untersuchungsmethoden, mit denen wenige Einzelfälle en détail analysiert werden, ist die Auswahl typischer Fälle angebracht. Was nun „typisch" an einem Merkmalsträger ist, liegt allein in der Vorkenntnis und den Hypothesen der Wissenschaftler:innen begründet. Solche Merkmale können ein bestimmter Beruf, bestimmte Hobbies oder auffällige Verhaltensweisen sein. Letzteres Kriterium wird bei Untersuchungen typischer Fälle in der Psychologie oder Psychiatrie angewendet. Dies leuchtet ein: Es hätte beispielsweise wenig Sinn, für eine Untersuchung von autistischem Verhalten, das ja nur ganz selten auftritt, eine uneingeschränkte Zufallsauswahl aus der deutschen Bevölkerung zu ziehen. Die Wahrscheinlichkeit, in der Stichprobe einen Autisten zu haben, wäre viel zu klein, weil Autist:innen in der Grundgesamtheit aller Deutschen eben auch relativ selten vertreten sind. Eine solche Auswahl würde also nur Zeit und Geld kosten.

Auch in der empirischen Kommunikationsforschung ist es üblich, nach typischen Merkmalen bewusst auszuwählen. Dies geschieht beispielsweise bei Inhaltsanalysen zur (partei-)politischen Neutralität bzw. Einseitigkeit von Tageszeitungen. Bei der Auswahl der zu analysierenden Tageszeitungen kommen dann nicht alle publizistischen Einheiten in die Auswahl, sondern nur solche Zeitungen, die man in ihrer Berichterstattung für besonders typisch hält oder die einen bestimmten politischen Standpunkt repräsentieren: Häufig werden dann die sogenannten Qualitätszeitungen (taz, FR, SZ, FAZ, Welt) dem politischen Spektrum von links nach rechts zugeordnet und als typische Fälle ausgewählt.

4.8.2   Auswahl von Extremfällen

In der Literatur wird zwischen typischen und Extremfällen unterschieden. Die erste Gruppe soll Merkmalsträger aufweisen, die besonders charakteristisch für alle Merkmalsträger in der Grundgesamtheit stehen. Extremfälle sind hingegen als solche definiert, von denen sich Forschende besonders detaillierte Informationen zu einem bestimmten, zumeist wenig erforschten Untersuchungsgebiet erhoffen, weil die zu untersuchenden Merkmale in besonders extremer Ausprägung vorliegen. Will man etwa untersuchen, ob sich mit der Nutzung Messenger-Diensten die Sprache der Teilnehmer:innen hinsichtlich Syntax und Semantik verändert, wird man zunächst Personen befragen, die diese Dienste sehr intensiv nutzen. Findet man bei diesen extremen Vielnutzern – im Vergleich zur „normalen" Bevölkerung – hinsichtlich ihrer Ausdrucksweise Veränderungen, die auf die Nutzung dieser Online-Angebote zurückzuführen sind, wäre ein Rückschluss auf die Grundgesamtheit „der Deutschen" sicher falsch. Wohl aber wären Aussagen, die auf Trends und auf potenzielle Veränderungen von Sprache hinweisen, angebracht.

Ein Spezialfall für eine derartige Auswahl sind *Expertengespräche*. Um bei dem Beispiel zu bleiben: Man würde also nicht nur Vielnutzer:innen von Messenger-Diensten untersuchen, sondern vielleicht auch Wissenschaftler:innen befragen, die sich schon mit dem Thema auseinandergesetzt haben. Von ihnen erhofft man sich neue, detaillierte Auskünfte über das vermutete Phänomen.

In diesem Zusammenhang ist noch auf eine Besonderheit in der Auswahl selbst hinzuweisen – auf das sogenannte *Schneeballprinzip*. Dabei handelt es sich im Prinzip um eine Mischung aus bewusster und willkürlicher Auswahl, die aber unter Umständen durch den Untersuchungsgegenstand gerechtfertigt ist bzw. die einzig mögliche Art der Auswahl darstellt. Bei neuen Untersuchungsgegenständen hat man häufig das Problem, dass weder eine Grundgesamtheit noch eine bewusst zu wählende Teilmenge genau bekannt sind. Eine Untersuchung zum Thema Berichterstattung der Massenmedien und Eliten (Noelle-Neumann und Kepplinger 1978) illustriert das Vorgehen nach dem Schneeballprinzip, durch das die Mitglieder einer unbekannten Grundgesamtheit identifiziert werden sollten. Die Studie sollte verschiedene lokale Eliten untersuchen: Wirtschaftselite, politische Elite und kulturelle Elite. Wer gehört nun dazu und wie findet man diese Personen? Man geht davon aus, dass die Oberbürgermeisterin zur politischen Elite einer Stadt gehört. Sie ist also Startpunkt (bewusste Auswahl). Man befragt sie und bittet sie am Ende des Interviews, diejenigen Personen zu nennen, die ihrer Auffassung nach noch zur politischen Elite der Stadt gehören. Man sucht diese Personen auf, befragt sie und bittet sie, weitere Namen zu nennen. Auf diese Weise gelangt man relativ schnell an einen Punkt, an dem immer wieder dieselben Namen genannt werden; ein Zeichen dafür, dass man die Grundgesamtheit der politischen Elite einer Stadt ermittelt hat. Die Verbreitung nach der einmal getroffenen bewussten Auswahl (Festlegung der Oberbürgermeisterin) erfolgt eher willkürlich, weil man nur wenig darüber weiß, wie die einmal ausgewählten Mitglieder andere benennen.

4.8.3   Auswahl nach dem Konzentrationsprinzip

▶ Eine Stichprobe nach dem Konzentrationsprinzip zu ziehen, bedeutet, dass man sich für eine Stichprobenziehung auf denjenigen Teil der Grundgesamtheit konzentriert, in dem der überwiegende Teil der gesuchten Elemente vermutet wird.

Dieses Verfahren setzt allerdings eine gute Kenntnis darüber voraus, wie sich die zu untersuchenden Merkmalsträger räumlich verteilen. Will man etwa eine Untersuchung über deutsche Skifahrer:innen machen und man weiß, dass 90 % aller deutschen Skifahrer:innen in Süddeutschland leben, wird man die Zufallsstichprobe nur aus der süddeutschen Bevölkerung ziehen und alle anderen Regionen vernachlässigen. Man schneidet gewissermaßen den weniger „ergiebigen" Teil der eigentlichen Grundgesamtheit weg *(Cut-off-Verfahren)*, weil man davon ausgeht, dass sich die restlichen deutschen Skifahrer:innen in anderen Regionen in den zu untersuchenden Merkmalen nicht von den süddeutschen Skifahrer:innen unterscheiden. Man sieht, auch bei dieser bewussten Auswahl verfahren Forschende nach sachlogischen, nicht nach statistisch korrekten Gesichtspunkten, die es erlauben würden, einen einwandfreien Repräsentationsschluss von den Ergebnissen der Stichprobe auf die Grundgesamtheit zu ziehen. Derartige Überlegungen spielen besonders dann eine Rolle, wenn – wie eigentlich immer – die zeitlichen und finanziellen Mittel begrenzt sind und trotzdem möglichst repräsentative Aussagen erzielt werden sollen.

4.8.4   Auswahl nach Quotierung

▶ Bei der Quotenstichprobe werden Merkmalsträger so ausgewählt, dass ihre Verteilung in der Stichprobe der Verteilung in der Grundgesamtheit entspricht. Quotenvorgaben werden in der Regel anhand von demografischen Merkmalen vorgenommen.

Die als relevant erachteten und bekannten Merkmale der Grundgesamtheit werden also 1:1 auf die Stichprobe übertragen. Diese Quotierungsmerkmale sind zumeist soziodemografischer Natur, also etwa Alter, Geschlecht, Wohnort, Einkommen, Bildungsniveau. Zentrale Voraussetzung für dieses bewusste Auswahlverfahren ist die genaue Kenntnis der Zusammensetzung der Quotierungsmerkmale in der Grundgesamtheit. Im Laufe des Kapitels wurde bereits erläutert, dass dies nur über eine Volkszählung möglich ist. Insbesondere kommerzielle Marktforschungsinstitute sind also auf die Fortschreibung dieser Daten angewiesen, wenn sie mit diesem Auswahlverfahren arbeiten. Aufgrund der Volkszählung von 1987 und der jährlichen Fortschreibungen im Mikrozensus weiß man beispielsweise, dass es in der deutschen Bevölkerung etwa 49 % Männer und 51 % Frauen gibt, 12 % der Deutschen zwischen 20 und 29 Jahre alt sind usw. Man kennt also die wahre Verteilung. Eine Quotenstichprobe würde nun versuchen, diese Merkmale der Grundgesamtheit auf die Stichprobe zu übertragen. Bei einer Befragung von 1000

Merkmalskombination			Anzahl
Großstadt,	14-29,	weiblich	~~①~~②③④⑤
Großstadt,	14-29,	männlich	~~①~~~~②~~③④
Stadt,	14-29,	weiblich	~~①~~~~②~~~~③~~④⑤⑥⑦
Stadt,	14-29,	männlich	~~①~~~~②~~③④⑤⑥
Kleinstadt,	14-29,	weiblich	①②③④⑤
Kleinstadt,	14-29,	männlich	①②③④
Dorf/Land,	14-29,	weiblich	①②
Dorf/Land,	14-29,	männlich	①②
Großstadt,	30-49,	weiblich	~~①~~~~②~~~~③~~~~④~~⑤⑥⑦⑧⑨
Großstadt,	30-49,	männlich	~~①~~~~②~~~~③~~④⑤⑥⑦⑧
...			

Abb. 4.3 Quotenplan. (Eigene Darstellung)

Menschen würde eine Quotenstichprobe 490 Männer und 510 Frauen enthalten, es müssten 210 Personen zwischen 16 und 29 Jahren untersucht werden usw.

▶ Der Vorteil einer Quotierung ist, dass die Stichprobe hinsichtlich der quotierten Merkmale mit Sicherheit ein strukturgleiches Abbild der Grundgesamtheit darstellt.

Befürworter von Quotenstichproben argumentieren mit den geringeren Kosten des Auswahlverfahrens, weil anders als bei der Zufallsauswahl die Grundgesamtheit weder physisch noch symbolisch vorliegen muss; die Interviewenden können im Rahmen der vorgegebenen Quote befragen, wen immer sie für geeignet halten. Ein zentraler Einwand gegen die Quotenstichprobe besteht darin, dass zwar die Quotenmerkmale entsprechend der Grundgesamtheit verteilt sind, jedoch nicht notwendigerweise die Merkmale, die im Mittelpunkt der Untersuchung stehen. Bei diesen nicht-quotierten Untersuchungsmerkmalen kann man eben nicht sicher sein, dass sie in der Stichprobe ebenso wie in der Bevölkerung verteilt sind. Eine annähernd korrekte Verteilung dieser Merkmale ist demnach nur durch die Zufallsauswahl sichergestellt. Wichtig bei Quotierungsverfahren ist, dass die Quotierungsmerkmale nicht unabhängig voneinander vorgegeben werden, sondern analog zu den in der Grundgesamtheit vorliegenden Kombinationen. Theoretisch könnte man eine Stichprobe entstehen, in der alle Frauen über 40 und alle Männer unter 40 Jahre alt sind. Merkmale wie Wohnort und Einkommen, Alter und Geschlecht müssen also kombinatorisch vorgegeben und quotiert werden (Abb. 4.3).

Die Interviewenden müssen gezielt Personen mit einer bestimmten Kombination der Quotenmerkmale finden (beispielsweise einen 30–49 Jahre alten Mann, der in einer Kleinstadt wohnt). Die Quotierungsmerkmale müssen also nicht nur auf erster Ebene so verteilt sein wie in der Grundgesamtheit, sondern auch in Kombination miteinander.

4.9 Mehrstufige Auswahlverfahren

Sowohl bei den geschichteten als auch den Klumpenstichproben wurde erwähnt, dass die letztendliche Stichprobe nicht in einem, sondern in mehreren Schritten gewonnen wurde. Mehrstufige Auswahlverfahren haben in den empirischen Sozialwissenschaften eine relativ große Bedeutung. Die Stichprobe, die untersucht werden soll, gewinnt man nicht in einem Durchgang, wie dies bei einer einfachen oder systematischen Zufallsauswahl der Fall wäre. Auch bewusste und willkürliche Auswahlverfahren sind meist einstufig.

▶ In mehrstufigen Verfahren werden mehrere unterschiedliche Auswahlverfahren hintereinandergeschaltet, wiederum mit dem Ziel, eine Stichprobe zu erhalten, die ein verkleinertes Abbild der Grundgesamtheit darstellt.

Mehrstufige Auswahlverfahren kommen insbesondere dann zum tragen, wenn die Grundgesamtheit sehr groß oder unbekannt ist. Im Allgemeinen werden Untersuchungen über „die deutsche Bevölkerung" auf der Basis einer mehrstufigen Auswahl vorgenommen. Am sogenannten *ADM-Stichprobensystem* lässt sich exemplarisch das Vorgehen bei mehrstufigen Auswahlverfahren zeigen.[3] In der Bundesrepublik haben sich die meisten der namhaften Marktforschungsinstitute zum „ADM, Arbeitskreis deutscher Markt- und Sozialforschungsinstitute e. V.", zusammengeschlossen. Neben imageorientierten Zielsetzungen verfolgt dieser Zusammenschluss einen ganz pragmatischen Zweck: Der ADM stellt seinen Mitgliedern repräsentative Stichproben zur Verfügung, die nach einem bestimmten Verfahren gewonnen wurden und in einem Pool ihrer Weiterverarbeitung harren. Anstatt für jede Untersuchung aufs Neue das langwierige Procedere der Stichprobenauswahl durchzuführen, schöpfen die Institute aus diesem Pool der auf Vorrat gezogenen Stichproben, die allesamt repräsentativ sind. Die Kosten für das große mehrstufige Auswahlverfahren aller Stichproben werden von den Mitgliedern getragen, was eine Ökonomisierung von Zeit und Kosten bedeutet. Aber nicht nur dies: Auch der Standardisierungsgrad – und somit die Vergleichbarkeit von sozialwissenschaftlichen bzw. auch von kommerziell motivierten Untersuchungen – wächst, wenn die Qualität der

---

[3]Im Folgenden wird die bis 2003 angewandte Vorgehensweise zur Stichprobenziehung beschrieben. Inzwischen wird bei der Auswahl der Gebiete (1. Stufe) ein anderes Verfahren eingesetzt (vgl. hierzu Häder 2010, S. 149–157).

Stichproben stets die gleiche bleibt; Ergebnisse werden transparenter, die intersubjektive Nachvollziehbarkeit höher.

Das ADM-Stichprobensystem basiert auf einem dreistufigen Verfahren. Im ersten Schritt werden Gebiete, im zweiten Schritt Haushalte innerhalb dieser Gebiete und im dritten Schritt Personen innerhalb dieser Haushalte ausgewählt.

1. Stufe: Auswahl der Gebiete = Bestimmung der Primäreinheiten

Die zu ziehenden Stichproben basieren auf den Personen, die in privaten Haushalten in Deutschland leben. Wie schon beim Abschnitt Klumpenstichprobe ausgeführt, steht man auch hier vor dem Problem, dass eine Liste der Grundgesamtheit nicht vorliegt oder nur höchst umständlich (über die jeweiligen Einwohnermeldeämter) zu beschaffen wäre. Ökonomischer ist es deshalb, die Bundesrepublik nach den bereits vorhandenen Stimmbezirken für die Bundestagswahlen aufzugliedern. Dies sind insgesamt rund 80.000 Stimmbezirke. Diese werden zunächst gewichtet, so dass Stimmbezirke entsprechend der Einwohnerzahl der Menschen eine größere oder kleinere Chance haben, gezogen zu werden. Damit haben alle Personen, die in privaten Haushalten leben und mindestens 18 Jahre alt sind, dieselbe Chance, in eine Stichprobe zu kommen.

Im nächsten Schritt werden aus diesen 80.000 Stimmbezirken 25.000 per Zufall ausgewählt. Diese Stimmbezirke werden „Primäreinheiten" genannt. Durch systematische Zufallsauswahl teilt man diese 25.000 Einheiten in 120 Gruppen ein. Im Resultat liegen nach dieser ersten Auswahlstufe 120 Stichproben von jeweils 208 Stimmbezirken vor. Die erste Stufe des Auswahlverfahrens ist demnach eine Kombination aus einfacher (gewichteter) und systematischer Zufallsauswahl.

2. Stufe: Auswahl der Haushalte = Bestimmung der Sekundäreinheiten

Auch zu diesem Zeitpunkt des Verfahrens liegen weder die Haushalte noch die Personen über 18 Jahre als Liste (Grundgesamtheit) vor. Damit trotzdem jedes Element in den 120 Stichproben dieselbe Chance hat, an einer Befragung teilzunehmen, bedient man sich eines systematischen Auswahlverfahrens, das diese Haushalte nach einem Zufallsprinzip auswählt: des *Random Walks,* auch *Random Route* genannt.

Zunächst verfährt die Systematik des ADM so, dass von den 210 Stimmbezirken einer Stichprobe mittels systematischer Zufallsauswahl bestimmte Bezirke ermittelt werden. Im nächsten Schritt erhalten die Mitarbeiter:innen „Begehungsanweisungen", mittels derer die Adressen der auszuwählenden Haushalte ermittelt werden. Diese Begehungs-anweisung ist nach einem standardisierten Zufallsschlüssel (eben „random") zusammen-gestellt und stets identisch. Es sind Anweisungen etwa der Art: Aufsuchen einer zufällig ausgesuchten Startadresse, von dort erste Straße rechts, drittes Gebäude auf der linken Straßenseite, bei einem Mehrfamilienhaus ist Zieladresse die zweite Adresse von unten. Danach in derselben Richtung weitergehen bis zur nächsten Kreuzung und so weiter und so fort. Am Ende dieses Prozesses erhält man die zufällig ausgewählten Haushalte pro Bezirk, die sogenannten Sekundäreinheiten. Das Random-Route-Verfahren hat sich in der Praxis tatsächlich bewährt, die gewonnenen Zufallsstichproben sind verlässlich. Prinzipiell wäre es möglich, nach einem weiteren systematischen Auswahlprozess (dem Schwedenschlüssel, siehe unten) die zu befragende Zielperson zu ermitteln und gleich mit dem Interview zu beginnen – wenn die Mitarbeiter:innen ja schon einmal an Ort und Stelle sind. Vom Standpunkt der Ökonomisierung wäre dies sicher sinnvoll. Mit der Entzerrung von Adressenermittlung und tatsächlicher Befragung vermeidet man aber, dass beide Prozesse in der Hand *einer* Person liegen und Verzerrungen durch Interviewerfehler auftreten. Als Ergebnis dieser zweiten Stufe wurden per zweimaliger systematischer Zufallsauswahl die Sekundäreinheiten für eine Stichprobe ermittelt.

3. Stufe: Auswahl der Zielperson
Trotz der Mehrstufigkeit des ADM-Mastersamples ist von Anfang an gewährleistet, dass jeder Haushalt und jede Person dieselbe Chance hat, in eine Stichprobe hineinzukommen. Die Stichprobenziehung der ersten beiden Stufen hat durch die anfängliche Gewichtung der Stimmbezirke diese Voraussetzung nicht verletzt. Anstelle einer (praktisch gar nicht vorliegenden) Liste mit über 30 Mio. Haushalten der Bundesrepublik hat man sich Schritt für Schritt dem Ziel, Personen zu befragen, genähert. Indem man sicherstellte, dass auf allen Stufen dieser unterschiedlichen Auswahlverfahren der Zufall waltete, kann man im Resultat sicher sein, dass die befragten Personen Elemente einer repräsentativen Stichprobe sind; die Ergebnisse können auf die Grundgesamtheit aller Personen in Deutschland über 18 Jahren übertragen werden.

Die Auswahl der zu befragenden Person wird in der Regel nicht durch die „Begeher:innen", sondern die Interviewer:innen vorgenommen. Das Verfahren ist einfach. Da man nicht diejenigen, die die Tür öffnen, sondern zufällig ausgewählte Personen in der Stichprobe braucht, geht man nach dem sogenannten Schwedenschlüssel vor. Dieser Schlüssel hat je nach der Gesamtzahl der im Haushalt lebenden Personen Zufallszahlen aufgelistet. Die Mitglieder eines Haushalts werden nach Alter sortiert. Falls die Zufallszahl für den nächsten Dreipersonenhaushalt „2" beträgt, wird die zweitälteste Person für das Interview ausgewählt.

4.10 Stichprobenausfälle

Am Ende dieses Abschnittes soll noch auf ein generelles Problem hingewiesen werden, das einen großen Einfluss auf die Repräsentativität von Untersuchungsergebnissen haben kann und vor allem bei Befragungen auftritt: das Problem der sogenannten Stichprobenausfälle.

▶ Unter Stichprobenausfällen fasst man alle Fälle zusammen, bei denen ein Element der Stichprobe nicht untersucht werden konnte.

Ziel einer empirischen Studie ist es, verallgemeinerbare Aussage zu treffen. Damit die Ergebnisse der Stichprobe per Repräsentationsschluss auf die Grundgesamtheit übertragbar sind, muss die Stichprobe ein strukturgleiches, verkleinertes Abbild der Grundgesamtheit darstellen. Dieses wird durch die gerade vorgestellten Verfahren der Stichprobenziehen erreicht. Allerdings ist das Bilden einer Stichprobe nur der erste Schritt. In einem zweiten Schritt müssen die Objekte der Stichprobe (z. B. Zeitungsartikel, Personen) auch tatsächlich untersucht werden. Dies ist aus unterschiedlichen Gründen nicht bei allen Objekten möglich. Es kommt zu Stichprobenausfällen. Wichtig ist nun die Unterscheidung zwischen *zufälligen* und *systematischen* Ausfällen, da vor allem die letzteren die Repräsentativität der Studie gefährden.

Als zufällige Ausfälle kann man all jene fassen, bei denen Personen in die Stichprobe gezogen wurden, tatsächlich aber nicht mehr einer Grundgesamtheit angehören, wie zum Beispiel solche, die zwar noch in einer Stadt gemeldet, tatsächlich aber umgezogen sind. Eine relativ große Anzahl von Ausfällen macht dann die Gruppe der *Verweigerer* aus. Bei diesen Personen kann es sich nun sowohl um zufällige als auch um systematische Ausfälle handeln. Zufällig sind die Ausfälle etwa, wenn Personen nicht an der Studie teilnehmen, weil sie gerade keine Lust oder Zeit haben, krank oder im Urlaub sind. Diese Ausfälle sind mehr oder weniger unproblematisch.

Man muss davon ausgehen, dass es Menschen gibt, die aus den unterschiedlichsten Gründen generell keine Interviews geben. Dieser Tatbestand ist für sich schon ein interessantes Forschungsfeld. In unserem Zusammenhang interessieren diese Personen allerdings nur als „systematische Ausfälle". Sobald die Ausfälle nicht mehr zufällig sind, verzerren Sie die Ergebnisse der Untersuchung. Dies trifft vor allem zu, wenn der Grund für die Verweigerung mit dem Gegenstand der Untersuchung zusammenhängt. Bleiben wir aber zunächst bei systematischen Ausfällen ohne direkten Bezug zum Untersuchungsgegenstand.

Es ist beispielsweise denkbar, dass vor allem Hochgebildete – dazu zählt man Menschen, die mindestens das Abitur abgelegt haben – ein Interview verweigern, weil sie aus politischen Gründen den „gläsernen Bürger" ablehnen. Wenn das so wäre und dieses Problem einer systematischen Verweigerung nicht erkannt wird, wäre die Stichprobe derjenigen, die noch befragt werden, verzerrt, weil zu wenig Hochgebildete in ihr vertreten sind. Die Ergebnisse wären nicht mehr brauchbar. Im Grunde müsste man viel über die Grundgesamtheit wissen, um zu entscheiden, ob und welche Teilgruppe einer Population über- oder unterrepräsentiert ist. Ein solcher Abgleich ist nur auf der Grundlage von Daten einer Volksbefragung möglich. Ein Hauptproblem besteht darin, dass man über die Verweigerer nichts weiß, eben weil sie verweigern. Daher sind die Ursachen der Verweigerung und deren Auswirkungen auf die Qualität der Stichprobe schwer einzuschätzen.

Besonders problematisch sind systematische Ausfälle, wenn der Grund für die Nicht-Teilnahme mit dem Untersuchungsgegenstand in Zusammenhang steht. Dieser Effekt lässt sich gut anhand der US-Wahl 2016 verdeutlichen. Die Kandidat:innen der beiden großen Parteien waren Hillary Clinton und Donald Trump, nahezu alle Umfrageinstitute prognostizierten einen mehr oder weniger deutlichen Sieg von Clinton. Am Ende konnte Trump allerdings eine deutliche Mehrheit der Wahlleute auf sich vereinigen. Wie können

systematische Stichprobenausfälle diesen Widerspruch erklären? Gehen wir für das Beispiel davon aus, dass etwa 50 % der kontaktierten Personen die Teilnahme verweigert
haben. Wenn sich diese Verweigerung nun in etwa gleich auf beide Lager (Clinton vs.
Trump) verteilt, wird die Repräsentativität der Ergebnisse nicht gravierend beeinflusst.
Wenn nun aber 40 % der Anhänger:innen von Clinton und 60 % der Anhänger:innen
von Trump die Teilnahme an der Studie verweigern, sind die Ergebnisse eben im Hinblick auf das Wahlergebnis nicht mehr repräsentativ und verleiten zu einem Fehlschluss
(Wahlsieg von Clinton). Die generelle Skepsis gegenüber wissenschaftlichen Umfragen
oder den etablierten Nachrichtenmedien, die diese Umfragen häufig in Auftrag geben,
hat dazu geführt, dass Anhänger:innen von Trump häufiger die Teilnahme an der
Befragung verweigert haben als Anhänger:innen von Clinton. Diese systematischen Ausfälle fallen aber auf den ersten Blick nicht auf, da sie nicht unbedingt mit Merkmalen
wie dem Wohnort oder dem formalen Bildungsniveau in Zusammenhang stehen. Sie
lassen sich somit auch bei einer Quoten-Stichprobe nicht zuverlässig ausgleichen, wenn
der wahre Grund für die Verweigerung nicht erkannt wird.

Bei der Quotenstichprobe können Verweigerer zwar durch Personen mit einer entsprechenden Kombination an Merkmalen (z. B. Mann, über 50, Akademiker) ersetzt
werden. Dies kann aber systematische Ausfälle, wie die eben am Beispiel der US-Wahl
2016 aufgezeigten, nicht in allen Fällen verhindern. Wenn ein Abgleich mit der Grundgesamtheit möglich ist, können für die Datenauswertung ex post auch *Gewichtungen* in
der Stichprobe eingeführt werden. Wenn man feststellt, dass von den 1.600 Personen, die
befragt wurden, die Jungen unterrepräsentiert sind, verleiht man diesen Altersgruppen
bei der Auswertung der Ergebnisse ein Gewicht größer als 1. Dadurch stellt man sicher,
dass Verzerrungen der Stichprobe wieder ausgeglichen werden. Wie bereits ausgeführt,
funktioniert das nur mit den Merkmalen aus der Grundgesamtheit, die bekannt sind.

Diese sind in der Regel soziodemografischer Art und spielen bei der Ergebnisdis-
kussion eine nur marginale Rolle. Wenn systematisch „Vielseher:innen" ein Interview
zum Thema Medienwirkung verweigern, weil sie ihre Lieblingssendung nicht ver-
passen wollen, hat man ein Problem, das vermutlich nicht so elegant zu lösen ist, weil
man die Menge der Vielseher:innen in der Grundgesamtheit nicht kennt. In diesem
Zusammenhang sei auch noch darauf hingewiesen, dass eine nachträgliche Gewichtung
nur dann zulässig ist, wenn die Ausschöpfungsquote hinreichend groß ist. Bei manchen
Befragungen erzielt man häufig eine Rücklaufquote von nicht mehr als drei bis vier Prozent. In solchen Fällen kann man nicht mehr sinnvoll gewichten.

Befragung I: Grundlagen

Die ersten Kapitel haben sich ganz allgemein mit den Funktionen der empirischen Kommunikationsforschung in unserer Gesellschaft und den grundsätzlichen Bedingungen dafür, wie valide und reliable Aussagen über die soziale Realität gemacht werden können, beschäftigt. Im Folgenden wird dargestellt, welche Methoden die Kommunikationswissenschaft in der Regel anwendet, um diese soziale Realität zu erfassen und somit zu Problemlösungen in der Gesellschaft beizutragen. In den nächsten drei Kapiteln geht es um die Methode der Befragung. Ein Teil des begrifflichen Instrumentariums zur Konzeption und Durchführung einer Befragung ist bereits bekannt:

- Mittels einer Befragung werden Aussagen von Menschen aus einer Grundgesamtheit erhoben. Dabei werden in der Regel Stichproben gezogen.
- Diese Aussagen sind Merkmalsausprägungen, die sich auf Merkmale beziehen, welche Merkmalsträgern zugeordnet werden.
- Die Antworten sind nach den Kriterien einer Nominal-, einer Ordinal- oder einer Intervallskala skaliert.

Fragen stellen kann doch jeder, oder? Bevor man sich der zentralen Methode in den Sozialwissenschaften widmet, soll noch einmal an das Spannungsverhältnis zwischen Alltagserfahrung auf der einen und der empirischen Sozialforschung auf der anderen Seite erinnert werden. Im Unterschied zur individuellen, subjektiven Erfahrung von Menschen versucht die empirische Methodenlehre, Verfahren zu entwickeln, die das Sammeln von Erfahrung (=Empirie!) auf eine systematische und planmäßige Grundlage stellen. Das allgemeine Handwerkszeug zur Herstellung intersubjektiv nachvollziehbarer Ergebnisse, also Messen und Zählen, sowie die verschiedenen Auswahlverfahren sollten so weit bekannt sein, dass sie bei der Entwicklung eines Fragebogens angewendet

© Der/die Autor(en), exklusiv lizenziert durch Springer Fachmedien Wiesbaden GmbH, ein Teil von Springer Nature 2022
H.-B. Brosius et al., *Methoden der empirischen Kommunikationsforschung*, Studienbücher zur Kommunikations- und Medienwissenschaft, https://doi.org/10.1007/978-3-658-34195-4_5

werden können. Das ist jedoch nur die halbe Miete. Damit eine Befragung tatsächlich ein valides Messinstrument ist, um Daten aus der sozialen Realität zu erheben, muss man sich zunächst darüber klar werden, dass keine Frage a priori richtig oder falsch ist. Zwei Fragen, die im Prinzip auf dasselbe hinauswollen, können völlig unterschiedliches Antwortverhalten provozieren und es muss eine Vielzahl von Randbedingungen bedacht werden, um unverzerrte Antworten von Befragten zu erhalten. Tatsächlich ist der wissenschaftlich korrekte Umgang mit einer Methode nicht so einfach wie die Anwendung eines Kochrezepts. Man muss verstehen, dass etwa die Anwendung der Befragung eine kritische Distanz und viel Kreativität verlangt, um Antworten zu erhalten, die die soziale Realität möglichst deckungsgleich abbilden.

5.1   Typische Anwendungsgebiete der Befragung

Ganz allgemein gesprochen hat die Befragung zum Ziel, gesellschaftlich relevante Aussagen über Merkmalsträger zu machen. Merkmalsträger sind hier Personen, die jedoch nicht in ihrer ganzen Komplexität, sondern eben nur als Träger oder Repräsentanten bestimmter relevanter Aspekte für die Forschung interessant sind. Das kann genauso der Beruf sein wie der Besitz eines Smartphones. Typische Anwendungsbereiche der Befragung finden sich in den Bereichen der *Mediennutzungs- und Medienwirkungsforschung*. Mit Befragungen werden unter anderem folgende Forschungsfragen analysiert:

- Welche Medientypen nutzen bestimmte Bevölkerungsgruppen in welchem Umfang?
- Welche Personen nutzen welche Apps?
- Wie verändert sich der Medienkonsum im Zeitverlauf?
- Welche sind die Lieblingssendungen bestimmter Bevölkerungsgruppen?
- Welche politischen Themen hält die Bevölkerung für wichtig?
- Wie beeinflusst die Berichterstattung Meinung und Verhalten von Wähler:innen?

Die Untersuchungsfragen beziehen sich auf Theorien und Hypothesen. Sie erinnern sich: *Am Anfang von empirischer Forschung steht die Theorie.* Wenn man zum Beispiel nach Lieblingssendungen und Lieblingsschauspieler:innen fragt, könnten dahinter theoretische Überlegungen zum Phänomen der *parasozialen Interaktion* liegen. Die Theorie der parasozialen Interaktion nimmt an, dass manche Menschen eine enge Bindung zu Fernsehcharakteren aufbauen, sich ihnen verbunden fühlen, mit ihnen sprechen etc. und dass diese „Beziehungen" möglicherweise einen Teil der realen Beziehungen ersetzen. Wenn Menschen nach dem augenblicklich wichtigsten (politischen) Problem in Deutschland gefragt werden, können die erhobenen Aussagen im Rahmen des Agenda-Setting-Ansatzes untersucht werden (vgl. für eine einführende Darstellung des Ansatzes Maurer 2010). Diese Daten tragen dann zur Beantwortung der gesellschaftlich wichtigen Frage bei, ob die Massenmedien mit den Themen, die sie in den Vordergrund stellen (auf ihre Agenda setzen), das beeinflussen, was Menschen für wichtig halten.

Befragungen werden auch dann eingesetzt, wenn sich das Forschungsinteresse auf die Struktur oder die Organisation von Massenmedien richtet. Man kann zum Beispiel Redakteur:innen nach der Struktur ihrer Redaktionen befragen oder Manager:innen in Medienunternehmen nach der Unternehmensorganisation. Diese Fragestellungen werden vor allem in den Bereichen *Medienökonomie und Medienrecht* relevant.

5.2 Befragung im Mehrmethodendesign

Befragungen werden in der Kommunikationswissenschaft häufig nicht allein angewandt, sondern mit weiteren Methoden, insbesondere der Inhaltsanalyse, kombiniert. Das ist zum Beispiel bei Fragestellungen des *Agenda-Setting-Ansatzes* der Fall. Wenn man wissen will, ob die Themenstruktur der Medien sich darin niederschlägt, wie wichtig Menschen einzelne Themen finden, dann wendet man zur Feststellung der Medienagenda eine Inhaltsanalyse und zur Feststellung der Bevölkerungsagenda eine Befragung an. In der anschließenden Analyse werden dann diese beiden Datensätze kombiniert und miteinander verglichen. Das gleiche Verfahren gilt für den Bereich der *Kultivierungshypothese:* Wenn man wissen will, ob „Vielseher:innen" ihre Weltsicht aus dem Fernsehen beziehen und deshalb den prozentualen Anteil von Polizist:innen an der Bevölkerung überschätzen, dann muss zunächst mittels einer Inhaltsanalyse der entsprechenden Sendungen festgestellt werden, wie hoch dieser Anteil in Fernsehsendungen ist. Mit der Kombination aus Inhaltsanalyse der Medien und Befragung von Bürger:innen wird es dann möglich, zu untersuchen, ob bei Vielseher:innen die Wahrnehmung der Wirklichkeit stärker von der Medienrealität beeinflusst wird als bei Wenigseher:innen.

5.3 Frageformulierung

Doch wenden wir uns zunächst den Grundzügen der Methode zu. Wie wird eine Befragung konzipiert und durchgeführt? In der Regel wird für eine Befragung ein Fragebogen entwickelt, der Fragen in einer bestimmten Reihenfolge enthält.[1] Die Theorie der Frage spielt hierbei eine zentrale Rolle. Ausgehend vom Forschungsinteresse werden zunächst Überlegungen zum *Fragetypus* angestellt:

---

[1]Wer sich ausführlicher mit dem Thema Befragung befassen will, sei auf das leicht zu lesende Buch von Noelle-Neumann und Petersen (2005) verwiesen.

5.3.1   Offene oder geschlossene Frageformulierung?

Offene Fragen (auch W-Fragen genannt) ermöglichen es den Befragten, sich zu einem Bereich nach Belieben zu äußern: *„Was* haben Sie gestern Abend gemacht?" Fragen, die nicht mit einem Fragewort anfangen, werden geschlossenen Fragen genannt: „Besitzen Sie ein Fernsehgerät?" Bei der Entwicklung der einzelnen Fragen steht nicht so sehr die Formulierung selbst im Mittelpunkt der Überlegung, sondern die Vorgabe von Antwortalternativen: Auf welchem Skalenniveau muss gemessen werden, um den Untersuchungsgegenstand hinreichend zu erfassen? Bei offenen Fragen werden keine Antwortkategorien vorgegeben. Bei geschlossenen Fragen eröffnen sich eine ganze Reihe von Möglichkeiten, Antwortvorgaben zu formulieren: vom nominalen, dichotomen Skalenniveau (ja/nein) bis zur Intervallskala (Ankreuzen auf einer Skala von 1 bis 7).

Die Entscheidung, ob man offen oder geschlossen abfragt, hängt unter anderem davon ab, ob eine *qualitative* oder eine *quantitative* Auswertung zu dieser Frage vorgenommen werden soll. Qualitative Auswertungen, in denen es auf Details und eher individuelle, subjektive Einschätzungen ankommt, werden bevorzugt mit offenen Fragestellungen erhoben. Man ist hier nicht an Ergebnissen interessiert, die sich in Häufigkeiten oder statistisch nachvollziehbaren Korrelationen ausdrücken, sondern an einigen wenigen Einzelfällen, die möglichst detailliert dargestellt werden sollen. Dies geschieht häufig in relativ neuen Forschungsbereichen, über die die Wissenschaftler:innen selbst noch nicht viel wissen. Allerdings wird man auch bei derartigen qualitativen Untersuchungen darum bemüht sein, intersubjektiv nachvollziehbare Ergebnisse zu produzieren. Man möchte Trends im Antwortverhalten der Befragten aufdecken und Gemeinsamkeiten darstellen. Das heißt, Antworten auf offene Fragen werden häufig *im Nachhinein* relativ aufwendig kategorisiert, was auch unter finanziellen Gesichtspunkten betrachtet werden muss. Für die Erhebung qualitativer Daten wird man dann die Interviewer:innen anweisen, die Antworten in Stichpunkten zu protokollieren, aufzuzeichnen oder die Befragten selbst anzuweisen, sich im Fragebogen schriftlich zu äußern.

▶ Offene Fragen führen zu Antworten mit größeren Textmengen, die vor einer Auswertung durch Kategorisierung quantifiziert werden können.

Geschlossene Fragen mit vorgegebenen Antwortkategorien sind in der empirischen Kommunikationsforschung wesentlich häufiger anzutreffen. Und das aus gutem Grund, denn man hat es in der Regel mit großen Fallzahlen zu tun, so dass die Kategorisierung vieler offener Fragen einen hohen Arbeitsaufwand bedeutet. Antwortvorgaben bei geschlossenen Fragen werden dagegen schnell und einfach in Zahlen überführt, mit denen man dann in Sekunden Häufigkeitsverteilungen, Korrelationen oder Ähnliches berechnen kann. Die entsprechende Datenanalysesoftware berechnet auf Knopfdruck, wie viel Prozent der Befragten gestern im Kino waren, wie lange sie ferngeschaut haben

Tab. 5.1 Vor- und Nachteile offener Fragestellungen. (Eigene Darstellung)

Vorteile	Nachteile
– höhere Komplexität	– Aufwand der Auswertung
– Erfassung vieler Randbedingungen	– Zersplitterung der Antworten
– Befragte nennen neue Aspekte, an die der Forscher nicht gedacht hat. Dies gilt insbesondere bei unerforschten Gegenständen	– Ergebnisverzerrung durch unterschiedliche Eloquenz der Befragten

oder welches der vorgegebenen Themen die Befragten insgesamt als am wichtigsten beurteilen.

▶ Geschlossene Fragen geben den Befragten eine eng begrenzte Anzahl von Antwort-alternativen.

Ein weiterer Vorteil der geschlossenen Frage ist die Möglichkeit der inhaltlichen Führung. Man kann die Befragten auf das einstimmen, was wirklich interessiert. Fragt man offen nach dem gestrigen Abend, werden möglicherweise Dinge genannt, die den Untersuchungsgegenstand nicht berühren. Bei offener Frageformulierung besteht die Gefahr, dass Befragte wesentliche Dinge ganz einfach vergessen. Und ein letzter Aspekt ist beim Einsatz offener Fragen zu bedenken: Es gibt Menschen, die Schwierigkeiten haben, ein längeres Statement von sich zu geben, was sich möglicherweise auf die Quali-tät der Antworten bei offenen Fragen auswirkt.

In einer Vorteils-/Nachteilsliste lassen sich bezüglich offener Fragen folgende Stich-punkte festhalten, die bei der Konzeption des Untersuchungsdesigns bzw. der Frage-bogenentwicklung berücksichtigt werden müssen (Tab. 5.1).

5.3.2 Wahl des Skalenniveaus bei geschlossenen Fragen

Geschlossene Fragen werden mit Antwortkategorien versehen, die jeweils eines der drei Skalenniveaus repräsentieren: Eine Nominalskala erlaubt dichotome oder polytome Antwortvorgaben, die Ordinalskala erlaubt die Vergabe eines Rangplatzes und die Inter-vall-/Ratioskala die Vergabe eines metrischen Wertes. In Abschn. 2.4 wurde bereits erläutert, dass es in aller Regel von der Wichtigkeit der Frage abhängt, auf welchem Skalenniveau Daten erhoben werden. Am Beispiel des soziodemografischen Merkmals *Haushaltseinkommen* wird dies verdeutlicht (Tab. 5.2).

Im ersten Fall (den man in der Praxis so kaum vorfinden wird), in dem das Ein-kommen mit einer *dichotomen Nominalskala* erhoben wird, ist das Ziel, die Befragten in zwei Gruppen einzuteilen. Vielleicht knüpfen sich an die Wahrnehmung der Befragten, ob ihr Haushalt „arm" oder „reich" ist, Hypothesen hinsichtlich der Konsumgewohn-heiten oder Ähnliches. Generell ist festzuhalten, dass bei den dichotomen Antwortkate-

Tab. 5.2 Typische Antwortkategorien für die drei Skalenniveaus am Merkmal Haushaltseinkommen. (Eigene Darstellung)

Nominales Skalenniveau	Ordinales Skalenniveau	Intervallskala
Frage: „Ist Ihr Haushalt reich oder arm?"	Frage: „Wie hoch ist das monatliche Netto-Einkommen Ihres Haushaltes? Bitte kreuzen Sie an, was für Ihren Haushalt zutrifft."	Frage: „Bitte geben Sie das monatliche Netto-Einkommen Ihres Haushaltes an. Tun Sie dies bitte bis auf 50 EUR genau, also zum Beispiel 1350,– EUR."
Antwortkategorien: 1 = reich, 2 = arm	Antwortkategorien: 1 = 0–499 EUR, 2 = 500–749 EUR, 3 = 750–1499 EUR usw	

gorien „echte" dichotome und künstlich dichotomisierte Antwortkategorien existieren. Auf die Frage, ob man ein Fernsehergerät besitzt, kann man nur mit „Ja" oder „Nein" antworten; auf die Frage, ob man der Steuerreform der Regierung zustimmt, wäre eine Ja/nein-Antwortkategorie künstlich dichotomisiert, weil Befragte auch teilweise zustimmen könnten.

Nominalskalen können auch *polytome Antwortkategorien* aufweisen. Die Ausführlichkeit dieser Antwortvorgaben richtet sich nach dem Verhältnis des Aufwands (für Forschende *und* Befragte) zum vermuteten Nutzen, den man aus den mehr oder weniger detaillierten Antwortkategorien ziehen will. Möchte man erheben, welche Nebenfächer Studierende der Kommunikationswissenschaft belegen, könnte man natürlich alle Fächer aufführen, die aufgrund der Studienordnung denkbar sind. Diese größtmögliche Genauigkeit würde dann vielleicht hervorbringen, dass *eine* Studentin Hebräisch belegt hat. Diese Detailgenauigkeit wäre allerdings weder für die Auswertung noch für die Entwicklung des Messinstrumentes praktikabel. Man müsste alle denkbaren Kategorien vorsehen, viele von ihnen würden gering besetzt bleiben und in Anbetracht der Tatsache, dass das Gros der Studierenden Politikwissenschaft, Markt- und Werbepsychologie, Recht oder BWL belegt, bringen die Einzelfälle keinen großen Erkenntnisgewinn. Trotzdem will man die Ausnahmen erfassen – dies ist ein klassischer Fall der Kategorie *Sonstige*. Darin werden all jene Fälle zusammengefasst, die nicht eigens als Antwortkategorie vorgesehen waren und die allen Befragten eine Antwortchance gibt, für die keine der anderen Kategorien zutrifft. Als Faustregel gilt: Wenn die Kategorie „Sonstige" bei einem beliebigen Sachverhalt eine Häufigkeit von mehr als zwanzig (besser aber zehn) Prozent aufweist, sollte man die Antwortkategorien noch einmal überdenken. Es sind ganz offensichtlich zu viele Informationen durch diese Restkategorie geschluckt worden. In so einem Fall müsste noch einmal theoretisch und empirisch überprüft werden, welche Antwortkategorie ergänzt werden muss.

Zurück zur Tabelle: Wenn man das Einkommen wie im zweiten Fall als *Rangskala* erhebt, will man nicht das genaue Einkommen erfahren, sondern gibt sich mit relativ groben Gruppeneinteilungen zufrieden. Diese Art der Erhebung ist in der Marktforschung üblich, weil man mit diesen Daten 1) gut die Verteilung von Einkommen in der Bevölkerung beschreiben kann, 2) den Befragten nicht zu nahe tritt (wer erzählt schon einer wildfremden Person, was er genau verdient?) und sie 3) nicht überfordert (wer weiß schon auf den Euro genau, was ihm im Monat bleibt?). In der empirischen Kommunikationsforschung ist ein prominentes Beispiel für den Einsatz von Rangskalen die Erhebung von Nutzungsmotiven im Rahmen des Uses-and-Gratifications-Ansatzes (vgl. für einen Überblick Schweiger 2007). Der Ansatz beschäftigt sich mit den Motiven des Medienkonsums: Menschen sehen zum Beispiel fern, um sich zu informieren, sich zu entspannen oder sich unterhalten zu lassen. Befragte werden dann gebeten, eine Präferenzliste zu erstellen: „Kreuzen sie bitte eine 1 an, was für Sie am ehesten zutrifft, eine 2 dafür, was an zweiter Stelle zutrifft und eine 3, was an dritter Stelle für Sie zutrifft" etc.

Die dritte Möglichkeit, das Einkommen zu erheben, besteht in einer Ratioskala, mit der man den genauen Euro-Betrag erfragt. Durch die Vergabe eines Zahlenwertes besteht die Möglichkeit, die Daten in der Auswertung stärker zu verdichten als bei anderen Skalierungen. Man kann das mittlere Einkommen exakt bestimmen, Aussagen über Verteilungen um den Mittelpunkt herum machen, Extremwerte interpretieren und vor allem derartige Verteilungen mit denen aus der Vergangenheit vergleichen.[2]

5.3.3 Differenziertheit von Skalen

Intervallskalen können auch zu differenziert sein. Wir erinnern uns an das Beispiel zur politischen Orientierung, die auf einer Intervallskala von 0 bis 100 nicht sinnvoll erfasst werden kann, weil kaum jemand 68 ankreuzen, sondern eher die Zehnerschritte 60 oder 70 wählen wird. Unter Umständen wird also eine Differenziertheit vorgegaukelt, die tatsächlich bei den Befragten so nicht existiert. Deshalb umfassen Skalen zu Einstellungs und Verhaltensfragen in der Regel zwischen fünf und neun Abstufungen. Das erfordert von den Befragten nur relativ grobe Entscheidungen, nämlich erstens, ob sie sich jenseits oder diesseits vom Mittelwert oder direkt darauf einschätzen und zweitens, ob sie sich eher an den Extremen oder irgendwo zwischen Mitte und Extrem sehen. Damit ist bereits die nächste Überlegung angesprochen, die bei jeder Fragebogenkonzeption eine Rolle spielt:

---

[2]An dieser Stelle sei noch einmal erwähnt, dass in der Datenauswertung Kategorien auf metrischem und ordinalskaliertem Niveau zusammengefasst werden können und damit nomimalskaliert werden. Die Zusammenfassung zu Gruppen erfolgt häufig, wenn Extremwerte (z. B. Einkommen) die Ergebnisdarstellung verzerren würden. Auch das meist mittels Ordinalskala erfasste formale Bildungsniveau lässt sich in zwei Gruppen überführen (formal niedriges vs. formal hohes Bildungsniveau). Grundsätzlich ist es möglich, jede Skala zu dichotomisieren.

5.3.4   Skala mit oder ohne Mittelpunkt?

Bei der Anzahl der Antwortvorgaben gibt es zwei Philosophien: Wählt man eine Skala
mit Mittelpunkt (also z. B. fünf oder sieben Stufen), haben die Befragten die Möglichkeit, sich tatsächlich in der Mitte einzuordnen. Die andere Philosophie geht davon aus,
dass man Befragte zu einer Entscheidung für oder gegen eine Sache zwingen und deshalb eine gerade Anzahl von Vorgaben (sechs oder acht Stufen) machen sollte. Beide
Überlegungen haben ihre Vor- und Nachteile. Gibt man eine Skala mit Mitte vor, dann
haben die Befragten, die wirklich eine indifferente Meinung haben, die Chance, diese
auch kundzutun. Anderenfalls sind sie ratlos und können die Frage nicht beantworten.
Der Nachteil ist spiegelbildlich: Es ist „bequem", auf eine Mittelkategorie auszuweichen
und nicht genau über die Frage nachzudenken. Eine Mittelkategorie bietet all jenen, die
ihre wahre Meinung nicht nennen wollen oder können, die Möglichkeit, eine Antwort
zu wählen, von der sie vermuten, dass sie in der Masse untergeht. Durch eine gerad-
zahlige Skala zwingt man diese Befragten, Farbe zu bekennen, erschwert jedoch eine
Antwort für diejenigen, die wirklich eine indifferente Meinung haben. Letztlich entscheidet auch hier der Forschungsgegenstand, ob der Aspekt des Polarisierens in die eine
oder andere Richtung im Vordergrund steht. Wählt man eine Skala mit Mittelpunkt, muss
man bedenken, dass die Mitte vom Befragten auch als „betrifft mich nicht" aufgefasst
werden kann. Erhebt man etwa die Zustimmung zur Gesundheitsreform mit einer sieben-
stufigen Skala, läuft man Gefahr, dass diejenigen, denen die Gesundheitsreform eigentlich egal ist, die Mitte ankreuzen. Somit würde man sie in einen Topf werfen mit denen,
die tatsächlich eine ausgewogene Meinung zu den Plänen der Regierung haben. Diese
Erhebung wäre nicht valide, weil das Messinstrument nicht das misst, was es messen
soll. In diesem Fall wählt man den Ausweg, dass eine zusätzliche Antwortvorgabe „dazu
habe ich keine Meinung" oder Ähnliches angeboten wird.

▶ Für die Konstruktion von Antwortvorgaben gilt generell, dass man die Befragten nicht
überfordern darf und die Antwortvorgaben so gestaltet sind, dass sie mit der Realität des
Befragten übereinstimmen.

Es geht also nicht darum, den höchsten Grad an Differenziertheit herauszuholen, sondern
darum, die Antwortmöglichkeiten so zuzuschneiden, dass sie vom Befragten sinnvoll
bewältigt werden können.

5.4   Antwortverzerrungen

Um zu ergiebigen und vor allem validen Antworten zu kommen, die der wahren
Meinung bzw. dem tatsächlichen Verhalten von Befragten möglichst nahe kommen, ist
nicht nur die Wahl der richtigen Skala von Bedeutung. Eingangs wurde schon auf eine

bedeutende „soziale" Randbedingung, die soziale Erwünschtheit, hingewiesen, die das Antwortverhalten von Befragten verzerren kann. Es existieren weitere Phänomene, die unmittelbar mit der Fragebogenentwicklung zusammenhängen und Validitätsprobleme aufwerfen.

5.4.1 Kognitive und affektive Ausstrahlungseffekte

Dies betrifft zunächst die Reihenfolge der Fragen im Fragebogen. Hier hat man in zahlreichen Untersuchungen *Ausstrahlungseffekte von einer Frage auf die nächste* nachgewiesen. Durch die unmittelbar hintereinandergeschalteten Fragen produzieren Befragte eine affektive Verknüpfung von zwei Sachverhalten, die eigentlich nichts miteinander zu tun haben. In einem Leitfaden oder Tiefeninterview sind solche Effekte weniger problematisch, denn die Art der Befragung imitiert mit Absicht ein normales Gespräch, das Raum für Nachfragen, detaillierte Information und Assoziationen lässt. Dabei kommt es nicht auf die Erhebung und Auswertung quantitativer Daten an, sondern auf eine qualitative Bewertung eines zusammenhängenden „Ganzen". Bei standardisierten Befragungen dagegen handelt es sich um viele aneinandergehängte Einzelfragen, die im Idealfall völlig unabhängig voneinander analysiert und ausgewertet werden sollen. Im demoskopischen Interview will man vermeiden, dass die Befragung wie ein Gespräch verstanden wird. Die Auskünfte der Befragten sollen eben nur die letzte Frage beantworten und nicht – wie im Gespräch sonst üblich – in einen sinnvollen Gesamtkontext gestellt werden. Doch das ist gerade die Schwierigkeit: Befragte sind es einfach gewöhnt, Dinge logisch miteinander in Beziehung zu setzen. Im Resultat bedeutet dies, dass durch bestimmte Vorgaben innerhalb einer Frage und/oder die Reihenfolge von Fragen *inhaltliche Verknüpfungen* zwischen zwei Sachverhalten vorgenommen werden, die das Antwortverhalten beeinflussen. Man erhält Antworten, die nicht die wahre Einstellung der Befragten abbilden, sondern aufgrund der Fragebogenkonstruktion hervorgerufen werden. Neben diesen inhaltlichen Ausstrahlungseffekten hat man emotionale oder affektive Ausstrahlungseffekte nachgewiesen. Diese können bei sozial brisanten und emotional aufgeladenen Themen entstehen. Fragt man etwa danach, ob Befragte von den teilweise katastrophalen Lebensbedingungen von Menschen in Ländern der südlichen Hemisphäre wissen, und fragt direkt im Anschluss, wie groß ihre generelle Spendenbereitschaft ist, erhält man sicher positivere Ergebnisse als ohne die vorgeschaltete Frage. Ausstrahlungseffekte können vermieden werden, wenn man die entsprechenden Fragen im Fragebogen auseinanderzieht oder durch Fragen „puffert", welche die Aufmerksamkeit der Befragten zwischenzeitlich auf ein anderes Thema lenken.

5.4.2 Konsistenz- und Kontrasteffekte

Befragte neigen dazu, sich während des Interviews möglichst kompetent zu präsentieren. Dazu gehört, dass sie Interviewer:innen ein stimmiges Bild von sich vermitteln wollen. Auch wenn die Interviewerin vor Beginn der Befragung extra darauf hinweist, dass jetzt keine Prüfung stattfindet und die Befragten spontan antworten sollen, wollen sie einfach „gut dastehen". Das hat zur Folge, dass bei Fragen zu einer Dimension – etwa zur politischen Einstellung – Pseudo-Meinungen produziert werden, die nicht der wahren Auffassung der Befragten entsprechen: So kommt es, dass Befragte, die zwar eine bestimmte Partei favorisieren, jedoch mit dem Kanzlerkandidaten dieser Partei nicht einverstanden sind, im Rahmen der Befragung trotzdem für diesen votieren würden, weil sie meinen, etwas „falsch" zu machen, wenn sie zwei vermeintlich divergierende Meinungen vertreten.

Kontrasteffekte finden sich dann, wenn die Frageformulierung ein Antwortverhalten nahelegt, das zwei gegensätzliche oder zumindest unterschiedliche Einschätzungen enthält. Wenn man Personen fragt, ob es ihnen heute gut geht und wie das vor einem Jahr war, kann diese Formulierung dem Befragten (fälschlicherweise) suggerieren, dass er die erste Frage anders beantworten soll als die zweite. Man müsste, um diesen Kontrasteffekt zu vermeiden, diese beiden Fragen im Fragebogen weit auseinanderstellen.

5.4.3 Soziale Erwünschtheit

Neben diesen Phänomenen gibt es noch einen weiteren Effekt, der das Antwortverhalten von Befragten beeinflusst: den Effekt der Konformität bzw. sozialen Erwünschtheit. Auslöser für diesen Effekt ist die Tatsache, dass Befragte nur ungern eine sozial nicht akzeptierte Meinung äußern, mit der sie sich gegenüber der (vermuteten!) Mehrheitsmeinung isolieren. Ein Beispiel hierfür wäre die Frage „Haben Sie schon einmal online einen Hasskommentar gepostet?" Dies würden wahrscheinlich viele Befragte nicht zugeben, weil ein solches Verhalten in der Gesellschaft insgesamt negativ beurteilt wird. Diese Frageformulierung würde verzerrte Ergebnisse provozieren, denn vermutlich wird die Anzahl derjenigen, die schon einmal einen solchen Kommentar verfasst haben, in der Realität höher sein, als in der Befragung ermittelt wurde. Man findet diese Effekte eigentlich überall dort, wo Werte und Normen der Gesellschaft direkt oder indirekt berührt sind. Die Schwierigkeit besteht darin, dass „die Gesellschaft" einerseits sozial konformes Verhalten erwartet, Kommunikationsforscher:innen andererseits aber keine angepasste, sondern die wahre Einstellung der Menschen erfragen wollen. Selbst bei Studierenden der Kommunikationswissenschaft kann man dieses Verhalten beobachten. Wenn wir diese Studierenden befragen, ob sie eher Informations- oder eher Unterhaltungssendungen nutzen, geben sie mehrheitlich erstere an, weil sie glauben, dass das von ihnen erwartet wird. Untersucht man dagegen das tatsächliche Nutzungsverhalten, sieht man, dass der Unterhaltungsanteil überwiegt.

Effekte sozialer Erwünschtheit kann man zum Teil durch die Frageformulierung selbst vermeiden, indem man zum Beispiel die Häufigkeit der „problematischen" Handlung relativiert: „Jeden Tag verfasst man natürlich keine Hasspostings, aber an einem schlechten Tag kann so etwas ja schon mal vorkommen – wie ist das bei Ihnen: Haben Sie schon einmal einen Hasskommentar gepostet?" Man erleichtert es den Befragten, eine sozial nicht erwünschte Antwort zu geben. In bestimmten Fällen, in denen man überhaupt nicht erwarten kann, dass Befragte von sich aus ehrlich antworten, werden sogenannte *Projektionsfragen* gestellt. Man fragt nicht direkt nach dem eigenen Verhalten, sondern nach dem des unmittelbaren sozialen Umfeldes, also dem Verhalten der Nachbarn, Freunde, des Bekanntenkreises. Dahinter steckt die Vermutung, dass Befragte eine soziale Gruppe repräsentieren, ihr angehören und das Verhalten dieser Gruppe auch von ihnen gebilligt, wenn nicht sogar praktiziert wird. Auf unser Beispiel bezogen könnte dann eine mögliche Frage lauten: „Denken Sie einmal an Ihren Bekanntenkreis. Gibt es da Leute, die hin und wieder Hasskommentare posten?"

5.4.4 Non-Opinions

Insbesondere bei nicht alltäglichen Themenbereichen, zu denen Befragte ihre Meinung äußern sollen, kann das Problem der sogenannten „Non-Opinions" auftreten. Manche Personen sind der Auffassung, sie müssten zu jedem Thema eine Meinung haben. Sollte dies einmal nicht der Fall sein, äußern sie in Interviews dennoch eine Meinung, auch zu Bereichen, über die sie sich vorher noch nie Gedanken gemacht hatten. „Was glauben Sie: Sollte sich die Bundesrepublik Deutschland stärker im Bereich der Kryptowährungen betätigen?" Viele Menschen haben sich darüber noch nie Gedanken gemacht und haben auch keine Meinung dazu. Trotzdem äußern sie sich in der Befragung. Man hat dies untersucht, indem man eine Frage zu einem Thema, das es gar nicht gibt, stellte: „Sind Sie eigentlich für oder gegen die Abschaffung von Artikel 148 des GG?" Viele wissen dann, dass es den Artikel nicht gibt. Viele sagen auch, dass sie dazu keine Meinung haben, einige geben aber auch an, dass sie entweder dafür oder dagegen sind; bis zu zehn Prozent der Befragten äußern solche Non-Opinions. Auch bei Fragen, die ein bestimmtes Wissen unterstellen, kann das Problem auftreten: „Und nun hätte ich noch eine Frage zur gerechteren Sitzverteilung im Bundestag: Sind Sie für oder gegen Überhangmandate?" Auch in diesem Fall produziert man Artefakte, also Antworten, die nur aufgrund der Befragung zustande kommen, weil Befragte, die nicht wissen, was ein Überhangmandat ist, trotzdem eine Antwort geben. In solchen Fällen müsste man zunächst fragen, ob der Interviewte weiß, was Überhangmandate sind, und nur diejenigen weiter fragen, die „Ja" angeben. Generell sollten alle Fragen so formuliert werden, dass sie von allen Befragten verstanden und daher adäquat beantwortet werden können.

5.4.5 Primacy-/Recency-Effekte

Bei Fragen mit mehreren Antwortvorgaben findet man sogenannte Primacy- und Recency-Effekte. Sie treten im Zusammenhang mit der Reihenfolge der Antwortvorgaben auf. Man stelle sich vor, eine Interviewerin liest dem Befragten eine Liste von zwanzig Freizeitaktivitäten vor. Die ersten Antwortvorgaben, das ist der Primacy-Effekt, und die letzten, das ist der Recency-Effekt, haben erfahrungsgemäß eine größere Chance, genannt zu werden als die mittleren Antwortvorgaben der Liste.[3] Dieser Effekt hat gravierende Auswirkungen auf die Ergebnisse von Untersuchungen. Beispielsweise werden in Deutschland regelmäßig Erhebungen von Nutzungswahrscheinlichkeiten einzelner Print- und Funkmedien durchgeführt, beispielsweise in der Media-Analyse (MA) oder der Allensbacher Markt- und Werbeträgeranalyse (AWA). Die Ergebnisse dieser repräsentativen Umfragen sind auf der einen Seite für die Medienunternehmen die Berechnungsgrundlage der Anzeigenpreise, auf der anderen Seite für die werbetreibende Wirtschaft bzw. deren Mediaagenturen die Basis zur Streuung der Mediabudgets. Unter dem Gesichtspunkt möglicher Primacy- oder Recency-Effekte wird deutlich, dass Antwortverzerrungen relativ schnell viel Geld kosten können. Eine Zeitschrift, beispielsweise *DER SPIEGEL*, wird wesentlich häufiger genannt werden, wenn sie als erste oder letzte von der Interviewerin vorgelesen wird, als wenn sie in der Mitte „untergeht".

▶ Unter Primacy- bzw. Recency-Effekten versteht man die Tendenz einer selektiven Erinnerung von Vorgaben am Anfang bzw. am Ende einer Antwortliste.

Wie kann man das Problem nun umgehen, dass Zeitschriften, die am Anfang oder am Ende stehen, mit größerer Wahrscheinlichkeit genannt werden? Man behilft sich damit, dass man den Befragten keine Liste, sondern Kärtchen vorlegt, die für jeden Befragten neu gemischt werden. Die Kärtchen, die jeweils eine Zeitschrift repräsentieren, erhalten durch Mischen eine zufällige Reihenfolge. Nun ist es natürlich nach wie vor so, dass die Befragten die Titel am Anfang und am Ende dieser Kärtchen-Reihenfolge eher nennen als die in der Mitte. Wenn man sich jedoch hier an die Stichprobentheorie erinnert, weiß man, dass die durch das Mischen entstandene Reihenfolge eine uneingeschränkte Zufallsauswahl darstellt. Bei einer genügend großen Stichprobe von Befragten wird jede Zeitschrift etwa gleich häufig mal am Anfang, mal am Ende und mal in der Mitte sein. In der Forschungspraxis (zumal in der universitären) dominiert inzwischen allerdings ohnehin die Online-Befragung eindeutig gegenüber den anderen Varianten (vgl. Abschn. 6.3).

---

[3]Entdeckt wurde dieser Effekt schon relativ früh im letzten Jahrhundert. Herrmann Ebbinghaus, ein Psychologe, hat sich in einem Selbstversuch Worte mit drei Buchstaben ohne Bedeutung vorgelegt, zum Beispiel „gah". Er legte sich mehrere dieser sinnlosen Silben vor und versuchte, sie zu lernen. Im Resultat stellte er fest, dass er diejenigen Silben, die am Anfang und am Ende der Liste standen, eher wiedergeben konnte als die aus der Mitte der Liste.

Hier lassen sich Primacy- oder Recency-Effekte gut verhindern, indem die Antwortvorgaben zufällig angeordnet werden und somit jede Befragte und jeder Befragte eine unterschiedlich angeordnete Liste (z. B. mit den zwanzig Freizeitaktivitäten) sieht.

Befragung II: Fragebogenkonstruktion und Befragungsmodus

Das letzte Kapitel hat gezeigt, dass – bevor noch die erste konkrete Frage formuliert ist – eine ganze Reihe von Bedingungen erkannt und berücksichtigt werden müssen, sofern man valide Messergebnisse erzielen will. In diesem Abschnitt soll nun ganz eng am eigentlichen Gegenstand der Befragung – der Frage im Fragebogen – die Entwicklung dieses für die Kommunikationswissenschaft so zentralen Messinstrumentes dargestellt werden. Die zweite Hälfte des Abschnitts widmet sich dann dem Befragungsmodus, also den Fragen danach, wie und wo die Befragung durchgeführt wird.

Wie fragt man richtig? Man muss sich darüber im Klaren sein, dass die zentralen Forschungsfragen und das, was man die Befragten tatsächlich fragt, nie identisch sind. Will man zum Beispiel das soziale Phänomen der Vielseher:innen wissenschaftlich erfassen, wird man mit der Frage „Sind Sie Vielseher:in?" nicht weit kommen. Es gibt Fragen, die man als Wissenschaftler:in beantworten will und solche, die Befragte beantworten sollen. Will man wissen, ob die Deutschen heute politikverdrossener sind als noch vor zehn Jahren, kann man keine ergiebige Antwort auf die Frage „Sind Sie heute politikverdrossener als vor zehn Jahren?" erwarten. Die Fragen, die man den Befragten stellt, müssen ganz anders aussehen. Sie müssen konkreter an das Problem herangehen, müssen den Befragten ermöglichen, das eigene Verhalten bzw. die eigenen Einstellungen zu artikulieren. Natürlich kann man fragen: „Ist Ihrer Meinung nach die Politikverdrossenheit angestiegen?" Dabei erhebt man dann allerdings Daten darüber, ob Personen glauben, dass Politikverdrossenheit angestiegen sei und nicht über das theoretische Konstrukt Politikverdrossenheit selbst.

▶ Die Fragen, auf die Forschende eine Antwort erhalten wollen, nennen wir Programmfragen und die Fragen, die Befragten gestellt werden, nennen wir Testfragen. Beide unterscheiden sich fundamental.

© Der/die Autor(en), exklusiv lizenziert durch Springer Fachmedien Wiesbaden GmbH, 99
ein Teil von Springer Nature 2022
H.-B. Brosius et al., *Methoden der empirischen Kommunikationsforschung*,
Studienbücher zur Kommunikations- und Medienwissenschaft,
https://doi.org/10.1007/978-3-658-34195-4_6

Es wird also notwendig sein, ein theoretisches Konstrukt wie Politikverdrossenheit begrifflich so zu zerlegen, dass man zunächst (vgl. Kap. 1) die Dimensionen des Konstruktes herausarbeitet und Indikatoren bildet. Beim Konstrukt „Politikverdrossenheit" könnten geeignete Indikatoren zum Beispiel sein:

- Wahlverhalten,
- Grad der politischen Partizipation,
- Nutzung informationsorientierter Medieninhalte usw.

Alle diese Dimensionen sind geeignet, Politikverdrossenheit näher zu beschreiben. Geht jemand zur Wahl, engagiert sich politisch und nutzt Informationsinhalte der Medien? Dies sind die Programmfragen. Mit diesem ersten Schritt – Überführung der allgemeinen Forschungsfrage in konkretere Programmfragen – hat man Indikatoren gebildet, die zentralen Begriffe definiert, jedoch noch keine Frage entwickelt, die man den Befragten vorlegen könnte. Programmfragen sind immer noch ungeeignet, möglichst ergiebige Antworten zu erhalten. Es zeichnet sich jedoch schon eine Struktur ab, welche Themenbereiche der Fragebogen abdecken soll; in unserem Beispielfall drei große Bereiche. Im nächsten Schritt werden die drei großen Dimensionen wiederum in einzelne, ganz konkrete Indikatoren zerlegt. Bei dem Indikator „Grad der Partizipation" wären dies zum Beispiel:

- Mitgliedschaft in einer politischen Partei,
- Teilnahme bei Demonstrationen,
- Engagement in Bezirksausschüssen,
- Teilnahme an Bürgerversammlungen usw.

6.1 Fragetypen

6.1.1 Testfragen

Diese Konkretisierung führt nun im Sinne einer operationalen Definition zu den sogenannten *Testfragen,* also jenen, die dann später tatsächlich den Befragten vorgelegt werden. Sie könnten dann zum Beispiel so lauten:

- Sind Sie Mitglied in einer politischen Partei?"
- „Üben Sie in dieser Partei eine aktive Funktion aus?"
- „Wie viel Zeit verwenden Sie als Parteimitglied für die Parteiarbeit?"
- „Waren Sie schon einmal Mitglied in einer Partei, sind aber ausgetreten?"

Die Testfragen sind, wenn man so will, der eigentliche Kern einer Befragung. Auf die Erhebung dieser Daten kommt es letztendlich an. Dabei gilt: Die Testfragen müssen so formuliert sein, dass sie jede:r, der an der Befragung teilnimmt, auch verstehen kann. Fremdworte sind dabei ebenso tabu wie Schachtelsätze. Die Frage sollte hochdeutsch sein, nicht im Telegrammstil daherkommen oder in ‚Wissenschaftssprache' formuliert sein. Die Befragten sollen in der Lage sein, die Testfragen alle zu beantworten. Sowohl von der Schwierigkeit als auch vom ganzen Stil her sollte die Frage auf ein Niveau zugeschnitten sein, das keine Befragten überfordert. Dabei ist zu berücksichtigen, über welche Grundgesamtheit Aussagen gemacht werden sollen. Sicher wird man bei repräsentativen Bevölkerungsumfragen ein anderes Sprachniveau wählen als bei der Befragung von Rundfunkräten. Dabei kommt es nicht darauf an, dass die Interviewer:innen die Frage verstehen. Die *Interviewten* müssen die Frage verstehen. Ein Interviewer kann durchaus eine Befragung unter Ingenieur:innen machen, ohne zu wissen, was ein Flansch ist. Wichtig ist nur, dass die Befragten die Frage verstehen. Sobald bei einer befragten Ingenieurin allerdings Nachfragen zum Flansch X95 entstehen, ist ein fachfremder Interviewer natürlich am Ende seines Lateins. Dies ist jedoch nicht sein Fehler, sondern der der Forschenden, die diese Situation nicht bedacht haben.

Die konkrete Frageformulierung ist das Produkt einer ganzen Reihe von Überlegungen, Diskussionen und Testläufen. Auf sie sollte viel Zeit verwendet werden: Ohne gute Fragen wird es keine guten Ergebnisse geben. Ziel muss es sein, jede einzelne Frage so zu formulieren, dass alle denkbaren Antwortverzerrungen, Missverständnisse und Zweideutigkeiten ausgeschaltet sind. Häufig besteht dann die Testfrage nicht aus einem einfachen Was-, Wie- oder Wer-Satz, sondern kann durchaus zur Verdeutlichung zwei oder mehr Sätze umfassen. Bei jeder Fragebogenausarbeitung ist folglich eine Checkliste abzuarbeiten (vgl. ausführlich Noelle-Neumann und Petersen 2005). Je länger man sich mit der Konstruktion von Fragebögen befasst, desto umfangreicher wird diese Checkliste werden. Denn durch die zunehmende Erfahrung wird man immer wieder aufs Neue die Psychologie von Befragten entdecken und verstehen lernen. Hier sind die wichtigsten Überlegungen für eine Checkliste:

- Ist die Frage für alle verständlich formuliert?
- Wird der zu erfragende Sachverhalt konkret und plastisch dargestellt?
- Kann der abgefragte Sachverhalt von allen eindeutig wahrgenommen (und dann beschrieben) werden?
- Ist die Frage eindimensional formuliert – ist es also eindeutig, welche Antwort von den Befragten verlangt ist?
- Kann die Frage auch dann noch beantwortet werden, wenn Befragte schon ermüdet sind?

🖉 Werden durch die Frageformulierung zu hohe Ansprüche an die sprachliche Ausdrucksfähigkeit gestellt?

🖉 Überfordert die Frage unter Umständen das Gedächtnis der Befragten?

🖉 Provoziert die Frageformulierung soziale Erwünschtheit?

🖉 Enthält die Frage suggestive Formulierungen, die ein bestimmtes Antwortverhalten nahelegen?

🖉 Ist die Frage unter Umständen zu privat?

🖉 Könnten sich Befragte durch die Art der Antwort bloßgestellt vorkommen (und dann „unwahr" antworten)?

6.1.1.1 Sachfragen

Die Testfragen kann man nun in *vier Subtypen* unterteilen, die jeweils nach unterschiedlichen Inhalten fragen, jedoch nicht immer völlig voneinander abzugrenzen sind. Zunächst gibt es sogenannte *Sachfragen*. Das sind Fragen, die alle Befragten sofort beantworten können, ohne groß nachzudenken. Sachfragen haben also nichts mit dem psychischen Befinden, mit Wissen oder mit den Einstellungen der Befragten zu tun. „Besitzen Sie ein Fernsehgerät?" ist eine typische Sachfrage. Es gibt allerdings auch Sachfragen, die unter Umständen eine Recherche erfordern. Die sollte man in einer allgemeinen Bevölkerungsumfrage möglichst vermeiden. Dies trifft zum Beispiel auf die Frage nach dem monatlich frei verfügbaren Einkommen zu. Abgesehen davon, dass die meisten Befragten der Auffassung sind, das ginge die Interviewer:innen nichts an, müssten sie wohl längere Zeit nachdenken und recherchieren, bis sie alle Fixkosten beisammen hätten. Dieser Aufwand wäre für die Untersuchung kontraproduktiv, weil hier die Befragten gerne „aussteigen". Sachfragen können auch dann zu Verzerrungen führen, wenn das Gedächtnis der befragten Personen zu stark beansprucht wird: „Wissen Sie noch, wie teuer Ihr erster Urlaub war?"

6.1.1.2 Wissensfragen

Die zweite Gruppe der Testfragen bezeichnet man als *Wissensfragen*. Will man etwas über den Informationsstand der Bevölkerung wissen, muss man Fragen stellen, die nichts mit Meinung zu tun haben: „Wer ist die aktuelle deutsche Bildungsministerin?", „Welche Nationen gehören der NATO an?" oder „Wer wählt den Bundespräsidenten?" Auch wenn derlei Daten für bestimmte Untersuchungen wichtig sind, erkennt man sofort den Nachteil solcher Wissensfragen. Mit zu vielen oder zu schwierigen Fragen frustriert man die Befragten, so dass sie möglicherweise entnervt das Interview abbrechen. Die Kommunikationsforschung arbeitet im Zusammenhang mit der sogenannten *Wissensklufthypothese* (eine detaillierte Darstellung findet sich bei Schenk 2007) mit Wissensfragen. Die Wissensklufthypothese vermutet, dass neue Informationen von sozial höhergestellten Personen schneller adaptiert werden als von sozial niedriggestellten.

Menschen, die sowieso schon mehr wissen, eignen sich neues Wissen schneller an, weil sie eher Zugang zu Informationsquellen – zum Beispiel zum Internet – haben, weil sie vielleicht regelmäßiger die Tageszeitung nutzen oder weil sie einen Bekanntenkreis haben, der ebenfalls über ein hohes Wissen verfügt. Auf diese Weise entsteht eine immer größer werdende Kluft zwischen dem, was die Bessergestellten wissen, und dem, was die weniger Privilegierten wissen. Will man nun Personen in Gutinformierte und Schlechtinformierte gruppieren und dann deren Mediennutzungsverhalten vergleichen, müssen Wissensfragen gestellt werden, die mit dem genannten Problem behaftet sind. Als Lösung bietet sich hier an, schwere und leichte Fragen zu mischen.

6.1.1.3 Einstellungs- und Meinungsfragen

Die dritte Gruppe von Fragen sind die sogenannten *Einstellungs- und Meinungsfragen*. Hier fragt man in der Regel nach Dingen, zu denen Befragte eine bestimmte Position haben. Das sind im Bereich der Kommunikationswissenschaft hauptsächlich politische oder gesellschaftliche Themen – für oder gegen Abtreibung, für oder gegen das duale Rundfunksystem, für oder gegen die Hochschulreform. Neben diesen Themen werden häufig auch Einstellungen zu Personen, vorwiegend zu Politiker:innen, erhoben: Zu diesem Zweck wird dann ein *semantisches Differential* vorgelegt, bei dem Befragte zwischen gegensätzlichen Attributen abgestuft wählen sollen: glaubwürdig – unglaubwürdig, sozial – unsozial, modern – konservativ usw. Wie bereits im letzten Kapitel beschrieben, können bei Einstellungsfragen die sogenannten Non-Opinions auftreten. Viele Befragte machen sich erst im Moment der Fragestellung Gedanken über das Problem, mit dem sie konfrontiert werden und produzieren Pseudo-Meinungen, die sie wahrscheinlich bei genauerer Kenntnis des Sachverhalts revidieren oder zumindest relativieren würden.

Ein weiteres generelles Problem bei Einstellungsfragen eröffnet sich bei der Formulierung der Frage selbst. Empirische Kommunikationsforschung will ja Ausschnitte aus der sozialen Realität abbilden und erklären. Erkenntnisfortschritt kann dann gelingen, wenn die Ergebnisse intersubjektiv nachvollziehbar vorliegen und mit anderen Analysen zum selben Sachverhalt verglichen werden können. In Bezug auf die Entwicklung von Befragungen bzw. die Entwicklung der Fragen selbst bedeutet dies, dass tatsächlich nur haargenau dieselbe Fragestellung in zwei Untersuchungen die Ergebnisse vergleichbar macht. Das heißt nicht nur, dass man gerade in groß angelegten repräsentativen Bevölkerungsumfragen immer wieder auf solche Fragen zurückgreift, die schon an anderer Stelle Ergebnisse hervorgebracht haben. Man muss sich darüber hinaus über die Wirkung jedes Wortes im Klaren sein. Es gibt Fragebogenexperimente, anhand derer man zeigen kann, dass das Wort „eigentlich", eingefügt in die Frageformulierung, ganz andere Antworten hervorbringt. „Glauben Sie an Gott?" oder „Glauben Sie eigentlich an Gott?" sind Fragen, die ganz verschiedene Ergebnisse hervorbringen: Im zweiten Fall erhält man mehr positive Antworten, denn man „erwischt" auch die Skeptiker:innen, die Indifferenten. Man kann also durch ganz leichte Veränderungen der Frageformulierung deutliche Antwortänderungen provozieren. Dies betrifft vor allem den Bereich der Einstellungsfragen.

6.1.1.4 Verhaltensfragen

Die letzte Gruppe innerhalb der Testfragen ist der Komplex der Verhaltensfragen. Mit diesem Fragetyp versucht man, etwas über das konkrete Verhalten von Befragten herauszufinden. Letztlich ist die Erhebung und Analyse von Verhaltensweisen der zentrale Punkt empirischer Sozialforschung, denn das konkrete Verhalten manifestiert gesellschaftliches Mit- und Gegeneinander, konstituiert und verändert Werte und Normen, ist eben soziale Realität. Man will wissen, ob Bürger:innen wählen gehen, wie ausländerfeindlich die Deutschen wirklich sind oder ob heutzutage weniger Informationssendungen als noch vor zehn Jahren genutzt werden.

Verhaltensfragen haben gegenüber Einstellungsfragen den Vorteil, dass sie das messen, was tatsächlich passiert. Dabei kommt es wieder sehr auf die Formulierung an, ob es gelingt, das Verhalten von Befragten so genau zu schildern, dass sie sich darin wiedererkennen. Fragt man, wie viele Stunden jemand an einem normalen Werktag fernsieht, ist dies zwar eine Verhaltensfrage, aber immer noch zu weit weg vom tatsächlichen Verhalten. Wenn man hingegen den Befragten ein Fernsehprogramm vorlegt und sie bittet, alles anzukreuzen, was sie gestern gesehen haben, macht man das Verhalten plastisch und nachvollziehbar und erzielt vermutlich validere Antworten. In diesem Beispiel steckt eine Besonderheit, die es bei Verhaltensfragen zu beachten gilt, insbesondere dann, wenn es um banale, alltägliche Verrichtungen geht. Dann fragt man am besten nach dem Verhalten, das sich auf den letzten oder vorletzten Tag bezieht. Ermittelt man zum Beispiel die wöchentliche und nicht die tägliche Fernsehnutzung, werden Erinnerungsverzerrungen produziert, weil man unter Umständen nicht mehr das tatsächliche Verhalten, sondern eher die Einstellung zum eigenen Verhalten abfragt. Dieses Problem stellt sich generell ein, wenn Personen zu vergangenem Verhalten befragt werden. Dabei ist zu beobachten, dass unangenehme Ereignisse zeitlich eher weiter in die Vergangenheit verdrängt und angenehme Ereignisse näher an die Gegenwart herangeholt werden. Man kann also nur bedingt nach weit in der Vergangenheit liegenden Ereignissen fragen, weil es dabei zu Erinnerungseffekten kommt.

6.1.2 Funktionsfragen

Ganz grob lassen sich zwei Typen von Fragen unterscheiden. Wie oben dargestellt, arbeitet man mit einer Reihe verschiedenartiger Testfragen, die die eigentlichen Inhalte einer wissenschaftlichen Untersuchung betreffen. Die Testfragen sind das, was interessiert, worauf sich die Erhebung der Daten bezieht. Die Testfragen allein garantieren allerdings noch keinen guten Fragebogen. Es sind die sogenannten Funktionsfragen, die den Gesamtablauf der Befragung steuern und dadurch zu ergiebigen Antworten führen.

▶ Funktionsfragen steuern den Ablauf der Befragung und stellen sicher, dass die Testfragen korrekt angewendet werden.

6.1.2.1 Eisbrecherfragen

Eine Untersuchung befasst sich mit den Sexualgewohnheiten der Deutschen. Eine Interviewerin klingelt an der Haustür, erklärt, von welchem Institut sie kommt, setzt sich in die Küche und fragt ihr Gegenüber, wie oft er in der Woche Geschlechtsverkehr hat. Im günstigsten Fall erhält sie „nur" verzerrte Antworten, weil der Befragte über einen derartigen Überfall verwirrt ist. Im Normalfall allerdings wird die Interviewerin hochkant aus dem Haus fliegen. Es handelte sich in diesem Fall zwar um eine Testfrage, die wichtige Informationen für die Untersuchung bringen sollte. Sie jedoch direkt an den Anfang eines Interviews zu stellen, ist extrem kontraproduktiv. Zunächst muss man eine Beziehung zu den Befragten aufbauen. Auch bei privaten Treffen fällt man ja nicht „mit der Tür ins Haus", sondern beginnt erst einmal mit etwas Smalltalk. Deswegen beginnen die meisten persönlichen Interviews mit einer *Eisbrecherfrage*. Um die Gesprächssituation aufzulockern, fängt das Interview mit einer Frage an, die für die eigentliche Untersuchung relativ unwichtig ist und die meistens nicht einmal ausgewertet wird – einer Frage also, die die Situation entspannen und die Befragten ins Reden bringen soll. Man darf nicht vergessen, dass es sich bei einem Interview um eine *soziale Situation* handelt, in der sich zwei vollkommen fremde Menschen gegenübersitzen, von denen der eine relativ private Dinge wissen will. Eine Eisbrecherfrage sollte also ein Thema behandeln, zu dem alle Befragten etwas zu sagen haben und das zum Reden ermuntert. Damit versucht man, Hemmschwellen gegenüber den Interviewer:innen zu überwinden und die ganze Situation in eine interessantere, anregende Atmosphäre münden zu lassen.

Eine typische Eisbrecherfrage ist die nach der Meinung zum aktuellen Fernsehprogramm. So ein Thema ist von allgemeinem Belang, jede:r Befragte kann etwas dazu sagen, und die Frage ist als offene Frage formuliert, so dass auch Schweigsame mehr als „Ja" oder „Nein" sagen können. Sofort ist die Atmosphäre etwas gelockerter und man kann in den Themenbereich einsteigen, der eigentlich interessiert.

6.1.2.2 Überleiterfragen

Eine zweite Art von Funktionsfragen, die ähnlich steuernd wirken, sind die sogenannten Überleiterfragen. Zumeist behandelt man in einem Fragebogen mehrere Themenbereiche. Dabei ist es sinnvoll, die Bereiche auch für die Befragten erkennbar voneinander abzugrenzen. Dies erleichtert es den Befragten, der Logik des Interviews zu folgen und sich gedanklich auf die jeweiligen Themen einzustellen. Hat man etwa schon zehn Minuten Fragen zur Politikverdrossenheit gestellt und will jetzt etwas über Mediennutzung wissen, ist es günstig, eine Überleiterfrage zu stellen, um es den Befragten zu ermöglichen, das erste Thema im Geiste abzuschließen und offen für ein neues Thema zu sein. Man könnte diese Fragen auch Erholungsfragen nennen, weil sie dazu dienen sollen, während eines längeren Interviews kurz abzuschalten. *Überleiter- oder Erholungsfragen* dienen also nicht nur der Abgrenzung verschiedener Themenblöcke, sondern erlauben es den Befragten, ähnlich wie bei der Eisbrecherfrage, locker vor sich hin zu plaudern. Auch diese Überleiterfragen haben in der Regel geringere Relevanz für die eigentliche Untersuchung.

6.1.2.3 Trichter- und Filterfragen

Ein wesentliches Instrument zur Strukturierung von Fragebögen sind Trichter- und Filterfragen. Sie dienen dazu, dass Testfragen nur von denen beantwortet werden (müssen), die es tatsächlich betrifft. *Trichterfragen* sortieren in einem mehrstufigen Vorgang alle diejenigen Befragten aus, die keine Antwort auf die eigentliche Testfrage geben können. Wenn man etwas über die Mediennutzungsgewohnheiten von Pay-TV-Nutzer:innen wissen will, wäre die erste Frage, ob der oder die Befragte überhaupt einen Fernseher hat. Im nächsten Schritt würde man den Empfangsmodus erfragen und im dritten Schritt nur noch diejenigen befragen, die tatsächlich Pay-TV nutzen. Alle anderen Befragten überspringen diesen Block. *Filterfragen* arbeiten mit derselben Logik, wobei man sogenannte Auskoppelungen und Gabelungen unterscheidet. Die *Auskoppelung* funktioniert nach dem Muster der Trichterfrage: Es werden dann Fragen übersprungen, wenn mit einer Vorfrage festgestellt wurde, dass der Befragte nicht sinnvoll antworten kann. *Gabelungen* werden dann eingebaut, wenn man Auskünfte von der ganzen Stichprobe braucht, jedoch bestimmte Teilpopulationen in unterschiedlicher Formulierung befragen muss. Am Beispiel Pay-TV wird das deutlich. Mittels Trichterfragen wird die Stichprobe in zwei Gruppen geteilt: solche, die Pay-TV anschauen und jene, die nur Free-TV nutzen. Nun könnte man mit einer Gabelung beide Gruppen danach fragen, wie sie die jeweiligen Sendungen oder Genres finden, die typischerweise in dem einen oder anderen Empfangsmodus angeboten werden.

Eine typische Filterfrage, die ebenfalls mit Gabelungen arbeitet, ist die nach dem liebsten Medium. Die folgenden Fragen werden dann speziell auf diejenigen zugeschnitten, die Fernsehen, Radio oder Zeitung genannt haben. Bei den „Fernsehleuten" fragt man dann nach dem Lieblingsgenre, während man die „Zeitungsleute" nach dem Lieblingsressort befragt. Nach diesem Block werden die Gruppen wieder zusammengeführt und allen Befragten wieder dieselben Fragen gestellt. Filter- bzw. Trichterfragen werden also eingesetzt, um unnötige Fragen zu überspringen und einzelne Teilgruppen mit jeweils auf sie zugeschnittenen Fragen zu konfrontieren.

Filter- oder Trichterfragen können jedoch auch Fehlerquellen darstellen, wenn der Ablauf der Befragung dadurch sehr kompliziert wird. Wenn Interviewer:innen zum Beispiel im Fragebogen hin und her blättern, dabei womöglich Kärtchen zücken und Extrablätter hervorzaubern sollen, kommt es nahezu zwangsläufig zu Fehlern. Im Zeitalter computerunterstützter Interviews kann jedoch der Computer auch bei komplexen Filterführungen helfen.

6.1.2.4 Kontrollfragen

Eine weitere Gruppe von Fragen sind die sogenannten Kontrollfragen. Das sind Fragen, mit denen in einer alternativen Formulierung an anderer Stelle im Fragebogen

noch einmal abgefragt wird, was weiter vorne schon erhoben wurde. Solche Kontrollfragen dienen vor allem in sensiblen Bereichen dazu, aufzudecken, ob einzelne
Befragte konsistent antworten. Kontrollfragen können zum Beispiel bei der Abfrage
der politischen Einstellung vorkommen. Stellt man zuerst die Frage „Welche Partei
wählen Sie?" und eine Befragte antwortet „CDU", während sie bei einer späteren
Kontrollfrage „Wie sympathisch ist Ihnen eigentlich die SPD?" die SPD als sehr
sympathisch einstuft, liegt offensichtlich eine *Inkonsistenz* vor. Welche Konsequenzen
haben inkonsistente Antworten für die Beantwortung der Forschungsfragen? Handelt
es sich tatsächlich um ein inkonsistentes Antwortverhalten, haben also diese Befragten
zufällig (oder gar bewusst) so geantwortet, oder steckt dahinter vielleicht ein bestimmtes
inhaltliches Muster? Es kann ja durchaus sein, dass Befragte eine bestimmte Parteienpräferenz haben, aber gleichzeitig auch einzelne Politiker:innen einer anderen Partei
als sympathisch einstufen. Manchmal kann die Inkonsistenz selbst interessant sein:
Schon in den 1940er-Jahren hat Lazarsfeld das sogenannte „Cross-pressure-Phänomen"
beschrieben: Menschen, die inkonsistente soziale Merkmale oder Einstellungen haben,
werden leichter von Medien beeinflusst als andere. Häufig jedoch können inkonsistente
Antworten als Hinweis darauf dienen, dass der Fragebogen nicht aufrichtig oder aufmerksam beantwortet oder möglicherweise sogar gefälscht wurde.

Zu den Kontrollfragen gehören auch sogenannte *Lügenfragen*, die die Wahrheits-
liebe der Befragten aufdecken sollen. Man versucht, Sachverhalte anzusprechen, von
denen man annimmt, dass sie jeder schon einmal mitgemacht hat. Geben Befragte
bei relativ eindeutigen Fragen eine Antwort, die höchst unwahrscheinlich ist, hat man
zumindest einen Hinweis darauf, dass die jeweiligen Befragten möglicherweise nicht
immer wahr antworten. „Haben Sie in Ihrer Kindheit schon einmal genascht?", wäre
eine solche Lügenfrage. Wer „Nein" sagt, hat vermutlich gelogen. Lügenfragen werden
vor allem dann eingesetzt, wenn sich die Befragung mit gesellschaftlich sensiblen
Bereichen befasst, wie etwa der Einstellung zu Pornografie, Züchtigung von Kindern
oder Fremdenfeindlichkeit. Ebenso wie mit Kontrollfragen versucht man mit diesem
Fragetyp, soziale Erwünschtheit oder Inkonsistenzen – allgemein gesprochen: verzerrte
Antworten – von Befragten zu identifizieren.

▶ Eisbrecher-, Überleiter-, Filter- und Kontrollfragen sind Fragen, die den Ablauf
einer Befragung steuern oder die Qualität der Antworten einschätzen lassen, ohne zur
Beantwortung der eigentlichen Forschungsfrage der Untersuchung etwas beizutragen.

6.1.2.5 Soziodemografische Merkmale

Eine besondere Form sind Fragen nach soziodemografischen Merkmalen. Diese Fragen
sind insofern nicht inhaltsgebunden, als sie in jeder Befragung gestellt werden. Die
meisten Umfrageinstitute haben für diesen Bereich ein Standardmodul entwickelt, das
an den Schluss des Fragebogens gehängt wird. Typischerweise werden Alter, Geschlecht,
Schulbildung, Haupteinkommensbezieher:in, Nettoeinkommen, Religionszugehörigkeit und Ehestand ermittelt. Dass die soziodemografischen Merkmale jeweils am Ende

eines Fragebogens stehen, hat zwei wesentliche Gründe. Zum einen sind die Fragen eher langweilig, so dass die Motivation der Befragten schnell nachlässt. Wenn man dies zu Beginn machen würde, bestünde die Gefahr, dass die Befragten das Interview frühzeitig abbrechen. Zum anderen können die Fragen auch als sensibel empfunden werden. Dies ist insbesondere bei der Frage nach dem Einkommen der Fall. Deswegen ist es günstig, die Fragen am Ende zu stellen, damit zumindest die anderen Antworten schon einmal erhoben sind. Steigen Befragte bei der letzten Frage nach dem Einkommen aus, kann man ihre vorhergehenden Antworten in der Regel trotzdem verwenden.

6.2   Standardisierungsgrad von Befragungen

6.2.1   Vollkommen standardisiertes Interview

Im nächsten Abschnitt werden die verschiedenen Typen von Befragungen dargestellt. Bisher wurde implizit immer wieder von der sogenannten *standardisierten Bevölkerungsbefragung* gesprochen. Bei einer standardisierten Befragung ist tatsächlich alles festgelegt. Das beginnt bei dem Wortlaut der Fragen, geht über genau festgelegte Antwortvorgaben, bezieht sich auf die Reihenfolge der Fragen und legt bis ins Detail fest, wie sich die Interviewer:innen zu verhalten haben: Was muss vorgelesen werden, was darf auf gar keinen Fall vorgelesen werden? Wann müssen welche Kärtchen oder Listen vorgezeigt werden? Müssen bestimmte Fragen betont werden? Die Standardisierung soll sicherstellen, dass alle Befragungen nach genau dem gleichen Muster ablaufen. Wäre dies nicht der Fall, beispielsweise, weil Fragen ausgelassen werden, in einer anderen Reihenfolge oder an anderer Stelle gestellt werden oder Antwortvorgaben einmal vorgelesen werden und einmal nicht, beeinträchtigt dies die Vergleichbarkeit der Interviews und damit die Qualität der Ergebnisse. Nur wenn alle Interviews völlig *gleich* ablaufen und die Befragungssituation keinen Einfluss auf die Ergebnisse hat, kann man die Ergebnisse von der Stichprobe auf die Grundgesamtheit übertragen. Der *Repräsentativschluss* erfordert demnach nicht nur eine entsprechende Stichprobenziehung, sondern stellt auch Anforderungen an das Design der gesamten Untersuchung bis hin zur Fragebogenkonzeption. Umfrageinstitute gestalten aus diesem Grund bei standardisierten Befragungen den Fragebogen beispielsweise so, dass alles, was die Interviewer:innen vorlesen sollen, in Anführungsstrichen steht. Alles, was sie nicht vorlesen sollen, steht analog nicht in Anführungszeichen.

Derartige Befragungstypen werden immer dann verwendet, wenn wir mit großen Stichproben arbeiten oder wenn mittels Repräsentativschluss eine Aussage über „die Bevölkerung" oder bestimmte Teilgruppen gemacht werden soll. Standardisierte Befragungen sind in der Regel so konzipiert, dass Forscher:innen und Interviewer:innen unterschiedliche Personen sind. Die Interviewer:innen sollen möglichst wenig über den Zweck der Befragung und die wissenschaftlichen Hintergründe wissen. Ihre Aufgabe ist es, die Befragung im Sinne der ihnen gestellten Vorgaben professionell durchzuführen. Die Forscher:innen führen wiederum deshalb die Interviews nicht selbst durch, damit sie nicht – bewusst oder unbewusst – den Ablauf der Befragung in ihrem Sinne beeinflussen.

Abb. 6.1 stellt die erste Seite eines Fragebogens einer standardisierten schriftlichen Befragung dar. Die Grundgesamtheit der Untersuchung waren Jugendliche. Bei einer standardisierten schriftlichen Befragung ist darauf zu achten, dass die Ansprache im Fragebogen und Begleitschreiben auf die Grundgesamtheit abgestimmt ist und dass diese die Frageformulierungen versteht.

6.2.2 Unstrukturiertes Interview

Das Gegenstück zu dieser standardisierten Form ist eine *vollkommen unstrukturierte Form der Befragung*. In diesen Fällen ergeben sich die Fragen hauptsächlich aus dem Kontext, der Zeit und der Länge des jeweiligen Interviews. Nicht alle Befragten erhalten notwendigerweise dieselbe Frage: Sie beeinflussen mit ihrem Antwortverhalten die nächste Frage. Es existiert kein vorgefertigter Fragebogen, sondern höchstens ein Stichwortkatalog. Man erhält unterschiedliche, untereinander nicht direkt vergleichbare Interviews. In diesen Fällen sind häufig die Forscher:innen auch die Interviewer:innen. Professionelle Interviewer:innen ohne Forschungshintergrund hätten nicht das Hintergrundwissen, das man bräuchte, um etwa nach bestimmten Antworten adäquat nachzufragen. Dieser Befragungstyp wird in qualitativen Forschungsvorhaben, bei denen der Untersuchungsgegenstand noch relativ unbekannt ist oder sich zwischen den Befragten potenziell stark unterscheidet, eingesetzt. Ein Beispiel: Wie arbeiten eigentlich Faktenprüfer:innen für Social-Media-Plattformen? Dies ist eine im Zuge von Diskussionen von Falschinformationen relevante Fragestellung; zugleich ermöglicht die Neuheit dieser Tätigkeit, die bei unterschiedlichen Organisationen auch ganz unterschiedlich umgesetzt wird, keinen vorgefertigten, standardisierten Fragekatalog. Stattdessen wird man sich mit einigen wenigen Faktenprüfer:innen zu weitestgehend offenen Gesprächen treffen, in denen diese dann frei aus ihrem Arbeitsalltag berichten.

Dieser Typ von Befragung ist dann sinnvoll, wenn man selbst noch wenig über ein Thema weiß und durch die Ergebnisse ein Forschungsgebiet erst vollständig exploriert werden kann. Die Ergebnisse erlauben selbstverständlich keinen Repräsentativschluss zum Beispiel auf alle Faktenprüfer:innen oder auch nur vage quantifizierende Aussagen im Sinne von „der wichtigste Recherchekanal für Faktenchecks sind digitale Archive". Was man jedoch erreicht hat, ist eine Stoffsammlung, um in einem bestimmten Bereich Informationen und Meinungen zu bekommen, die den Kenntnisstand derart erweitern, dass vielleicht auf dieser Grundlage später einmal ein standardisiertes Interview mit einer repräsentativen Stichprobe möglich wird.

Ludwig-Maximilians-Universität München
Institut für Kommunikationswissenschaft und Medienforschung

Vielen Dank, dass du an unserer Befragung teilnimmst. Alle deine Antworten sind natürlich freiwillig, werden absolut vertraulich behandelt und anonym ausgewertet. Bitte fülle folgenden Fragebogen so vollständig wie möglich aus und bedenke dabei, dass uns deine persönliche Meinung interessiert. Es gibt keine richtigen oder falschen Antworten. Denke über eine Frage nicht zu lange nach, denn uns liegt mehr an deinen spontanen Antworten. Falls etwas unklar ist, frage uns.

Im Laufe des Fragebogens tauchen immer wieder Fragen nach folgendem Muster auf.

Beispiel: Wie oft schwänzt du die Schule?

Nie   sehr häufig

☐--☒--☐--☐--☐

So solltest du ankreuzen, wenn du nur sehr selten die Schule schwänzt.

Vielen Dank für deine Mitarbeit! Und los geht's!

1. **Wie lange hörst du durchschnittlich an einem Tag Musik?**

   ☐ Weniger als 1 Stunde   ☐ Mehr als 3 Stunden

   ☐ 1 bis 3 Stunden   ☐ Eigentlich höre ich gar keine Musik

2. **Es gibt sicherlich viele Gründe, warum du Musik hörst. Wie sehr treffen die unten aufgeführten Aussagen auf dich zu?**

   Ich höre Musik ...   Trifft nicht zu   trifft zu

   weil es mir Spaß macht.   ☐--☐--☐--☐--☐

   bevor ich abends ausgehe.   ☐--☐--☐--☐--☐

   wenn ich gestresst oder genervt bin.   ☐--☐--☐--☐--☐

   aus reiner Gewohnheit.   ☐--☐--☐--☐--☐

   um in meinem Freundeskreis mitreden zu können. ☐--☐--☐--☐--☐

   wenn mir langweilig ist.   ☐--☐--☐--☐--☐

   wenn ich mich alleine fühle.   ☐--☐--☐--☐--☐

   wenn ich mit meinen Freunden zusammen bin. ☐--☐--☐--☐--☐

   weil Musik ein extrem wichtiger Teil in meinem Leben ist. ☐--☐--☐--☐--☐

Abb. 6.1 Fragebogenausschnitt eines standardisierten schriftlichen Interviews. (Eigene Darstellung)

6.2.3 Leitfadeninterview

Beide bisher dargestellten Befragungstypen sind Extrempole. Zwischen beiden Extremen werden nun verschiedene Abstufungen von Befragungstypen angewendet. Das heißt, bei der Konzipierung einer Befragung bewegt man sich auf einem Standardisierungs-Kontinuum. Je nach Forschungsgegenstand und Detailinteresse wird die Befragung mehr oder weniger standardisiert sein. Zu den halbstandardisierten Befragungen zählt das *Leitfadeninterview*. Bei diesem Typ konzipiert man im Vorfeld mehr als nur ein paar Stichworte. Hier wird ein *Leitfaden* entwickelt und damit die Reihenfolge der Fragen vorgegeben. Die Befragten erhalten dann im Interview die Möglichkeit, mehr Information zu geben als man vielleicht ursprünglich dachte, die Interviewer:innen können entsprechend mit spontanen Fragen nachhaken, so dass am Ende zwar jedes Interview Antworten zu den gewünschten Bereichen enthält, jedoch in unterschiedlicher Detailliertheit.

6.2.4 Gruppeninterviews als Sonderform der Befragung

Alle Interviewtypen, die bisher erläutert wurden, gehen implizit von einer Face-to-Face-Situation aus: *Ein* Interviewer bzw. *eine* Interviewerin befragt persönlich *eine* Person. Tatsächlich werden sowohl in der angewandten Marktforschung als auch in der Kommunikationsforschung auch *Gruppeninterviews* durchgeführt. Gruppeninterviews ähneln in ihrem Verlauf den Leitfadeninterviews. Die Interviewer:innen haben eine Liste mit Themenbereichen, die abgearbeitet werden sollen. Gruppeninterviews werden hauptsächlich in der Marktforschung eingesetzt, wenn es beispielsweise um die Einführung neuer Produkte, veränderter Produktnamen oder neuer Produktverpackungen geht. In so einem Fall werden fünf bis zehn Nutzer:innen des Produktes zu einem Gruppeninterview gebeten. Die Interviewer:innen beginnen die Diskussion mit Fragen wie „Was fällt Ihnen an dieser Verpackung besonders auf?", „Finden Sie rot oder grün sympathischer?" usw. Es entwickelt sich eine Diskussion zwischen den Teilnehmenden, die von den Interviewer:innen mittels Interviewleitfaden gesteuert wird. In der Regel wird die Diskussion per Video aufgezeichnet und von der Marktforschung ausgewertet; dies hilft den Marketingabteilungen der Unternehmen bei der Entscheidungsfindung.

Durch die Gruppe – und das ist ein Vorteil von Gruppendiskussionen – werden (auch abseitige) Meinungen stimuliert und formuliert. Das Gespräch zwischen den Teilnehmenden fördert die Generierung von Meinungen. Allerdings sind solche Meinungsfindungen stets mit Vorsicht und vermutlich auch nur mit einer größeren Zahl von Gruppendiskussionen zu interpretieren. Die Vorstellung, man könne auf Basis einer einzelnen Diskussion valide Auskünfte über Marktpotenziale erhalten, ist sicher übertrieben. Insofern können Gruppeninterviews in der Marktforschung immer nur ergänzendes Instrument zum Erkenntnisgewinn sein. Denn einmal abgesehen von möglichen Ergebnisverzerrungen, die durch die Gruppendynamik entstehen (Isolationsfurcht,

totales Verstummen einzelner und Dominanz anderer Gruppenmitglieder uvm.), sind die
Resultate nicht auf die Bevölkerung zu übertragen.

Standardisierte Gruppenbefragungen sind wenig sinnvoll, da der positive Effekt
einer Gruppendiskussion verloren ginge, fragte man nacheinander zum Beispiel sozio-
demografische Daten ab. Darüber hinaus kann man mit negativen Ausstrahlungseffekten
rechnen, wenn in Gruppeninterviews Meinungs- und Einstellungsfragen wie in einem
Einzelinterview gestellt werden. Es erscheint recht naheliegend, dass die Meinung des
einen die Meinung der anderen beeinflussen kann, weil Menschen beispielsweise dazu
neigen, sich Mehrheitsmeinungen anzuschließen. Dadurch, dass sich die Teilnehmenden
gegenseitig in ihren Antworten beeinflussen, sind Gruppeninterviews also nicht geeignet,
Einzelinterviews ökonomischer durchzuführen.

6.3   Befragungsmodus

Der Befragungsmodus einer Befragung wird durch drei wesentliche Entscheidungen
bestimmt: Findet das Interview erstens als *persönliches Face-to-Face-Interview*
oder *medial vermittelt* und ohne räumliche Anwesenheit der Interviewerin bzw. des
Interviewers statt? Antworten die Befragten zweitens *mündlich* oder *schriftlich* auf
die Fragen? Und findet die Befragung drittens *synchron*, also als Dialog zwischen
Interviewer:innen und Befragten in zeitlicher Einheit, oder *asynchron*, also mit zeitversetzten Antworten der Befragten statt? Die Entscheidung für einen bestimmten
Befragungsmodus hängt primär vom jeweiligen Forschungsinteresse ab, da alle
Befragungsmodi mit spezifischen Vor- und Nachteilen verbunden sind und sich beispielsweise für bestimmte Stichproben, Standardisierungsgrade, Fragetypen und Befragungs-
inhalte mehr oder weniger eignen. In der Forschungspraxis spielen jedoch nicht zuletzt
auch forschungslogistische und -ökonomische Überlegungen (z. B. Zeit- und Kostenauf-
wand) eine Rolle.

6.3.1   Persönliche vs. medial vermittelte Befragungen

Das persönliche Gespräch von Angesicht zu Angesicht ist bei vielen vermutlich die erste
Assoziation mit dem Begriff Interview. Mit der Entscheidung für eine *Face-to-Face-
Befragung* sind dabei in der Regel auch bereits die anderen beiden Entscheidungen
getroffen: die Befragten antworten mündlich, das Interview läuft synchron ab. Zugleich
bieten persönliche Interviews hinsichtlich ihres Standardisierungsgrades aber die volle
Variationsbreite: Voll standardisierte Interviews, die bis zu drei Stunden dauern können,
werden etwa in der angewandten Mediennutzungsforschung eingesetzt, um das konkrete
Mediennutzungsverhalten der Bevölkerung darzustellen; Leitfadeninterviews bis hin zu
vollkommen unstrukturierten Gesprächen sind vorwiegend bei qualitativen bzw. nicht-
repräsentativen Untersuchungen anzutreffen.

In allen Fällen impliziert dies den Einsatz qualifizierter Interviewer:innen und das heißt immer: hohe Kosten und relativ hoher Zeitaufwand. Man muss bedenken, dass persönliche Interviews einer recht langen Vorbereitung bedürfen: Will man etwa eine repräsentative Stichprobe der Bevölkerung befragen, müssen zunächst die Adressen, dann die zu befragende Person ausgewählt und ein Termin mit ihr vereinbart werden. In den seltensten Fällen werden die ausgewählten Personen bereit und in der Lage sein, ohne vorherige Terminabsprache ein mehrstündiges Interview mitzumachen. Dieses zeitintensive Verfahren hat jedoch den großen Vorteil, dass die Ausschöpfungsquote meist hoch ist: Im Unterschied zu anderen Befragungstypen hat man bei Face-to-Face-Interviews eine geringere Verweigerungs- und Abbruchquote, die Befragten „halten länger durch". Im Resultat bedeutet dies, dass die Qualität der Stichprobe hoch ist und die Repräsentativität eher gewahrt bleibt.[1] Die Rücklaufquote (auch ausgeschöpfte Stichprobe genannt) ist bei Face-to-Face-Interviews im Allgemeinen deutlich höher als bei schriftlichen, telefonischen und vor allem Online-Befragungen. Verlässliche Aussagen bzw. Prognosen sind allerdings nur schwer zu treffen. Allgemein kann man beobachten, dass die Ausschöpfungsquoten seit Jahren rückläufig sind, sich bei Face-to-Face-Befragungen aber am stabilsten zeigen (vgl. Aust und Schröder 2009).

Medial vermittelte Befragungen decken im Vergleich zum Face-to-Face-Interview die gesamte Bandbreite der anderen beiden Entscheidungen (schriftlich/mündlich und synchron/asynchron) ab, vom Telefoninterview, das in vielen Merkmalen dem persönlichen Face-to-Face-Gespräch gleicht, bis hin zum vollstandardisierten Online-Fragebogen. Das verbindende Merkmal liegt in der räumlichen Abwesenheit der Interviewer:innen. Daraus resultiert zum einen die geografische Unabhängigkeit bei der Rekrutierung der Befragten und der Durchführung der Interviews; die Befragten können sich prinzipiell an jedem Ort der Welt befinden, ohne dass diese kosten- und zeitaufwändig persönlich aufgesucht werden müssen. Zum anderen verändert sich insbesondere aber auch die soziale Situation des Interviews. Je weniger den Befragten der Interviewer oder die Interviewerin in der Befragung präsent ist – vom direkten Gegenüber im Face-to-Face-Interview über die körperlose Stimme im Telefoninterview bis zur vollständigen Abwesenheit in der postalischen oder Online-Befragung –, desto weniger Einfluss können diese im Guten wie im Schlechten auch auf die Interviewsituation nehmen. Man kann sich denken, dass viele Befragte zu sensiblen oder heiklen Themen eher Auskunft geben, wenn sie dabei nicht einer fremden Person in die Augen blicken müssen. Ebenso lassen sich Antwortverzerrungen, die in der Wahrnehmung der Interviewer:innen durch die Befragten begründet liegen (vgl. Abschn. 7.3.1), bei medialer Vermittlung reduzieren bzw. kontrollieren. Umgekehrt kann aber natürlich auch weniger in das Gespräch eingegriffen werden, um Befragte zum Antworten zu motivieren, diese durch visuelle

---

[1] Man darf nicht vergessen, dass Interviewausfälle bei repräsentativen Stichproben nicht einfach durch die nächstmögliche Person (z. B. andere Haushaltsmitglieder, der Nachbar oder die Nachbarin) ersetzt werden dürfen, weil in diesem Fall keine Zufallsauswahl mehr gegeben wäre.

Hilfsmittel wie Antwortkärtchen zu unterstützen oder gar den Abbruch des Interviews zu verhindern.

6.3.2 Mündliche vs. schriftliche Befragungen

Ein großer Vorteil *mündlicher Befragungen* liegt auf der Hand: die Befragung läuft wie ein normales Gespräch ab, die Befragten können Antworten in ihren eigenen Worten verbalisieren (und dabei auch auf interessante Aspekte eingehen, die zuvor gar nicht bedacht wurden), die Interviewer:innen können bei zögerlichen oder knappen Antworten nachhaken, Verständnisprobleme beseitigen und Erläuterungen geben. Insofern eignet sich ein mündlicher Befragungsmodus auch insbesondere für nicht vollständig standardisierte Befragungen; umgekehrt kann man sich vorstellen, dass es für Befragte eher zäh und wenig aufregend ist, im Gespräch lange, standardisierte Fragebatterien und Skalen zu beantworten. In der Praxis werden aber auch standardisierte Befragungen häufig mündlich in Person oder telefonisch durchgeführt, da andere Vorteile dieser Befragungsmodi (u. a. die bessere Erreichbarkeit repräsentativer Stichproben, geringere Abbruchquoten, mehr Kontrollmöglichkeiten für die Interviewer:innen) hierbei überwiegen.

Schriftliche Befragungen eignen sich vorrangig für vollständig standardisierte Fragebögen mit festen Antwortvorgaben; zwar kann man Befragte auch darum bitten, ihre Antworten selbst zu formulieren, nur die wenigsten werden aber Lust und Laune haben, mehr als einige Wörter oder gar Sätze niederzuschreiben. Für die akademische Kommunikationsforschung sind insbesondere drei Varianten schriftlicher Befragungen von Bedeutung: die persönliche Aushändigung an Befragte, die postalische Befragung und die Online-Befragung.[2] Die persönliche Aushändigung von Fragebögen bietet sich besonders dann an, wenn die Befragten gesammelt an einem Ort angetroffen werden können, wie das beispielsweise bei Belegschaften in Unternehmen, Schulklassen oder Besucher:innen einer Kulturveranstaltung der Fall ist; auch wer während des Studiums häufiger die Mensa besucht, wird sicher das ein oder andere mal über diesen Weg ‚rekrutiert' werden. Ein Vorteil hierbei ist, dass die Teilnahmebereitschaft und die Ausschöpfungsquote in der Regel etwas höher sind als bei anderen schriftlichen Befragungen, da es ebenso wie bei mündlichen Befragungen schwerer fällt, die Bitte um die Teilnahme persönlich abzuweisen als einen Brief wegzuwerfen oder einen Link schlicht nicht anzuklicken. Die Anwesenheit von Forscher:innen bzw. Interviewer:innen sorgt zudem für etwas Kontrolle über die Befragungssituation.

---

[2]Weitere Varianten umfassen das Auslegen von Fragebögen an bestimmten Orten oder das Abdrucken bzw. Beilegen von Fragebögen in Zeitschriften. Hier ist aber generell mit nur sehr geringen Rücklaufquoten zu rechnen, was den Repräsentativschluss erschwert.

Postalische und insbesondere Online-Befragungen werden hingegen zumeist aus der Motivation durchgeführt, größere, räumlich verteilte Stichproben möglichst kostengünstig zu realisieren. Dafür ist die Rücklaufquote oft gering, bei kommerziellen Befragungen beträgt sie manchmal nicht einmal zehn Prozent. Die Motivation der Befragten ist meist geringer, weil der soziale Kontakt zu einer anderen Person fehlt. Dies bedeutet also Streuverluste, die nicht nur eine Verschwendung von Ressourcen bedeuten, sondern auch die Repräsentativität gefährden. Höhere Quoten erreicht man, wenn man den Befragten einen Zusatznutzen verspricht, etwa die Teilnahme an einem Gewinnspiel. Ebenso wie bei persönlichen Interviews kann man auch bei diesem Befragungsmodus einen Seriositätsbonus für die großen Sozialforschungsinstitute bzw. wissenschaftliche Untersuchungen verzeichnen. So steigen etwa die Rücklaufquoten, wenn die Befragten glauben, dass sie einen Beitrag zu gesellschaftlich relevanten Fragestellungen liefern, oder wenn man das Ansehen eines Universitätsinstituts oder einer sonstigen bekannten Einrichtung in die Waagschale werfen kann. In solchen Fällen können die Rücklaufquoten bei bis zu 80 % liegen. Steigerungsfähig ist die Quote auch über flankierende Maßnahmen, die jedoch Geld kosten: Vor dem Versenden der Fragebögen kann man sie telefonisch ankündigen, um die Befragten stärker zur Teilnahme zu motivieren. Man kann weiterhin eine sogenannte Nachfassaktion starten, d. h. nach dem Versenden telefonisch oder schriftlich nachfragen, ob der Fragebogen schon beantwortet wurde. Mit einem frankierten Rückumschlag, der persönlichen Unterschrift der Projektleitung etc. kann man den Rücklauf ebenfalls steigern. Eine Reihe nützlicher Ratschläge zur Steigerung der Ausschöpfungsquote bei postalischen Befragungen findet sich bei Schnell (2019).

Zusätzlich zur Problematik der Rücklaufquote weiß man nichts über die Situation, in welcher der Fragebogen ausgefüllt wird. Diese kann sehr unterschiedlich sein, die Befragten können in einer großen Stress-Situation oder völlig entspannt sein. Letztlich weiß man nicht einmal, *wer* geantwortet hat: War es wirklich die angeschriebene Person oder vielleicht deren Sekretariat oder ein Familienmitglied? Gute schriftliche Befragungen sind daher nur auf den ersten Blick kostensparend. Wenn man all die eben genannten Maßnahmen betrachtet, um eine hochwertige Stichprobe zu garantieren, können die Kosten auch die einer Befragungsform mit deutlich mehr Personaleinsatz (telefonische und Face-to-Face-Interviews) erreichen. Außerdem dauert durch Nachfassaktionen die Feldphase oft wesentlich länger als bei mündlichen Befragungsmodi.

6.3.3 Synchrone vs. asynchrone Befragung

Die Entscheidung, ob die Befragung *synchron*, also mit Fragen und Antworten in zeitlicher Einheit, oder *asynchron,* also mit zeitversetzten Rückmeldungen der Befragten, durchgeführt wird, war lange Zeit an den Befragungsmodus mündlich oder schriftlich gekoppelt. Durch die Zunahme der Mobil- und Onlinekommunikation, lassen sich inzwischen aber auch schriftliche Befragungen weitestgehend synchron durchführen.

Bei der *Mobile Experience Sampling Method* (siehe Karnowski 2013) etwa werden den Befragten Kurzfragebögen per eigens entwickelter App, als Link per SMS oder auch direkt in einem Messenger zugestellt. Diese Methode wird dann angewendet, wenn es für das Forschungsinteresse von erheblicher Bedeutung ist, dass die Befragten in der Situation, in der sie sich zum Versand der Fragen bzw. des Fragebogens befinden, ohne zeitlichen Verzug, aber dafür oft zu wiederholten Zeitpunkten antworten.

Umgekehrt finden sich auch Fragestellungen und Forschungsdesigns, bei denen ein zeitversetztes Beantworten des Fragebogens nicht nur eine Begleiterscheinung der anderen gefällten Entscheidungen (also beispielsweise bei der Wahl einer postalischen Befragung), sondern explizit gewünscht ist. Vor allem Personen, die sich persönlich oder telefonisch nur schwer erreichen lassen, zum Beispiel Bundestagsabgeordnete oder Rundfunkräte, möchte man zeitliche Flexibilität lassen, *wann* sie den Fragebogen beantworten. Dieser wird dann irgendwann im Flugzeug oder zwischen zwei Terminen ausgefüllt. Asynchrone Befragungen sind auch dann sinnvoll, wenn man Antworten benötigt, die die Befragten nicht unbedingt aus dem Kopf beantworten können; sei es, dass man sie bittet, Dinge in persönlichen Unterlagen nachzuschauen oder bestimmte Fragen mit Hilfe einer Fernsehzeitung zu beantworten. Auch Langzeituntersuchungen, die die Befragten über einen gewissen Zeitraum hinweg begleiten, können nur asynchron durchgeführt werden. Dies ist etwa bei sogenannten Tagebuchstudien der Fall, wenn man das Mediennutzungs- und Freizeitverhalten von Befragten messen will.[3] Diese Beispiele verdeutlichen, dass die Entscheidung für einen synchronen oder asynchronen Befragungsmodus durchaus auch aus inhaltlichen Gründen erfolgen kann, die unabhängig von dem Befragungsmodus mündlich oder schriftlich sind.

Nicht alle Kombinationen der vorgestellten Befragungsmodi sind gleichermaßen sinnvoll. Ein umfassender Überblick über die jeweiligen Vor- und Nachteile bei der Wahl eines Befragungsmodus findet sich beispielsweise bei Möhring und Schlütz (2019). Im Folgenden soll vertiefend auf zwei der gängigsten und relevantesten Befragungsformen in der quantitativen Kommunikationsforschung eingegangen werden: das telefonische Interview mit Computerunterstützung (CATI) sowie die Online-Befragung, mit der inzwischen wohl die Mehrheit aller Befragungsprojekte umgesetzt wird.

---

[3] Nicht zuletzt teilstandardisierte Tagebuchstudien können für Befragte als *asynchrone, mündliche* Befragungen angenehmer gestaltet werden, wenn die Aufzeichnung einer Sprachnachricht die langwierige Texteingabe ersetzt; zugleich bedeutet dies aber auch erheblichen Mehraufwand für die Forschenden, da die eingesprochenen Texte erst transkribiert und codiert werden müssen.

6.4 Vertiefung 1: Telefonisches Interview mit Computerunterstützung

Telefonumfragen haben eine herausragende Bedeutung für die angewandte Sozialforschung und eignen sich besonders dann, wenn buchstäblich von heute auf morgen Trends in der Bevölkerungsmeinung erhoben und dargestellt werden sollen. Ohne Computerunterstützung hätte das Telefoninterview allerdings nicht den Stellenwert erhalten, den es heute hat. Im Grunde braucht man nur einen Raum mit 20 Telefonkabinen, ähnlich einem Sprachlabor in der Schule, sowie 20 geschulte Interviewer:innen. Dies nennt sich dann *Computer Assisted Telephone Interview (CATI)*, wobei die Computerunterstützung insbesondere die Bereiche Frageführung und Antworteingabe sowie die Stichprobenziehung erleichtert.

6.4.1 Der elektronische Fragebogen

Wie schon im letzten Kapitel angedeutet, birgt der Einsatz eines Fragebogens diverse Fehlerquellen bei der Datenerhebung und -weiterverarbeitung. Einen Fragebogen korrekt und vollständig auszufüllen, hört sich leichter an, als es ist. Häufig fällt dann erst bei der Datenbereinigung auf, dass manche Antworten gar nicht oder nur unvollständig ausgefüllt sowie Filter- oder Trichterfragen nicht korrekt beachtet wurden. Derartige Fehler machen einen Fall unbrauchbar – das kostet Zeit und Geld und mindert die Qualität der Stichprobe. Gerade in der Verhinderung dieser Fehler liegt die große Stärke der Computerunterstützung, denn der Fragebogen liegt in diesem Fall elektronisch vor. Genauso wie bei der konventionellen Form erhalten die Interviewer:innen ihre Anweisungen schriftlich – allerdings mit dem Unterschied, dass sie in der Papierform trotz aller Anweisungen Fehler machen konnten, die nun der Computer nicht gestattet. Die Programmierung läuft so, dass etwa bei Filterführungen bei bestimmten Antworten automatisch zur „richtigen" nächsten Frage geleitet wird und der Ablauf der Befragung nur dann weitergeht, wenn die vorherige Antwort der oder des Befragten korrekt eingegeben wurde. Auch falsche Eingaben akzeptiert das Programm nicht und bittet die Interviewer:innen, einen korrekten Wert einzugeben.

Neben der Vermeidung von Fehlern unterstützt die Technik auch die Rotation von Itembatterien. Unter dem Stichwort Primacy-/Recency-Effekte (vgl. Abschn. 5.4.5) wurde beschrieben, dass die Erinnerung nachweisbar eher an erst- und letztgenannten Items (etwa Titeln von Zeitschriften) hängen bleibt als an denen in einer Mittelposition. In Face-to-Face-Befragungen sind Interviewer:innen deshalb angehalten, solche Vorlagen zu mischen, um eine Zufallsauswahl herzustellen – ein recht umständliches Procedere. Diesen Vorgang übernimmt der elektronische Fragebogen selbständig und liefert bei der entsprechenden Stelle immer eine zufällig hergestellte Reihenfolge von Items: die Validität der Ergebnisse wird gesteigert.

Ein erheblicher Zeit- und (somit auch) Kostenfaktor bei Face-to-Face-Interviews ist die Dateneingabe und -bereinigung. Kreuzchen und Texte auf dem Papier müssen als Daten in den Computer eingegeben werden. Das kostet nicht nur Zeit, sondern ist eine weitere Fehlerquelle, die mit dem Einsatz des CATI wegfällt, da alle Antworten von den Interviewer:innen direkt in der genutzten Fragebogensoftware erfasst werden. Da das Programm nur korrekte und vollständige Daten akzeptiert, ist dies zugleich der erste Schritt der Datenbereinigung.

6.4.2 Stichprobenziehung in Telefoninterviews

Die Güte der Stichprobe ist bei telefonischen Interviews ein besonderes Problem. Dies beruht nicht zuletzt darauf, dass man nur die Personen in eine Stichprobe bekommt, die über einen Telefonanschluss verfügen. Insbesondere nach der deutschen Wiedervereinigung war das problematisch, denn während in Westdeutschland etwa 97 % der Haushalte ein Telefon hatten, waren es Anfang der 1990er-Jahre in den neuen Bundesländern weniger als die Hälfte. Dieses Missverhältnis ist mittlerweile ausgeglichen, aber genau genommen hat man bei diesem Befragungstyp nie eine korrekte, repräsentative Stichprobe der Grundgesamtheit „der Münchner:innen", „der Deutschen" etc. Man gibt nicht jedem Element n dieselbe Chance, in die Stichprobe zu gelangen. So erhebt man beispielsweise über Telefonbefragungen nie die Einstellungen von Leuten ohne Telefon, von Nichtsesshaften oder von Inhaftierten. Allerdings sind diese Gruppen mit anderen Methoden ebenfalls kaum erreichbar.

Die Identifikation von Haushalten erfolgt bei Telefonstichproben entweder über Telefonbuchauswahl (bzw. Auswahl aus anderen Verzeichnissen) oder durch die Generierung von Zufallszahlenketten.[4] Das Telefonbuch als Kartei oder Liste für die Stichprobenauswahl hat aber große Schwächen, denn hier fehlen nicht nur Personen ohne Telefonanschluss, sondern auch solche, die nicht im Telefonbuch gelistet werden möchten. Es ist davon auszugehen, dass letzteres systematisch auf bestimmte Personen- und Berufsgruppen (z. B. Prominente) eher zutrifft als auf andere und führt somit zu weiteren Verzerrungen der Stichprobe. In den USA schätzt man den Anteil derer, die nicht im Telefonbuch gelistet sind, auf über 25 %. Auch in der Bundesrepublik ist die Tendenz zu „unlisted numbers" steigend. Hinzu kommt noch, dass Personen zunehmend gar keinen Festnetzanschluss mehr haben, sondern nur noch ihr Handy nutzen. Das Telefonbuch birgt weiterhin das Problem der doppelten Listung. Viele private Anschlüsse sind über zwei verschiedene Nummern erreichbar, zudem finden sich auch Firmenanschlüsse, die nicht immer als solche erkennbar sind. Auch hier wird die Chancengleichheit aller Elemente als Voraussetzung einer Stichprobe verletzt. Trotzdem werden Telefonbücher

---

[4] Bei Telefonbefragungen kann die Random-Route-Technik, die bei Face-to-Face-Befragungen eingesetzt wird, nicht zur Identifikation von Haushalten verwendet werden.

nach wie vor verwendet, gerade wenn man lokal angelegte Untersuchungen durchführt. Hierbei wird zumeist auf *einfache oder systematische, mehrstufige Zufallsauswahlen* zurückgegriffen. Man wählt zunächst aus der Grundgesamtheit der Seiten durch echte Zufallsauswahl eine Seite aus; auf der zweiten Stufe wird ebenfalls durch einfache Zufallsauswahl ein Privathaushalt gezogen. Dieses (etwas umständliche) Verfahren wird so lange wiederholt, bis die Stichprobengröße erreicht ist. Eine weitere Variante der Zufallsauswahl ist eine Kombination aus echter und systematischer Ziehung. Man wählt zunächst eine Seite zufällig aus und arbeitet sich dann mit einem System (z. B. „Ziehe jede 38ste Telefonnummer") durch das Telefonbuch, das natürlich auch als Computerdatei verwendet werden kann.

Beim *Random Digit Dialing,* einer Auswahltechnik auf der Basis von Zufallszahlen, zieht der Computer eine Zufallskombination von Zahlen und diese Zufallskombination wird angewählt. Die Voraussetzung ist, dass die Telefonnummern gleichmäßig über das ganze Zahlenspektrum verteilt und gleich lang sind, sonst genügt das Verfahren nicht dem Gebot der Zufallsauswahl. In der Bundesrepublik kann dieses Verfahren deshalb so nicht angewendet werden, weil nicht alle Telefonnummern gleich lang sind, wie etwa in den USA, wo jeder private Anschluss über eine insgesamt zehnstellige Telefonnummer verfügt. Konsequenz aus den unterschiedlich langen Telefonnummern ist, dass die kürzeren eine höhere Chance haben, in die Stichprobe zu gelangen. In Deutschland wird zur Zufallsgenerierung von Festnetznummern daher in der Regel auf das *Gabler-Häder-Design* (Häder 2014) zurückgegriffen, das auf sogenannten 100er-Blöcken basiert. Damit gemeint ist die Menge aus potenziellen Telefonnummern, die sich lediglich durch die letzten beiden Ziffern – also genau 100 potenzielle Nummern – unterscheiden. Es wird nun für jeden dieser 100er-Blöcke überprüft, ob sich darin mindestens eine eingetragene Telefonnummer befindet, da viele dieser 100-Blöcke unbesetzt sind. Dies würde eine reine Zufallsgenerierung von Nummern wie im Random Digit Dialing sehr ineffizient machen. Für die besetzten 100er-Blöcke werden dann alle möglichen Ziffernfolgen generiert (also pro Block 100 Ziffernfolgen, ergo potenzielle Telefonnummern), aus denen dann wiederum per Zufallsauswahl die tatsächlich kontaktierten Telefonnummern gezogen werden. Dieses Verfahren ermöglicht es daher, auch nicht-eingetragene Telefonanschlüsse zu erreichen, bei gleichzeitiger Wahrung der Effizienz, dass also nicht zu viele Kontaktversuche bei einer nicht vergebenen Telefonnummer enden.

Noch komplexer wird die Stichprobenziehung, wenn auch Mobilanschlüsse hinzukommen. Mobilnummern sind noch deutlich seltener als Festnetznummern in Telefonbüchern hinterlegt, ebenso ist das Verhältnis aller möglichen Nummern (also gültige Provider-Vorwahlen + alle denkbaren, sinnvollen Ziffernfolgen) zu tatsächlich besetzten Anschlüssen größer, was die Zufallsgenerierung von Nummern erschwert. Außerdem bieten die Ortsnetzvorwahlen von Festnetznummern zugleich die Möglichkeit zur regionalen Gewichtung von Stichproben, was bei den keinem solchem Schema folgenden Mobilnummern wegfällt.[5] Für bevölkerungsrepräsentative Stichproben sind Mobilanschlüsse mittlerweile jedoch unabdingbar, da die Gruppe der „Mobile-onlys", also Personen, die lediglich über einen Mobilanschluss, aber keinen Festnetzanschluss verfügen, beständig wächst. In der professionellen Marktforschung kommen daher sogenannte *Dual-Frame*-Stichproben zum Einsatz, bei denen sowohl aus Festnetz- als auch Mobilnetzdatenbanken zufällig Nummern gezogen werden.

Unabhängig davon, mit welcher Methode die Stichprobe realisiert wird: Mit Hilfe des Computers entfällt während der Interviewphase das pausenlose Anwählen, was ebenfalls dazu beiträgt, Zeit und Kosten zu sparen. Nachdem auch meistens beim ersten Kontakt nicht gleich das Interview geführt, sondern ein Termin mit der zu befragenden Person vereinbart wird, unterstützt der Computer zudem mit einem integrierten Kalender die Terminplanung der Interviewer:innen und wählt automatisch die Nummer zum festgelegten Zeitpunkt an.

6.4.3   Die „Last-Birthday"-Methode

Ein weiteres Problem, zu einer repräsentativen Stichprobe zu gelangen, betrifft Face-to-Face-Interviews genauso wie Telefonbefragungen. Beim ersten Schritt (Klingeln an der Haustür bzw. anrufen) hat man nicht eine Person, sondern einen Haushalt ausgewählt. Da man jedoch keinen Haushalt, sondern in der Regel Personen als Grundgesamtheit definiert (z. B. die deutsche Bevölkerung über 18 Jahre), muss in einem zweiten Schritt per Zufall eine Person aus dem Haushalt ausgewählt werden. Und das ist bei beiden Befragungsmodi ein heikler Schritt. Würde man gleich die Person befragen, die ans Telefon kommt, würden Leute, die häufiger zu Hause sind (z. B. Nicht-Erwerbstätige), überrepräsentiert sein. Die unterschiedliche Verfügbarkeit von Personen führt dazu, dass sie mit unterschiedlich großer Wahrscheinlichkeit ans Telefon gehen und die Umfrage für den angestrebten Repräsentativschluss unbrauchbar wird. Deshalb ist wie bei der persönlichen Befragung ein Selektionsschritt vom Haushalt zur Person notwendig. Im persönlichen Interview wird meist der bereits erwähnte Schwedenschlüssel, eine Zufallszahlentabelle, eingesetzt. Während der Schwedenschlüssel als Zufallsauswahlverfahren bei Face-to-Face-Interviews noch relativ leicht zu realisieren ist, hat er sich bei Telefoninterviews als nicht praktikabel erwiesen. Wenn man *am Telefon* von einer wildfremden Person gebeten wird, Alter und Anzahl der Mitbewohner:innen zu nennen, führt dies zu einer deutlich erhöhten Verweigerungsrate – solche Fragen sind einfach zu privat und es ist für die Befragten nicht erkennbar, welchem Zweck diese Fragen dienen. Beim Telefoninterview hat sich daher die sogenannte *Last-Birthday-Methode* durchgesetzt:

---

[5]Dafür führen Mobilnummern in der Regel zu Personenstichproben, da ein Mobilanschluss zumeist nur von einer Person genutzt wird, wohingegen Festnetznummern zunächst eine Haushaltsstichprobe darstellen und weitere Auswahlschritte erfordern (siehe nächstes Unterkapitel).

Nicht die Person, die ans Telefon geht, wird befragt, sondern das Haushaltsmitglied, das zuletzt Geburtstag hatte. Man geht davon aus, dass es sich hierbei um eine reine Zufallsauswahl handelt, die nicht in irgendeiner Weise mit den Fragen kovariiert. Die Last-Birthday-Methode hat jedoch einen Haken. Geburtstag heißt Geschenk – und wer bekommt nicht gerne etwas geschenkt? Also flunkern diejenigen, die das Telefon abnehmen, hin und wieder und behaupten, sie hätten gerade Geburtstag gehabt. Jedenfalls ist die Anzahl der „Geburtstagskinder" unter diesen Personen größer, als man es nach dem Zufallsprinzip erwarten müsste.

6.4.4 Andere Formen computergestützter Befragungen

Neben dem computerunterstützten Telefoninterview (CATI) mit menschlichen Interviewer:innen kennt man vor allem in der Marktforschung auch die Form, bei der die Befragten per Computer durch das Interview geführt werden. Es klingelt, man hebt ab und erfährt, dass man mit einem Computer „redet", nicht gleich auflegen und warten soll. Dann sagt der Computer: „Wir machen eine Umfrage. Wenn Sie an dieser Umfrage teilnehmen möchten, dann drücken Sie jetzt bitte die Eins. Wenn ich Sie später noch einmal zurückrufen soll, dann drücken Sie bitte die Zwei. Wenn Sie gar nicht teilnehmen möchten, drücken sie bitte die Neun." Man gibt also alle Antworten per Tastendruck oder Spracheingabe. Bei solchen Telefonumfragen, die mit Hilfe eines Computers durchgeführt werden, ist die Abbruchquote sehr hoch. Auch die Chance, dass die Befragten Fehler machen, ist hoch. Aus Sicht der Forschenden liegen die Vorteile natürlich in der unkomplizierten und kostengünstigen Durchführung: Man kann den Computer einfach laufen lassen, Tag und Nacht, weil er so lange Leute anruft, bis die Stichprobengröße erreicht ist. Wegen ihrer Nachteile ist diese Befragungsmethode umstritten und aus wissenschaftlicher Sicht kaum zu vertreten.

Neben der Form des computerunterstützten Telefoninterviews (CATI) kennt man weitere Varianten der Computerunterstützung, z. B. das CAPI. Diese Abkürzung steht für *Computer Assisted Personal Interview,* also eine Face-to-Face-Befragung, zu der die Interviewer:innen nicht mehr mit einem Fragebogen, sondern mit einem Notebook oder einem Tablet kommen und ähnlich wie bei CATI der Computer die Fragebogenadministration übernimmt. Die Vorteile liegen auf der Hand. Ebenso wie bei CATI werden Fehler auf Seiten der Interviewer:innen vermieden: Das Programm führt durch den Fragebogen, akzeptiert nur korrekte Eintragungen, übernimmt die Filterführung und macht die Antworten sofort datenlesbar und analysierbar.

6.5   Vertiefung 2: Online-Befragungen

Die Online-Befragung ist nun schon seit einigen Jahren die meistgenutzte Befragungsmethode der Umfrageinstitute: dem Arbeitskreis deutscher Markt- und Sozialforschungsinstitute zufolge wurden 2019 knapp die Hälfte aller Interviews mit
Online-Fragebögen durchgeführt (ADM 2020). Auch im Studium wird höchstwahrscheinlich kein Semester vergehen, in dem man nicht mindestens einmal an einer
Online-Befragung teilgenommen hat – von der Kursevaluation mit 20 Personen über
zahllose akademische Forschungsprojekte bis zur landesweiten Meinungsumfrage mit
zehntausenden Befragten ist die Online-Befragung aus der kommerziellen wie wissenschaftlichen Forschung nicht mehr wegzudenken. Dies ist auf die zahlreichen Vorteile,
die diese Befragungsform bietet, zurückzuführen: Online-Befragungen sind einfach
und mit geringen bis keinen Kosten durchführbar, man kann schnell große Stichproben
realisieren, die Antworten liegen direkt in elektronischer und damit analysierbarer Form
vor und die Gestaltung des Fragebogens bietet große Flexibilität für unterschiedlichste
Fragestellungen. Auch die Erreichbarkeit bestimmter Stichproben, die traditionell das
große Problem der Online-Befragung dargestellt hat, hat sich verbessert. Das Internet
wird inzwischen in nahezu allen Bevölkerungsschichten genutzt, selbst bei den Über-
70-Jährigen können laut ARD/ZDF-Onlinestudie 2020 drei Viertel zu den „Onlinern"
gezählt werden (Beisch und Schäfer 2020). Nicht zuletzt existiert eine Reihe von
Online-Angeboten, die auch weniger erfahrenen Forscher:innen (und Studierenden)
die Erstellung eines Online-Fragebogens im Baukastensystem ermöglichen und auch
die technische Infrastruktur zur Datenerhebung und -speicherung bereitstellen, so dass
letztlich nur ein Computer mit Internetzugang benötigt wird, um ein Befragungsprojekt
durchzuführen.[6] Wir werden im Folgenden aber auch auf die Probleme eingehen, die mit
Online-Befragungen verknüpft sind. Nicht jede Fragestellung eignet sich dazu, mittels
Online-Befragung untersucht zu werden. Umfassende kritische Auseinandersetzungen
mit der Methode finden sich beispielsweise bei Jackob et al. (2009).

6.5.1   Der Online-Fragebogen

Der Online-Fragebogen kann als Spezialform der schriftlichen Befragung beschrieben
werden, weist gegenüber der klassischen schriftlichen Befragung mit Stift und Papier
aber zahlreiche Vorteile auf. Das umfasst die Vorteile, die schon bei der computer-
gestützten Telefonbefragung genannt wurden: Eingabe- und Frageführungs-Fehler
sind ausgeschlossen,[7] die manuelle Datenübertragung in ein computerlesbares Format

---

[6]Zum Beispiel soscisurvey.de (kostenlos für akademische Zwecke) oder unipark.de (günstig, an
Universitäten oft über Campuslizenzen nutzbar).

[7]Vorausgesetzt natürlich, dass der Fragebogen korrekt programmiert wurde.

entfällt, Itemrotierungen, Filterführungen und Gabelungen werden automatisiert umgesetzt. Zugleich werden die größten Kostenpunkte des CATI stark reduziert oder entfallen gar komplett, insbesondere was die Personalmittel (es sind keine Interviewer:innen nötig) und technische Infrastruktur betrifft (Telefonlabore, Verbindungskosten). Auch die Skalierungskosten sind geringer – zwar benötigt eine Onlinebefragung mit vielen Tausenden Befragten gegenüber Befragungen mit kleineren Stichproben natürlich leistungsfähigere Befragungsserver mit größeren Kapazitäten für Datenverarbeitung und -speicherung, aber diese Zusatzkosten sind nicht vergleichbar mit dem zusätzlichen finanziellen Aufwand, der entsteht, wenn man statt wenigen Hundert einige Tausend Befragte telefonisch oder postalisch erreichen möchte. Gegenüber postalischen Befragungen zeigt sich zudem der Vorteil, dass auch nicht komplett ausgefüllte Fragebögen eventuell verwendet werden können. Die bereits erhobenen Daten bis zum Abbruch sind zumindest nicht verloren, wie es bei einem nicht komplett ausgefüllten und nicht zurückgesendeten schriftlichen Fragebogen der Fall wäre.

Während die genannten Vorteile aber bei der computerunterstützten Telefonbefragung mit Einschränkungen hinsichtlich der Präsentation von Bildern oder Videos einhergehen, können bei der Online-Befragung auch unterschiedliche mediale Mittel zum Einsatz gebracht werden. Bilder können ebenso wie Audiodateien oder Videos (z. B. Werbespots) in den Fragebogen integriert werden. Allerdings ist vor allem die Integration multimedialer Elemente auch eine Fehlerquelle, da es hier mitunter zu Problemen bei der Anzeige kommt: Man beachte die Vielzahl der unterschiedlichen Situationen und technischen Konfigurationen, unter denen der Fragebogen gleichsam funktionieren sollte. Das umfasst nicht nur Befragte, die mit unterschiedlichen und mitunter veralteten Browser-Versionen auf den Fragebogen zugreifen, die eventuell das Abspielen von Ton- oder Videoformaten verweigern, sondern auch die Nutzung unterschiedlicher Endgeräte. Weltweit spielen Smartphones für die Internetnutzung inzwischen eine ähnlich gewichtige Rolle wie stationäre Rechner und Laptops. Man kann also davon ausgehen, dass ein nicht zu vernachlässigender Anteil[8] der Befragten den Fragebogen auf dem wesentlich kleineren Bildschirm des Mobiltelefons ausfüllt, die Darstellung sollte entsprechend auch für dieses Format optimiert sein. Darüber hinaus werden Online-Fragebögen auch in Computerräumen von Universitäten, am Arbeitsplatz oder in der U-Bahn ausgefüllt – also an Orten, an denen man vielleicht kein Video mit Ton ansehen will. Auf die Integration multimedialer Elemente im Fragebogen sollte daher unbedingt an prominenter Stelle hingewiesen werden, damit die Befragungsteilnehmer nicht davon überrascht werden.

---

[8] Dieser ist natürlich stark von der Fragestellung und der befragten Stichprobe abhängig. Im deutschsprachigen GESIS-Panel liegt der Anteil bei etwa 10–15 % (Haan et al. 2019), bei der Befragungssoftware SoSciSurvey über alle Fragebögen hinweg bei ca. 20 Prozent.

6.5.2 Stichprobenziehung bei Online-Befragungen

Die Güte der Stichprobe wurde bereits bei der Telefonbefragung problematisiert. Bei Online-Befragungen ist dieser Aspekt sogar noch stärker zu berücksichtigen. Generell kann man zwischen einer aktiven und einer passiven Rekrutierung von Teilnehmern einer Online-Befragung unterscheiden. Bei einer *aktiven* Rekrutierung verfügt man über eine Liste mit E-Mail-Adressen, man rekrutiert ein Online-Panel oder man geht nach dem Schneeballprinzip vor. Zusätzlich besteht die Möglichkeit, Besucher:innen einer Website die Einladung zur Befragung mittels Pop-up oder Page Overlay anzuzeigen. Die erste Möglichkeit besteht im Versenden des Links zu dem Online-Fragebogen mittels E-Mail-Nachricht an eine Stichprobe von Personen. Wenn von einer Grundgesamtheit die E-Mail-Adressen vorliegen (z. B. Studierende einer Universität), kann man schnell echte Zufallsstichproben bilden oder gar die ganze Grundgesamtheit befragen (Vollerhebung, siehe Abschn. 4.2). In den meisten Fällen wird ein solches Verzeichnis der E-Mail-Adressen jedoch nicht vorliegen.

Online-Panels (auch *Online-Access-Panels*) stellen einen mehr oder weniger aktiv verwalteten und gepflegten Pool aus potenziellen Befragten zur Verfügung, aus denen auf Basis der hinterlegten Stammdaten der Teilnehmenden (quotierte) Stichproben gezogen werden können.[9] Dabei existieren in der professionellen Markt- und Sozialforschung durchaus Online-Panels, die den Anspruch erheben können, die Bevölkerung (oder zumindest die „Onliner") repräsentativ abzubilden. Die Teilnehmenden werden aktiv und auf traditionellem Wege rekrutiert, etwa mittels Random-Walk (vgl. Abschn. 4.9), und stetig überprüft. Entsprechend kostspielig ist der Betrieb (und die Nutzung) dieser Panels. Darüber hinaus existieren einige sogenannte *Convenience Panels* oder Convenience Pools, für die sich die Teilnehmenden selbst anmelden können. Aufgrund dieser Selbstselektion verbietet sich der Repräsentativschluss auf andere Populationen als die Panel-Grundgesamtheit. Man erhält Antworten von Befragten, die sich in soziodemografischen Merkmalen, insbesondere dem formalen Bildungsniveau, aber auch z. B. in den politischen Einstellungen von der Gesamtbevölkerung erheblich unterscheiden und zudem ein eigenes, intrinsisches Interesse an der Forschung mitbringen (Leiner 2016). Dennoch können solche Panels für bestimmte Fragestellungen und Forschungsdesigns (z. B. Experimente, Abschn. 16.1.3) brauch- und vor allem bezahlbare Alternativen sein.

---

[9]Der Begriff Panel hat in der Kommunikationsforschung mehrere Bedeutungen. Bei einer Panel-*Studie* werden die Teilnehmer:innen mehrmals (mindestens zweimal) untersucht, um Veränderungen, etwa bei Einstellungen und Meinungen, messen zu können. Die so generierten Daten werden entsprechend als Panel-Daten bezeichnet. Im Gegensatz dazu stellt ein Online-Panel zunächst einmal einen Pool an potenziellen Befragten dar, aus dem dann – je nach Fragestellung – unterschiedliche Teilmengen zur eigentlichen Untersuchung eingeladen werden, die auch als Querschnittsuntersuchung angelegt sein kann.

Eine besondere Form der Convenience Panels stellen die z. B. als *Survey Communities* bezeichneten Plattformen dar, bei denen die Teilnehmenden Forschende und Befragungswillige gleichzeitig sind (also vorrangig Studierende, die an Seminar- oder Abschlussarbeiten schreiben); an je mehr Umfragen man selbst teilnimmt, desto mehr Personen werden auf die eigene Umfrage verwiesen. Was nach einem fairen Prinzip klingt, offenbart jedoch schnell seine Tücken. Man kann sich jedenfalls vorstellen, wie es um die Motivation, Ernsthaftigkeit und Aufmerksamkeit von Befragten bestellt ist, die vorrangig darauf bedacht sind, sich durch möglichst viele Umfragen zu klicken, um die Teilnahme an der eigenen Umfrage zu erhöhen.

Weiterhin kann man bei der Rekrutierung auf das *Schneeballprinzip* zurückgreifen. Dabei würde man beispielsweise den Link zur Befragung an 40 Bekannte verschicken und diese bitten, den Link ihrerseits an fünf Personen weiterzuleiten. Man hofft darauf, dass auch ein Teil dieser indirekten Kontakte den Link noch weiterleitet und man so schnell eine hohe Zahl an Teilnehmer:innen rekrutiert hat. Während man aber beim Vorliegen einer E-Mail-Liste der Grundgesamtheit oder beim Aufstellen eines Online-Panels eine systematische Zufallsauswahl oder auch eine quotierte Auswahl treffen kann, stellt das Schneeballprinzip eine willkürliche Auswahl dar. Die Ergebnisse der Untersuchung können somit nicht verallgemeinert werden.

Beim *Intercept-Auswahlverfahren* schließlich wird bei jedem n-ten Aufruf einer Website ein Pop-up oder ein Page Overlay mit der Einladung zu der Befragungsteilnahme angezeigt. Sind Nutzer:innen einer Website der Untersuchungsgegenstand, handelt es sich bei diesem zufälligen Verfahren um ein geeignetes Mittel. Es muss lediglich berücksichtigt werden, dass Vielnutzer:innen im Vergleich zu unregelmäßigen Besucher:innen der Website mit größerer Wahrscheinlichkeit in die Stichprobe aufgenommen werden. Prinzipiell handelt es sich um eine systematische Zufallsauswahl, was Rückschlüsse auf die Grundgesamtheit der Besucher:innen dieser Seite erlaubt. Problematisch sind jedoch die häufig geringen Rücklaufquoten, was eben diesen Repräsentativschluss wieder in Frage stellt.

Bei einer *passiven* Rekrutierung versucht man dagegen, den Kontakt zu den potenziellen Teilnehmer:innen durch Links in Foren, auf Websites oder in Gruppen in sozialen Medien herzustellen. Bei all diesen Verfahren handelt es sich um willkürliche Auswahlen – mit allen daraus resultierenden Konsequenzen (vgl. Abschn. 4.6). An solchen Untersuchungen werden vor allem solche Personen teilnehmen, die sich für das Thema der Befragung interessieren. Auf Basis solcher „Stichproben" kann man allerdings kaum Aussagen treffen, die über die tatsächlich untersuchten Personen hinausgehen. Die Ergebnisse einer solchen Untersuchung stehen unter Umständen nicht einmal für die regelmäßigen Nutzer:innen des Forums X, der Website Y oder der Gruppe Z. Außerdem lässt sich bei allen willkürlichen Auswahlverfahren nicht die Ausschöpfungsquote berechnen – man weiß ja nicht, wer den Link zum Fragebogen alles zu Gesicht bekommen hat. Damit einher geht auch, dass sich unerwünschte Teilnehmer:innen nicht von der Befragung ausschließen lassen. Dies kann vor allem bei heiklen oder politisch kontroversen Themen zum Problem werden, bei denen es leider vermehrt vorkommt, dass sich ‚Trolle' zusammenschließen und den Fragebogen ‚überrennen'. Damit kann man dann nicht nur die Qualität der Daten abschreiben, man muss sich als Forscher:in eventuell auch noch mit Beleidigungen oder gar Drohungen auseinandersetzen.

Unabhängig von der Art der Rekrutierung wird bei Online-Befragungen relativ häufig mit sogenannten Incentives gearbeitet, um Rücklaufquote und Teilnehmer:innenzahl zu erhöhen. Hierfür dürfte die Preisgünstigkeit der Methode (keine Kosten für Druck, Telefongebühren, Interviewer:innen oder Porto) und die Vielzahl an konkurrierenden Online-Befragungen verantwortlich sein. Die gängigste Praxis ist, dass unter allen Befragten, die den Fragebogen *komplett* ausgefüllt haben, eine Anzahl von Gutscheinen oder Produkten verlost wird. Auch wenn diese Möglichkeit in den meisten Fällen ohnehin nicht gegeben ist: Die ausgelobten Incentives sollten nicht zu begehrenswert sein (also z. B. kein neues Smartphone). Dies würde dazu führen, dass Personen nur wegen des möglichen Gewinns (unter Umständen sogar mehrfach) an der Befragung teilnehmen, worunter die Qualität der Daten leidet.

6.5.3 Qualität der Befragungsdaten

Weil sich bei Online-Befragungen auch und vor allem mittels willkürlicher Auswahlverfahren sehr schnell große Stichproben realisieren lassen, sollten die Ergebnisse immer unter Berücksichtigung des Auswahlverfahrens interpretiert werden. Es wäre ein Trugschluss, von den größeren Stichproben, die die Online-Befragung im Vergleich zu anderen Varianten häufig erzielt, automatisch auf eine höhere Datenqualität zu schließen. Ganz im Gegenteil begründet sich durch die Einfachheit der Umsetzung, dass sich in der Masse der durchgeführten Online-Befragungen auch zahlreiche Umfragen finden, die wissenschaftlichen Qualitätsstandards nicht genügen.

In Hinblick auf die Eignung für unterschiedliche Fragestellungen teilt sich die Online-Befragung Vor- und Nachteile im Wesentlichen mit anderen schriftlichen Befragungen. Dies betrifft insbesondere die fehlende soziale Kontrolle durch die Abwesenheit von Interviewer:innen. So zeigt sich in Untersuchungen, dass durch die Anonymität der Befragungssituation in Online-Befragungen sozial erwünschte Antworten eine geringere Rolle spielen können als bei mündlichen Befragungsmodi wie dem Telefon- oder dem Face-to-Face-Interview (Dodou und de Winter 2014; Zhang et al. 2017; allerdings zeigen sich kaum Unterschiede zur ebenfalls schriftlichen, postalischen Befragung). Damit hat die Online-Befragung vor allem bei moralisch aufgeladenen Untersuchungsgegenständen Vorteile gegenüber anderen Varianten.

Die Kehrseite dieser positiven Effekte durch fehlende soziale Kontrolle ist die geringere Verbindlichkeit. Dies resultiert in vergleichsweise geringen Rücklauf- und höheren Abbruchquoten sowie der Befürchtung, dass Befragte weniger gewissenhaft bei der Beantwortung der Fragen vorgehen, Antworten nach bestimmten Mustern ankreuzen (sogenannte Response Sets, siehe ausführlich Abschn. 7.3.4) oder gar lügen. Ebenso wie bei postalischen Befragungen, lässt sich nicht kontrollieren, wer tatsächlich

Tab. 6.1 Vor- und Nachteile einer Online-Befragung. (Eigene Darstellung)

Vorteile	Nachteile
Günstig bis kostenlos umsetzbar	Stichprobenziehung: echte Zufallsauswahl schwierig, Teilgruppen mit unterschiedlicher Erreichbarkeit und Teilnahmewahrscheinlichkeit
schneller Rücklauf möglich, ortsunabhängige Rekrutierung	Rücklauf in der Praxis gering, hohe Verweigerungsraten
geringer personeller Aufwand, keine Interviewer:innen notwendig	Selbstselektion der Befragten, Motivation zur Teilnahme gering
multimediale Präsentationsmöglichkeiten	mögliche Darstellungsprobleme bei unterschiedlichen Browsern und Endgeräten (betrifft v. a. die Anzeige von Bildern bzw. das Abspielen von Video- und Audiodateien)
große Stichproben oder sogar Vollerhebungen ohne Mehraufwand möglich	keine Möglichkeit, Situation des Ausfüllens zu kontrollieren
Befragungsdaten liegen direkt computerlesbar und analysierbar vor	unklar, wer Fragebogen ausfüllt
Automatische Filterführung und Gabelungen	Mehrfachteilnahmen möglich
Verweildauer auf Fragebogenseiten als Indikator für die Antwortqualität	Voraussetzung: Computer-/WWW-Kompetenz der Befragten
Anonymität reduziert sozial erwünschtes Antwortverhalten	Gefahr durch Trolling bei kontroversen Themen

an der Befragung teilnimmt bzw. den Fragebogen ausfüllt, auch Mehrfachteilnahmen können – insbesondere, wenn zugleich Incentives für die Teilnahme ausgelobt werden – vorkommen.[10] Mit den automatisch aufgezeichneten Verweildauern pro Fragebogenseite, die viele Befragungssoftwares mit ausweisen, liefern Online-Befragungen immerhin einen zusätzlichen Indikator für die Datenqualität. Wenn ein Befragter für die Beantwortung einer Itembatterie mit zehn Statements nicht einmal 15 s benötigt hat, ist eindeutig, dass er nicht alle Statements gelesen haben kann. Wenn eine Befragte umgekehrt mehr als eine halbe Stunde auf einer Fragebogenseite verweilt, ist zu vermuten, dass sie parallel wohl noch etwas anderes gemacht hat. In beiden Fällen ist dann ein Ausschluss von der Datenanalyse angebracht.

Die Erreichbarkeit bestimmter Personengruppen, die traditionell ein großes Problem der Online-Befragung darstellte, hat sich mit der inzwischen nahezu flächendeckenden

---

[10]Eine Möglichkeit, Mehrfachteilnahmen zu verhindern, besteht darin, individualisierte Fragebogenlinks zu erstellen, die jeweils nur eine Teilnahme erlauben. Diese Möglichkeit besteht jedoch nur, wenn die Befragten auch aktiv einzeln angeschrieben werden können, beispielsweise über Verteiler oder Online-Panels.

Internetnutzung verbessert, aber noch immer zeigen sich große Unterschiede in der Frequenz und Intensität der Internetnutzung sowie der Nutzungskompetenz (und damit der Teilnahmemöglichkeit bzw. -chancen an Online-Befragungen) zwischen verschiedenen Bevölkerungsgruppen. Wer im Büro am Computer arbeitet, wird eher an einer Online-Befragung teilnehmen, als beispielsweise Handwerker:innen. Junge Großstadtbewohner:innen lassen sich leichter rekrutieren als ältere Menschen, die auf dem Land leben. Ein zentrales Entscheidungskriterium für oder die gegen eine Online-Befragung muss daher sein, ob die für die Fragestellung bedeutsamen Variablen mit der Teilnahmewahrscheinlichkeit zusammenhängen. Verallgemeinernde Aussagen zur Mediennutzung werden sich in aller Regel verbieten, da ja alle, die das Internet nicht oder so selten nutzen, dass sie die geringe Nutzungszeit nicht mit dem Ausfüllen von Fragebögen verbringen werden, von vornherein ausgeschlossen werden. Für wissenschaftliche Fragestellungen, die beispielsweise auf Zusammenhänge zwischen Merkmalen abzielen, die auch innerhalb von soziodemografischen Gruppen heterogen verteilt sind, sollte die unterschiedliche Teilnahmewahrscheinlichkeit dieser Gruppen ein geringeres Problem darstellen.

In Tab. 6.1 sind abschließend die zentralen Vor- und Nachteile der Online-Befragung gegenüber anderen Befragungsmethoden zusammengefasst. Wie bei allen anderen Befragungsformen steht und fällt die Qualität von mittels Online-Befragung gewonnener Daten aber vorrangig mit dem Fragebogendesign und der Stichprobenziehung.

Befragung III: Das Interview – Interviewer:innen und Befragte

Nach der Fragebogenkonstruktion geht es in diesem Abschnitt um das Interview als soziale Situation, in der Befragte und Interviewer:innen in unterschiedlichen Rollen aufeinandertreffen. Was haben sie für Vorstellungen voneinander? Welche Einschätzungen entwickeln sie zur Interviewsituation? Was hat dies alles für Auswirkungen auf das Ergebnis der Befragung? *Dass* ganz offensichtlich Auswirkungen zu erwarten sind, wurde bereits in Abschn. 5.4 unter dem Punkt *Antwortverzerrungen* angedeutet, die hier noch einmal zur Sprache kommen werden. Generell muss man davon ausgehen, dass die Befragung als Methode empirischer Sozialforschung ein *reaktives Verfahren* ist, in welchem die befragte Person auf die Situation und die Befragung selbst reagiert, also in ihrem (Antwort-)Verhalten vom Untersuchungsinstrument beeinflusst wird.

7.1 Auswahl, Schulung und Einsatz von Interviewer:innen

Interviewer:innen müssen viele Eigenschaften haben, um in ihrer Rolle erfolgreich zu sein: Sie sollen genug Persönlichkeit, Ausstrahlung und Freundlichkeit besitzen, um überhaupt zum Interview gebeten zu werden. Wer lässt schon gern jemanden in seine Wohnung, der einen unsympathischen Eindruck macht? Wer am Telefon eine unangenehme Stimme hat, wird ebenso wenig erfolgreich sein. Gleichzeitig wird aber von Interviewer:innen verlangt, dass sie sich neutral verhalten, dass ihre Anwesenheit das Antwortverhalten der Befragten also nicht zu stark beeinflusst. Sie sollen immer wieder aufs Neue die Frage mit derselben Stimme vorlesen wie beim ersten Interview; sie sollen keine erkennbare Meinung zu einer Frage entwickeln und ihre ganze Persönlichkeit so zurücknehmen, dass Reaktivität auf Seiten der Befragten minimiert wird. Dabei sollen sie allerdings keinen gelangweilten Eindruck vermitteln und das Interview nicht

H.-B. Brosius et al., *Methoden der empirischen Kommunikationsforschung,* Studienbücher zur Kommunikations- und Medienwissenschaft, https://doi.org/10.1007/978-3-658-34195-4_7

herunterspulen, so dass die Befragten sich wie eine Nummer vorkommen, sondern der gerade Interviewten dieselbe Aufmerksamkeit widmen wie dem vor zehn Tagen. Und zu guter Letzt wird von ihnen moralische Integrität und Ehrlichkeit verlangt: Sie sollen keine Interviews fälschen – und all das bei eher niedriger Bezahlung. Sicher führt es hier zu weit, die gesamte Komplexität der Organisationen sowie der Rekrutierung und Ausbildung der Kandidat:innen zu beschreiben. Der kleine Einblick, der hier geboten werden kann, soll aber dazu dienen, eine problemorientierte Vorstellung davon zu entwickeln, in welchem Maße die Interviewer:innen selbst Einfluss auf die Ergebnisse einer Studie nehmen oder nehmen können.[1]

Professionelle Institute haben bei ihrer Rekrutierung in jedem Fall mit einem Problem zu kämpfen, denn die Tätigkeit ist kein Beruf, sie bietet also auch keine Ausbildung, die außerhalb dieser Berufssphäre eine Perspektive bieten würde. So kommt es nicht von ungefähr, dass diese in den meisten Fällen als Nebenjob ausgeübt und deshalb unter Umständen nicht mit der gebotenen Professionalität verfolgt wird. Entsprechend hoch sind die Fluktuationsraten. Man rechnet mit etwa dreißig Prozent Austausch jährlich. Trotzdem investieren seriöse Institute in ihre Mitarbeiter:innen, denn die Qualität der Interviewer:innen bestimmt letztlich die Qualität der Umfragen und damit das Image des Unternehmens.

Das Netz, ob zentral oder dezentral organisiert, umfasst je nach Größe des Instituts bis zu fünfhundert feste Interviewer:innen, die zum Einsatz kommen, und es muss gehegt und gepflegt werden: Neue Kandidat:innen müssen ausgewählt und geschult werden, der Stamm muss permanent betreut und auf neue Aufgaben vorbereitet werden, die Interviewer:innen müssen durch Incentives bei Laune gehalten und über neueste Entwicklungen informiert werden. Letztlich muss die Zentrale dafür sorgen, dass durch stichprobenartige Kontrollen schwarze Schafe aus der Organisation entfernt werden. Die Qualität einer Befragung hängt also in hohem Maße davon ab, wie gut die Interviewer:innen geschult und betreut werden. Diese müssen wissen, wie sie sich zu verhalten haben, wie sie bestimmte Effekte vermeiden können; ganz allgemein müssen sie mit dem Interview als soziale Situation vertraut sein. Die allgemeinen Ziele von Schulungen sind hier zusammengefasst:

- einheitliches Verhalten aller Interviewer:innen
- Zurücknahme der Persönlichkeit bzw. des Charakters der Person, die interviewt, hinter die professionelle Rolle des Interviewers/der Interviewerin
- Vermeidung von Routine im Sinne schlechter Angewohnheiten (Befragte unterbrechen, Ungeduld, Antworten antizipieren u. Ä.)
- „schwarze Schafe" (z. B. Fälscher:innen) frühzeitig entdecken und aussondern

---

[1]Detaillierte Informationen zu dem Thema bieten z. B. Noelle-Neumann und Petersen (2005).

Wie schon oft in dieser Einführung angedeutet, stellt sich auch hier die Frage nach einem möglichst optimalen Kosten-Nutzen-Verhältnis für die Institute. Welcher Bezahlungs-modus birgt die wenigsten Probleme? Wie groß muss der Stamm sein, um valide Daten erheben zu können? Wie viele Interviews kann man einzelnen Interviewer:innen zumuten, damit die Messung valide bleibt? Die Antworten auf diese Fragen hängen wie immer von der Art der Befragung (standardisiertes oder Leitfadeninterview), vom Thema und nicht zuletzt von den finanziellen Möglichkeiten des Instituts ab. Noelle-Neumann und Petersen (2005) gehen bei allgemeinen Bevölkerungsumfragen davon aus, dass für zweitausend Interviews zwischen dreihundert und vierhundert Interviewer:innen ein-gesetzt werden sollen. Diese recht kleine Quote fördert die Gültigkeit der Ergebnisse. Erhält eine Interviewerin den Auftrag, zu einer Umfrage sieben Menschen zu befragen, geht man davon aus, dass das bewusste oder unbewusste Einwirken der Person der Inter-viewerin oder gar Täuschungsabsicht kaum ins Gewicht fällt. Außerdem gilt: Wer nur sieben Interviews zu führen hat, kommt nicht so schnell in Versuchung, Freunde und Bekannte „einzusetzen" oder Fragebögen selbst auszufüllen. Wenn der Untersuchungs-gegenstand noch neu ist, bleibt die Interviewerin interessierter bei der Sache, sie wird Antworten exakter notieren, wird weniger selektiv zuhören, insgesamt also weniger gelangweilt an ihre Aufgabe herangehen.[2]

Dass ein einzelner Interviewer fälscht, kann nie ganz ausgeschlossen werden und ist für die Qualität der gesamten Befragung ein geringes Problem, denn die Anzahl weniger gefälschter Fragebögen fällt im Verhältnis zur Gesamtzahl einer großen Stichprobe statistisch nicht ins Gewicht. Wer insgesamt viele Interviewer:innen einsetzt, kann also wenige gefälschte Interviews als Zufallsfehler betrachten, die die Validität der Unter-suchung nicht tangieren – so weit die rein mathematische Betrachtung. Selbst wenn ein negativer Effekt nicht nachweisbar ist, ruinieren allerdings schwarze Schafe den Ruf der angewandten Sozialforschung. Man kennt durchaus Versuche, Interviewer:innen in große Umfrageorganisationen einzuschleusen, um dann nachzuweisen, wie leicht man dort fälschen kann. Derartige Aufdeckungen werden dann zumeist kurz vor einer Wahl lanciert, wenn um die möglichst genaue Prognose des Wahlausgangs konkurriert wird. Die Umfrageunternehmen bemühen sich deshalb, Fälscher:innen rechtzeitig zu identi-fizieren. Dabei ist auch zu bedenken: Interviewer:innen stehen natürlich unter einem gewissen Druck. Je mehr Interviews sie abliefern, desto mehr verdienen sie.

---

[2]Wer allerdings schon einmal selber um ein Interview gebeten wurde, merkt schnell, dass diese Vorgaben manchmal nicht der Realität entsprechen. Aus Kostengründen wird gespart und das geht am einfachsten bei den Personalkosten. Wenige Interviewer:innen machen viele Interviews.

7.2   Das Interview als soziale Situation

Trotz aller Sorgfalt bei der Schulung und Betreuung der Interviewer:innen können negative Effekte nie ganz ausgeschaltet werden. Es handelt sich eben nicht um eine naturwissenschaftliche Versuchsanordnung, wenn zwei Menschen aufeinandertreffen und sich über Mediennutzungsgewohnheiten oder Ähnliches unterhalten. Sowohl das telefonische als auch das Face-to-Face-Interview sind eine soziale Situation, in der zwei Menschen sich miteinander unterhalten, allerdings unter Umständen, wie sie im normalen Leben nicht vorkommen.[3] Die Situation ist künstlich hergestellt und dient allein dem Zweck der Datenerhebung. Die Befragten sind sich dabei keineswegs darüber im Klaren, dass sie nicht als Person, sondern nur als Merkmalsträger interessant sind, und auch die Interviewer:innen fungieren im Prinzip als verlängerter Arm des Messinstrumentes, des Fragebogens. Die Beteiligten schlüpfen in eine Rolle, die zumindest für die Befragten unbekannt und deshalb verunsichernd ist. Dabei findet auch während des Interviews ein dauernder Rollentausch statt: Wer den Interviewer in die Küche bittet, ist Gastgeber, kein Merkmalsträger. Wenn zwischendurch das Telefon klingelt, antwortet kein Merkmalsträger, sondern der Telefonbesitzer, und so fort. Das Interview als soziale Situation ist an sich ein Widerspruch, der jedoch nicht auszumerzen, sondern nur möglichst gut zu kontrollieren ist – angefangen von der Entwicklung der gesamten Untersuchung über die Konzeption des Fragebogens bis hin zur Schulung der Interviewer:innen.

7.3   Unerwünschte Effekte

In Kap. 5 kamen Effekte zur Sprache, die sich unmittelbar aus der Formulierung einer Frage bzw. dem Fragebogendesign ergaben. Es wurde gezeigt, dass die Stellung einer Frage im Fragebogen eine Rolle spielen kann, die Formulierung einer Frage möglicherweise zu sozial erwünschten Antworten führt oder die Frage selbst Meinungen generiert, die quasi exklusiv für die Befragung „erfunden" werden. Unerwünschte Effekte, die die Validität der Untersuchung extrem beeinflussen, können auch aufgrund der Interviewer:innen selbst bzw. der sozialen Situation an sich auftreten, was in zahlreichen Untersuchungen auch belegt wurde. Unerwünschte Effekte dieser Art sind im Folgenden kurz dargestellt:

Die Probleme beginnen schon beim ersten Kontakt. Jeder Mensch, ob bewusst oder eher unbewusst, hat ein Selbstbild, das er in der Regel positiv bewahren will. Wer will schon in einem schlechten Licht dastehen? Eher möchte man dem Gegenüber einen positiven Eindruck von sich vermitteln. Dieses Phänomen wird als *Looking-good-Tendenz* bezeichnet und wurde schon im Zusammenhang mit der Frageformulierung angesprochen. Im Resultat kann diese Tendenz dazu führen, dass Befragte nur Antworten

---

[3]Im Folgenden gehen wir besonders auf die Face-to-Face-Situation ein.

geben, von denen sie denken, dass sie gut für das Image sind, das die Interviewer:innen vermutlich von ihnen haben. Man gibt Antworten, die nett sind, Antworten, die sozial erwünscht sind. Diese Effekte müssen im Vorfeld durch die Frageformulierung minimiert werden, aber auch Interviewer:innen können gegensteuern. Je neutraler sie als Person im Hintergrund bleiben, desto weniger werden Befragte Vermutungen über die Person, den Geschmack, die Vorlieben der Interviewer:innen entwickeln und deshalb auch die eigene Person weniger in den Vordergrund spielen. Die Situation wird dadurch professioneller. Anders ausgedrückt: Je weniger stark das Interview von Befragten als soziale Situation empfunden wird, desto aufgabenorientierter wird sich der gesamte Ablauf gestalten und Resultate hervorbringen, die dem wahren Wert, der wahren Meinung näherkommen.

7.3.1 Interviewereffekte

Es gibt allerdings eine Reihe von Studien, die zeigen, dass die Person der Interviewer:innen dennoch einen großen Einfluss auf die Ergebnisse der Befragung haben kann. Nachzuweisen sind solche Effekte in *Fragebogenexperimenten.* Man teilt alle Interviewer:innen nach bestimmten Merkmalen in zwei Teilgruppen ein und lässt die Befragung ansonsten gleich ablaufen. Die Interviewer:innen wissen in solchen Fällen nicht, dass sie selbst Gegenstand der Untersuchung sind. Sie sind vielmehr der Auffassung, dass sie wie üblich eine Befragung zum Beispiel zur Verwendung der heimatlichen Mundart machen. Tatsächlich wird das Merkmal Mundart bei den Interviewer:innen systematisch variiert: Der eine Teil spricht Dialekt, der andere Teil Hochdeutsch. Man kann nun anhand der Ergebnisse nachweisen, dass der Dialekt tatsächlich einen Interviewereffekt zur Folge hat. Bei der Frage „Können Sie sich eigentlich in Hochdeutsch besser ausdrücken als im Dialekt?" antworteten rund 60 % der Befragten mit „Ja", wenn die Interviewerin bzw. der Interviewer hochdeutsch sprach. Aber nur 10 % bejahten die Frage, wenn er oder sie Mundart verwendete. In diesem Fall hat ein Merkmal der Interviewer:innen, nämlich deren Sprachniveau, die Antworten ganz deutlich beeinflusst.[4]

---

[4]Vgl. Laatz (1993). Man muss sich vor Augen halten, dass derartige Befunde das Resultat des wissenschaftlichen Forschungsprozesses in seiner zeitlichen Entwicklung sind. Dass es Interviewereffekte gibt, weiß die Forschung nicht von Beginn an. Erst die Auseinandersetzung mit intersubjektiv nachvollziehbaren Ergebnissen aus Befragungen und die Wiederholung eines schon vorliegenden Forschungsdesigns, die unter Umständen plötzlich ganz andere Ergebnisse zu Tage fördert, schärfen den wissenschaftlichen Blick auf Randbedingungen, die zuvor nicht berücksichtigt wurden. Man erinnere sich deshalb noch einmal an das Einstiegskapitel, in dem die Problematik der empirischen Sozialforschung dargestellt wurde: Der Grund, weshalb empirische Untersuchungen so transparent wie möglich sein sollten, wird an dieser Stelle noch einmal deutlich: Man erhält als Forscher:in die Chance, bisher unbekannte Effekte festzustellen und sie beim nächsten Mal kontrolliert in die Untersuchung einbauen zu können – wie zum Beispiel Interviewereffekte. Dieser Prozess der Verfeinerung der Messinstrumente, der Kontrolle der Erhebungssituation etc., ist dynamisch.

Auch das Geschlecht der Interviewer:innen kann starke Verzerrungen im Antwortverhalten auslösen, besonders (aber nicht nur) bei geschlechtsrelevanten Inhalten (vgl.
Haunberger 2006). Generell gilt, dass natürliche Merkmale der Interviewer:innen
vor allem dann zu berücksichtigen sind, wenn sie in irgendeiner Form mit der Frage
zusammenhängen können. Dies lässt sich etwa an dem Beispiel nach der Frage des
Sehens von pornografischen Filmen verdeutlichen. Hier ist es mehr als wahrscheinlich, dass es zu einer Interaktion zwischen dem Geschlecht der Befragten und dem der
Interviewer:innen kommen wird. Werden Männer von Frauen befragt, dürfte sich ein
niedrigerer Wert finden, als wenn sie von Männern befragt werden. Auch heutzutage
wird man vermutlich noch sehr unterschiedliche Ergebnisse zum Thema „Männer und
Hausarbeit" erhalten, wenn Männer von Männern oder von Frauen befragt werden.
Emanzipierte Männer bzw. solche, die ein entsprechendes Bild von sich haben, übertreiben ihre Mitarbeit, wenn sie von einer Frau interviewt werden, während „Machos"
vermutlich untertreiben. Der wahre Wert, auf den es der Forschung ankommt, wird
bei einer solchen Interviewkonstellation nicht erhoben. Aber nicht nur die manifesten,
auch *latente Merkmale* der Interviewer:innen haben einen Effekt auf die Antworten der
Befragten. Wenn Interviewer:innen gesprächsbereit und offen sind dann wirkt sich dies
auch auf die Interviewten aus. Wenn Interviewer:innen einen zielorientierten Stil haben
und die Fragen schnell herunter lesen, wird man ein entsprechendes Antwortverhalten
auch bei den Befragten vorfinden.

7.3.2 Sponsorship-Effekt

Ein weiterer Effekt, der schon implizit angesprochen war, ist der sogenannte
Sponsorship-Effekt: Sobald Befragte merken, welcher Auftraggeber wahrscheinlich
hinter der Befragung steckt, antworten sie anders. Der Sponsorship-Effekt verzerrt das
Antwortverhalten positiv. Befragte wollen der Interviewerin/dem Interviewer einen
Gefallen tun, indem sie sich möglichst „passend" äußern: Wenn Greenpeace eine
Umfrage startet, findet man unter Umständen einen höheren Anteil an Atomgegnern, als
die tatsächliche Verteilung in der Bevölkerung ist. Wenn das ZDF befragt, kommt unter
Umständen das öffentlich-rechtliche Rundfunksystem besser weg, als wenn ein privater
Rundfunkanbieter befragen würde. Hier beeinflussen Vermutungen der Befragten ihr
Antwortverhalten. Generell gilt deshalb: Je geringer der Einfluss der Interviewer:innen,
desto besser sind die Ergebnisse. In so einem Fall könnte man zum Beispiel vor Beginn
des Interviews erwähnen, dass man einem unabhängigen Institut angehört, das keinen
Einfluss auf die Verwendung der erzielten Ergebnisse der Untersuchung hat.

7.3.3 Anwesenheits- und Zustimmungseffekt

Zwei weitere Effekte, die auf der Grundlage der sozialen Situation entstehen können, sind Anwesenheits- und Zustimmungseffekte, die man unabhängig vom Inhalt einer Frage feststellen kann. Im ersten Fall handelt es sich um die Anwesenheit Dritter beim Interview, etwa der Ehepartner. Es ist zu vermuten, dass hier zwei Rollen der Befragten miteinander in Konflikt geraten können: Die Rolle als Befragte(r) und die als Ehepartner. Kommt es (zufällig) zu einer Frage, bei der die Partner nicht einer Meinung sind, wird vermutlich das Antwortverhalten verzerrt. Aus diesem Grund bestehen Interviewer:innen in der Regel auf eine echte Face-to-Face-Situation, bei der keine andere Person anwesend ist.

Zustimmungstendenzen von Befragten werden über *kontrafaktische Frage-formulierungen* aufgedeckt. „Abtreibung sollte generell verboten werden" und „Abtreibung sollte generell erlaubt werden." Wer beide Male zustimmt, tut dies offenbar nicht aufgrund der eigenen Überzeugung, sondern um dem Interviewer/der Interviewerin durch das Zustimmen einen Gefallen zu tun. Nach Schnell, Hill und Esser (2011, S. 347) gibt es zwei Ursachen für diese Zustimmungstendenz. Zum einen wird sie vor allem bei *Befragten mit geringer Ich-Stärke* vermutet, zum zweiten kann man sie bei sozioökonomisch Unterprivilegierten als *soziale Behauptungsstrategie* identifizieren. Gerade der letztgenannte Aspekt ist für die empirische Kommunikationsforschung von Belang, denn in einer ganzen Reihe von Forschungsfeldern wird der ökonomische Status von Personen als Erklärung für bestimmte Zusammenhänge mit herangezogen.

Der sozioökonomische Status spielt noch in einer anderen Hinsicht eine wichtige Rolle beim Phänomen „Interview als soziale Situation": Ein Interviewer klingelt und wird von einer älteren Dame eingelassen, die offenbar allein lebt, in Rente ist und vermutlich viel Zeit hat. An der nächsten Tür bekommt er Eintritt von einem Vater mit drei Kindern, von denen eines gerade die Windeln voll hat, und im dritten Fall öffnet eine PR-Agentin. Es bedarf nicht viel Phantasie, sich die Unterschiedlichkeit des Ablaufes vorzustellen: Im ersten Fall ist man herzlich willkommen, der Kaffee steht schon auf dem Tisch, man hat sich Zeit genommen und freut sich über die Abwechslung. Die beiden anderen Personen wollen das Interview so schnell wie möglich hinter sich bekommen, der Vater ist unkonzentriert, die PR-Agentin sehr aufgabenorientiert und professionell. Will man später die Antworten der drei Befragten „in einen Topf" werfen, muss der Interviewer in der Lage sein, die Situation möglichst gleichmäßig zu bewältigen. Im Vorfeld wird er sicher die übliche Dauer des Interviews angegeben haben; er wird durch sein Verhalten klarstellen müssen, dass es allein auf die Beantwortung der Fragen ankommt. Allgemein gesprochen: Alter, Geschlecht, die verfügbare Zeit, vielleicht auch der zur Verfügung stehende Interviewort in einer Wohnung sind zu berücksichtigen. Um unerwünschte Interviewer-Effekte zu verhindern, versucht man, den Einsatz der Interviewer:innen so zu streuen, dass diese bei möglichst vielen verschiedenen Umfragen eingesetzt werden. Auf diese Weise verhindert man Routine-Effekte, die sich in verzerrtem Antwortverhalten der Befragten niederschlagen können.

7.3.4   Response Sets

Die weiter oben angesprochenen Zustimmungstendenzen können einer Gruppe von Antwortverzerrungen zugeordnet werden, die als Response Sets oder auch formale Antwortstile bezeichnet werden. Gemeint ist hiermit, dass Befragte die Fragen weitestgehend unabhängig von Frageformulierung und -inhalt nach einem bestimmten Schema beantworten. Dies lässt sich insbesondere bei Skalen beobachten. Die Befragten wählen dann beispielsweise stets Skalenpunkte aus dem hohen (Zustimmungs- bzw. Ja-Sage-Tendenz) oder niedrigen Skalenbereich (Ablehnungs- bzw. Nein-Sage-Tendenz) aus, kreuzen vorrangig die Extremwerte der Skalen an, oder zeigen eine Tendenz zur Mitte (siehe auch Abschn. 5.3.4). Im Gegensatz zu den Non-Opinions (Abschn. 5.4.4) ist das Problem hier nicht, dass die Befragten die Fragen nicht beantworten können (z. B. weil ihnen dazu das nötige Wissen fehlt), sondern diese nicht aufrichtig beantworten möchten – etwa weil sie aufgrund der sozialen Situation Zustimmung signalisieren, extreme bzw. radikale Einstellungen verschleiern oder (vermutlich in den meisten Fällen der wahre Grund) einfach möglichst schnell durch den Fragebogen gelangen möchten. Tatsächlich zeigt sich in Untersuchungen, dass die Verwendung bestimmter Response Sets mit soziodemografischen Merkmalen, Persönlichkeitseigenschaften und kulturellen Faktoren der Befragten ebenso wie mit dem Fragebogendesign und dem Befragungsmodus in Zusammenhang steht (Van Vaerenbergh und Thomas 2013).

Möglichkeiten zur Identifikation solcher Response Sets im Nachhinein bestehen darin, die Wahl bestimmter Antwortoptionen (z. B. der Skalenendpunkte) über den gesamten Fragebogen hinweg oder inkonsistente Antworten bei gegenläufig formulierten Items auszuzählen. In Online-Fragebögen können zudem die automatisch erfassten Antwortzeiten Hinweise geben – wer Fragen deutlich schneller als die Mehrheit der restlichen Befragten beantwortet, greift wahrscheinlich auf Response Sets zurück (Leiner 2019). Man sollte jedoch beachten, dass man bei der Bereinigung solcher Fälle aus der Stichprobe Gefahr läuft, auch wahrheitsgemäß antwortende Befragte auszuschließen – vielleicht entspricht das Antwortverhalten ja durchaus ihren tatsächlichen Einstellungen und sie konnten die Fragen deshalb so schnell beantworten, weil sie bereits viel Erfahrung mit Befragungen haben und gar manche standardisierte Skala bereits kannten. Es ist daher sinnvoll, bereits bei der Fragebogenkonstruktion zu berücksichtigen, ob durch den Aufbau des Fragebogens und die angepeilte Stichprobe Response Sets zu einem Problem werden könnten. Entsprechende Vorabmaßnahmen können dann beispielsweise die Variation von Fragetypen im Fragebogenablauf, damit Response Sets nicht dauerhaft angewendet werden können, sowie das Hinzufügen von Kontrollfragen umfassen.

7.4 Ablauf und Konzeption einer Befragung

Zum Abschluss sollen noch einmal Konzeption und Ablauf einer Befragung summarisch dargestellt werden. Man kann den ganzen Prozess anhand von sieben Punkten unterteilen. Dabei werden Sie die Ähnlichkeit zur Darstellung des typischen Ablaufs empirischer Forschung im Allgemeinen aus dem ersten Kapitel erkennen. Dort wurde schon darauf hingewiesen, dass die verschiedenen Erhebungsmethoden, also Befragung, Inhaltsanalyse oder Beobachtung, diesen typischen Ablauf lediglich variieren. Hier seien nun die speziellen Aspekte im Zusammenhang dargestellt.

7.4.1 Die wissenschaftliche Fragestellung

Das Beispiel sei wieder das Konstrukt *Politikverdrossenheit.* Als Kommunikationsforscher:in interessiert man sich vielleicht unter dem Aspekt der Mediennutzung dafür: „Hängt das Mediennutzungsverhalten von Rezipient:innen mit dem Grad ihrer Politikverdrossenheit zusammen?" oder „Ist jemand, der regelmäßig Tageszeitungen nutzt, weniger politikverdrossen als jemand, der beim Fernsehen systematisch Unterhaltungsslalom betreibt?" Politikwissenschaftler:innen leiten vielleicht vom Grad der Politikverdrossenheit den Demokratisierungsgrad einer Gesellschaft ab. Die konkrete Fragestellung hängt also von der eigenen wissenschaftlichen Fragestellung ab, möglicherweise aber auch von den Interessen eines Auftraggebers.

Zunächst wird man versuchen, herauszufinden, was bereits zum Thema vorliegt. Das heißt, der Gang in die Bibliothek und die Recherche in Datenbanken stehen an. Dabei lässt sich prüfen, inwieweit man auf vorliegende Ergebnisse aufbauen kann. Oder anders: Gibt es Dinge, die noch nicht geklärt sind? Welche Ursachenkomplexe zur Politikverdrossenheit sind noch nicht untersucht? Gibt es möglicherweise Studien zum Thema, die schon lange zurückliegen und die man in der heutigen Mediensituation wiederholen sollte? Dabei betrachtet man auch die verwendeten Methoden und die Art der Frageformulierung. Welche Fragen wurden bisher gestellt? Welche Fragedimensionen sind bisher berücksichtigt worden? Gibt es bereits standardisierte Fragen, die in jeder Untersuchung zu Politikverdrossenheit gestellt werden? Man versucht also, das Thema erst einmal auf alle relevanten Informationen hin abzuklopfen und den Status quo herauszubekommen.

7.4.2 Aufteilung der Fragestellungen in Dimensionen

Im zweiten Schritt entwickelt man darauf aufbauend ein Konzept für die eigene Untersuchung. Man teilt die Fragestellung(en) in Dimensionen auf. Auch dieser Schritt entspricht wieder dem allgemeinen Schema aus dem ersten Abschnitt. Das Konstrukt Politikverdrossenheit wird jetzt beispielsweise aufgespalten in:

- Abwendung von Politik,
- Unzufriedenheit mit Politik,
- (Des-)Interesse an Politik allgemein,
- Vertrauen in Politiker:innen,
- Wahlverhalten usw.

Aus diesen Dimensionen ergeben sich dann im Fall der Befragung die Programmfragen (vgl. Kap. 6).

7.4.3   Operationalisierung

Im dritten Schritt wird das Untersuchungskonzept umgesetzt. Operationalisierung bedeutet im Fall der Befragung die Überführung von Programm- in Testfragen, also jene, die man später den Befragten vorlegt. Die herausgearbeiteten Dimensionen zum Konstrukt Politikverdrossenheit werden in einzelne Indikatoren aufgespaltet, die jeweils wiederum mit einer oder mehreren Fragen konkretisiert werden. Wenn man das Wahlverhalten als einen Indikator für Politikverdrossenheit definiert hat, würde man wahrscheinlich fragen:

- „Sind Sie bei der letzten Bundestagswahl zum Wählen gegangen?"
- „Gehen Sie prinzipiell bei jeder Wahl zum Wählen?"
- „Wenn nein, bei welcher Wahl gehen Sie nicht hin?" usw.

7.4.4   Fragebogendesign und Pretest

In diesem Schritt werden die Testfragen in eine Reihenfolge gebracht. Es werden Funktionsfragen wie die Eisbrecherfrage, Filter- und Trichterfragen, Fragen nach soziodemografischen Merkmalen, Überleitungsfragen und Auflockerungsfragen eingebaut, so dass am Ende dieses Vorgangs ein vollständiger Fragebogen vorliegt. Dieser sollte allerdings nicht ohne weiteres verwendet werden. Noch können Schwächen, ja gar Fehler enthalten sein, die uns bei der Konzeption entgangen sind. Ganz zentral für einen guten Fragebogen – und nur mit guten Fragebögen erzielt man valide Ergebnisse – ist ein Pretest, ein erster Test auf die Brauchbarkeit des Fragebogens. Der Pretest sollte immer mit Mitgliedern jener Population durchgeführt werden, auf die die Befragung ausgelegt ist, nicht etwa mit eigenen Mitarbeiter:innen und Kolleg:innen. Auch sollte man nicht eine, sondern zahlreiche Befragungen vorsehen und dabei auf eine heterogene Zusammensetzung der Befragten achten. Bei einer schriftlichen Befragung bittet man die Personen, den Fragenbogen durchzugehen und sich Notizen zu machen, wenn sie nicht genau verstehen, was mit einer Frage gemeint ist, wenn sie sich unsicher sind, wie sie antworten sollten, wenn sie eine Frage unangemessen bzw. als zu privat empfinden, wenn ihnen bei geschlossenen Fragen Antwortvorgaben gefehlt haben etc. Bei einer Face-to-Face Befragung sollen die Befragten diese Probleme einfach während der Befragung äußern und die Forscher:innen machen sich Notizen. Der Pretest ist umso wichtiger, je weiter man selbst als Forscher:in von der Lebensrealität der befragten Population entfernt ist. Wenn eine Studentin einen Fragebogen für Studierende entwirft, verstehen die Befragten vermutlich (hoffentlich) die Frageformulierungen. Wenn ein Student einen Fragebogen für Grundschüler:innen entwirft, sind Unklarheiten dagegen wahrscheinlicher. Aber auch im ersten Fall sollte ein Pretest durchgeführt werden! Je länger man sich intensiv mit einer Fragestellung beschäftigt, je mehr Wissen man auch über ein Forschungsfeld gesammelt hat, desto schneller „vergisst" man, dass die meisten anderen Menschen wenig über dieses Gebiet wissen und in der Befragungssituation erst an das Thema herangeführt werden müssen. Der Pretest gibt Aufschluss darüber, ob alle Fragen verständlich sind, ob die Formulierungen stimmen, ob der Fragebogen auch für die Interviewer:innen gut handhabbar ist etc. Auf Basis des Pretests werden dann häufig noch Fragetexte oder Instruktionen an die Interviewer:innen verändert, Antwortvorgaben erweitert oder gar zusätzliche Fragen eingebaut.

7.4.5 Durchführung der Befragung

Der fünfte Schritt ist die Durchführung der Befragung. Darunter fällt die Stichproben-ziehung und die sogenannte Feldarbeit, also die Tätigkeit der Interviewer:innen vor Ort bzw. in einem Telefonstudio oder die Zeit, in der ein schriftlicher Befragungsbogen bei den zu befragenden Personen liegt. Die einzelnen Schritte der Durchführung sollten durch die Wissenschaftler jeweils kontrolliert werden, die Rücklaufzeit muss vorher fest-gelegt worden sein.

7.4.6 Auswertung und Ergebnisdarstellung

Im sechsten Schritt kommt es zur Auswertung der Daten. Da die Datenauswertung ein eigener Bereich der wissenschaftlichen Ausbildung ist, seien hier die einzelnen Schritte nur stichpunktartig erwähnt:

- Dateneingabe in das Datenverarbeitungsprogramm
- Datenbereinigung, d. h. Ausmerzen von Eingabefehlern und offensichtlichen Inkonsistenzen, Berücksichtigung von Gewichtungsfaktoren
- Plausibilitätskontrolle, d. h. Kontrolle auf Stimmigkeit der Antworten eines/einer Befragten, Vergleich der verschiedenen Interviews eines Interviewers/einer Inter-viewerin (hier entdeckt man nicht nur Schlampigkeiten, sondern auch Fälschungen) und Vergleich der Interviews unterschiedlicher Interviewer:innen zur Aufdeckung systematischer Interviewereffekte

- Analyse der Daten, z. B. zur Aufdeckung von Zusammenhängen oder Abhängigkeiten verschiedener Variablen

7.4.7 Ergebnispräsentation, Beantwortung der Fragestellung

Im siebten Schritt wird die ursprüngliche Forschungsfrage beantwortet. Bis hierhin vollzieht sich ein Spannungsbogen, der vom Erkenntnisinteresse hin zum Erkenntnisgewinn führt. An diesem Punkt werden die Ergebnisse aufgeschrieben, interpretiert, grafisch aufbereitet und zur Publikation bzw. Präsentation vorbereitet. Folgende Punkte sind hierbei relevant:

- grafische und tabellarische Aufarbeitung der Ergebnisse
- Interpretation der Befunde
- Beantwortung der zentralen Forschungsfrage(n)
- Rückbezug der Ergebnisse auf die zugrunde liegenden Theorien[5]
- Abfassung des Forschungsberichts, z. B. der Bachelor- oder Masterarbeit
- Präsentation, z. B. vor dem Auftraggeber, und Publikation der Ergebnisse

7.5 Zusammenfassung: Möglichkeiten und Grenzen der Methode Befragung

Befragungen sind nur dann sinnvoll, wenn Einstellungen und Meinungen zu bestimmten Problemen einigermaßen stabil sind und nicht erst in der Situation des Interviews ad hoc gebildet werden. Man muss also annehmen, dass Menschen eine widerspruchsfreie, über einen längeren Zeitraum hinweg feste Auffassung von Sachverhalten haben, die sie dann in Befragungen sozusagen 1:1 wiedergeben. Wäre dies nicht der Fall, könnten Befragungen immer nur zufällige Momentaufnahmen einer bestimmten Grundgesamtheit sein, deren Ergebnisse hinsichtlich ihrer Repräsentativität und Relevanz für die Erklärung sozialer Realität unbrauchbar wären. Wenn man zum Beispiel nach dem täglichen Fernsehkonsum fragt, nimmt man an, dass dieser zumindest für einen gewissen Zeitraum relativ stabil ist und die Befragten also ihr tatsächliches Mediennutzungsverhalten angeben. Der Fernsehkonsum mag sich zwar langfristig und aufgrund von Ereignissen (z. B. einer Fußballweltmeisterschaft) ändern, er darf jedoch nicht völlig erratisch sein. Konstantes Verhalten und stabile Einstellungen sind Prämissen, von denen die Wissenschaft ausgehen muss, wenn sie empirische Sozialforschung betreibt, um Merkmale von Personen zu erheben.

---

[5]Dies wird in empirischen Abschlussarbeiten oftmals vernachlässigt, ist aber ein wichtiges Qualitätskriterium für die Ergebnisdarstellung.

Häufig stimmen Auskunft und tatsächliches Verhalten nicht überein, was beispielsweise an den besprochenen Effekten *sozialer Erwünschtheit* liegen kann. Die Diskrepanz zwischen Einstellung und Verhalten ist auch in anderen Wissenschaftszweigen bekannt. In der Psychologie ist diese Einstellungs-Verhaltens-Diskrepanz lang und ausführlich beschrieben. Die erste Untersuchung wurde von Sherif in den 1930er-Jahren durchgeführt. Er fuhr mit seiner Frau, einer Inderin, durch die USA. Er reservierte vorher Hotels mit der Nachfrage, ob auch Ehepaare aufgenommen würden, von denen ein Partner nicht weiß sei. Viele der Hotels lehnten ab. Doch siehe da: Vor Ort wurden sie fast überall aufgenommen. Verhalten und Selbstauskunft der Hoteliers waren nicht kongruent. In wichtigen Forschungsgebieten (z. B. Minoritätenforschung, Erforschung der Gewaltbereitschaft, also in Gebieten, die soziale Tabufelder berühren) findet man starke Diskrepanzen zwischen dem, was die Menschen zu tun behaupten und dem, was sie tatsächlich tun. Das bedeutet für die Konzeption einer Befragung, dass insbesondere die Formulierung und Reihenfolge der Fragen so entwickelt werden müssen, dass man nahe an das Verhalten bzw. die wahre Meinung der Befragten herankommt.

Neben solchen inhaltlichen Erwägungen hinsichtlich der Frageformulierung existiert die generelle Schwierigkeit, dass die Untersuchungsobjekte in der Regel Menschen sind, die eben nicht durch Naturgesetze berechenbar sind, sondern in ihrer sozialen Komplexität zu *Inkonsistenzen* und irrationalem Verhalten neigen. Es ist bekannt, dass Befragte beispielsweise leicht zu einem „Ja" neigen, wenn sie etwas gefragt werden. Bei reinen Wissens- bzw. Sachfragen („Besitzen Sie einen Fernsehapparat?") ist diese Jasage-Tendenz vermutlich geringer. Bei Fragen allerdings, die sich mit sozialem Verhalten befassen, ist dies schon gravierender. Ein ähnliches Problem betrifft die sogenannte *Tendenz zur Mitte*. Es gibt Befragte, die versuchen, extreme Antworten zu vermeiden. Wenn man auf einer Skala von 0 ganz links bis 100 ganz rechts angeben soll, wie man sich selbst politisch einschätzt, dann gibt es kaum jemanden, der 0 oder 100 angibt. Viele Befragte neigen dazu, eine gemäßigte Position zu vertreten, und a priori ist schwer zu entscheiden, ob dies tatsächlich ihrer politischen Einstellung entspricht oder nicht.

Man stelle sich weiterhin vor, eine Befragung zum individuellen Mediennutzungsverhalten dauert vier Stunden, was übrigens tatsächlich vorkommt: Wie sorgfältig und stimmig wird die Antwort von Befragten sein, die nach drei Stunden immer noch kein Ende des Interviews erkennen? Verschärft wird diese Situation besonders dann, wenn ihnen zuvor versichert wurde, die Befragung dauere nur eine Stunde. Die Antwortqualität hängt also auch von der *Dauer der Befragung* ab. Auch die *Erhebungssituation* selbst ist in die Konzeption der Befragung einzubeziehen. Findet die Befragung am Küchentisch oder in einem Studio statt? Befragte antworten in gewohnter Umgebung anders als in einer fremden. Diese Bereiche sollen hier einleitend nur angeschnitten werden, um dafür zu sensibilisieren, welche Erwägungen vor der konkreten Frageformulierung in Rechnung gestellt werden müssen, um ergiebige Ergebnisse zu erhalten. Es ist bis hier festzuhalten, dass die richtige Frage und ihre Formulierung vor dem Hintergrund folgender Phänomene beurteilt werden müssen:

- soziale Erwünschtheit
- Instabilität im Antwortverhalten
- Ja-Sage-Tendenz
- Tendenz zur Mitte

Zusammenfassend sollen noch einige Aspekte im Sinne eines kritischen Problembewusstseins ergänzt werden. Mit der Methode der Befragung kann nicht jedes wissenschaftliche Problem gelöst werden. Das klingt banal, ist aber gerade für Wissenschaftsanfänger:innen wichtig zu verstehen. Man entwickelt im Verlauf des Studiums bestimmte Vorlieben: Dem einen fallen Befragungen leicht, die andere arbeitet lieber für sich und bevorzugt deshalb die Inhaltsanalyse. Man findet also seine Favoriten innerhalb des methodischen Handwerkszeugs. Das ist ganz normal. Die Affinität zu einer Methode darf jedoch nicht dazu führen, dass man zur Beantwortung einer interessanten Fragestellung immer dieselbe Methode anwendet. Jede Methode hat ihre Grenzen. Im Sinne einer kritischen Zwischenbilanz sollte man sich deshalb folgende Fragen stellen:

- Leistet die gewählte Methode hinsichtlich des Untersuchungsgegenstandes tatsächlich eine Hilfestellung zur Beschreibung und Erklärung der sozialen Wirklichkeit?
- Kann man mit der Befragung das wahre Verhalten, die wahre Einstellung zu dem zu untersuchenden Problem ermitteln? Oder sind die Menschen gar nicht in der Lage, valide Auskünfte zu der Problemstellung zu geben?
- Ist das Vorgehen tatsächlich systematisch? Erlaubt also das Forschungsdesign ein planmäßiges Vorgehen und einen kontrollierten Ablauf, wie es im Prozess des Entdeckungs-, Begründungs- und Verwertungszusammenhangs angelegt ist?
- Kann man mit der gewählten Methode bzw. dem entwickelten Instrumentarium das messen, was gemessen werden soll? Sind die Messinstrumente valide und reliabel?
- Sind Messniveau und Messinstrumente angemessen? Stimmen also die Skalenniveaus und der Umfang sowie die Konzeption des Fragebogens?
- Ist die Stichprobengröße angesichts der Forschungsfrage und der zeitlichen und finanziellen Rahmenbedingungen richtig gewählt?
- Stimmen Aufwand und Ertrag? Kann man vorgegebene Kosten einhalten? Sprengt der anvisierte Aufwand den Rahmen (häufig ein Problem bei Abschlussarbeiten)?

Inhaltsanalyse I: Grundlagen

8.1 Grundzüge und Herkunft

Die Inhaltsanalyse ist diejenige Methode, die in der Kommunikationswissenschaft am weitesten verbreitet ist. Die Kommunikationswissenschaft ist sozusagen die Wissenschaft, die Inhaltsanalysen kultiviert und auch weiterentwickelt hat. In den anderen Fächern, wie etwa der Psychologie, spielt sie eine geringere Rolle. Wie bei anderen Begriffen, mit denen sich diese Einführung befasst, findet man auch zum Begriff „Inhaltsanalyse" Synonyme. Zunächst ist in der deutschsprachigen Literatur die englische Fassung geläufig: *Content Analysis*. Aber auch die direkten Übersetzungen *Kontentanalyse* und *Medienresonanzanalyse* finden sich zuweilen.

Der Erste Weltkrieg war der erste Krieg, der unter massivem Einsatz von Propaganda und Gegenpropaganda betrieben wurde. Die Zersetzung des Gegners durch Propaganda und Falschmeldungen, durch alle möglichen Arten von Kommunikationsmitteln, war im Ersten Weltkrieg zum ersten Mal eine Waffe bei einer kriegerischen Auseinandersetzung. Im Zweiten Weltkrieg wurde dieses Mittel noch perfektioniert. Zum Beispiel warfen die Kriegsparteien Flugblätter im Feindesland ab, in denen auf die desolate Situation und auf die marode Führerschaft hingewiesen wurde. Im Zusammenhang mit den vermuteten Propagandamöglichkeiten der Massenmedien wurde dann in den USA die Inhaltsanalyse systematischer entwickelt. Dabei ging es in dieser Phase vor allem um die Frage, was eigentlich die Inhalte dieser Botschaften sind und wie diese Botschaften von Menschen verstanden und verarbeitet werden. Es ging also um ein ganz profanes kriegerisches Ziel, nämlich die Propaganda des eigenen Landes zu optimieren und die Propaganda des Gegners in ihrer Effektivität einzuschränken. In diesem Kontext, etwa in den 1940er-Jahren, entstand die Inhaltsanalyse bzw. deren Vorläufer. Wichtige Namen

© Der/die Autor(en), exklusiv lizenziert durch Springer Fachmedien Wiesbaden GmbH, ein Teil von Springer Nature 2022
H.-B. Brosius et al., *Methoden der empirischen Kommunikationsforschung*, Studienbücher zur Kommunikations- und Medienwissenschaft, https://doi.org/10.1007/978-3-658-34195-4_8

aus dem Bereich der Kommunikationsforschung sind in dem Zusammenhang Lasswell, Lazarsfeld und Berelson, einige der Gründerväter des Fachs.[1]

Neben der politischen Kommunikationsforschung, die auf die Propagandaforschung zurückgeht und auch heute noch das wichtigste Forschungsgebiet ist, in dem diese Methode eingesetzt wird, werden Inhaltsanalysen in der Kommunikationswissenschaft außerdem in der Gewaltforschung, der Forschung über Minderheiten sowie den Public Relations angewandt. Auf einzelne Fragestellungen wird im Verlauf dieses Abschnitts noch näher eingegangen. Doch zunächst zu der Frage, was Inhaltsanalyse eigentlich bedeutet.

8.2 Definitionen

Die erste wichtige Bestimmung dieser Methode geht über einen Vergleich: Der Untersuchungsgegenstand der Inhaltsanalyse sind nicht Personen wie bei der Befragung, sondern es sind in der Regel Medieninhalte. Dies können Texte aus Tageszeitungen sein, aber ebenso werden Rundfunksendungen, Wahlplakate, Instagram-Postings, Werbespots oder Propagandamaterial, also sämtliche Formen von textlichen oder visuellen Botschaften, die massenmedial verbreitet werden, analysiert.

Bernard Berelson war es, der 1952 ein grundlegendes Buch vorlegte, in dem die Methode erstmals systematisch und theoretisch fundiert dargestellt wurde: „Content Analysis in Communications Research" ist der Titel und denen, die sich einmal dezidierter mit dieser Methode auseinandersetzen wollen, sei das Buch auch heute noch als Lektüre empfohlen. Um der Inhaltsanalyse auf die Spur zu kommen und um die Entwicklungslinien bis heute zu verstehen, lohnt sich ein Blick auf die verschiedenen Definitionen, wie sie in einschlägigen Lehrbüchern angeboten werden. Bei näherer Betrachtung wird man schnell erkennen, dass sich hinter diesen kurzen Abhandlungen recht unterschiedliche wissenschaftliche Auffassungen dieser Methode verbergen. Zunächst die ursprüngliche Definition von Berelson:

▶ „Content analysis is a research technique for the objective, systematic, and quantitative description of the manifest content of communication." (Berelson 1952, S. 18)

---

[1]Dies ist übrigens nicht der einzige Fall, in dem der Zweite Weltkrieg für die Kommunikationsforschung eine entscheidende Rolle gespielt hat. Carl Hovland hat nach dem Krieg in den sogenannten „Yale-Studien' Experimente zur Wirkung von persuasiven Botschaften durchgeführt, um festzustellen, wie die Wirkkraft einer (politischen) Botschaft optimiert werden kann. Hovland und sein Team (Hovland et al. 1953) untersuchten dabei nicht das Propagandamaterial gegen den Feind, sondern interessierten sich für die Propaganda innerhalb der eigenen Reihen: Was könnte man z. B. unternehmen, um die eigenen Leute stärker zu mobilisieren?

Die beiden weit verbreiteten Lehrbücher über Inhaltsanalyse im deutschen Sprachraum (Früh und Merten) haben diese Definition der Inhaltsanalyse etwas unterschiedlich interpretiert und eigene Definitionen vorgelegt:

▶ „Die Inhaltsanalyse ist eine empirische Methode zur systematischen, intersubjektiv nachvollziehbaren Beschreibung inhaltlicher und formaler Merkmale von Mitteilungen, meist mit dem Ziel einer darauf gestützten interpretativen Inferenz auf mitteilungsexterne Sachverhalte." (Früh 2017, S. 29)

▶ „Die Inhaltsanalyse ist eine Methode zur Erhebung sozialer Wirklichkeit, bei der von Merkmalen eines manifesten Textes auf Merkmale eines nicht-manifesten Kontextes geschlossen wird." (Merten 1995, S. 59)

8.2.1 Manifeste oder latente Bedeutung von Texten?

Alle drei Definitionen bestimmen die Inhaltsanalyse als eine empirische Methode, mit deren Hilfe sich etwas *beschreiben* lässt: „Inhalte von Texten", „Merkmale von Mitteilungen", „soziale Wirklichkeit". Der Scheideweg, an dem sich die drei Definitionen trennen, wird mit den Begriffen *manifest* und *nicht-manifest*[2] bestimmt. Während Früh in der Folge seiner Definition explizit die Verwendung dieses Begriffes ablehnt, da er „in der Vergangenheit oft mehr Verwirrung gestiftet als zur Klärung beigetragen" habe (Früh 2017, S. 29), stellt Merten klar, dass die Methode (d. h. systematisches, planvolles Vorgehen) der Inhaltsanalyse dazu dienen muss, auf der Grundlage vorliegender, also manifester, Texte soziale Wirklichkeit, d. h. nicht-manifeste Kontexte, zu erfassen bzw. zu verstehen. Sobald man also über den analysierten Text hinausgeht, führen die dabei notwendigen Inferenzen (Was hat der Kommunikator gemeint? Welche Wirkungen hat die Botschaft wohl gehabt?) zu einer Interpretation, die nicht-manifest ist, weil sie sich nicht mehr direkt aus dem Text erschließt.

Berelson erhob in seiner Definition die zentrale Forderung, dass nur die manifesten Inhalte von Texten in Kategorien messbar sind, man also sicherstellen müsse, dass Urheber:in, Leser:in und Forscher:in ein und desselben Textes tatsächlich dasselbe Verständnis von diesem Text hätten. Er spricht in diesem Zusammenhang von einem „common meeting-ground" (Berelson 1952, S. 19) an dem sich Urheber:in, Leser:in und Forscher:in quasi „treffen" müssen. Damit ist gemeint, dass diese Beteiligten dem Inhalt eine identische Bedeutung zuschreiben. Genau diese Forderung ist aus heutiger Sicht problematisch. Kann man wirklich davon ausgehen, dass Informationen derart allgemein verarbeitet werden, dass alle alles gleich verstehen? Oder haben nicht Alter, Bildung,

---

[2]Das begriffliche Gegenstück zu „manifest" wird üblicherweise mit „latent" bezeichnet. Warum Merten und Teipen (1991) den Begriff „nicht-manifest" verwenden, wird im Verlauf ihrer Darstellung nicht weiter erläutert.

Kulturkreis oder individuelle Lebenskonzeption zur Folge, dass eben nicht alle alles gleich verstehen? Dies gilt umso mehr, wenn man eine historische Dimension anlegt. Können wir heute noch Texte aus den 1950er-Jahren so verstehen, wie die Menschen sie damals auch verstanden haben? Manifeste (offenkundige) bzw. latente (der Möglichkeit nach vorhandene) Bedeutungen von Begriffen sind vermutlich nicht so einfach zu bestimmen, wie es Berelson versuchte. Man kann Textinhalte nur schwer danach unterteilen, welche Inhalte latent oder manifest im Sinne des „common meeting-ground" sind. Selbst ganz einfache Aussagen können in einem bestimmten Kontext eine latente Bedeutung haben, die sich nur aus dieser konkreten Situation heraus ergibt. Dies gilt ganz eklatant für den Sprachstil von Subkulturen, die vermeintlich ganz eindeutigen Begriffen neue Bedeutungen beimessen. Weiß man wirklich, was gemeint ist, wenn man das Wort „Zecke" liest? Wahrscheinlich gibt es Botschaften, die offenkundiger zu sein scheinen als andere. Vielleicht ist der Inhalt einer Börsennachricht tatsächlich manifester als der einer Kulturkritik. Aber auch da muss man schon wissen, dass es sich um diesen Kontext handelt. Eine Dichotomie latent – manifest, ein „entweder – oder" gibt es wohl nicht: Vielmehr scheint die semantische und syntaktische Eindeutigkeit von Texten auf einem Kontinuum zwischen Offenkundigkeit und Verborgenheit zu liegen, worauf auch Berelson schon hinweist.

Die kann an dem Beispiel verdeutlicht werden, das wir in den ersten Auflagen dieses Buches angeführt hatten. In einem bestimmten Kommunikationskontext, Anfang 1999, „wusste" vermutlich ein großer Teil der deutschen Bevölkerung etwas mit Begriffen wie Nussecken und Guildo Horn anzufangen. Aber gibt es tatsächlich einen „common meeting-ground"? Anhänger einer klaren Unterscheidung zwischen latenten und manifesten Inhalten hätten ihre Schwierigkeiten gehabt: Nicht jeder kannte den „Meister" und seine Vorliebe für Nussecken. Anders ausgedrückt: Konnotationen, d. h. gedankliche Verknüpfungen zwischen einem manifesten Text (Nussecke) und einer Abstraktion (Lieblingsspeise) konnte und wollte die erste Definition von Inhaltsanalyse nicht erfassen. Gleichwohl wird an diesem Beispiel deutlich, dass sich der Sinn oder die Bedeutung von Begriffen häufig erst zur Gänze über das erschließt, was man zwischen den Zeilen liest. Wäre man 1965 mit Nussecken und Guildo Horn konfrontiert worden, hätten diese Begriffe in einem völlig anderen Bedeutungskontext gestanden: „Guildo Horn? – kenne ich nicht." Das Gleiche gilt vermutlich inzwischen wieder. Im Jahr 2022 dürfte ein Großteil der 20-Jährigen (nahezu alle?) mit dieser Figur nicht mehr viel anfangen können. Wenn man so will, ist der „common meeting-ground" wieder „verschwunden". Anders ausgedrückt: Möglicherweise sind Texte ohne ihren Zeitbezug und ohne die Messung dessen, wie die Leser:innen diese Texte verstehen bzw. verstanden haben, inhaltsanalytisch nicht zu erfassen. Der große Vorteil, den diese Methode bietet – nämlich, raum- und zeitunabhängig Texte aller Art zu erfassen und zu analysieren – ginge mit dieser Sichtweise verloren. Deshalb ist es bis heute ein Anliegen, theoretisch wie praktisch Möglichkeiten zu finden, die Texte über ihren Aktualitätsbezug hinaus messbar zu machen.

8.2.2 Quantitativ ...

Inhaltsanalysen sind natürlich nicht die einzige Methode, mit der man wissenschaftlich Texte bearbeitet. Und neben der Kommunikationswissenschaft beschäftigen sich auch andere Disziplinen mit der Analyse von Mitteilungen, wie etwa die Literatur- und die Sprachwissenschaften oder die Psychologie – jede der Disziplinen mit ganz unterschiedlichen Intentionen. Deshalb sind auch die methodischen Herangehensweisen verschieden. Beispielsweise ist die Hermeneutik, die man vielleicht als methodisches Gegenstück zur quantitativen Inhaltsanalyse betrachten kann, eine Methode, um die Situation des Entstehens, die Motivation und Intentionen der Urheberin/des Urhebers zu analysieren. Die Hermeneutik ist also eine Lehre zur Interpretation von Kommunikationsinhalten. Die Anwendungen reichen von der rein werkimmanenten Interpretation eines Gedichts bis hin zur Interpretation von Texten in ihrer Funktion innerhalb der sozialen Realität.

Die quantitative Inhaltsanalyse versucht im Gegensatz dazu nicht, einen singulären Text zu interpretieren, sondern große Textmengen.

▶ Eine Inhaltsanalyse, wie sie in aller Regel in der Kommunikationsforschung zum Einsatz kommt, hat das Anliegen, formale und inhaltliche Merkmale großer Textmengen zu erfassen.

Die Zerlegung von Texten in Kategorien heißt natürlich zunächst, dass Bedeutungen, semantische Differenzierungen und Singularitäten, das Verständnis von Texten im Sinne sozialer Beziehungen und Ähnliches – eben alles, was sich zwischen den Zeilen abspielt – außer Acht gelassen werden. Darin gleicht die Inhaltsanalyse der Befragung. Nicht die ganze Komplexität eines Textes/einer Person wird erfasst, sondern nur wenige ausgewählte Merkmale derselben werden reduktiv analysiert. Typische Fragestellungen in der Kommunikationswissenschaft sind:

- Wie häufig verwendet der Sprecher/die Sprecherin der Tagesschau männliche und weibliche Endungen?
- Wie häufig und in welchen thematischen Kontexten wurde das Thema Klimawandel in den letzten 25 Jahren in den deutschen Tageszeitungen besprochen?
- Welche Akteure kommen in Medienberichten zu einem bestimmten Thema vor?
- Welche Persuasions-Techniken werden in Werbespots eingesetzt?
- Wie wurden die Kanzlerkandidat:innen bei den letzten Bundestagswahlen dargestellt?

Solche Fragestellungen sind ganz typisch für einfache quantitative Inhaltsanalysen. Im Ergebnis stellt man dann fest, dass zum Beispiel männliche Endungen wesentlich häufiger gebraucht werden und dass sich daran seit 30 Jahren wenig geändert hat. Große Textmengen werden auf ganz bestimmte Merkmale hin untersucht, häufig wird nur gezählt, wie oft bestimmte Wörter beispielsweise in Zeitungstexten vorkommen. Die reine Häufigkeit eines Merkmals, eine Prozentzahl oder ein Koeffizient sind für sich gesehen noch nicht besonders ergiebig. Ein Zahlenwert erhält erst dann eine Relevanz, wenn man einen Vergleichsmaßstab hat. Wenn man etwa feststellt, dass 1970 in 30 % aller Werbespots Hausfrauen vorkamen, während das 1990 nur noch auf zehn Prozent der Spots zutraf und man damit beispielsweise Rückschlüsse auf die Darstellung von Geschlechterrollen in der Werbung ziehen kann, dann werden die Zahlenwerte interessant. Dies gilt natürlich nicht nur für den Einsatz der Inhaltsanalyse, sondern trifft auch auf Befragungen zu. Auch deren Ergebnisse können im Vergleich sinnvoller interpretiert werden. Wenn z. B. Vielseher:innen von Krimis, Krimiserien und Gerichtsshows den Wert derer, die beruflich mit der Durchsetzung von Recht und Gesetz befasst sind (Polizist:innen, Richter:innen etc.), auf zehn Prozent schätzen, kann man daraus kaum Schlüsse ableiten. Interpretierbar wird dieser Wert erst, wenn man ihn mit der Einschätzung der Wenigseher:innen (fünf Prozent) und den Realdaten (nicht einmal ein Prozent) abgleicht. Bei der Inhaltsanalyse können solche Vergleichsmaßstäbe durch unterschiedliche Zeitpunkte, unterschiedliche Medien oder unterschiedliche Kulturen hergestellt werden.

8.2.3 … und intersubjektiv nachvollziehbar

Mit systematisch und objektiv, bzw. intersubjektiv nachvollziehbar, ist das gemeint, was jeder wissenschaftlichen Methode zu eigen ist und bereits im ersten Kapitel besprochen wurde: Derartige Inhaltsanalysen sind nur dann wissenschaftlich korrekt durchgeführt, wenn das Ergebnis unabhängig vom Forschenden ist und heute wie übermorgen nachvollzogen werden kann. Das betrifft den gesamten Forschungsablauf von der theoretischen Fundierung über die Hypothesenbildung, die Stichprobenziehung, die Konzeption des Messinstrumentes bis hin zur statistischen Auswertung. Es betrifft aber auch, und das ist ein ganz wesentliches Merkmal des Ablaufes einer Inhaltsanalyse, das Verständnis, das zwischen den Beteiligten – sie heißen hier Codierer:innen –, die die ausgewählten Texte lesen (respektive messen), hergestellt werden muss. Intersubjektive Nachvollziehbarkeit bedeutet ganz praktisch, dass jede Person, die einen Text vorgesetzt bekommt, dieselbe Messung vornimmt.[3]

   Es muss sichergestellt sein, dass die Codierer:innen, die natürlich zuvor solide geschult werden müssen, im Prinzip austauschbar sind, dass sie alle zu jeder Zeit jeden Text so wie die Kolleg:innen „verstehen", also bestimmte Begriffe gleich häufig finden und für denselben Begriff dieselbe Codenummer vergeben.[4] Unter der Prämisse der

---

[3]Das Thema wird unter dem Stichwort Reliabilität weiter unten behandelt, vgl. aber auch Kap. 3.
[4]Man erinnere sich an die Überführung eines empirischen in ein numerisches Relativ im zweiten Kapitel.

intersubjektiven Nachvollziehbarkeit erschließt sich dann die Bedeutung von „manifest" durchaus neu. Während Berelson noch davon ausging, dass die Begriffe a priori einen manifesten bzw. latenten Charakter haben, werden die Begriffe nach der modernen Auffassung erst durch die Bestimmung ihres Bedeutungskerns *manifest gemacht*. Ob der Prozess gelungen ist, erschließt sich dann indirekt über die Reliabilität des inhaltsanalytischen Messinstruments.

8.3   Inhaltsanalyse als Methode zur Erfassung sozialer Realität

Die Analyse von Botschaften kann verwendet werden, um auf den Kontext der Berichterstattung, die Motive und Einstellungen der Urheber:innen oder auf die mögliche Wirkung bei Rezipient:innen der Botschaften zu schließen.

8.3.1   Rückschlüsse auf den Kontext

Die typischen Ergebnisse einer Befragung befassen sich mit Einstellungen, Meinungen und dem Verhalten von Personen, z. B. mit der Zustimmung oder Ablehnung der zivilen Nutzung der Atomenergie oder dem Wahlverhalten, kurz, allen aktuellen Sachverhalten, die im weitesten Sinn die Meinung oder das Verhalten der Bürger:innen widerspiegeln. Bei der Inhaltsanalyse erhält man ganz ähnliche Aussagen: Man beschreibt zum Beispiel die *Tendenz der Berichterstattung* hinsichtlich des Pro und Contra zur doppelten Staatsbürgerschaft, ebenfalls in Prozentpunkten. Wie schon im letzten Absatz ausgeführt, bleibt es jedoch selten bei der reinen Frequenzmessung bzw. Häufigkeitsauszählung. Das eigentlich Spannende ist der Schluss auf den Kontext.

Ein Beispiel soll dies verdeutlichen. Mit einer Inhaltsanalyse soll erfasst werden, wie viele Gewaltakte im TV pro Tag gezeigt werden. Wiederum sind die nackten Zahlen für sich genommen uninteressant (z. B. 70 Morde pro Tag; vgl. Groebel und Gleich 1993). Erst der Schluss auf den aktuellen Kontext, nämlich die medienpolitische Debatte über die Qualität der privaten und öffentlich-rechtlichen Sender, verleiht den Zahlen Relevanz. Dasselbe gilt für Studien zur Konvergenzdebatte, d. h. zu der Frage nach einer inhaltlichen Angleichung des öffentlich-rechtlichen Programms an die Privaten. Rückschlüsse von erhobenen Textmengen können natürlich auch auf historische Kontexte gezogen werden, wie etwa die Propagandaforschung über die Nazi-Diktatur, oder, um einen aktuellen Bezug zu nehmen, die Berichterstattung der Medien über Atomkraft. Ohne den gesellschaftspolitischen Bezug, z. B. ohne die Berücksichtigung des atomaren GAU von 2011 in Fukushima, sind die gewonnenen Zahlen, die man dann in einem Graphen als Fieberkurve ausdrücken kann, ganz und gar unverständlich. Man muss von den Ereignissen des Jahres 2011 wissen, um den „Knick" in der Tendenz der Berichterstattung angemessen interpretieren zu können. Der Rückschluss von einem bestimmten

Datenmaterial bzw. dessen Ergebnis auf einen die Forschungsfrage betreffenden Kontext berücksichtigt folgende Aspekte:

- historischer bzw. aktueller Kontext, d. h. das gesellschaftliche Verständnis von Sachverhalten der jeweiligen Zeit
- kultureller Kontext, einmal im Laufe der Zeit innerhalb einer Gesellschaft, wie etwa Enttabuisierungen, einmal interkulturell, etwa im Vergleich Deutschland – Japan
- sozioökonomischer Kontext, d. h. die unterschiedliche Informationsverarbeitung von Menschen innerhalb einer Gesellschaft aufgrund ihres sozialen und/oder ökonomischen Status

Die Rezeption von Texten kann also nicht objektiv sein, sondern nur intersubjektiv nachvollziehbar, und dies heißt, sie ist gebunden an einen bestimmten raum-zeitlichen Kontext. An dieser Stelle ist noch einmal ein Rückbezug auf die Definition von Inhaltsanalyse notwendig: Während Berelson diesen Gesichtspunkt nicht in Erwägung zieht, macht die Definition von Merten diesen Aspekt deutlich: Man schließt von Merkmalen eines manifesten Textes auf Merkmale eines nicht-manifesten Kontextes. Das methodische Instrumentarium der Inhaltsanalyse muss also gewährleisten, dass Texte so messbar gemacht werden, dass valide erfasst wird, auf welchen Kontext sich die Inhalte beziehen, welche soziale Wirklichkeit sie widerspiegeln.

8.3.2 Rückschlüsse auf den Kommunikator

Die zweite Interpretationsmöglichkeit von Inhaltsanalysen ist der Rückschluss von Texten auf Motive, Ursachen und Gründe der Berichterstattung durch die Urheber:innen. Im Fall der Kommunikationswissenschaft sind das hauptsächlich journalistische Urheber:innen, aber es ist nicht ausschließlich darauf beschränkt. Man schließt auf die Motivation, die eine Journalistin zu dem jeweiligen Beitrag veranlasst hat oder versucht, anhand des Textes auf ihre Einstellungen zu schließen. Dieser Gesichtspunkt ist immer dann relevant, wenn es darum geht, eine bestimmte Art der Berichterstattung in den Medien zu bewerten.

Angenommen, man will etwas über die Berichterstattung über das „Garchinger Atomei", den größten deutschen atomaren Forschungsreaktor, wissen. Man würde vielleicht die Berichterstattung der Süddeutschen Zeitung (SZ) und die des Münchner Merkur, einer regionalen Tageszeitung, zu diesem Thema untersuchen und die Häufigkeit sowie die Tendenz der Berichterstattung erheben. Angenommen, man käme zu dem auf den ersten Blick etwas überraschenden Ergebnis, dass die SZ im Trend äußerst negativ über dieses Atomei berichtet, während der Merkur eher ausgewogen schreibt, die SZ wenige Wissenschaftler:innen zu Wort kommen lässt, dafür aber viele Politiker:innen, der Merkur dagegen erstaunlich viele Wissenschaftler:innen. Jetzt wäre erst einmal eine Kontextfolgerung fällig: Die SZ gilt als überregional verbreitete Qualitätszeitung, beim Merkur handelt es sich um eine lokale Abonnementzeitung und man würde deshalb eher erwarten, dass die SZ über die besseren, ausgewogeneren Quellen verfügt. Irgendetwas scheint nicht mit unseren Erwartungen übereinzustimmen. Man würde sich dann das verwendete Untersuchungsmaterial, also die Artikel, vornehmen, überprüfen, wer die Artikel geschrieben hat und feststellen, dass alle negativen Artikel in der SZ von einer einzigen Person stammen. Die wenigen positiven Artikel sind entweder Agenturmeldungen oder kommen von anderen Urheber:innen. In dem Fall könnte man schlussfolgern: Offenbar schreibt die persönliche Einstellung eines einzelnen Journalisten mit, prägt die Berichterstattung eklatant. Und man würde recherchieren, warum das wohl so ist und vielleicht darauf kommen, dass dieser Journalist selbst in Garching wohnt und in seiner Freizeit bei einer Initiative gegen das Atomei engagiert ist. In dem Fall stellt man also eine Verbindung zwischen den Motiven, den Einstellungen, den Wünschen des Urhebers und der Berichterstattung her.

Schwieriger wird der Rückschluss von Texten auf die Einstellungen von Journalist:innen bzw. Kommunikator:innen, wenn es sich um ältere Texte handelt und die Urheber:innen nicht mehr leben. Es gibt zum Beispiel Inhaltsanalysen zur Berichterstattung von Qualitätszeitungen in der Weimarer Republik. Diese Untersuchungen versuchen zu ermitteln, warum die Presse so wenig gegen die zunehmende Radikalisierung in der Politik unternommen hat. Auch in diesem Fall schließt man von der Berichterstattung – also von dem, was man inhaltsanalytisch herausgefunden hat – auf die Motive der Journalist:innen. Man würde sich vielleicht mit Biografien, Tagebüchern und ähnlichem Sekundärmaterial behelfen und auf diese Weise eine Außen-Validierung vornehmen. Rückschlüsse auf die Kommunikator:innen wollen also Aussagen über dessen Einstellungen und Motive machen, befassen sich aber auch mit deren sozialer und künstlerischer Herkunft, dem Stil oder der Verständlichkeit von Texten. Insgesamt muss man aber festhalten, dass der Rückschluss auf die Kommunikator:innen nicht allein auf Basis seiner Texte erfolgen kann, sondern nur mit weitergehenden Recherchen abgesichert ist. Genau genommen bewegt man sich gerade bei Rückschlüssen auf Einstellungen und Motive von Kommunikator:innen auf einem spekulativen Feld.

8.3.3 Rückschlüsse auf den Rezipienten

Die dritte Interpretationsrichtung nimmt von inhaltsanalytischen Ergebnissen Rückschlüsse auf Rezipient:innen vor. Dieser Bereich der Inhaltsanalyse ist wissenschaftlich umstritten, aber trotzdem sehr beliebt. Bereits die Propagandaanalyse im frühen zwanzigsten Jahrhundert ging mit einer aus heutiger Sicht problematischen Prämisse an die Untersuchung von massenmedial verbreiteten Texten heran. Man hoffte, dass Medieninhalte die Einstellung und das Verhalten von Rezipient:innen unmittelbar verändern: Kaum wären fünf Millionen Flugblätter abgeworfen und gelesen, schon würden alle Deutschen ihren König davonjagen und kapitulieren. Diese Wirkungsvorstellung ist in der Öffentlichkeit, im kollektiven Bewusstsein, fest verankert und bis heute anzutreffen: „Werbung korrumpiert die Menschen" und „Gewalt im Fernsehen macht gewalttätig" sind die prominenten Beispiele. Man unterstellt dabei eine direkte Beziehung zwischen der Tendenz oder Häufigkeit von bestimmten Inhalten und dem, was Menschen aus diesen Inhalten machen.

Auf der Grundlage einer Inhaltsanalyse auf die Wirkung bei Rezipient:innen zu schließen, beruht auf einer Wirkungsvorstellung, wie sie das sogenannte *Stimulus-Response-Modell* vertritt (zur Relevanz dieses Modells vgl. Brosius und Esser 1998): Ein bestimmter Stimulus führt immer und bei allen Menschen zu der gleichen Reaktion. Dass Medienwirkung stattdessen ein komplexer Prozess ist, der von vielschichtigen Randbedingungen abhängt, ist heute unstrittig. Zwischen Medieninhalt und messbarem Verhalten agieren aktive Rezipient:innen, die bestimmte Inhalte aussuchen und andere überhaupt nicht beachten, die ihre festen politischen und religiösen Überzeugen haben, kurz, die Medien sehr selektiv nutzen. Wirkungen sind daher von vielen Randbedingungen auf Seiten der medialen Darstellung (Gewalt ist nicht gleich Gewalt) und der Rezipient:innen (Zuschauerin A ist nicht gleich Zuschauer B) abhängig. Dem trägt man methodisch Rechnung, indem nicht einfach von Medieninhalten auf Meinungen der Rezipient:innen geschlossen wird, sondern Rezipient:innen zu ihren Meinungen befragt oder in einem wissenschaftlichen Experiment untersucht werden. Folglich verlässt man sich nicht allein auf die Ergebnisse der Inhaltsanalyse, sondern zieht weitere Methoden, z. B. die Befragung, hinzu. Parallelen zum Fall einer Inhaltsanalyse, die Rückschlüsse auf Urheber:innen ziehen möchte, sind erkennbar: Das Hinzuziehen einer zweiten Methode ist notwendig, um den Zusammenhang zwischen den beiden Untersuchungsebenen herzustellen.

8.4   Anwendungsgebiete und typische Fragestellungen

Nach diesen generellen Überlegungen soll die Anwendung der Methode anhand typischer Fragestellungen bzw. Praxisbeispiele konkretisiert werden.

8.4.1   Inhaltsanalysen auf dem Feld der politischen Kommunikation

Auf dem Feld der politischen Kommunikation werden Inhaltsanalysen häufig eingesetzt für:

- die Erfassung von Themenspektren von verschiedenen Medien
- die Erfassung der zeitlichen Entwicklung der Berichterstattung über Themen und von Tendenzen der Berichterstattung über Themen
- Wahlwerbeanalysen
- Propagandaforschung

Die politische Kommunikation ist sicherlich das bedeutendste Feld der Inhaltsanalyse. Wie Medien über Politik berichten, spielt für eine Gesellschaft, in der wir fast alle politischen Sachverhalte und Personen nur über Medien vermittelt bekommen, eine ganz zentrale Rolle. Politische Einseitigkeit, Bevorzugung bestimmter Kandidat:innen und Parteien sowie die Herausstellung bestimmter Themen und Standpunkte sind zentrale Diskussionspunkte der Gesellschaft. Hier ist die Kommunikationswissenschaft immer wieder gefragt. Die Kernfrage des Fachs, ob und wenn ja wie, unter welchen Bedingungen, Massenmedien bei den Rezipient:innen wirken, spielt hier implizit eine Rolle. An einem Beispiel sei dies verdeutlicht:

Man erinnere sich an den Truppeneinmarsch der USA in Somalia, der genau zur amerikanischen Hauptsendezeit stattfand. Es ist kein Geheimnis, dass dies kein Zufall war, sondern zwischen Militär und CNN bis ins Kleinste abgestimmt. Die Kameras waren die Vorhut und konnten die einmarschierenden Soldaten optimal filmen. Natürlich führt kein Land Krieg wegen der Medien, aber in diesem Fall handelt es sich um ein Ereignis, das ohne die Medien sicher zu einem anderen Zeitpunkt und in einer anderen Art und Weise stattgefunden hätte: ein typisches *mediatisiertes* Ereignis. Sie unterscheiden sich von sogenannten *genuinen Ereignissen* wie etwa Naturkatastrophen dadurch, dass sie aufgrund der Präsenz der Medien anders stattfinden, in der Regel so, dass damit eine intendierte Wirkung auf die Rezipient:innen ins Kalkül gezogen wird. Das Ereignis findet also bei Anwesenheit der Medien anders statt als ohne Medien. Schließlich kennt man noch *Pseudoereignisse*. Diese finden *nur* statt, weil es die Medien gibt bzw. weil die Medien dabei sind.

Klassisches Beispiel hierfür sind Pressekonferenzen, die es ohne die Medien nicht gäbe. Mittels einer Inhaltsanalyse lässt sich nun der Frage nachspüren, ob sich der Anteil der verschiedenen Ereignistypen am gesamten Nachrichtenaufkommen im Zeitverlauf verändert hat. Damit könnte man die gesellschaftspolitisch brisante Frage beantworten, ob die Politik in den letzten Jahren einen stärkeren Einfluss auf die Berichterstattung nimmt. Ein Anstieg des Anteils der Pseudoereignisse wäre ein Indikator für diese These. Um diesen Sachverhalt zu prüfen, würde man etwa folgende Bausteine für die Untersuchung festlegen:

- Zeitraum
- Auswahl der zu untersuchenden Medien
- Festlegung der Untersuchungseinheiten (z. B. welche Rubriken in Tageszeitungen und auf Nachrichten-Websites, welche Sendungen in Fernsehen und Radio)
- Festlegung der Stichprobe
- Definition dessen, was Pseudo-, mediatisierte und genuine Ereignisse sind

Nach der Entwicklung des entsprechenden inhaltsanalytischen Messinstruments, des Codebuchs, kann das Codieren beginnen. Als Ergebnis würde man für die einzelnen Jahre die verschiedenen Anteile der drei Ereignistypen erhalten und könnte beispielsweise zeitliche Entwicklungen darstellen. Unter Berücksichtigung aller Randbedingungen lassen sich nun Rückschlüsse eines manifesten Inhaltes (der Anteil der Pseudoereignisse) auf einen nicht-manifesten Kontext (Einfluss des politischen Systems auf das Mediensystem) treffen.

8.4.2 Inhaltsanalysen in der Gewaltforschung

In der Kommunikationswissenschaft wird Gewaltforschung häufig aus der theoretischen Perspektive der *Kultivierungshypothese* betrachtet. Auch hier spielen Inhaltsanalysen eine Rolle. Gerbner selbst hat jährlich sogenannte „Violence-Profiles" erstellt, in denen detailliert die Anzahl der Gewaltakte pro Sendung und Stunde, die Merkmale der Täter:innen und Opfer etc. ausgezählt wurden. Die erwähnte Studie von Groebel und Gleich hat nach dem eben beschriebenen Schema gezählt, wie häufig im Fernsehen Menschen umgebracht werden. Die Zahl der Morde an sich besagt nicht viel; erst durch entsprechende Kontexte wird ihnen Aussagekraft verliehen, indem man beispielsweise nach Sendern und Tageszeiten differenziert, Vergleiche mit früheren Studien oder anderen Ländern anstellt. In diesem Zusammenhang werden häufig Methodenkombinationen gewählt, um festzustellen, ob und in welchem Maße die Medieninhalte das Weltbild der Rezipient:innen prägen. Mittels Inhaltsanalyse stellt man beispielsweise fest, wie viel Prozent der Protagonisten in Fernsehserien mit Verbrechensbekämpfung beschäftigt sind. Anschließend ermittelt man mit einer Befragung, wie viel Prozent der Bevölkerung nach Meinung von Viel- und Wenigseher:innen mit Gewaltbekämpfung beschäftigt sind. Divergierende Prozentzahlen könnten dann ein Indiz für die Kultivierungshypothese sein. Hier muss noch einmal betont werden, dass eine Inhaltsanalyse allein nichts über die Wirkung eines Mediums aussagt, sondern nur die Inhalte des Mediums erhebt. Wenn man also feststellt, dass 70 Morde im deutschen Fernsehen pro Tag verübt werden, heißt das noch nicht, dass Gewalt im Fernsehen schädlich ist. Rückschlüsse auf nicht-manifeste Kontexte sind immer heikel und nur unter der Bedingung möglich, dass man zuvor diesen Kontext genau untersucht, definiert und kontrolliert hat.

8.4.3 Inhaltsanalysen in der Minderheitenforschung

Mittels Inhaltsanalyse wird hier festgestellt, wie häufig und in welchen Rollen verschiedene Minderheiten in den Medien dargestellt werden. Die Ergebnisse belegen immer wieder, auch im internationalen Vergleich, dass die dargestellte Realität in den Medien von der tatsächlichen Realität abweicht. Beispielsweise sind im Fernsehen die Figuren in Serien meist zwischen 20 und 40 Jahre alt. Ältere Menschen und Kinder werden kaum gezeigt und wenn überhaupt, dann nur in bestimmten, klischeehaften Rollenkontexten. Das heißt, man findet per Inhaltsanalyse Verteilungen, die man zunächst einmal mit denen aus dem wirklichen Leben vergleicht. Ein weiterer Befund aus dieser Forschungsrichtung zeigt, dass Frauen zumeist jünger als Männer sind, im Schnitt etwa zehn Jahre. Die Beispiele zeigen, dass man nicht nur Texte im engeren Sinne inhaltsanalytisch untersuchen kann, sondern auch bildliche Darstellungen. Ein interessanter Unterschied in dem Zusammenhang beruht auf dem sogenannten *Face-ism-Index,* den man für Inhaltsanalysen entwickelt hat. Hierbei wird gemessen, wie viel Prozent der gesamten sichtbaren Darstellung eines Körpers der Kopf einnimmt. Je kleiner der Index, desto stärker ist die entsprechende Person körperbetont dargestellt. Auch hier sind die Befunde über Grenzen, Zeiträume und Kulturen hinweg sehr ähnlich: Frauen werden körperbetonter dargestellt als Männer. Das heißt, Männer werden entsprechend „kopflastiger" abgebildet. In derartigen Studien werden dann nicht nur Zeitschriften und Nachrichtensendungen der Gegenwart untersucht, sondern auch Gemälde des 15. Jahrhunderts und auch damals war es so, dass Männer häufiger kopfbetont dargestellt wurden als Frauen.[5]

8.5 Die Vorteile der Inhaltsanalyse gegenüber anderen Methoden

8.5.1 Darstellung vergangener Kommunikationsprozesse

Die erste Stärke der Inhaltsanalyse gegenüber Befragung oder experimentellem Design ist die Tatsache, dass man Aussagen über Medieninhalte und Kommunikationsprozesse der Vergangenheit machen kann. Die Forschenden sind unabhängig von der physischen Anwesenheit und dem Erinnerungsvermögen von Personen; Tote kann man nicht befragen oder sie als Versuchspersonen in einem Labor einsetzen. Und auch wer Menschen nach ihrem Verhalten oder ihren Einstellungen von vor 20 Jahren fragt, sollte keine validen Antworten erwarten. Vergangene Kommunikationsprozesse sind dagegen für sich schon sehr erhellend und gewinnen noch an Aussagekraft, wenn sie als vergleichendes Material zur Analyse von gegenwärtigen Kommunikationsprozessen hinzugezogen werden.

Ein Beispiel: Man will die gegenwärtige Berichterstattung über Kernenergie, vielleicht auch eine mögliche Veränderung durch die Katastrophe in Fukushima untersuchen. Gleichzeitig interessiert man sich für die öffentliche Meinung zu dem Thema. In beiden Fällen kann die Analyse der vergangenen Berichterstattung zur Einordnung der Ergebnisse dienen. Die Ergebnisse der Analyse der gegenwärtigen Berichterstattung

---

[5]Wie bei der Darstellung der Gewaltforschung schon angedeutet, erhält die Minderheitenforschung ihre Brisanz aus der Kontrastierung der Medieninhalte mit statistischem Datenmaterial über die Realität (vgl. hierzu Haas und Scheufele 2012). Ob es allerdings die Funktion von Soaps und Sitcoms ist, Realität abzubilden, kann natürlich diskutiert werden. Ein vergleichender Rückschluss auf soziale Realität ist also nicht in jedem Fall angemessen.

können vor dem Hintergrund der Berichterstattung der 1970er- und 1980er-Jahre besser interpretiert werden. Man kann etwa den Anteil der positiven und negativen Aussagen zur Kernenergie im Zeitverlauf betrachten. Um die Veränderungen der Berichterstattung vor und nach Fukushima besser beurteilen zu können, ist es hilfreich, die Veränderungen der Berichterstattung im Umfeld der Katastrophe von Tschernobyl 1986 zu untersuchen.

Etwas vorsichtiger sollte man die damalige Berichterstattung dagegen im Hinblick auf die Frage nach der öffentlichen Meinung zur Kernenergie interpretieren. Es ist offensichtlich, dass man die Bürger:innen nicht mehr nach ihrer Einstellung zur Kernenergie in den 1970er- und 1980er-Jahren befragen kann. Daran kann sich (abgesehen vielleicht von extremen Gegner:innen oder Befürworter:innen) niemand mehr zuverlässig erinnern. Eine Analyse der damaligen Medieninhalte kann zumindest Hinweise auf das gesamtgesellschaftliche Stimmungsbild liefern. Dabei ist allerdings zu berücksichtigen, dass die in den Medien veröffentlichte Meinung nicht zwangsläufig mit der Mehrheitsmeinung innerhalb der Bevölkerung übereinstimmen muss. Was in der Darstellung vergangener Kommunikationsprozesse schließlich nicht sichtbar wird, sind *Wirkungsprozesse* in der Vergangenheit. Man kann zwar untersuchen, ob und wie sich die Berichterstattung seit den 1970er-Jahren verändert hat. Und man kann beispielsweise auch Leserbriefe zum Thema als Indikator für die Meinungsverteilung in der damaligen Gesellschaft auswerten. Man sollte auf Basis dieser Datenquellen allerdings keinen Wirkungszusammenhang zwischen Medieninhalten und der Einstellung der Bevölkerung in dieser Zeit konstruieren.

8.5.2   Papier ist geduldig – Befragte sind es nicht

Der zweite Vorteil der Inhaltsanalyse gegenüber anderen empirischen Methoden ist die, dass Forschende nicht auf die Kooperation von Befragten oder Versuchspersonen angewiesen sind. Niemand verweigert ein Interview oder bricht es ab, keine Interviewerin muss sich an der Tür beschimpfen lassen. Zeitungsartikel, Nachrichten-Websites und TV-Sendungen laufen nicht weg. Besonders bei Inhaltsanalysen von Online-Inhalten sollte allerdings beachtet werden, dass sich diese häufig verändern. Während ein bestimmter Artikel aus der Printausgabe SZ auch nach 20 Jahren im Archiv noch den identischen Inhalt hat, werden Online-Artikel ggf. aktualisiert und verändert. Inhaltsanalysen von Online-Inhalten müssen daher die Inhalte speichern und sehr genau dokumentieren, zu welchen Zeiten diese Speicherung jeweils erfolgte, damit die Ergebnisse intersubjektiv-nachvollziehbar bleiben. Sind die Inhalte aber gespeichert, im Archiv, auf DVD gebrannt etc. kann man sie zeitunabhängig und wiederholt analysieren. Sie verändern sich durch eine wiederholte Messung nicht. Für eine Masterkandidatin spielt es keine Rolle, ob sie ihre Zeitungsartikel morgens, mittags oder in der Nacht codiert, Papier ist geduldig und immer erreichbar. Abgesehen von der Verfügbarkeit ist es natürlich ein Unterschied, ob man Menschen morgens beim Frühstück oder nach der Arbeit interviewt. Sie könnten je nach Stimmung und Tagesform unterschiedliche

Tab. 8.1 Elemente von Befragung und Inhaltsanalyse. (Eigene Darstellung)

Kriterien	Befragung	Inhaltsanalyse
Grundgesamtheit	Bevölkerung, Teile davon	Berichterstattung der Massenmedien, Teile davon
Merkmalsträger	Personen	Texte, Filme, Postings, Reden, Artikel, Teile davon
Datenerhebung	Interview	Codierung
Erhebungsinstrument	Fragen	Kategorien
Reaktivität	ja	nein
Realitätsbezug	Gegenwart	Gegenwart, Vergangenheit

Antworten geben. Das heißt, sie reagieren in irgendeiner Form mit dem Untersuchungsinstrument.

▶ Die Inhaltsanalyse dagegen gilt allgemein als ein nicht-reaktives Verfahren,[6] d. h., der Untersuchungsgegenstand verändert sich nicht – egal, wann und wie oft man ihn untersucht.

Daher sind Inhaltsanalysen prinzipiell auch beliebig reproduzierbar und damit auch modifizierbar. Man kann eine Inhaltsanalyse, die irgendjemand gemacht hat, in genau der gleichen Form wiederholen, wenn man das Ergebnis anzweifelt. Der gleiche Gegenstand kann wiederholt untersucht werden, ohne dass er sich verändert. Man kann zwar auch die gleiche Person wieder befragen, aber sie wird nicht mehr dieselbe sein wie noch vor zwei Tagen.

Der Reproduzierbarkeit sind natürlich Grenzen gesetzt. Und diese Grenzen liegen in der Reliabilität, der Zuverlässigkeit des Messinstruments. Eine Untersuchung völlig zu reproduzieren, setzt voraus, dass das Messinstrument, in dem Fall das Codebuch der Inhaltsanalyse, vollständig reliabel ist. Das bedeutet praktisch, dass neue Codierer:innen genau zu dem gleichen Ergebnis kommen müssen wie die, die bereits länger mitarbeiten. Und da stößt man schnell an Grenzen, wenn zwei gleiche Untersuchungen zeitlich weit auseinanderliegen. Die Reliabilität des Messinstrumentes (des Codebuchs) hat vermutlich ein Verfallsdatum. Anders als ein Zentimetermaß misst es nach fünfzig Jahren nicht mehr dasselbe, weil sich der soziale, kulturelle und politische Kontext verändert hat, in dem die Codierer:innen leben. Unter diesem Aspekt erscheint die Inhaltsanalyse dann als reaktives Verfahren, weil die Codierer:innen, nicht der Untersuchungsgegenstand selbst, auf das Messinstrument reagieren.

---

[6]Eine ausführliche Diskussion des Konzepts Reaktivität findet sich bei Merten und Großmann (1996).

Um das Verständnis der Methode zu erleichtern, haben wir abschließend noch einmal die wesentlichen Elemente der beiden Methoden zusammenfassend einander gegenübergestellt (Tab. 8.1).

Inhaltsanalyse II: Kategorien und Codebuch

9

9.1 Kategorien als Erhebungsinstrument der Inhaltsanalyse

In diesem Abschnitt wird genauer auf das Erhebungsinstrument, das Kategoriensystem bzw. das Codebuch, eingegangen. Ebenso wie in den Abschnitten zur Befragung die Fragen im Mittelpunkt der Darstellung standen, ist für das Verständnis dieser Methode die Kategorienbildung essentiell. Was bei der Befragung der Fragebogen ist, ist für die Methode der Inhaltsanalyse das Kategorienschema. Man sollte sich hierbei noch einmal Kap. 2 vor Augen führen, in dem Messen und Zählen sowie die verschiedenen Skalierungsmöglichkeiten erläutert wurden. Denn das Prinzip, nach dem Messinstrumente entwickelt werden, ist immer dasselbe, nur die Form verändert sich je nach Methode.

9.1.1 Inhaltliche Kategorien

Kategorien sind vergleichbar mit den Programmfragen einer Befragung. Die Kategorien sind zunächst einmal die exakte Definition dessen, was erhoben bzw. gemessen werden soll. Wie man für eine Befragung die Programmfragen in Testfragen – also solche, die dann tatsächlich im Fragebogen stehen – ausformuliert, werden die Kategorien anhand der Indikatoren, mit denen man seine Fragestellung entfaltet hat, gebildet. Je nach Differenziertheit der Fragestellung werden sie in Unterkategorien aufgeteilt. Am Ende der Kategorienbildung steht dann die Festlegung der Merkmalsausprägungen an. Das lässt sich wieder mit der Fragebogenkonstruktion vergleichen: Je nach Untersuchungstiefe entwickelt man unterschiedlich differenzierte Kategorienausprägungen. Zusätzlich wird häufig die Ausprägung „Sonstiges" vergeben.

© Der/die Autor(en), exklusiv lizenziert durch Springer Fachmedien Wiesbaden GmbH, ein Teil von Springer Nature 2022
H.-B. Brosius et al., *Methoden der empirischen Kommunikationsforschung*, Studienbücher zur Kommunikations- und Medienwissenschaft, https://doi.org/10.1007/978-3-658-34195-4_9

Tab. 9.1 Beispiel für die Darstellung der beiden Kategorien Studienabschluss sowie Berufserfahrung in bestimmten Medien. (Eigene Darstellung)

Studienabschluss (Uni, FH, TU, Journalistenschule)
0 = nicht gefordert
1 = Studium gewünscht, Abschluss nicht gefordert (z. B. „einige Semester Kommunikationswissenschaft")
2 = Studienabschluss BA
3 = Studienabschluss Magister, Diplom, MA oder vergleichbar
4 = Promotion
Berufserfahrung in bestimmten Medien
0 = nicht gefordert
1 = allgemein Medien („journalistischer Bereich")
2 = Print
3 = Online
4 = Fernsehen
5 = Verlag
6 = Presseagentur
7 = Sonstiges

Ein Beispiel: Es geht um die Frage, ob sich die Anforderungen an Journalist:innen in den letzten dreißig Jahren gewandelt haben. Um dies herauszufinden, sollen Stellenanzeigen inhaltsanalytisch untersucht werden, weil angenommen wird, dass der Stellenmarkt einen guten Indikator für Veränderungen (Ausdifferenzierung oder Professionalisierung) von Berufsbildern abgibt. Eine ganz zentrale Dimension sind natürlich die Anforderungen, die in diesen Stellenanzeigen an Bewerber:innen gestellt werden. Die *Hauptkategorie* wird also „Geforderte Eigenschaften Bewerber:in" genannt. Man wird dann bei der Entwicklung der *Unterkategorien* empirisch vorgehen und alle denkbaren Anforderungen auflisten. Dabei ist an formelle Anforderungen wie „Schulbildung" oder „Berufserfahrung" genauso zu denken wie an die persönlichen Eigenschaften, also „Kontaktfreudigkeit" oder „Zuverlässigkeit". Im nächsten Schritt müssen die Merkmalsausprägungen der Kategorien (Skalierung!) festgelegt werden. Beispiele für solche Kategorien einschließlich der Merkmalsausprägungen finden sich in Tab. 9.1.

Wenn im Text einer Anzeige eine Person mit Studienabschluss (mindestens Master) und Erfahrung im Verlagswesen gesucht wird, müsste in der ersten Kategorie eine 3, in der zweiten Kategorie eine 5 vergeben werden. Neben den konkreten Ausprägungen der Kategorie „Studienabschluss" sind zusätzlich Vermerke (hier in Klammern) angebracht. Dies ist die operationale Definition des Begriffs „Studienabschluss". Hier handelt es sich natürlich um ein simples Beispiel, aber es demonstriert das Prinzip. Wenn die Kategorie nicht eindeutig für sich spricht, muss angegeben werden, was mit dieser Kategorie genau gemeint ist. Die Begriffsbestimmung ist ja der zentrale Punkt einer Untersuchung, an dem auf Basis einer theoriegeleiteten Hypothese eindeutig bestimmt wird, was hier untersucht wird. So werden Transparenz und intersubjektive Nachvollziehbarkeit hergestellt.

9.1.2   Formale Kategorien

▶ Formale Kategorien beschreiben die formalen Merkmale der jeweiligen Untersuchungseinheit.

Das können ganze Artikel oder auch nur die Überschriften von Artikeln sein. In unserem Beispiel bildet jede Stellenanzeige eine Untersuchungseinheit, die exakt identifiziert werden muss: Wann ist sie erschienen? In welchem Medium? Welche Größe hat sie? Diese formalen Variablen dienen nicht nur der Wiedererkennung, sie sind besonders dann wichtig, wenn formale Gesichtspunkte bei der Forschungsfrage eine Rolle spielen. Wenn also, wie in diesem Fall, eine Trendstudie vorgenommen wird, ist das Erscheinungjahr natürlich wesentlich. Auch der Umfang kann entscheidend sein, wenn man etwa herausfinden möchte, wie intensiv über ein bestimmtes Thema berichtet wird. Im Falle der vorliegenden Studie sehen die formalen Kategorien etwa so aus, wie Tab. 9.2 zeigt.

Anhand dieser Kategorien sind alle Anzeigen eindeutig zu identifizieren und zu codieren. Bei Inhaltsanalysen zur Medienberichterstattung werden üblicherweise noch Angaben zur Größe des Textes und zur Platzierung gemacht. Es gibt Codierungen des Umfanges eines Beitrags, die relativ grob sind. Die Ausprägungen könnten zum Beispiel „1 Seite", „½ Seite", „¼ Seite", „^{1}/8 Seite" heißen. Bekanntermaßen wählt man die Skalierung nach der Wichtigkeit des Merkmals für die Untersuchung. Eine grobe Skalierung deutet also an, dass der Umfang keine besondere Rolle spielt. Anders ist es,

Tab. 9.2 Beispiele für formale Kategorien. (Eigene Darstellung)

Medium (Erscheinungsmedium der Anzeige)
1 = journalist
2 = Die Feder
3 = Die Zeit
4 = FAZ
5 = SZ
Tag (sofern vorhanden zweistellig eintragen)
Monat (zweistellig)
Jahr (zweistellig)
Seite (dreistellig)
Lfdnr (laufende Nummer der Anzeige pro Seite)
Illustration
0 = keine Illustration (nur Fließtext)
1 = nur Firmenlogo
2 = nur Bild/Grafik
3 = Bild, Grafik und Firmenlogo
4 = Sonstiges

wenn der Umfang in Quadratzentimetern oder die Länge eines Beitrages in Sekunden gemessen wird.[1]

Die Platzierung eines Berichtes, sei es in der Zeitung oder in Nachrichtensendungen, sagt im weitesten Sinn etwas über die diesem Beitrag zugeschriebene Relevanz aus. Dinge, die auf der ersten Seite stehen, hat die Redaktion für wichtiger gehalten als eine Meldung im Blattinneren. Menschen lesen Meldungen auf der Titelseite auch häufiger als Meldungen im Inneren der Zeitung. Derartige Gesichtspunkte sind zum Beispiel für Agenda-Setting-Studien von Belang.

Die formalen Kategorien stehen – ebenso wie die soziodemografischen Daten in Befragungen – nicht im Zentrum der Untersuchung, liefern jedoch wichtige Zusatz- informationen. Mit ihnen können schon einige wichtige Aussagen getroffen werden, im Fall der Journalistenstudie beispielsweise darüber, ob das Anzeigenaufkommen im Zeit- verlauf zu- oder abgenommen hat.

- Wie hat sich das Anzeigenaufkommen in den untersuchten Medien entwickelt?
- Ist ein Trend hin zu den überregionalen Tageszeitungen zu erkennen oder sind es die Fachblätter, in denen die Stellenanzeigen erscheinen?
- Werden heute Anzeigen aufwendiger gestaltet als früher, legen also die Firmen mehr Wert auf ihre Selbstdarstellung?

Konkret wird so vorgegangen, dass unter der Kategorie „Medium" die entsprechende Ausprägung codiert wird. Stammt eine Anzeige aus der FAZ, vergibt man beispielsweise eine 4. Analog verfährt man mit den folgenden Merkmalsausprägungen.

9.2   Codebogen

Auf dem sogenannten Codebogen protokollieren die Codierer:innen die Ergebnisse der Messung. Der Codebogen enthält in Spalten angelegt die „Plätze" für die Vergabe der entsprechenden Codes. Die Zeilen repräsentieren den einzelnen Fall, d. h. die Unter- suchungseinheit, in unserem Beispiel also die einzelne Stellenausschreibung. Man nehme noch einmal das Beispiel der Stellenanzeigenstudie. Gegeben sei eine Anzeige vom 03. Februar 2012 aus der SZ. Die Kategorie „Medium" wurde zuvor einstellig ver- geben, so dass man in dem dafür vorgesehenen Kästchen eine 5 vergibt. Die nächste Kategorie muss zweistellig angelegt werden, denn „Tag" kann zweistellig werden; man vergibt eine 03. „Monat" und „Jahr" sind ebenfalls zweistellig angelegt. Am Ende liegt eine Zahlenreihe vor, die sich entsprechend der angegebenen Informationen so

---

[1]Zur Erinnerung: Daten, die auf metrischem Messniveau erhoben werden, eröffnen mehr Möglich- keiten der Datenanalyse. Während nominale Skalen „nur" Häufigkeitsauszählungen zulassen, kann man mit metrischen Daten Durchschnittswerte berechnen.

liest: 5 03 02 12 … Hier wird deutlich, was es praktisch heißt, empirische Fakten in ein numerisches Relativ zu überführen (vgl. Kap. 2). Nach der Vercodung hat sich die konkrete Stellenausschreibung in einen „Fall" gewandelt. Man spricht dann in der Phase der Datenanalyse auch von Fällen. Aus dem Text mit seinen vielen Besonderheiten ist eine Zahlenreihe geworden, die nur noch die interessierenden Merkmale enthält.

9.3   Codebuch

Woher wissen die Codierer:innen, was sie zu tun haben? So wie alle Instruktionen für die Befragung im Fragebogen stehen, brauchen Codierer:innen genaue Handlungsanleitungen, wie sie mit den zu analysierenden Medieninhalten umgehen sollen. Diese sind im Codebuch vermerkt, ohne dieses sind die Codierer:innen orientierungslos. In den Codieranweisungen wird jede Kategorie im Detail beschrieben. Ziel ist eine größtmögliche Reliabilität und Validität der Kategorien: Alle involvierten Personen sollen im Idealfall jeden beliebigen Text gleich verstehen, also dieselben Codierungen vornehmen. Als Beispiel hierfür dient wieder eine Aussage aus einer fiktiven Stellenanzeige aus der Stellenanzeigenstudie: „Wir suchen eine(n) Datenjournalist:in mit möglichst weitreichenden Kenntnissen der gängigen Datenanalyseprogramme." Handelt es sich hier um eine Anforderung, die Bewerber:innen erfüllen müssen oder um einen Wunsch? Diese Differenzierung ist wichtig für die Ausgangsfrage, ob und inwiefern sich das Berufsbild Journalist:in verändert hat. In der Codieranweisung liest sich das dann folgendermaßen:

▶ „Wunsch versus Forderung": Forderungen sind erkennbar am Fehlen einer Einschränkung (z. B. „Wir suchen eine Person mit Diplom-Abschluss und mind. dreijähriger Berufserfahrung") oder am Terminus „Voraussetzung". Wünsche sind meist an Einschränkungen („möglichst") oder konkrete Wunschformen („wünschenswert wäre", „von Vorteil wäre") geknüpft.

Codieranweisungen können neben operationalen Definitionen wie der oben genannten auch allgemeine Hinweise enthalten – zum Beispiel zur Frage, was als Fall bzw. Analyseeinheit zu betrachten sei. Hier wieder eine entsprechende Codieranweisung:

▶ Analyseeinheit ist die angebotene Stelle. Eine Stellenanzeige kann mehrere Angebote enthalten, siehe Anweisung unter „laufender Nummer". Codiert werden alle Stellenangebote, in denen Journalist:innen im Sinne der folgenden Definition gesucht werden: (es folgt eine Definition des Begriffs Journalist:in).

Auch die Durchführung der Codierung kann unter Umständen, je nach Komplexität derselben, genau festgelegt werden: Es kann beispielsweise vorkommen, dass man eine Untersuchungseinheit mehrmals lesen oder als Video anschauen muss, bis man alle Codierungen durchgeführt hat. Das trifft vor allen Dingen dann zu, wenn man mit Fernseh- oder Radiomaterial arbeitet, bei dem bis zu fünf Durchgänge notwendig werden, um alle Kategorien zu erfassen. Es gibt Codieranweisungen, die von den Codierer:innen verbindlich fordern, den Beitrag mindestens dreimal jeweils nach verschiedenen Kriterien anzusehen und zugleich festlegen, bei welchem Durchgang welche Kategorien zu vercoden sind. Das könnte in etwa so lauten:

▶ Erster Durchgang: Der Beitrag wird vollständig angesehen. Dabei wird die Laufzeit des Beitrags verschlüsselt. Zweiter Durchgang: Alle Themen und Urheber:innen, die im Beitrag vorkommen, werden verschlüsselt. Dritter Durchgang: Für alle Urheber:innen werden Stilformen verschlüsselt.

Auch bei Zeitungen kann man solche Anweisungen geben. Jeder Beitrag wird zunächst einmal kursorisch überflogen. Das ist notwendig, denn obwohl jede inhaltliche Information in einen Zahlenwert verwandelt wird, müssen Codierer:innen erst einmal verstehen, um was es sich hier handelt. Im zweiten Durchgang sollen die Codierer:innen dann detaillierte Codierungen vornehmen. Damit ist das Erhebungsinstrument einer Inhaltsanalyse vollständig. Das Codebuch enthält somit:

- allgemeine Hinweise und Hintergrundinformationen,
- Haupt- und Unterkategorien,
- operationale Definitionen,
- Codieranweisungen und
- Codebogen.

9.4   Formale Anforderungen an Kategorien: Vollständigkeit und Trennschärfe

9.4.1   Vollständigkeit von Kategorien

An einem Beispiel soll gezeigt werden, welche prinzipiellen Anforderungen an die Bildung von Kategorien gestellt werden müssen. Nehmen wir an, wir hätten in der Studie über journalistische Stellenanzeigen folgende Kategorie entwickelt (Tab. 9.3).

Tab. 9.3 Beispiel für die Kategorie Journalistische Studienrichtung I, (Eigene Darstellung)

Journalistische Studienrichtung
0 = nicht gefordert
1 = Kommunikationswissenschaft
2 = Diplom-Journalistik
3 = Sonstiges

Bei einer Probecodierung stellt sich heraus, dass die Ausprägung „Sonstiges" sehr häufig vergeben wurde. Das ist nicht gut, denn hier werden Informationen zusammengeworfen, die später nicht mehr auseinanderzudividieren sind. Man will ja etwas über die (gestiegenen) Anforderungen an Journalist:innen herausfinden. Wenn im Ergebnis herauskommt, dass 15 % der Firmen keine Anforderung stellen, 25 % Kommunikationswissenschaft, 30 % Diplom-Journalistik und 30 % „Sonstiges" fordern, ist dieses Ergebnis nicht detailliert genug, weil man von fast einem Drittel nur weiß, dass etwas gefordert wurde, aber nicht, was. In so einem Fall muss man tatsächlich im vorliegenden Untersuchungsmaterial nachprüfen, was sich unter „Sonstiges" verbirgt. Es gibt verschiedene Möglichkeiten: Zum einen ist es wahrscheinlich, dass eine wichtige Ausprägung nicht berücksichtigt wurde. Es gibt zum Beispiel nicht-akademische Studienrichtungen wie den Kommunikationswirt, der praxisorientiert ausgebildet wird. Stellt man dann fest, dass sich vielleicht noch einige weitere typische Studiengänge (Germanistik, Politik) in den „Sonstigen" verbergen, die man zusätzlich als Ausprägungen mitaufnehmen kann, hat man diese Kategorie auf ein erträgliches Maß reduziert. Nach der Probecodierung wird man also die genannten Ausprägungen „Kommunikationswirt" etc. mit aufnehmen, so dass die Kategorie „Studienrichtung" jetzt sechs Ausprägungen besitzt. Offenbar war diese Kategorie vor der Probecodierung nicht vollständig.

▶ Vollständigkeit ist eine zentrale Forderung an ein Kategorienschema, denn nur unter dieser Voraussetzung kann die zentrale Forschungsfrage auch erschöpfend beantwortet werden.

Wenn bestimmte Aspekte nicht in die Kategorien aufgenommen werden, ist eine Untersuchung unvollständig und im schlimmsten Fall unbrauchbar. Ob ein Begriff, überführt in eine inhaltsanalytische Kategorie (oder Testfragen in einer Befragung) vollständig erfasst ist, lässt sich anhand älterer Studien zum selben Thema, zugrunde gelegter Theorien und nicht zuletzt des gesunden Menschenverstandes und der eigenen Erfahrung entscheiden. Insgesamt muss ein vollständiges Kategorienschema mit allen Unterkategorien und ihren Ausprägungen das theoretische Konstrukt der Untersuchung *umfassend und exklusiv* widerspiegeln. Erst unter dieser Voraussetzung misst das Messinstrument das, was es messen soll, ist also valide.

9.4.2 Trennschärfe der Kategorien

Die Inhaltsanalyse zerlegt Begriffe in wohldefinierte Bedeutungsräume, die in Form von Daten vorliegen und weiterverarbeitet werden. Die Sezierung dieser Textmengen wird vorgenommen, um über die singulären Texte hinweg auf verallgemeinerbare Zusammenhänge zu stoßen. Dazu ist es nicht nur notwendig, alle Begriffe der Forschungsfrage gemäß vollständig zu erfassen und abzubilden, sondern auch, sie sauber voneinander zu

Tab. 9.4 Beispiel für die Kategorie Journalistische Studienrichtung II. (Eigene Darstellung)	Journalistische Studienrichtung
	0 = nicht gefordert
	1 = Kommunikationswissenschaft
	2 = Diplom-Journalistik
	3 = Kommunikationswirt (FH)
	4 = Germanistik
	5 = Politikwissenschaft
	6 = Sonstiges

trennen. Trennschärfe ist eine Anforderung sowohl innerhalb einer Kategorie als auch zwischen Kategorien. Hier wieder das bekannte Beispiel (Tab. 9.4):

Trennschärfe wäre dann *nicht* gegeben, wenn eine weitere Ausprägung „Geisteswissenschaft" lauten würde, weil ein Germanistik-Abschluss sowohl dort als auch unter „Germanistik" verschlüsselt werden könnte.

▶ Kategorien sind trennscharf, wenn sich die einzelnen Ausprägungen wechselseitig ausschließen und wenn alle Ausprägungen sich auf das gleiche Merkmal beziehen.

Die Codierer:innen könnten nicht entscheiden, welche Ausprägung sie wählen sollen: Im Prinzip müssten sie zwei Codes vergeben. Der Informationsgehalt und auch die Reliabilität einer nicht trennscharfen Kategorie sinken, weil Codierer:innen uneinheitlich codieren werden. Man kann Trennschärfe auch unter dem Aspekt der Eindimensionalität innerhalb einer Kategorie betrachten. Im vorliegenden Beispiel wären zwei Dimensionen angesprochen, nämlich konkrete Fächer und allgemeine Studienrichtungen. Eine Kategorie darf nur eine Antwortdimension oder -ebene zulassen.[2] Es ist ein wenig wie bei dem Kinderspiel: Welcher Ausdruck passt nicht in diese Reihe: Huhn, Fasan, Ente, Geflügel? Ein noch deutlicheres Beispiel: Eine Codierung von Akteur:innen nach einer Kategorie mit den beiden Ausprägungen „männlich" und „katholisch" würde die Forderungen nach Vollständigkeit und Trennschärfe einer Kategorie in besonderem Maße verletzen. Das allgemeine Ziel einer Inhaltsanalyse bleibt, Aussagen über große Textmengen zu machen. Dies erfordert eine exakte Identifizierung und Sortierung jedes Falls. Dies ist nur gegeben, wenn Trennschärfe und Vollständigkeit vorliegen.

---

[2]Das gilt in gleicher Weise natürlich auch für Antwortvorgaben im Fragebogen. Auch diese müssen vollständig und trennscharf sein.

9.5   Feststellung der Validität und Reliabilität des Kategorienschemas

Misst das Messinstrument, was es messen soll, und misst es das auch zuverlässig? Diese generellen Fragen zur Gültigkeit und Zuverlässigkeit finden hier ihre konkrete Anwendung.

Zur *Validitätsprüfung* ist in diesem Abschnitt schon gesagt worden, dass die Forderung nach Vollständigkeit ein zentrales Kriterium für die Güte der gesamten Untersuchung ist. Ob nun das Kategorienschema vollständig, also valide ist, lässt sich anhand früherer Forschungsdesigns, Plausibilitäten, theoretischer Überlegungen und anderer Außenkriterien prüfen. Je häufiger zum Beispiel ein Gegenstand schon untersucht wurde, desto sicherer können sich Forscher:innen sein, alle relevanten Aspekte berücksichtigt zu haben. Es ist dann noch die eigene Aufgabe, aus dem vorhandenen Material die für die konkrete Forschungsfrage relevanten Definitionen, sprich Kategorien, explizit zu machen.

An dieser Stelle der Konzeption berühren sich Validität und Reliabilität des Messinstrumentes. Generell kann man sagen, dass eine hohe Validität, die jeden noch so kleinen Aspekt des theoretischen Konstruktes zu umfassen versucht, zu Lasten einer hohen Reliabilität geht. Je detaillierter die Verschlüsselung wird, zum Beispiel die Verschlüsselung von Bewertungen politischer Nachrichten, desto größer ist die Fehlerquote bei der Codierung. Umgekehrt gilt natürlich, dass „harte" Indikatoren wie etwa formale Kategorien eine nahezu hundertprozentige Reliabilität fordern. Wenn Codierer:innen nicht in der Lage sind, das Medium, in dem eine Stellenanzeige erscheint, mit der richtigen Codeziffer zu versehen, ist das keine fehlende Reliabilität des Codebuchs, sondern ein Problem der Codierer:innen.

Codierer:innen sind die vernunftbegabten Zählmaschinen der Forschenden. Sie entscheiden, um welche Ausprägung eines Merkmals es sich bei einem konkreten Begriff, Satz oder Textbaustein handelt. Das ist keinem in die Wiege gelegt und deshalb bedarf es einer genauen Schulung für jede einzelne Studie. Meist werden sich mehrere Codierer:innen die Arbeit teilen, so dass es nicht nur notwendig ist, das Codebuch gut zu beherrschen, sondern auch die bei allen Codierer:innen gleichbleibende genaue und eindeutige Verschlüsselung zu gewährleisten. Wenn dies der Fall ist, gilt das Kategorienschema als reliabel.

▶ Eine Reliabilitätsprüfung, die sowohl während der Pretestphase als auch während der Codierung selbst vorgenommen wird, misst, wie groß die Übereinstimmung zwischen verschiedenen Codierer:innen ist und wie zuverlässig gleichbleibend diese ihr Material verschlüsseln.

Die Ergebnisse, ausgedrückt in einem Koeffizienten, geben Auskunft über die Zuverlässigkeit des Messinstruments. Die sogenannte *Intracoderreliabilität* misst man, indem eine Codiererin einen Teil ihres verschlüsselten Materials in gebührendem zeitlichem

Abstand zum zweiten Mal codiert. Man geht davon aus, dass sich niemand an einzelne Verschlüsselungen erinnern kann, beim zweiten Mal also nicht aus der Erinnerung codiert wird. Die Prüfung der *Intercoderreliabilität* misst die Übereinstimmung zwischen zwei oder mehr Codierer:innen. Die einfachste Art der Messung ist die Feststellung eines Quotienten: Man nimmt die Anzahl der übereinstimmenden Codierungen von zwei Codierer:innen und teilt diese durch die Anzahl aller Codierungen. Wenn also zwei Codierer jeweils 100 Untersuchungseinheiten codiert haben, von denen 50 übereinstimmen, erhält man einen Quotienten von 0,50. Der Reliabilitätskoeffizient schwankt demnach zwischen 0 und 1. Bei der Interpretation des Koeffizienten ist zu berücksichtigen, um welche Kategorie es sich handelt. Bei der Verschlüsselung des Datums wird man sich mit einem Koeffizienten von 0,8 nicht zufriedengeben, während dieser Wert für die Verschlüsselung inhaltlicher Kategorien annehmbar ist. Bei der Bewertung der Reliabilität sollte die Anzahl der Merkmalsausprägungen berücksichtigt werden. Nehmen wir als Beispiel das Thema eines Nachrichtenartikels. Wenn dieses nur sehr grob mit fünf Ausprägungen erfasst wird (Politik, Kultur, Wirtschaft, Sport, Sonstiges), ist ein Reliabilitätskoeffizient von 0,8 sicher anders zu bewerten als wenn hier sehr differenziert mit 20 und mehr Ausprägungen gearbeitet wird. Eine differenziertere Herangehensweise führt automatisch zu mehr Unsicherheit bei den Codierer:innen und damit zu Abweichungen zwischen den Codierungen. Hier sehen wir wieder, dass eine höhere Validität (denn sicher ist die Erfassung des Themas mit nur fünf Ausprägungen eine sehr grobe und der Realität kaum noch angemessene Operationalisierung) häufig zu Lasten der Reliabilität geht. Hier gilt es immer, einen guten Mittelweg zu finden!

In der Ergebnisdarstellung sollten Reliabilitätskoeffizienten immer einzeln für jede Kategorie ausgewiesen werden. Mit einem kombinierten Koeffizienten aller Kategorien lassen sich Probleme bei einzelnen Kategorien „verstecken". Mit der Konzeption des Kategorienschemas, das die Schulung der Codierer:innen und die Überprüfung der Gültigkeit und Zuverlässigkeit des Messinstrumentes umfasst, liegt das Kernstück einer jeden Inhaltsanalyse vor. Zwei Fragen, die unmittelbar mit der Konzeption des Forschungsvorhabens zusammenhängen, sind die nach der richtigen Stichprobe und der Wahl der Untersuchungs- bzw. Analyseeinheiten.

9.6   Grundgesamtheit und Stichprobenziehung

Die Frage nach der optimalen Stichprobe richtet sich nach dem Forschungsvorhaben und den zur Verfügung stehenden Mitteln. Eng umgrenzte Fragestellungen können möglicherweise sogar mit einer Vollerhebung untersucht werden, beispielsweise die Berichterstattung über einen Staatsbesuch, der ja nur einige Tage dauert. Je breiter die Fragestellung, je länger der Untersuchungszeitraum ist und je mehr Medien in die Analyse eingeschlossen werden, desto stärker wird die Notwendigkeit einer Stichprobenziehung sein. Wer etwas über die Wirtschaftsberichterstattung der letzten dreißig Jahre sagen will, wird keine Vollerhebung machen, sondern muss eine wohlbegründete Stichprobe ziehen. Die Prinzipien der Stichprobenziehung bleiben allerdings gleich, die Stichprobe soll ein verkleinertes Abbild der Grundgesamtheit sein, wobei die Grundgesamtheit hier durch die jeweils vollständige Berichterstattung definiert ist.

Bei der Inhaltsanalyse ist es, anders als bei der Befragung, auch prinzipiell möglich, größere Mengen von Zeitungen, Fernsehsendungen, Websites oder Bildmaterial zu untersuchen – vorausgesetzt, das Material ist irgendwann einmal archiviert worden. Man könnte theoretisch die gesamte Berichterstattung einer Tageszeitung von 1947 bis ins Jahr 2021 untersuchen, wenn das Material physisch als Grundgesamtheit in einem Archiv vorhanden ist. Die Bestimmung einer Grundgesamtheit ist also bei der Inhaltsanalyse nicht nur praktisch, sondern auch theoretisch einfacher als bei der Methode der Befragung.[3]

▶ Die Grundgesamtheit einer Inhaltsanalyse bestimmt sich, aus der Forschungsfrage abgeleitet, nach zwei Kriterien: dem zu untersuchenden Zeitraum und dem zu untersuchenden Medium.

Während das erste Kriterium noch recht leicht zu bestimmen ist, fällt die Auswahl der Medien schon schwerer. Dies liegt hauptsächlich daran, dass unklar ist, welche Relevanz einzelne Publikationen für die Fragestellung haben, und die Menge der möglichen Medien viel zu groß ist. Wenn beispielsweise die Berichterstattung zum Klimawandel untersucht werden soll, dann ist offensichtlich, dass man die aktuellen Nachrichtenmedien (Zeitung, Newssites, Fernsehnachrichten) untersuchen sollte. Aber sind auch Talkshows und Reportagen, vielleicht sogar Sportsendungen relevant? Auch muss man sicherlich aus den verfügbaren Medien wenige auswählen, also auch hier eine Stichprobe ziehen. Aber diese Auswahl gilt es zu begründen. Warum wurde ausgerechnet diese und keine andere Auswahl getroffen? Generell gibt es eine konzeptionelle Leitlinie, der im weitesten Sinn die *Hypothese der Koorientierung* zugrunde liegt: Journalist:innen orientieren sich an den Inhalten der Beiträge ihrer Kolleg:innen; und Journalist:innen einer Lokalzeitung orientieren sich insbesondere an Kolleg:innen von überregionalen Blättern. Diejenigen Medien, die überregional verbreitet sind und einen gewissen Qualitätsstandard haben, werden von Journalist:innen anderer, eher lokal ausgerichteter Medien rezipiert. Somit erscheint es dann plausibel, dass sich der Tenor der Berichterstattung aus den großen überregionalen Tageszeitungen in den kleineren wiederfindet. Man kann argumentieren, dass für die Untersuchung überregionaler Themen deshalb die Auswahl der entsprechenden überregionalen Tages- bzw. Qualitätszeitungen ausreichend ist, man also nicht jedes regionale Blatt in eine Stichprobe aufnehmen muss. Solche Probleme müssen bedacht und gelöst werden. Wie immer man sich in so einem Fall entscheidet, die Begründung muss logisch und nachvollziehbar sein.

---

[3]Zur Erinnerung: Bevölkerungsbefragungen sind unter diesem Aspekt theoretisch nicht sauber, weil die Grundgesamtheit weder physisch noch symbolisch dauerhaft vorliegt.

Ebenso wie bei Befragungen Individuen nicht in ihrer Gesamtheit, sondern nur in Bezug auf bestimmte Merkmale untersucht werden, betrachtet man nicht die Gesamtheit der Berichterstattung eines Mediums, beispielweise einer Tageszeitung, sondern nur den für die Untersuchung relevanten Teil, etwa Artikel des politischen Teils, den Stellenmarkt oder die Anzeigen. Die Grundgesamtheit ist demnach ebenfalls eine wohldefinierte Menge von N Elementen.

▶ Bei Inhaltsanalysen werden einfache Zufallsauswahl, systematische Zufallsauswahl oder Klumpenstichproben angewendet. Üblich sind mehrstufige Verfahren.

Eine reine Zufallsauswahl bedeutet, dass man aus allen Elementen der Grundgesamtheit (zum Beispiel aus dem politischen Teil eines Mediums von 1960 bis 2020) per Zufall eine Stichprobe zieht. Wenn die Merkmalsträger Zeitungsartikel wären, müsste man also zunächst eine Liste aller relevanten Artikel anlegen und dann daraus eine Zufallsstichprobe ziehen. Dies ist vor allem dann, wenn die Zeitungen gebunden oder auf Mikrofiche vorliegen, sehr unpraktisch. Ein weiterer Grund spricht in vielen Fällen gegen eine reine Zufallsauswahl. Wenn man zeitbezogene Analysen macht, also den Zeitverlauf untersuchen will, führen reine Zufallsstichproben sachlogisch dazu, dass beispielsweise zwei Zeitungsausgaben hintereinander gezogen werden und gleichzeitig an anderen Stellen größere zeitliche Lücken entstehen. Deshalb verwendet man bei zeitbezogenen Fragestellungen in aller Regel keine reine Zufallsauswahl, sondern bedient sich einer systematischen Zufallsauswahl, die in den meisten Fällen auch noch in mehreren Schritten erfolgt.

Nach einem festgelegten Schlüssel wird zunächst entweder jede n-te Zeitungsausgabe gezogen oder es werden alle Zeitungsausgaben einer bestimmten Teilperiode des Jahres (z. B. alle Septemberausgaben) ausgewählt. Wenn der Auswahlmodus und die Auswahlfrequenz feststehen, gelten diese natürlich für alle zu untersuchenden Medien in gleicher Weise. Innerhalb der untersuchten Ausgaben kann man dann noch einmal Stichproben von Beiträgen ziehen (jeden zweiten Beitrag) oder alle in Frage kommenden Beiträge verschlüsseln.

Einfache systematische Auswahlverfahren offenbaren allerdings bei bestimmten Fragestellungen Schwächen und müssen mit Vorsicht vorgenommen werden. Gerade wenn man Themenstrukturen im Zeitverlauf darstellen möchte, kann eine solche Auswahl zu verzerrten Ergebnissen führen. Wenn man zum Beispiel nur die Samstage einer überregionalen Tageszeitung berücksichtigt, würde diese Stichprobe die durchschnittliche Themenstruktur des Blattes nicht widerspiegeln, weil unter Umständen an Samstagen andere Themen im Vordergrund stehen als an einem Wochentag. Wenn man durch systematische Zufallsauswahl nur die Frühjahrs- und Herbstausgaben einer Frauenzeitschrift der letzten dreißig Jahre auswählt, wären Schlankheitskuren und Weihnachtsdekorationen die wichtigsten Themen. Man würde also nicht die tatsächliche Themenverteilung erheben und hätte vor allem starke saisonale Schwankungen in der Themenwahl nicht abgebildet. In der Praxis sind deshalb bezüglich des Zeitverlaufs geschichtete Stichproben üblich.

▶ Mit einer Schichtung in Bezug auf den Zeitverlauf stellt man sicher, dass keine saisonal bedingten Faktoren Einfluss nehmen.

Will man also Themenkarrieren bzw. Trends in der Berichterstattung über einen bestimmten Zeitraum innerhalb eines Mediums erheben, bildet man sogenannte *künstliche Wochen*. Man teilt die Grundgesamtheit, also zum Beispiel die Berichterstattung des politischen Teils einer überregionalen Tageszeitung (z. B. Süddeutsche Zeitung) der letzten zehn Jahre, zunächst in Wochenabschnitte auf. Somit erhält man in diesem Beispiel 10×52 Wochen. Dann wird per Zufallsauswahl für jede Woche ein Wochentag gezogen. Für die erste Woche wird zum Beispiel der Mittwoch gezogen. Für die zweite Woche steht der Mittwoch nicht mehr zur Verfügung (Zufallsauswahl ohne Zurücklegen); man zieht vielleicht den Montag. Auf diese Weise kommt für die ersten sechs Wochen (die SZ erscheint lediglich an sechs Tagen pro Woche) eine *künstliche Woche* zusammen. So verfährt man, bis allen Wochen ein Tag zugeordnet ist. Die Berichterstattung der gezogenen Tage wird dann komplett untersucht, für alle eingeschlossenen Medien natürlich dieselben Tage.

Je nach Fragestellung müssen Stichproben so gewählt werden, dass ein Vorher und ein Nachher miteinander verglichen werden können. Immer wenn Veränderungen von Themen, Blattlinien oder Ähnliches interessant sind, braucht man als Referenzdaten diejenigen aus der Zeit vor einem Schlüsselereignis (wie Naturkatastrophen, terroristischen Anschlägen, Brandanschlägen, Epidemien u. Ä.) und die Daten aus einem gewissen Zeitraum nach dem Schlüsselereignis. Auch hier wird also durch die zentrale Forschungsfrage der Untersuchungszeitraum festgelegt. Im Folgenden können dann wieder künstliche Wochen gezogen werden.

9.7 Analyseeinheiten

Die Merkmalsträger in der Inhaltsanalyse nennt man Analyseeinheiten. Für diese Analyseeinheiten werden Merkmale erhoben. Eine häufig verwendete Analyseeinheit ist bei Printmedien der Artikel, also Meldungen, Berichte, Dokumentationen und ähnliche Formen der Berichterstattung. Der Artikel ist eine in sich geschlossene Einheit, die in der Regel von einem oder manchmal auch mehreren Urheber:innen zusammen verantwortet wird und in der ein bestimmtes Thema abgehandelt wird. Bei Radio- und Fernsehmaterial fällt die Definition dessen, was eine Analyseeinheit ist, schon etwas schwerer. In den Printmedien bietet schon allein die Anschauung, nämlich die räumliche Aufteilung einer Seite, die Grundlage der Definition. Will man dagegen Fernsehnachrichten untersuchen, gibt es verschiedene Möglichkeiten. Man kann zunächst einen thematisch abgegrenzten Sachverhalt als Trennkriterium einführen oder Nachrichten in Bezug auf ihre Stilformen voneinander abgrenzen. Ein Beispiel: Die Nachrichtensprecherin beginnt mit einer Meldung, dass in Syrien wieder gekämpft wird. Zum selben Thema folgt dann eine sogenannte „Nachricht im Film". Von einem anderen Redakteur läuft ein Film über die Kämpfe in Syrien ab, danach ist die Tagesschausprecherin wieder zu sehen. Sie schaltet nach Berlin zu einer Politikerin, die ebenfalls im Bild zu sehen ist, und befragt diese Politikerin zum Konflikt. Danach leitet sie zu anderen Meldungen über. Im Fall einer thematischen Abgrenzung der Analyseeinheit gehören Anmoderation, Filmbericht und Interview zusammen. Unterteilt man die Analyseeinheiten nach Stilform, hat man drei Analyseeinheiten: die Anmoderation Syrien, den Filmbericht Syrien und das Interview Syrien, die allerdings untereinander durch das gemeinsame Thema zusammengehören. Die thematische Abgrenzung stellt die Analyseeinheit höherer Ebene dar, die einzelnen Stilformen innerhalb dieses Themas sind Analyseeinheiten der zweiten Ebene. In diesem Fall spricht man von einer hierarchischen Anordnung der Analyseeinheiten.

Die Festlegung der Analyseeinheit ist wichtig, weil die Ergebnisse alle in Bezug auf diese Analyseeinheit zu sehen sind. Dies ist vergleichbar mit der Ergebnisdarstellung von Befragungen. Auch dort legt man eine Analyseeinheit fest, in der Regel Personen (Merkmalsträger!). Alle Aussagen über Häufigkeiten, Zusammenhänge oder Durchschnittswerte beruhen dann auf dieser Analyseeinheit. Bei hierarchisch aufgebauten Analyseeinheiten kann die Auswertung auf der oberen (hier: thematische Beiträge) oder auf der unteren Ebene (hier: Stilformen) erfolgen. Auch bei Zeitungen gibt es solche hierarchischen Anordnungen, wenn man beispielsweise innerhalb von Artikeln einzelne Aussagen als Merkmalsträger untersucht.

▶ Die erste Ebene der Analyse ist meistens ein thematisch abgegrenzter Beitrag, die zweite Analyseeinheit können die Aussagen (Zeitung) oder Stilformen (Fernsehen) innerhalb des thematischen Kontextes sein.

Man könnte sogar noch eine weitere Analyseeinheit einführen, nämlich das einzelne Wort innerhalb von Aussagen. Insbesondere bei computerunterstützten Inhaltsanalysen werden solche wort- oder phrasenbezogenen Zählungen durchgeführt. Die Häufigkeit des Wortes wird dann als Indikator für bestimmte Trends angesehen.[4] Es gibt beispielsweise Inhaltsanalysen, die die Häufigkeit von Worten wie „Rezession" in der Wirtschaftsberichterstattung in einem definierten Zeitraum untersuchen. Man erhält dann Verlaufskurven, die man mit der tatsächlichen Wirtschaftsentwicklung vergleichen kann. Dadurch kann man nachweisen, ob eine negative Wirtschaftsberichterstattung einen Einfluss auf die tatsächliche Wirtschaftslage (Inflationsrate, Staatsverschuldung etc.) ausübt oder ob die Bevölkerungsmeinung über die Wirtschaft sich an der tatsächlichen Lage oder an der Berichterstattung orientiert.

---

[4]Die Vor- und Nachteile dieser Vorgehensweise werden im nächsten Kapitel behandelt.

Das Wort ist also die einfachste Analyseeinheit. Worte bilden zusammen Sätze, Sätze formen sich zu Aussagen, und Aussagen lassen sich in Absätze zusammenfassen, die wiederum Artikel bilden. Jeder Baustein für sich kann eine Analyseeinheit sein. Häufig laufen Inhaltsanalysen auf zwei hierarchisch gegliederten Ebenen ab. Zunächst misst man bestimmte Dinge auf Artikelebene, wie etwa Themenstrukturen. Innerhalb des Artikels misst man auf Aussage- oder Aussageträgerebene, um damit Hinweise auf die Kommunikator:innen zu erhalten.

Bei Inhaltsanalysen zu Fernsehinhalten definieren sich die Analyseeinheiten analog. In der Regel werden dort unterschieden: Kameraeinstellungen, die sich zu Stilformen addieren, die sich wiederum zu thematischen Beiträgen zusammenfassen lassen. Die Einstellungen lassen sich durch die Art der Kameraführung relativ gut feststellen: Ein Schnitt, ein Zoom oder ein Schwenk beendet eine Einstellung und die nächste Einstellung beginnt. Stilformen, also Anmoderation, Nachricht im Film oder Interview, lassen sich auch relativ einfach identifizieren. Zusammengenommen bilden sie dann die thematische Analyseeinheit, also auch hier ein hierarchisches Schema. Komplizierter wird es, wenn Unterhaltungssendungen untersucht werden. Natürlich kann man die einzelne Sendung als ganz große Analyseeinheit definieren. Innerhalb dieser Sendungen fehlen dann aber häufig klare thematische und stilistische Abgrenzungen. Bei Talkshows könnte man die Frage oder Antwort eines Gastes als Analyseeinheit nehmen, bei Sitcoms einen Handlungsstrang.

9.8   Ablauf einer Inhaltsanalyse

Anhand eines Beispiels sollen noch einmal alle Phasen des Ablaufs einer Inhaltsanalyse vergegenwärtigt werden. Die einzelnen Schritte entsprechen wie bei der Befragung dem generellen Schema zum Ablauf des empirischen Forschungsprozesses.

9.8.1   Entdeckungszusammenhang: Ein Phänomen aus der sozialen Wirklichkeit wird in eine wissenschaftliche Fragestellung überführt

Der Auftrag bzw. das allgemeine Forschungsinteresse sei, die Berichterstattung über den Bundestagswahlkampf 2017 zu untersuchen. „Wie haben die Medien über die Kanzlerkandidat:innen und über den Wahlkampf selbst berichtet?" wäre die generelle Fragestellung, die sich aus dem konkreten Phänomen der sozialen Wirklichkeit herleitet. Man übersetzt die allgemeine Problemstellung in eine wissenschaftliche Fragestellung, die in diesem Fall mittels einer Inhaltsanalyse empirisch überprüft werden soll. Es werden mehrere Hypothesen entwickelt, eine davon könnte lauten: „Es gibt eine zunehmende *Amerikanisierung* des Wahlkampfes bzw. der Berichterstattung über den

Wahlkampf." Damit wäre ein Schwerpunkt gesetzt – nicht die Berichterstattung in ihrer gesamten Komplexität, sondern nur ein Ausschnitt davon wird untersucht.[5]

9.8.2 Begründungszusammenhang: Definition der Begriffe, Operationalisierung des theoretischen Konstruktes, Konzeption des Codebuches, Codierung, Auswertung

An dieser Stelle taucht der erste Definitionsbedarf auf: Was versteht man unter Amerikanisierung? Welche Definitionen wurden bisher in der Literatur angeboten und welche Begriffsbestimmung soll im vorliegenden Fall zugrunde liegen? Das theoretische Konstrukt wird über die Zerlegung in verschiedene Teilkonstrukte expliziert. Diese könnten sein:

- Konzentration der Berichterstattung auf die Person der Kandidat:innen
- Vernachlässigung von Themen
- Verwendung emotionalisierender Bilder
- Stil eines „horse race journalism"[6]

Über diese Teilkonstrukte findet sich einiges in der Fachliteratur. Die einschlägigen Untersuchungen sowie deren Ergebnisse und Argumentationslinien werden geprüft und mit der angemessenen Tiefe für die Fundierung der eigenen Untersuchung dargestellt. Man muss sicher nicht jede Literaturstelle kennen und zitieren. Es geht bei der Darstellung des Forschungsstandes und der damit verbundenen theoretischen Grundlegung der eigenen Arbeit vielmehr darum, einhellige oder kontroverse Standpunkte zum Forschungsgebiet so zu nutzen, dass sie sachdienliche Hinweise für das Konzept der eigenen Studie liefern. Das Studium der Literatur ist deshalb keine Pflichtarbeit, die irgendwie zur Abfassung einer Studie dazugehört, sondern schon in dieser recht frühen Phase der Konzeption die Grundlage und ein professionelles Korrektiv für die eigene Argumentation und den Aufbau der Untersuchung.

Die zentrale Aufgabenstellung bei einer Inhaltsanalyse ist die theorie- und empirie-geleitete Kategorienbildung, also die Entwicklung des Codebuchs. Theoriegeleitet meint unter anderem den Umstand, dass aus bereits vorhandener Literatur entnommen wird, welche Kategorien bisher zu diesem Thema entwickelt wurden. Häufig erfasst man aber das Spezifische eines Untersuchungsthemas besser, wenn man zusätzlich die eigenen

---

[5]Näheres zu diesem Thema findet man bei Brettschneider (2000).

[6]Dieser Begriff beruht auf einer Feststellung, die in den USA gemacht wurde. Im Wahlkampf konzentriert sich die Berichterstattung weniger auf die Themen des Wahlkampfes als vielmehr auf den Wettkampf zwischen zwei oder mehreren Kandidat:innen. Berichtet wird, wer um wie viele Längen „vorne' liegt, ganz wie bei einem Pferderennen.

Ideen nutzt, also sich das zu untersuchende Material zunächst einmal ansieht und so empiriegeleitet weitere Kategorien gewinnt.[7] So könnte das Ergebnis einer Inhaltsanalyse sein, dass im Zusammenhang mit der Bundestagswahl 2017 häufig auf die zwölfjährige Kanzlerschaft von Angela Merkel hingewiesen wird. Also wird man mit einer zusätzlichen Kategorie diesen Bereich abdecken.

▶ Der Prozess der Kategorienbildung läuft sowohl deduktiv (theoriegeleitet aus der Literatur) als auch induktiv (empiriegeleitet aus eigener Anschauung) ab. Nur dadurch ist gewährleistet, dass man einen Gegenstandsbereich vollständig erfassen kann.

Durch das Kategorienschema werden also Indikatoren gebildet und die theoretischen Konstrukte *operationalisiert*. Unter Hinzuziehung theoretischer und empirischer Überlegungen werden zugleich die Vollständigkeit und Trennschärfe der Kategorien hinsichtlich des theoretischen Konstruktes immer wieder geprüft. Das Ergebnis dieses Schrittes ist ein erster Codebuchentwurf. Wie bei einer Befragung folgt nun eine Phase, in der diejenigen, die später das Material codieren sollen, zum ersten Mal mit dem Messinstrument vertraut gemacht werden, um zu prüfen, ob das entwickelte Instrument überhaupt handhabbar ist. Man diskutiert in Besprechungen, ob die Kategorien wirklich trennscharf und die Codieranweisungen verständlich aufbereitet sind. Und dann werden die ersten Probecodierungen vorgenommen. Der Pretest erfolgt dann mit einer Teilmenge des tatsächlich relevanten Materials, wobei die Codierer:innen während des gesamten Pretests bestenfalls etwa 10 % des nachher tatsächlich zu codierenden Materials probecodieren.

Beim nächsten Treffen werden die Ergebnisse der ersten Codierung diskutiert. Voneinander abweichende Codierungen geben meistens schnell Hinweise auf Schwächen des Codebuchs. Kategorien werden dann vielleicht mit neuen Ausprägungen versehen, Codieranweisungen mit noch mehr Beispielen bestückt und deutlicher gemacht. Erneut werden die Codierer:innen gebeten, Material zu codieren, das dann wiederum beim nächsten Treffen besprochen wird. Die Pretestphase ist also ein iterativer Prozess, an dessen Ende das fertige Codebuch steht. Der Pretest durchläuft dabei wiederholt drei Phasen: Codierung, Kontrolle und Anpassung des Codebuches. Dies geschieht so lange, bis eine befriedigende Intercoderreliabilität festgestellt werden kann, d. h. die Codierer:innen fast immer die gleichen Codierungen vornehmen. Die Dauer dieses Prozesses hängt von der Kompliziertheit des Codebuches und der Erfahrung der Codierer:innen ab.

---

[7]Die Entwicklung eines Kategorienschemas, die Auswahl der Medien, die Ziehung der Stichprobe und die Rekrutierung der Codierer:innen laufen meist parallel ab. Was in der abstrakten Form des Schemas wie ein zeitliches Hintereinander wirkt, ist in der Praxis eher ein gleichzeitig ablaufender Prozess, in dem sich Erkenntnisse zum Beispiel aus der Stichprobenziehung bei der Kategorienbildung verwerten lassen. Nicht zuletzt Geld- und Zeitnot befördern diese Arbeitsweise.

Nun folgt die eigentliche Codierung, bei der die Verteilung des Materials an die Codierer:innen eine wichtige Rolle spielt. Es sei daran erinnert, dass wir mittels einer Stichprobe das zu codierende Material festgelegt hatten. Wichtig ist, dass das Untersuchungsmaterial *einer* Zeitung oder aus *einem* Zeitraum nicht von *einem* Codierer verschlüsselt werden darf, sondern dass das zu codierende Material möglichst mit einem Zufallsalgorithmus auf die Codierer:innen verteilt wird. Warum dies sinnvoll ist, ist unschwer zu verstehen. Menschen lernen und reifen, so auch Codierer:innen. Sie entwickeln (ungewollt) eine besondere Art und Weise, die Analyseeinheiten zu verschlüsseln. Auch wenn eine gute Reliabilität während der Pretestphase gemessen wurde, ist nicht zu verhindern, dass sich durch diese Reifungsprozesse bei einzelnen Codierer:innen Fehler einschleichen, so dass durch individuelle Interpretationen des Materials keine reliable Anwendung der Kategorien erfolgt. Deshalb werden bei größeren Forschungsvorhaben auch während der Codierung Reliabilitätstests durchgeführt. Wenn *ein* Codierer das Material *eines* Mediums, eine zweite Codiererin das zweite Medium verschlüsselt, können systematische Fehler auftreten, die am Ende die ganze Untersuchung unbrauchbar machen. Variiert man dagegen das Untersuchungsmaterial zufällig oder systematisch, werden auch Fehler zufällig auftreten und vermutlich innerhalb der Toleranzen der Irrtumswahrscheinlichkeit liegen. Sowohl die Zeiträume als auch die Medien müssen also so auf die Codierer:innen verteilt werden, dass sich keine Häufungen bei bestimmten Medien oder bestimmten Zeiträumen ergeben.

Der letzte Schritt in der Phase des Begründungszusammenhangs ist die Auswertung, d. h. die Dateneingabe (sofern sie nicht im Zuge der Codierung am PC bereits erfolgte), die Datenbereinigung und die komplette Analyse plus Ergebnisdarstellung. Hier wird die zentrale Fragestellung mit den Datenanalyseverfahren beantwortet bzw. der Rückbezug vom zahlenmäßigen Ergebnis auf die soziale Realität vorgenommen. Kam es nun zu einer Amerikanisierung des Wahlkampfes? Eine Antwort könnte darin bestehen, dass sich in der Berichterstattung zum Bundestagswahlkampf 2017 23 % aller Aussagen auf den Wahlkampf selbst („horse race") bezogen haben. Die Zahl sagt an sich noch nichts über Amerikanisierung, gewinnt aber dann an Wert, wenn man diese fiktiven 23 % mit Ergebnissen früherer Studien vergleicht (oder selbst einen Vergleich etwa mit der Berichterstattung von 1998 und 2009 gemacht hat). Die signifikante Zunahme des Zahlenwertes würde dann die These der Amerikanisierung in Bezug auf den Indikator „horse race journalism" stützen. Man hat also ganz im Sinn des Zieles einer Inhaltsanalyse systematisch und quantitativ die Inhalte von massenmedial verbreiteten Texten erfasst und somit von einem manifesten Text auf einen nicht-manifesten Kontext geschlossen.

9.8.3 Verwertungszusammenhang: Der praktische und theoretische Gehalt der Studie wird genutzt

Die Studie erhält nur dann eine Relevanz, wenn die Ergebnisse an die Öffentlichkeit gelangen. Üblicherweise versuchen Forscher:innen, einen Aufsatz in den einschlägigen Fachpublikationen unterzubringen, ein Buch zu schreiben und vielleicht ihre Erkenntnisse auf einer Tagung zur Diskussion zu stellen. Ziel der Forschung ist es ja, mit jeder Studie zur Entwicklung der theoretischen Grundlagen des jeweiligen Fachs beizutragen. Auf der Seite der Öffentlichkeit soll die Studie einen bestimmten gesellschaftlichen Prozess (zum Beispiel die „Entpolitisierung der Politik") kritisch begleiten. Sie liefert im Idealfall das Material für eine breite Diskussion über dieses Phänomen. Dass die Argumente der Wissenschaft dann durchaus instrumentell eingesetzt werden, steht wieder auf einem anderen Blatt.

Inhaltsanalyse III: Automatisierte Inhaltsanalyse

Der Arbeitsaufwand bei quantitativen Inhaltsanalysen steigt linear mit der Anzahl der Analyseeinheiten an. Während es beispielsweise bei der quantitativen Befragung keinen großen zeitlichen Unterschied macht, ob der Fragebogen an 100 Befragte mehr oder weniger verschickt wird (insbesondere, wenn die Antworten auch direkt maschinenlesbar erfasst werden), muss bei der Inhaltsanalyse jeder weitere untersuchte Artikel gleichermaßen sorgsam aufbereitet und codiert werden. Im vorigen Kapitel begründeten wir die Notwendigkeit von Stichprobenziehungen am Beispiel der Wirtschaftsberichterstattung der vergangenen dreißig Jahre: Auch wenn sich theoretisch eine Vollerhebung der Berichterstattung auflagenstarker Zeitungen vergleichsweise unkompliziert (einfache Bestimmung der Grundgesamtheit, Verfügbarkeit des Materials in Zeitungsarchiven, Identifikation der relevanten Artikel durch Ressortzuordnung) durchführen ließe, müsse man hier eine Stichprobe ziehen, um nicht vom Untersuchungsmaterial erschlagen zu werden. Für manuelle Inhaltsanalysen mit menschlichen Codierer:innen ist dies auch weiterhin zutreffend; gleich mehrere jüngere Veröffentlichungen (Breen et al. 2020; van Dalen, de Vreese, und Albæk 2017) jedoch berichten inhaltsanalytische Befunde anhand von Vollerhebungen der Wirtschaftsberichterstattung in mehreren Zeitungen und über mehrere Jahrzehnte hinweg, basierend auf Abertausenden bis Millionen von Artikeln.

Diese Studien machen sich Verfahren der *automatisierten Inhaltsanalyse* zu Nutze, bei denen die ehemals zeitaufwändige Codierung der Analyseeinheiten durch Computer(-programme) übernommen wird.[1] Darunter lassen sich eine Reihe

---

[1]Insbesondere in älteren Veröffentlichungen werden auch die Begriffe *computergestützte bzw. -unterstützte Inhaltsanalyse* verwendet. Da aber mittlerweile alle Inhaltsanalysen in irgendeiner Form computerunterstützt durchgeführt werden (etwa, da die Codierungen direkt am PC in einen Codebogen eingegeben werden), verwenden wir hier den Begriff *automatisierte Inhaltsanalyse*, der sich auch im Englischen *(automated content analysis)* durchgesetzt hat.

H.-B. Brosius et al., *Methoden der empirischen Kommunikationsforschung,* Studienbücher zur Kommunikations- und Medienwissenschaft, https://doi.org/10.1007/978-3-658-34195-4_10

unterschiedlicher Verfahren subsumieren, auf die wir im Laufe des Kapitels noch genauer eingehen werden. Die Grundprinzipien unterscheiden sich aber im Wesentlichen nicht von der „herkömmlichen" Inhaltsanalyse: Texte[2] sollen systematisch und inter-subjektiv nachvollziehbar auf einige wenige, für die Fragestellung der Untersuchung relevante Merkmale reduziert und anhand dieser beschrieben und/oder kategorisiert werden. Automatisierte Verfahren bieten sich vor allem dann an, wenn die Textmenge, die untersucht werden soll, sehr groß ist und sich die zu untersuchenden Merkmale durch statistische Kennwerte wie Häufigkeits- und Zusammenhangswerte operationalisieren lassen: Wie häufig treten etwa bestimmte Wörter (z. B. Schlüsselbegriffe, Namen von Akteur:innen und Institutionen) in den einzelnen Analyseeinheiten auf? Unterscheiden sich Texte hinsichtlich des Vorkommens einzelner Wörter oder der Länge von Sätzen (und könnten somit auf unterschiedliche Wortschätze oder Sprachstile verweisen)? Kommen bestimmte Wörter mit höherer oder geringerer Wahrscheinlichkeit gemeinsam mit anderen bestimmten Wörtern in Texten vor (und könnten somit für ein latentes Konstrukt stehen)? Merkmale, die sich hingegen auf syntaktische und semantische Wort- und Satzzusammenhänge beziehen und eine tiefergehende Interpretation durch Codier:innen erfordern, lassen sich bedeutend schwerer automatisiert erfassen.[3]

Die Vorteile der automatisierten Codierung durch den Computer gegenüber der manuellen Codierung durch Menschen liegen auf der Hand. Computer können solche Auszählungen nicht nur deutlich schneller durchführen, sondern gehen dabei auch zuver-lässiger (d. h.: reliabler und reproduzierbarer) vor: da Computer nach strikt definierten Regeln wie *Wenn-Dann-Bedingungen* arbeiten (z. B.: wenn die exakte Zeichenfolge „rezession" auftritt, addiere 1 zur Variablen „Worthäufigkeit Rezession"), wird die Codierung bei demselben Text immer zu demselben Ergebnis führen und wird nicht durch Ermüdungserscheinungen, Unaufmerksamkeiten oder Lerneffekte beeinflusst. Zugleich sind die Codierungsschritte durch dieses strikt regelgeleitete Vorgehen auch stets intersubjektiv nachvollziehbar. Dass die Codierung – zumindest in technischer Hin-sicht – zu 100 % *reliabel* erfolgt, bedeutet aber natürlich nicht zwangsläufig, dass das zu untersuchende Merkmal auch *valide* gemessen wird. Die Interpretation und Güteprüfung der Codierung obliegt immer den Forscher:innen. Auch wenn einzelne Teilschritte der Inhaltsanalyse tatsächlich automatisiert, also weitestgehend ohne menschlichen Input, ablaufen, müssen diese Teilschritte stets manuell validiert werden. Im Vergleich zur manuellen Inhaltsanalyse bedeutet die automatisierte Inhaltsanalyse daher zwar weniger

---

[2]Wie auch in den vorherigen beiden Kapiteln beschränken wir uns hier vorrangig auf die Inhalts-analyse von Texten. Automatisierte Verfahren werden jedoch inzwischen auch bei der Inhaltsana-lyse von medialen (Bewegt-)Bild-Inhalten eingesetzt (siehe für eine Einführung beispielsweise Webb Williams et al. 2020).

[3]Hier soll aber nicht unerwähnt bleiben, dass solche Merkmale – ob also beispielsweise eine Aus-sage in einem Text ironisch gemeint ist oder nicht, eine nuancierte Bewertung eines Sachverhalts enthält oder auf spezifische Wertvorstellungen schließen lässt – oft auch menschliche Codier:innen vor Probleme stellen.

(bzw. keinen) Arbeitsaufwand für die Codierer:innen, aber beileibe nicht weniger Aufwand für die Forschenden.

Genau genommen stellen automatisierte inhaltsanalytische Verfahren kein neues Phänomen dar. Bereits in den frühen 60er-Jahren veröffentlichte die Gruppe um Philip J. Stone mit dem *General Inquirer* eine Software, die die automatisierte Codierung von Texten in verschiedene Kategorien auf Basis von Wörterbüchern ermöglichte (Stone et al. 1962). Seit etwas mehr als einem Jahrzehnt erlebt die automatisierte Inhaltsanalyse in der Kommunikationsforschung jedoch einen regelrechten „Boom". Dies ist auf mehrere Faktoren zurückzuführen (van Atteveldt und Peng 2018). Durch die Digitalisierung sind Texte für eine Vielzahl von Fragestellung bereits maschinenlesbar, umfassend und einfach zugänglich verfügbar: Zeitungsarchive bieten Zugriff auf digitalisierte Nachrichtentexte, die bis ins 19. Jahrhundert oder gar noch früher zurückreichen; der Onlinejournalismus produziert tagtäglich eine unüberschaubare Anzahl an neuen Meldungen; und in sozialen Medien und Kommentarspalten von Nachrichtenseiten teilen im Sekundentakt Millionen Menschen ihre verschriftlichten Gedanken zu allen möglichen Sachverhalten. Zugleich wurden in Disziplinen wie der Informatik und der Computerlinguistik, aber auch in der Politik- und Kommunikationswissenschaft, Verfahren zur automatisierten Inhaltsanalyse (weiter-)entwickelt, die weitaus tiefergehende Analysen als reine Häufigkeitsauszählungen von Wörtern und einfache Wörterbuchabgleiche ermöglichen und somit automatisierte Verfahren für eine Vielzahl weiterer Forschungsfragen fruchtbar gemacht haben. Schließlich haben Innovationen in der Computertechnik dazu geführt, dass auch gut ausgestattete Heim- oder Bürorechner über genug Rechenleistung verfügen (oder diese über Cloud-Anwendungen einkaufen können), um die ehemals kostspieligen und nur in Rechenzentren sinnvoll durchführbaren Verfahren anzuwenden.

Im Folgenden werden daher zunächst gegenwärtige Anwendungsgebiete und beispielhafte Fragestellungen für automatisierte Inhaltsanalysen skizziert. Im Anschluss beschäftigen wir uns detaillierter mit dem Ablauf von automatisierten Inhaltsanalysen und den unterschiedlichen Verfahren automatisierter Codierung.

10.1 Anwendungsgebiete und beispielhafte Fragestellungen

Da automatisierte Inhaltsanalysen dieselben Ziele verfolgen wie „herkömmliche" Inhaltsanalysen – die Reduktion von Texten auf ihre zu messenden Merkmale –, ähneln sich auch die Anwendungsgebiete. Prinzipiell lassen sich automatisierte Inhaltsanalysen überall dort einsetzen, wo von Texten auf soziale Realität geschlossen werden soll und kann. Die spezifischen Fragestellungen unterscheiden sich jedoch oft: nicht alles, was mit einer manuellen Inhaltsanalyse erschlossen werden kann, lässt sich auch mit einer automatisierten Inhaltsanalyse valide erfassen – und umgekehrt ermöglicht die automatisierte Codierung großer Textmengen auch die Beantwortung neuer Fragestellungen, die mit manuellen Verfahren nicht oder weniger valide ergründet werden können. Ganz allgemein sind automatisierte Verfahren für jene Fragestellungen besonders geeignet, die sich nur bzw. besser durch eine möglichst große Anzahl an Untersuchungseinheiten beantworten lassen. Dazu gehören Fragestellungen, die nuancierte Unterschiede, zeitliche Dynamiken oder feingliedrige Muster in der Berichterstattung in den Blick nehmen, für die kleinere Stichproben schlichtweg nicht genug Informationen liefern würden. Ebenso werden automatisierte Verfahren eingesetzt, um explorative Befunde früherer Untersuchungen auf breiterer Datenbasis zu überprüfen, nicht zuletzt da einzelne Fehlcodierungen bei großen Untersuchungsmengen weniger ins Gewicht fallen.

10.1.1 Themen und Ereignisse in der Berichterstattung

Gesellschaftlich und politisch relevante Themen und Ereignisse bieten in der Regel gute Voraussetzungen für automatisierte Verfahren: sie sind häufig durch ein spezifisches Vokabular gekennzeichnet, zentrale Akteur:innen wie Parteien, Politiker:innen und Aktivist:innen oder auch soziale Initiativen oder Gesetzgebungsverfahren lassen sich durch ihre Namen eindeutig identifizieren. Fragestellungen, die sich langfristigen und vergleichenden Themendarstellungen zuwenden, gehören daher zu den häufigsten Anwendungsgebieten automatisierter Inhaltsanalysen. Mit Rückgriff auf die Theorie des Agenda Settings lässt sich beispielsweise umfassend betrachten, wie sich Medienagenden im Zeitverlauf verändern und welche Wechselbeziehungen dabei zwischen den Agenden einzelner Medien bestehen (z. B. Guo und Vargo 2020). Auch Fragestellungen aus dem Bereich des Framings – wie also Themenkomplexe wie der Klimawandel (z. B. Boussalis et al. 2016; Chinn et al. 2020) oder die Debatte um Migrationsbewegungen (z. B. Meltzer et al. 2020; Greussing & Boomgaarden 2017) dargestellt und eingeordnet werden – können auf gleichzeitig langfristiger wie auch im Querschnitt breiter Datenbasis untersucht werden.

10.1.2 Formale und sprachliche Merkmale der Kommunikation

Die Untersuchung von Unterschieden und Veränderungen in Sprach- und Kommunikationsstilen gehört ebenfalls zu den Forschungsgebieten, auf denen automatisierte Verfahren bereits seit einiger Zeit Anwendung finden. Ein Beispiel hierfür sind Wortschatzanalysen, die den Duktus von Personen (z. B. Politiker:innen) oder medialen Formaten (z. B. Abendnachrichten auf öffentlich-rechten und privaten Sendern) vergleichen (z. B. Lange et al. 2019). Liegen Transkripte von Reden bzw. Sendungen vor, lässt sich in Sekundenschnelle auswerten, ob eine Politikerin über einen größeren Wortschatz verfügt als ihr Gegenkandidat oder ob sich eine Nachrichtensendung durch komplexere und längere Satzstrukturen von anderen abhebt. Auch die Verwendung bestimmter sprachlicher Elemente und Stilmittel in Texten, etwa ob eine Nachrichtenseite bei der Bewerbung ihrer Beiträge in sozialen Medien häufiger auf Emojis oder

Ausrufezeichen zurückgreift, kann einfach erfasst werden (z. B. Haim et al. 2021). Finden sich solche Unterschiede, kann dies beispielsweise darauf hinweisen, dass in den jeweiligen Formaten unterschiedliche Publika angesprochen werden sollen oder die Formate jeweils andere Qualitätsmaßstäbe wie Einfachheit, Anschaulichkeit, Verständlichkeit oder sprachliche Präzision erfüllen sollen.

10.1.3 Repräsentation von Minderheiten in den Medien

Die mediale Repräsentation von marginalisierten Gruppen und Personen kann einen wichtigen Beitrag zur gesellschaftlichen Inklusion und Teilhabe liefern. Wie bereits in Abschn. 8.4.3 dargestellt, wird mittels Inhaltsanalysen festgestellt, ob bestimmte gesellschaftliche Gruppen in den Medien im Vergleich zur sozialen Realität unterrepräsentiert sind oder vorrangig in stereotypen Kontexten vorkommen. Auch diese Untersuchungen lassen sich automatisieren. Im einfachsten Fall erstellt man ein Wörterbuch, in dem die jeweilige soziale Gruppe abbildende Begriffe gesammelt werden, und lässt diese anschließend automatisiert auszählen. Würde man etwa stereotype Geschlechterdarstellungen im Arbeitsleben untersuchen, könnte man dieselben Berufsbezeichnungen mit weiblichen und männlichen Endungen auszählen und würde dann beispielsweise feststellen, dass bei der Berichterstattung über Pflegeberufe weibliche Endungen, bei der Darstellung von Managementaufgaben männliche Endungen überrepräsentiert sind. Differenziertere Analyseverfahren betrachten dabei auch das Wortumfeld und sind somit in der Lage, Uneindeutigkeiten, die aus der Verwendung des generischen Maskulinums oder geschlechtsneutraler Berufsbezeichnungen (wie sie beispielsweise im Englischen häufig sind) entstehen, zu umgehen. Im Ergebnis würde man dann feststellen, dass stereotyp weibliche Berufe wie „nurse" oder „librarian" eine geringere durchschnittliche Textdistanz zu weiblichen Pronomen, Adjektiven und Nomen (z. B. „she", „female", „woman") als zu männlichen aufweisen, wohingegen der umgekehrte Fall bei stereotyp männlichen Berufen wie „engineer" oder „mechanic" eintritt.[4]

10.1.4 Rezeption von Medienbeiträgen

Die Rezeptionsforschung als letztes Beispiel für typische Anwendungsgebiete mag im Kontext von Inhaltsanalysen erst einmal wenig naheliegend erscheinen, da die Methode auf Medien*inhalte* und nicht deren Nutzung fokussiert. Rückschlüsse auf Rezipient:innen und vermutete Medienwirkungen der untersuchten Inhalten gelten daher als wissenschaftlich umstritten (vgl. Kap. 8.3.3). Durch Kommentarfunktionen

---

[4]Dieses Beispiel entstammt Garg et al. (2018).

auf Nachrichtenseiten und Beiträge in sozialen Medien hat die Nutzungsforschung aber neue Zugangswege zu Aussagen von Rezipient:innen über Medieninhalte gewonnen, die zudem unmittelbarer als typischerweise in Befragungen geäußert werden. So liefern Kommentare von Rezipient:innen, die vor, während und nach der Rezeption online gepostet werden, beispielsweise Erkenntnisse über die Verarbeitung und Bewertung von Aussagen der Kanzlerkandidat:innen im TV-Duell (Trilling 2015) oder die Nutzungsmotive von Filmen und Serien (Schneider et al. 2020; Unkel & Kümpel 2020). Auch hier ist es die schiere Masse an Kommentaren, durch die automatisierte Verfahren ihre Vorteile ausspielen können: Bei beispielsweise mehreren Millionen Tweets und Facebook-Kommentaren, die während des TV-Duells des damaligen US-Präsidenten Donald Trump und seinem Herausforderer und Nachfolger Joe Biden auf den beiden Online-Plattformen geschrieben wurden, würden auch Stichprobenziehungen im einstelligen Prozentbereich für kaum manuell stemmbaren Codier-Aufwand sorgen.

10.2 Ablauf automatisierter Inhaltsanalysen

Nach diesem Überblick über typische Anwendungsgebiete und Fragestellungen soll nun detaillierter auf den Ablauf automatisierter Inhaltsanalysen eingegangen werden. Ist eine Fragestellung gefunden, so lässt sich der weitere Ablauf in die drei Schritte Datenerhebung (bzw. Sammlung des Untersuchungsmaterials), Datenaufbereitung sowie Datenanalyse, bei der die eigentliche automatisierte Codierung vorgenommen wird, einteilen.

10.2.1 Datenerhebung

Die Sammlung des Untersuchungsmaterials unterscheidet sich in den wesentlichen Schritten prinzipiell nicht von der manuellen Inhaltsanalyse: es muss eine für die Beantwortung der Forschungsfrage relevante Grundgesamtheit an Texten gebildet werden und eventuell eine Stichprobe daraus gezogen werden. Man entscheidet sich also zunächst einmal für relevante Medien und einen Untersuchungszeitraum, um die Grundgesamtheit zu bestimmen. Anschließend erfolgt der Zugriff auf das Untersuchungsmaterial. Das wichtigste Kriterium ist dabei, dass dieses für die nächsten Schritte maschinenlesbar vorliegen muss. Bei physisch verfügbarem Untersuchungsmaterial, also z. B. bei Zeitungsausgaben im gedruckten Original oder archiviert auf Mikrofilm, ist dies in der Regel nicht der Fall. Dieses muss also zunächst in ein digitales Textformat übertragen werden. Zwar bestehen auch Möglichkeiten zur automatisierten Textdigitalisierung (bzw. Transkription von Audioaufnahmen), diese sind aber fehleranfällig und erfordern daher weitere Kontrollschritte.

Bequemer und effizienter ist daher die Nutzung bereits digitalisierter Texte. In der heutigen Zeit sollte dies kein Problem darstellen: die meisten Zeitungen haben ihren

Textbestand bis in ihre Anfangstage digital aufbereitet, hinzu kommen übergreifende Datenbanken wie *LexisNexis* (bzw. deren akademisches Pendant *NexisUni*) oder *DowJones Factiva*, die den systematischen Zugriff auf Beiträge aus Zeitschriften und Zeitungen aus aller Welt ermöglichen. Weitere Vorteile in der Nutzung solcher Datenbanken bestehen darin, dass die Beiträge im Volltext oder nach Schlagworten durchsucht werden können, was die Stichprobenziehung deutlich vereinfacht. Man sollte jedoch bedenken, dass die Vollständigkeit und Richtigkeit solcher Datenbanken nicht garantiert werden kann; zudem können bei der Digitalisierung der Beiträge für bestimmte Forschungsfragen relevante Elemente wie die Formatierung des Textes oder der Kontext, in dem ein Beitrag innerhalb einer Ausgabe erschienen ist, verloren gehen. Bereits bei diesen ersten Erhebungsschritten sollten daher stichprobenartig manuelle Validierungen durchgeführt werden, da sich Fehler in der Sammlung des Untersuchungsmaterials sonst durch alle weiteren Schritte ziehen, ohne zwingend dabei aufzufallen: Eine aufmerksame Codiererin wird unvollständige oder fehlerhaft zugeordnete Artikel schnell bemerken; der Computer hingegen wird seine Arbeit verrichten, ganz egal ob der jeweilige Text vollständig oder inhaltlich passend ist.

Weitere Möglichkeiten zur Erhebung des Untersuchungsmaterials stellen das *Scraping* von Webseiten sowie die Nutzung von *API*s dar. Bei ersterem werden Computerprogramme, sogenannte Scraper, Crawler oder Bots, erstellt, die automatisiert Webseiten (z. B. Nachrichtenseiten) ansteuern und die relevanten Inhalte (also z. B. die einzelnen Artikel) extrahieren. Bei APIs hingegen handelt es sich um Programmierschnittstellen, die Webserver anbieten können, um auf Anfragen von Forschenden die gewünschten Inhalte in strukturierter Form bereitzustellen. APIs spielen insbesondere beim Datenabruf von sozialen Medien (siehe auch Abschn. 13.2.2) eine Rolle, jedoch bieten auch schon einige Nachrichtenmedien diese Programmierschnittstellen an. Wenn man vom Vorhandensein basaler Programmierkenntnisse absieht, bieten APIs eine komfortable, systematische und automatisierbare Möglichkeit, auf Online-Inhalte und zugehörige Metainformationen zuzugreifen.

10.2.2 Datenaufbereitung

Die Aufbereitung des Untersuchungsmaterials für die eigentliche Codierung ist der Schritt, der im Vergleich zur manuellen Inhaltsanalyse den größten Zuwachs an Aufwand bedeutet. In vielen Teilschritten wird das Untersuchungsmaterial in eine Form überführt, mit der das gewählte automatisierte Codierungsverfahren arbeiten kann. Die Schwierigkeit besteht dabei darin, die sprachliche Komplexität der Texte soweit zu reduzieren, dass statistische Modelle mit den Texten rechnen können (d. h. letztlich, diese als Reihe von Zahlenwerten abzubilden), aber zugleich genug Textbedeutung zu erhalten, um die untersuchten Konstrukte valide erfassen zu können.

Ein erster, mit der manuellen Inhaltsanalyse vergleichbarer Schritt ist die Bildung von Analyseeinheiten (siehe Abschn. 9.7). Handelt es sich dabei um den einzelnen Artikel, ist in der Regel keine weitere Bearbeitung nötig. Es sind aber, je nach Forschungsinteresse, auch unter- (einzelne Absätze, Sätze oder Aussagen) oder seltener übergeordnete Analyseeinheiten (z. B. mehrere zusammenhängende Artikel) denkbar. Zu beachten ist, dass aufgrund des typischerweise großen Umfangs des Untersuchungsmaterials, dieser erste Aufbereitungsschritt – wie auch alle weiteren Schritte – ebenfalls automatisiert erfolgen muss. Man muss also klare Regeln definieren können, anhand derer untergeordnete Analyseeinheiten erstellt werden können, z. B. indem man festlegt, Artikel an Absatzmarken, Zeilenumbrüchen oder Satzzeichen zu teilen. Die einzelnen Analyseeinheiten werden in der automatisierten Inhaltsanalyse typischerweise als *Dokumente* bezeichnet, die Gesamtheit aller Dokumente als *Korpus*.

Mit den fertigen Analyseeinheiten beginnt die eigentliche Aufbereitung des Untersuchungsmaterials für den Computer, auch *Preprocessing* genannt. Als *Feature-Extraktion* wird dabei das Herausfiltern derjenigen Text-Merkmale bezeichnet, die in die Analyse einfließen sollen. In den meisten Fällen werden einzelne Wörter als Features verwendet, d. h. für jedes im gesamten Korpus vorkommende, einzigartige Wort wird pro Dokument ausgezählt, wie häufig dieses darin vorkommt. Hierfür werden die Dokumente durch *Tokennisierung* nach festgelegten Regeln automatisiert in kleinere Bestandteile zerlegt, bei einzelnen Wörtern also beispielsweise an jedem Leer- und Satzzeichen. Durch das anschließende Auszählen der Wort-Häufigkeiten gehen syntaktische Zusammenhänge und Kontextbedeutungen verloren; viele Analyseverfahren (siehe unten) basieren auf der sogenannten *Bag-of-Words*-Annahme, die Dokumente werden also als „Wortbeutel" betrachtet, in denen die Reihenfolge der Wörter keine Rolle spielt. Es fällt natürlich leicht, sich Beispielsätze zu überlegen, deren Bedeutung ins Gegenteil verkehrt wird, wenn man die Wortreihenfolge ändert, aber in den meisten Fällen wird man tatsächlich ganz gut abschätzen können, worum es in einem Text geht, wenn man nur die darin enthaltenen Wörter in zufälliger Reihenfolge kennt. Zur automatisierten Codierung von Themen, Ereignissen etc. ist diese Bag-of-Words-Annahme also in der Regel durchaus angebracht. Sollen hingegen Merkmale codiert werden, die stärker auf Wortzusammenhängen oder linguistischen Feinheiten basieren, so können neben den Einzelwort-Häufigkeiten auch die Häufigkeiten von Wortgruppen (z. B. um Negationen zu erfassen) oder Wortdistanzen als Features berücksichtigt werden.

Mit weiteren Preprocessing-Schritten wird dann versucht, die Feature-Menge weiter zu reduzieren oder deren Bedeutungsgehalt zu schärfen. Man muss stets bedenken, dass Computer über keine Auffassungs- und Interpretationsgabe verfügen, sondern grundsätzlich gleiche Zeichenketten als gleich, ungleiche Zeichenketten als ungleich behandeln. Fast immer werden daher die Features in Kleinschreibung überführt, häufig werden zudem anhand vorgefertigter Listen sogenannte *Stoppwörter* entfernt. So werden bestimmte Wörter bzw. Worttypen bezeichnet, die keinen Informationsgewinn liefern, da sie vielfach in allen Texten vorkommen, z. B. Artikel, Konjunktionen und Präpositionen. Des Weiteren können Wörter automatisiert durch *Stemming* oder *Lemmatisierung* auf ihren Wortstamm reduziert werden, so dass beispielsweise Pluralformen oder Wortbeugungen vom Computer nicht als unterschiedliche Wörter erkannt werden; sie können ihrer jeweiligen Wortart (z. B. Nomen, Verb, Adjektiv) zugeordnet werden *(Part-of-Speech-Tagging)*, um beispielsweise unterschiedliche Bedeutungen bei gleicher Schreibung zu separieren (z. B. „[to] duck", „[a] duck"); oder man führt Synonyme zusammen, so dass gleichbedeutende Begriffe vom Computer auch als solche erkannt werden. Die Sinnhaftigkeit und Anwendbarkeit dieser Schritte ist von der jeweiligen Forschungsfrage bzw. den untersuchten Merkmalen abhängig. Wenn man beispielsweise möglichst präzise Themen oder Ereignisse zuordnen möchte, kann es sinnvoll sein, in deren Kontext verwendete Synonyme vorab aufzulösen (z. B. „G7-Gipfel", „G7-Treffen" etc.); führt man hingegen eine Framing- oder Wortschatzanalyse durch, möchte man ja gerade solche feinen Unterschiede erhalten. In allen Fällen sollten die genannten Schritte daher wohlüberlegt und -begründet durchgeführt werden, da diese sich stark auf das Ergebnis der automatisierten Codierung auswirken können.

10.2.3 Datenanalyse

Das Ergebnis der Datenaufbereitung ist die Überführung des Untersuchungsmaterials in eine Datenstruktur, die als Input für die jeweiligen automatisierten Codierungsverfahren dienen kann. Bei den angesprochenen statistischen Verfahren, die nach der Bag-of-Words-Annahme arbeiten, handelt es sich dabei in der Regel um eine sogenannte *Dokument-Feature-Matrix* (DFM), in der die Dokumente bzw. Analyseeinheiten in den Zeilen, die verwendeten Features in den Spalten und in den einzelnen Zellen die jeweiligen Zahlenhäufigkeiten angegeben sind.[5] Man sieht also, wie radikal die ursprünglichen Texte mit all ihren sprachlichen Komplexitäten auf einige Zahlenwerte heruntergebrochen werden.

Es folgt nun die eigentliche automatisierte Codierung. Die einzelnen Verfahren zur automatisierten Codierung werden im folgenden Unterkapitel noch ausführlicher dargestellt. Die Anwendung erfolgt durch spezifische Softwarelösungen, die – je nach Komplexität des gewählten Verfahrens und des Umfangs des Untersuchungsmaterials – nach wenigen Sekunden bis hin zu mehreren Stunden das Ergebnis in Form von Tabellen und Zahlen ausspucken. Damit ist die Arbeit aber noch nicht getan. Tatsächlich erfordert die automatisierte Inhaltsanalyse häufig ein iteratives Vorgehen. Man wendet ein oder mehrere Verfahren an, sichtet die Ergebnisse und überprüft sie auf Auffälligkeiten und Probleme, die sich etwa durch andere Preprocessing-Schritte oder eine alternative Gewichtung der Features bereinigen lassen. Die zentrale Aufgabe für die Forschenden liegt in der Interpretation und Validierung der Ergebnisse, denn nur so kann hinreichend sichergestellt werden, dass die Codierungen die untersuchten Merkmale auch tatsächlich in ihrer eigentlichen Bedeutung erfasst haben.

---

[5]Stärker auf linguistische Merkmale ausgerichtete Verfahren arbeiten hingegen mit Baum- oder Graphenstrukturen, die auch semantische und syntaktische Zusammenhänge abbilden können.

10.3   Automatisierte Codierungsverfahren

Die in der Forschungspraxis zur automatisierten Codierung von Texten eingesetzten Verfahren sind sehr vielfältig und reichen von simplen Häufigkeitsauszählungen bis hin zu hochkomplexen Modellen des maschinellen Lernens, denen auf Basis von hunderttausenden Texten das Verständnis unterschiedlicher Sprachen ‚antrainiert' wurde. Für den folgenden Überblick orientieren wir uns daher an den aktuell in den empirischen Sozialwissenschaften gebräuchlichsten Anwendungen (siehe auch Boumans & Trilling 2016; Grimmer & Stewart 2013; Scharkow 2013). Ausführliche deutschsprachige, aber der Materie geschuldet bisweilen auch sehr technische Auseinandersetzungen mit den dargestellten Verfahren finden sich in den Dissertationen von Scharkow (2012), Wettstein (2016) und Niekler (2018).

10.3.1 Text- und Wortmetriken

Einige Forschungsfragen lassen sich bereits durch das simple Auszählen von Wörtern beantworten: Man möchte beispielsweise wissen, wie häufig ein bestimmtes Wort in den Texten vorkommt (so könnte das Vorkommen des Wortes „Rezession" ein Indikator für die Einschätzung der Wirtschaftslage sein) oder in welchen Zusammenhängen dieses genutzt wird. Bei solchen simplen Codierungsaufgaben sind die Vorteile des Computers evident: Was für menschliche Codierer:innen eine zeitraubende, ermüdende und fehleranfällige Aufgabe darstellt, erledigt der Computer in Sekundenschnelle und mit hundertprozentiger Reliabilität. Neben einfachen Häufigkeitsauszählungen und -tabellen ermöglicht moderne Textanalysesoftware auch die Betrachtung des jeweiligen direkten Umfeldes, in dem das gesuchte Wort vorkommt (*Konkordanz* oder *Keyword-in-Context*) sowie das gemeinsame Auftreten von zwei oder mehr Wörtern direkt hintereinander (*Kollokation*) oder im selben Dokument (*Kookkurenz*). So können auch Aussagen über den Verwendungszusammenhang von den gesuchten Wörtern gefällt werden.

Relevante sozialwissenschaftliche Fragestellungen, die sich durch solche simplen Auszählungen zufriedenstellend beantworten lassen, dürften jedoch begrenzt sein. Die dargestellten Wortmetriken werden daher insbesondere auch zur Beschreibung von umfassenden Textkorpora als vorbereitender Schritt für die eigentliche Inhaltsanalyse genutzt. Man stößt etwa auf Bedeutungsambiguitäten von Wörtern, da diese auch in zuvor unbedachten Kontexten genutzt werden, und kann diese dann bereinigen oder man identifiziert in allen Dokumenten häufig verwendete Wörter, die man dann im konkreten Falls als zusätzliche Stoppwörter behandeln möchte. Auch als Vorbereitung für eine manuelle Inhaltsanalyse können die genannten Metriken hilfreich sein. Hat man etwa durch eine Stichwortsuche in Datenbanken eine erste Stichprobe des Untersuchungsmaterials gezogen, lässt sich nun durch Konkordanzen zügig überprüfen, ob die verwendeten Stichwörter auch tatsächlich im intendierten Sinne in dem jeweiligen Text genutzt werden. Ist dies nicht der Fall, können die entsprechenden Texte aus der Stichprobe entfernt werden und man erspart durch die so reduzierte Textmenge den menschlichen Codierer:innen unnützen Zusatzaufwand.

Ein weiteres Gebiet, in dem einfache statistische Auszählungen bereits seit Mitte des 20. Jahrhunderts in der automatisierten Inhaltsanalyse Anwendung finden, sind Fragestellungen zur sprachlichen Komplexität von Texten. *Lesbarkeits-* und *Verständlichkeitsindizes* wie beispielsweise der *Flesch Reading Ease* versuchen in einem numerischen Wert auszudrücken, wie einfach oder kompliziert ein Text zu lesen ist und setzen dafür beispielsweise die durchschnittliche Satzlänge und Silbenzahl der verwendeten Wörter ins Verhältnis. Ebenso kann versucht werden, die *lexikalische Diversität* von Texten zu quantifizieren. Beim *Type-Token-Ratio* etwa wird die Anzahl der einzigartigen Wörter in einem Text durch die Wortlänge des Textes geteilt; ein hoher Wert steht demnach für einen großen Wortschatz, ein geringer Wert für einen geringen Wortschatz. Die Validität solcher Textmetriken ist aber umstritten: Lesbarkeitsindizes etwa unterscheiden nicht zwischen gebräuchlichen Wörtern und Fach- und Fremdwörtern, die ebenfalls einen gewichtigen Anteil daran haben dürften, wie gut lesbar ein Text für eine bestimmte Zielgruppe ist.

10.3.2 Textklassifikation

In der Regel möchte man mit Inhaltsanalysen inhaltliche Kategorien erfassen, die sich nicht durch das Auszählen einzelner Wörter valide bestimmen lassen. Man möchte beispielsweise erheben, ob in einem Text bestimmte Themen angesprochen werden, ob ein dargestellter Sachverhalt positiv oder negativ bewertet wird oder ob sich in der Berichterstattung bestimmte Frames identifizieren lassen. In der automatisierten Inhaltsanalyse spricht man hierbei von *Textklassifikation*. Entsprechende automatisierte Verfahren ordnen die zu klassifizierenden Textdokumente also regelbasiert Klassen (bzw. Ausprägungen von Kategorien) zu, wobei unterschiedliche Verfahren für deduktive oder induktive Klassenbildung (oder auch Mischformen) zur Verfügung stehen.

Die einfachste deduktive Verfahrensgruppe stellen die *diktionärbasierten Ansätze* dar. Theoriegeleitet werden Wörter, die charakterisierend für das zu erhebende Konstrukt sind, gesammelt und in einem Wörterbuch (das Diktionär) zusammengefasst. Dieses kann anschließend automatisiert ausgezählt werden: je höher der absolute oder relative Anteil der im Wörterbuch enthaltenen Wörter in einem Dokument ist, desto stärker ist das zu erhebende Konstrukt in dem Text ausgeprägt. Im Prinzip handelt es sich also um eine Verallgemeinerung der Schlüsselwortsuche, so dass nun nach mehreren Schlüsselwörtern gleichzeitig gesucht wird. Möchte man beispielsweise wie oben die Einschätzung der Wirtschaftslage erfassen, würde man eine negative Einschätzung dieser nun nicht nur am Wort „Rezession" festmachen, sondern ein Wörterbuch anlegen, das auch noch „Abschwung", „Rückgang", „(Börsen-)Crash" usw. enthält; ein zweites Wörterbuch würde dann Wörter enthalten, die für eine positive Einschätzung der Wirtschaftslage (z. B. „Aufschwung", „Boom", „Hochkonjunktur") stehen. Im Ergebnis bekäme man dann für jedes Dokument zwei numerische Werte, die Anzahl (bzw. den Anteil) der gefundenen Wörter aus dem Wörterbuch „negative Wirtschaftslage" und die Anzahl der gefundenen Wörter aus dem Wörterbuch „positive Wirtschaftslage".

Diktionärbasierte Ansätze sind einfach zu interpretieren und können schnell durchgeführt werden – insbesondere da mittlerweile zahlreiche vorgefertigte Wörterbücher für unterschiedlichste Konstrukte online verfügbar sind. Ein häufiges Anwendungsgebiet sind *Sentimentanalysen,* bei denen mittels Wörterbüchern positive und/oder negative Emotionen bzw. Bewertungen in Texten erfasst werden sollen und die beispielsweise in der Online-Marktforschung (äußern sich Nutzer:innen in Onlinerezensionen mehrheitlich positiv oder negativ über ein Produkt?) von großer Bedeutung sind.[6] Durch die Einfachheit des Verfahrens offenbaren sich jedoch auch schnell die zugehörigen Schwächen: Doppeldeutigkeiten und Verwendungskontexte von Wörtern (und oft sogar Negationen) fallen unter den Tisch, so dass die meisten Wörterbücher, wenn überhaupt, nur in dem Kontext, in dem sie auch entwickelt wurden, valide Ergebnisse liefern. Eine aktuelle Vergleichsstudie (Chan et al. 2021), die mehrere vorgefertigte, gebräuchliche Sentiment-Wörterbücher auf dieselben Texte anwendete, konnte im Mittel nur geringe Korrelationen zwischen den Ergebnissen der unterschiedlichen Wörterbücher, in manchen Fällen gar negative Korrelationen (je positiver das eine Wörterbuch den Text einstuft, desto negativer beurteilt ihn das andere) finden. Es erscheint daher höchst fraglich, dass mit solchen standardisierten Wörterbüchern ohne weiteres wissenschaftlich belastbare Ergebnisse erzielt werden können. Die Entwicklung eigener, spezifisch auf die Forschungsfrage und den Forschungskontext angepasster Wörterbücher ist da vielversprechender, bringt jedoch natürlich auch einen deutlich höheren Aufwand mit sich, der die im Vergleich zur manuellen Inhaltsanalyse erfolgte Zeitersparnis durch automatisierte Codierung schnell übersteigen kann. In jedem Fall sollten die Ergebnisse diktionärbasierter Verfahren – wie bei allen anderen automatisierten Verfahren auch – umfassend manuell validiert werden, etwa indem eine Teilmenge der automatisiert codierten Artikel manuell codiert wird (und diese manuelle Codierung hoffentlich zu einem vergleichbaren Ergebnis gelangt).

Während bei diktionärbasierten Ansätzen die Entscheidungsregeln zur Codierung explizit vorgeben werden („zähle aus, wie häufig die Wörter X, Y und Z in dem Text vorkommen"), wird bei Verfahren des *überwachten maschinellen Lernens* davon ausgegangen, dass der Computer sich die Entscheidungsregeln auf Basis vorcodierter Texte selbst erarbeitet. Dazu wird zunächst ein sogenannter Trainingsdatensatz erstellt, indem eine Zufallsstichprobe aus dem Untersuchungsmaterial gezogen und manuell codiert wird. Auch hier werden die zu codierenden Klassen also durch die Anwender:innen vorgegeben, worauf sich der Zusatz „überwacht" in der Verfahrensbezeichnung bezieht. Diese Trainingsdaten werden nun an einen Lernalgorithmus

---

[6]Manche Wörterbücher nehmen dabei zusätzlich eine Gewichtung der enthaltenen Wörter vor, so dass beispielsweise „lieben" für eine stärkere Ausprägung positiven Sentiments steht als „mögen".

übergeben, der ein statistisches Modell erstellt, das die manuelle Codierung bzw. Klassifikation möglichst genau repliziert. Der Computer versucht also Regeln zu „erlernen", die zum selben Ergebnis wie die manuelle Codierung führen. Ähnlich wie beim Intercoderreliabilitätstest können die automatisierten und manuellen Codierungen miteinander verglichen werden.[7] Bei zufriedenstellender Übereinstimmung kann das trainierte Modell nun auf das noch uncodierte Untersuchungsmaterial angewendet werden.

Die für solche Verfahren verwendeten statistischen Algorithmen und Modelle werden beständig weiterentwickelt. So existieren mittlerweile auch vortrainierte Modelle, die sozusagen ein gewisses sprachliches Grundverständnis mitbringen, und dann auf die spezifische Klassifikationsaufgabe angepasst oder mit anderen Modellen kombiniert werden können. Für die automatisierte Codierung birgt das überwachte maschinelle Lernen daher großes Potenzial. Damit valide Ergebnisse erzielt werden können, müssen jedoch einige Bedingungen erfüllt sein. Auch das komplexeste statistische Modell wird nicht über das Vor- und Kontextwissen geschulter Codier:innen verfügen, womit Merkmale, für die neben dem expliziten Textgehalt auch weiterführende Interpretation dessen nötig ist, auch weiterhin kaum automatisiert erfasst werden können. Zugleich steht und fällt die Validität der Ergebnisse mit der Güte des Trainingsmaterials – und somit mit der Güte der manuellen Vorcodierung. Eine sorgsame Ausarbeitung der Kategorien und eine gewissenhafte Schulung der Codierer:innen bleiben daher unerlässlich.

Das Gegenstück zur induktiven Kategorienbildung in der manuellen Inhaltsanalyse stellen Verfahren des *unüberwachten maschinellen Lernens* dar. Die einzige Vorgabe an die Klassifizierungsalgorithmen stellt die Anzahl der gewünschten Klassen dar, davon abgesehen läuft die Klassifizierung bzw. Codierung tatsächlich vollautomatisch ab. Die Grundannahme lautet dabei, dass Texte, die ähnliche Features aufweisen (also z. B. große Überschneidungen in den verwendeten Wörtern haben) auch inhaltlich ähnlich sind. *Clustering*-Verfahren teilen die Texte in eine gewünschte Anzahl an „Clustern" ein, innerhalb derer die Texte möglichst ähnlich zueinander sind und zwischen denen sich die Texte möglichst stark unterscheiden (also möglichst viele bzw. wenige gemeinsame Features aufweisen). Ein Text wird somit immer nur einem Cluster (und daher einer Klasse) zugeordnet. Auch *Themenmodelle (Topic Modeling)* teilen Texte in eine vorgegebene Anzahl an „Themen" ein, können einem einzelnen Text aber zu unterschiedlichen Anteilen verschiedene Themen zuweisen.

Diese Verfahren sind also besonders dafür geeignet, große Textmengen auch ohne umfassende Vorannahmen zu deren Inhalten zu explorieren. Ob es sich bei den automatisiert identifizierten Clustern bzw. Themen aber auch um inhaltlich sinnvolle Kategorien handelt, die zur Beantwortung der jeweiligen Forschungsfrage geeignet sind,

---

[7]Es ist gute wissenschaftliche Praxis, hierfür einen zweiten vorcodierten Teildatensatz, den sogenannten *Testdatensatz,* zurückzuhalten, um überprüfen zu können, ob das trainierte Modell auch außerhalb der zum Training verwendeten Daten zu zufriedenstellenden Ergebnissen führt.

obliegt wiederum der Interpretation der Forscher:innen. Man würde sich nun also je Cluster oder Thema die wichtigsten Dokumente oder bedeutsamsten Features heraussuchen und inhaltliche Gemeinsamkeiten suchen. Werden für ein Thema etwa die Wörter „Anschlag", „Bombe", „Attentat" usw. als bedeutsam ausgewiesen, so ist es naheliegend, das identifizierte Thema als „Terrorismus" zu bezeichnen und die zugehörigen Dokumente der Terrorismusberichterstattung zuzuordnen. Insbesondere die Bezeichnung „Themen" mag hier jedoch in die Irre führen, denn letztlich identifizieren die Verfahren lediglich Muster in den verwendeten Wörtern. Diese können auf genuine Themen im sozialwissenschaftlichen Sinne hinweisen, aber beispielsweise auch auf einzelne Ereignisse oder Schreibstile und Floskeln, die sich einer gemeinsamen Sprache bedienen. Würde man beispielsweise die Transkripte von Nachrichtensendungen an einen Themenmodell-Algorithmus übergeben, könnte sich eines der identifizierten „Themen" durch Wörter wie „Guten", „Abend", „Damen" und „Herren" auszeichnen, da sich die einzelnen Bestandteile solcher Begrüßungsfloskeln wohl in einigen Transkripten finden lassen. Die erste Schwierigkeit besteht also darin, das Textmaterial so aufzubereiten (siehe Abschn. 10.2.2), dass sich überhaupt inhaltlich sinnvolle Muster automatisiert identifizieren lassen. Ob die identifizierten Muster dann auch klassischen Gütekriterien für Kategorien wie Vollständigkeit und Trennschärfe genügen, ist nochmals eine andere Frage.

10.4   Zusammenfassung: Möglichkeiten und Grenzen der Methode Inhaltsanalyse

Die Ausführungen machen deutlich, dass automatisierte Verfahren zwar den eigentlichen Codieraufwand entscheidend reduzieren können, so dass auch sehr große Stichproben empirisch erfasst werden können; sie stellen aber zugleich auch hohe Anforderungen an die Forschenden, die eine Vielzahl von Entscheidungen bei der Bearbeitung des Textmaterials und der Konfiguration der Verfahren treffen müssen, vor allem aber auch bei der Interpretation und Validierung der Ergebnisse gefordert sind. Man muss letztlich zeigen können, dass sich ein komplexes theoretisches Konstrukt durch das Auszählen von Wörtern (bzw. Wortgruppen oder anderen textlichen Sinneinheiten) messen lässt. Dies verweist auf Problematiken, die sich sowohl bei der automatisierten als auch der herkömmlichen Inhaltsanalyse finden. Ganz zentral ist das Problem der Mehrdeutigkeit von Begriffen, welches man mit Inhaltsanalysen nie ganz in den Griff bekommen kann. Begriffe haben nun einmal häufig mehrere Bedeutungsdimensionen, die, um sie systematisch zu erfassen, nicht in ihrer ganzen Weitläufigkeit erhoben, sondern bis auf ihren wohldefinierten Bedeutungskern entkleidet werden. Das ist eine Reduktion, die jedoch bewusst vorgenommen wird, um ganz bestimmte Merkmale klar und deutlich herauszuarbeiten. Mittels der Inhaltsanalyse abstrahiert man also explizit vom Gehalt eines singulären Textes. Das macht den Einsatz der Inhaltsanalyse vor allem für große Textmengen, die massenmedial verbreitet werden, interessant. Mit ihr werden Fragestellungen, die sich auf das Mediensystem selbst bzw. auf Interdependenzen zwischen Gesellschaft und Mediensystem beziehen, beantwortet.[8]

Man will mit einer Inhaltsanalyse also nicht die ganze Komplexität eines Textes erfassen, sondern bewusst selektieren und reduzieren. Es werden nur bestimmte Merkmale des Textes herausgegriffen; alle anderen Merkmale fallen weg. Eine solche Reduktion ist generell das Kennzeichen empirischer Forschung, wobei das Selektions- bzw. Reduktionsmaß stark schwankt und immer von der zentralen Fragestellung abhängt. Wenn man viele Details über wenige Texte wissen will, dann ist eine quantitative Inhaltsanalyse nicht angebracht. Es bietet sich dann eher eine qualitative Inhaltsanalyse an.[9] Wenn Aussagen über eine große Menge von Merkmalsträgern gemacht werden sollen, wie zum Beispiel in der Wahlforschung, liegt eine Reduktion der Komplexität und die Konzentration auf bestimmte Merkmale nahe.

An dieser Stelle trifft man häufig auf den Vorwurf der „Fliegenbeinzählerei", den man vor allem in Diskussionen mit nicht-empirischen Forscher:innen findet und der sich auf quantitative Inhaltsanalysen und Befragungen bezieht. Damit ist gemeint, dass man die Reduktion der Kategorien letztlich so weit treibt, dass über die Bedeutung von Texten keine Aussage mehr gemacht wird, sondern nur noch Partikularitäten beschrieben werden (Beispiel: Kohl wurde in seiner Kanzlerschaft insgesamt 117-mal mit dem Wort „nanu" in den überregionalen Tageszeitungen zitiert). Diese Gefahr besteht natürlich, zumal wenn es sich bei automatisierten Inhaltsanalysen lediglich um Einwort-Verschlüsselungen handelt. Hier werden semantische Bedeutungen praktisch eliminiert und es stellt sich die Frage, ob man eine derartige „Atomisierung" von Sinnhaftigkeit wieder in einer neuen sinnhaften Struktur zusammensetzen und rekonstruieren kann. Selbst bei eindeutigen Begriffen wie „Rezession" bedarf es einer theoriegeleiteten Ableitung oder zumindest starker empirischer Evidenzen, damit aus der Häufigkeit des Begriffs in Zeitungsartikeln auf einen wirtschaftlichen Sachverhalt geschlossen werden kann. Dieses Problem wurde schon bei den Erläuterungen zu Rückschlüssen auf die Ebene der Rezipient:innen bzw. Kommunikator:innen angeschnitten. Es ist in der Tat fragwürdig, wenn Inhaltsanalysen auf Intentionen oder Wirkungen verweisen, ohne dass zusätzliche Methoden wie Befragungen eingesetzt werden.

Problematisch bei der Inhaltsanalyse sind neben der sachgerechten Erfassung von Bedeutung auch *sequentielle Aspekte,* die bei komplexeren Untersuchungen mit bedacht werden müssen. Egal, ob man eine Nachrichtensendung hört, ein Buch oder die Zeitung liest: Der Inhalt einer Analyseeinheit baut sich unter Umständen über mehrere Sätze hinweg auf, verändert die Bewertungsrichtung von positiv zu negativ und endet völlig anders, als er angefangen hat. Ein Sachverhalt wird zunächst ganz neutral, dann

---

[8]Im Vergleich dazu werden qualitative Inhaltsanalysen für kleinere Textmengen und andere Forschungsgebiete, die eher in Pädagogik oder Psychologie angesiedelt sind, eingesetzt. In der empirischen Kommunikationsforschung finden qualitative Inhaltsanalysen seltener Anwendung.

[9]Siehe z. B. Mayring (2015).

emotional geschildert, vage Schilderungen werden plötzlich präzise, eingangs aufgestellte Behauptungen werden im nächsten Halbsatz wieder zurückgenommen. Dies alles sind sequentielle Aspekte, die Codierer:innen (und auch automatisierte Codierungsverfahren) beachten müssen, wenn sie zum Beispiel Bewertungen verschlüsseln sollen. Was sollen sie tun, wenn ein Aussageträger sich in einem Satz widerspricht? Solche der natürlichen Sprache innewohnenden Komplexitäten stellen manuelle wie automatisierte Inhaltsanalysen vor Herausforderungen, die nur mit großem Aufwand und Einsatz – z. B. durch durchdachte und umfassende Codebücher, wohlüberlegte Materialaufbereitung und/oder sorgsam geschultes Codierpersonal – bewältigt werden können.

Beobachtung I: Grundlagen

11.1 Grundzüge

In Kap. 7 hatten wir bereits im Zusammenhang mit der Befragung auf das Problem hingewiesen, dass Menschen häufig eine Sache sagen und eine andere tun. Selbstauskünfte und Verhalten sind somit nicht unbedingt identisch. In vielen Fällen wäre das tatsächliche Verhalten aber der bessere (validere) Indikator für ein kommunikationswissenschaftlich relevantes Phänomen. Wenn wir beispielsweise Mediennutzer:innen befragen, ob sie ein neues Medienangebot für einen bestimmten Euro-Betrag abonnieren würden, dann wird die Zahl derjenigen, die mit „Ja" antworten, größer sein als die Anzahl derer, die das Angebot dann tatsächlich wahrnehmen und Geld bezahlen. Das Abonnieren ist hier das Verhalten, das Befragungsergebnis die Selbstauskunft. Dass solche Unterschiede, etwa für Unternehmen, von großer Bedeutung sein können, wird aus diesem Beispiel deutlich. In diesem Fall wird jemand, der sich auf die Ergebnisse der Befragung (Selbstauskünfte) verlässt, möglicherweise die falschen Schlussfolgerungen ziehen und damit die falschen Entscheidungen treffen.

Verhalten erfassen wir mit der Methode der Beobachtung. Volker Gehrau, der das für die Kommunikationswissenschaft einschlägige Lehrbuch zu dieser Methode verfasst hat und an dem wir uns im Wesentlichen orientieren, definiert die (sozial- und verhaltenswissenschaftliche) Beobachtung wie folgt:

▶ „Die sozial- und verhaltenswissenschaftliche Beobachtung ist die systematische Erfassung und Protokollierung von sinnlich oder apparativ wahrnehmbaren Aspekten menschlicher Handlungen und Reaktionen, solange diese nicht rein auf durch Forschende initiierter Kommunikation basieren oder in Form editierter Dokumente vorliegen.

H.-B. Brosius et al., *Methoden der empirischen Kommunikationsforschung*, Studienbücher zur Kommunikations- und Medienwissenschaft, https://doi.org/10.1007/978-3-658-34195-4_11

Sie dient einem wissenschaftlichen Ziel, ist prinzipiell wiederholbar und legt alle relevanten Aspekte offen." (Gehrau 2017, S. 17)

Jede Definition ist mit dem Problem konfrontiert, dass die Beobachtung eine äußerst umfassende und vielseitige Methode der Datenerhebung darstellt. Es ist daher sinnvoll, die einzelnen Bestandteile der Definition getrennt zu betrachten.

Die wissenschaftliche Beobachtung basiert auf der „systematischen Erfassung und Protokollierung" von Verhalten, so wie es generell von einer Methodik auch verlangt wird. Damit wird zunächst die wissenschaftliche von der Alltagsbeobachtung abgegrenzt. So wie wir auch im Alltag Fragen stellen, so beobachten wir im Alltag auch das Verhalten unserer Mitmenschen und richten unser eigenes Verhalten danach aus. Erst durch systematisches Vorgehen wird hieraus eine wissenschaftliche Methode. Auf das wissenschaftliche Vorgehen verweist auch der letzte Satz der Definition, in dem er Kriterien wie wissenschaftliche Reproduzierbarkeit und Transparenz anspricht. Der zweite Aspekt der Definition bezieht sich auf die Art der Phänomene, die am Verhalten beobachtbar sind. Diese müssen „sinnlich oder apparativ" wahrnehmbar sein. Mit dem ersten Begriff ist dabei gemeint, dass Personen als Beobachter:innen dienen, die bestimmte Aspekte des Verhaltens meist mit den Augen wahrnehmen und protokollieren. Mit dem zweiten Begriff ist gemeint, dass das Verhalten durch Messgeräte aufgezeichnet wird. Dies spielt in der Kommunikationswissenschaft eine große Rolle. In der Mediennutzungsforschung wird beispielsweise über speziell in den Fernseher eingebaute Geräte aufgezeichnet, wann und auf welchem Programm der Fernseher eingeschaltet ist. Damit wird das Nutzungs*verhalten* eines Haushalts erfasst, ohne dass menschliche Beobachter:innen anwesend sind.

Mit dem folgenden Nebensatz erfolgt eine Abgrenzung der Beobachtung gegenüber der Befragung und der Inhaltsanalyse. Zunächst zum Verhalten, das nicht auf rein durch Forschende initiierter Kommunikation basiert. Natürlich umfasst Kommunikationsverhalten auch sprachliche Äußerungen; in gewissem Sinne „beobachten" wir in einer Interviewsituation also die Antworten der Befragten. Der entscheidende Unterschied liegt darin, dass das verbale Verhalten der Befragten hierbei eine direkte Reaktion auf Fragen eines Interviewers oder einer Interviewerin darstellt und somit primär durch die Forschenden initiiert wurde; letztlich interessieren wir uns nicht für das Verhalten an sich, sondern für die sprachlichen Inhalte. Die Beobachtung hingegen fokussiert auf Verhalten, das in einer sozialen Situation zumindest in gewisser Hinsicht aus eigenem Antrieb erfolgt. Wir würden beispielsweise *verbales Verhalten* beobachten, wenn wir erfassen, wie viele aggressive Bemerkungen oder Worte ein Mensch in einer bestimmten Situation, z. B. beim Besuch eines Fußballspiels, äußert. Auch können wir dabei *paraverbales Verhalten* beobachten, das sich auf die Art und Weise, mit der Sprache vorgetragen wird, also auf Lautstärke, Stimmhöhe oder Sprachfluss bezieht. Schließlich könnten wir parallel auch das *nonverbale Verhalten,* also Gestik, Mimik etc. erfassen. Auch wenn sich die beobachtete Person der Anwesenheit eines Beobachters oder einer Beobachterin bewusst ist, ja vielleicht sogar der Besuch des Fußballspiels als Teil der

Studie erfolgt, ist das konkrete Verhalten nicht primär durch die Forschenden initiiert, es handelt sich um (mehr oder weniger) *authentisches* Verhalten. Wenn derselbe Mensch jedoch seine Aggressivität aufgrund einer Frage einer Interviewerin einschätzt, handelt es sich um eine Befragung und keine Beobachtung.

Der Verweis auf editierte Dokumente hingegen dient der Abgrenzung gegenüber der Inhaltsanalyse. Beobachtungen müssen nicht „live" erfolgen und können prinzipiell auch auf in irgendeiner Form *dokumentiertem* Verhalten basieren. Wir können Menschen beispielsweise (mit deren Zustimmung) in ihrem Alltagsleben, z. B. beim Fernsehkonsum, filmen und so deren Verhalten in diesen Situationen beobachten. Insofern zeigen aber auch Medieninhalte menschliches Verhalten, das durch die Medienschaffenden schon einmal beobachtet und verändert wurde. Um eine Abgrenzung zu Medieninhalten, dem Gegenstand der Inhaltsanalyse, zu ziehen, wird daher von „editierten" Dokumenten gesprochen: jegliche Bild-, Ton- oder Textdokumente, die beispielsweise journalistisch redigiert oder anderweitig medial inszeniert wurden, sind somit nicht Gegenstand der Beobachtung. Insgesamt zeigt sich jedoch an den Beispielen, dass eine vollständig trennscharfe Abgrenzung der drei Methoden Befragung, Inhaltsanalyse und Beobachtung schwierig ist.

11.2   Beobachtung im Vergleich der Datenerhebungsmethoden

Die folgende Tabelle verdeutlicht noch einmal die Unterschiede und Gemeinsamkeiten der drei Datenerhebungsmethoden. Mit der Befragung hat die Beobachtung gemein, dass Merkmale von Personen (einmal Selbstauskunft, einmal Verhalten) im Mittelpunkt stehen. Dadurch ist die Grundgesamtheit in der Regel die Bevölkerung oder ein Teil derselben.

Aufgrund der sehr aufwändigen Durchführung von Beobachtungen (hierzu später mehr) ist die Fallzahl aber häufig kleiner als bei Befragungen. Größere Stichproben werden meist mit Hilfe apparativer bzw. automatisierter Verfahren ermöglicht. Ein Beispiel hierfür ist die telemetrische Erhebung der Fernsehnutzung (siehe Kap. 13). Die Datenerhebung selbst ist eher wie bei der Inhaltsanalyse eine Codierung bzw. Protokollierung durch entsprechend geschultes Personal. Dadurch ergeben sich die schon bei der Inhaltsanalyse diskutierten Probleme mit Gütekriterien wie Objektivität, Vollständigkeit, Trennschärfe, Reliabilität und Validität. Das Erhebungsinstrument besteht ähnlich wie bei der Inhaltsanalyse aus einem *Codebuch,* mit welchem die Beobachter:innen Anweisungen zur Durchführung der Beobachtung erhalten, sowie einem *Codebogen,* oft auch Protokollbogen genannt, auf dem die Beobachter:innen die Ergebnisse ihrer Beobachtung festhalten.

In Bezug auf die Reaktivität fällt das Urteil bei der Beobachtung weniger eindeutig aus als bei Befragung und Inhaltsanalyse. Sie kann sowohl reaktiv als auch nicht reaktiv sein, abhängig von der Art der Beobachtung (vgl. Kap. 12). Wenn die Beobachteten wissen, dass ihr Verhalten gerade beobachtet wird, ist die Beobachtung

Tab. 11.1 Elemente von Befragung, Inhaltsanalyse und Beobachtung (eigene Darstellung)

Kriterien	Befragung	Inhaltsanalyse	Beobachtung
Grundgesamtheit	(Teile der) Bevölkerung	(Teile der) Berichterstattung der Massenmedien	(Teile der) Bevölkerung
Merkmalsträger	Personen	Texte, Spielfilme, Reden, Artikel, Teile davon	Personen
Datenerhebung	Interview	Codierung	Codierung, Protokollierung
Erhebungsinstrument	Fragebogen/Leitfaden	Codebuch (mit Codebogen)	Beobachtungsschema (mit Protokollbogen)
Reaktivität	ja	nein	je nach Form der Beobachtung
Realitätsbezug	Gegenwart	Gegenwart, Vergangenheit	Gegenwart, (Vergangenheit)

potenziell reaktiv; wenn die Beobachter:innen das Geschehen sogar beeinflussen, ist die Beobachtung sicher ein reaktives Verfahren. Wenn die Beobachter:innen aufgezeichnetes Material, beispielsweise Videoaufnahmen, codieren, dann ist die Beobachtung nicht-reaktiv. Dieser Aspekt spielt auch bei der Frage des Realitätsbezugs eine Rolle. Befragungen kann man eindeutig nur in der Gegenwart durchführen; Inhaltsanalysen kann man auch mit Material aus der Vergangenheit (z. B. archivierten Zeitungen) vornehmen. Insofern kann man Verhalten von Menschen zunächst prinzipiell nur in der Gegenwart beobachten, außer man konserviert es durch die Aufzeichnung in Form von Audio- und/oder Videosignalen (Tab. 11.1).

11.3 Einsatzmöglichkeiten der Beobachtung

In der Kommunikationswissenschaft hat sich die Methode der Beobachtung in vielerlei Forschungsbereichen etabliert, von denen hier einige beispielhaft dargestellt werden sollen. Dabei soll auch deutlich werden, wie breit das Spektrum von Beobachtungsformen ist. Ganz bewusst verzichten wir dabei auf Spielarten der automatisierten Beobachtung, die später gesondert vorgestellt werden (siehe Kap. 13).

11.3.1 Redaktionsforschung

Eine häufige Form der Beobachtung kommt in der Redaktionsforschung zum Einsatz. Hier werden journalistisches Handeln und Entscheidungsabläufe in Redaktionen untersucht (vgl. als Beispiel Esser 1998; Quandt 2005). Dies geschieht in der Regel dadurch, dass Wissenschaftler:innen einzeln in die Redaktion gehen, *teilnehmend* die Vorgänge verfolgen und sie mit Beobachtungsinstrumenten protokollieren. In Gegensatz zu den großzahligen Untersuchungen der apparativen Beobachtung liegt es in der Natur der Sache, dass Redaktionsbeobachtungen eher Einzelfallcharakter haben. Meist werden Redaktionsbeobachtungen mit anderen Methoden kombiniert, um die Validität ihrer Ergebnisse zu erhöhen. In der Regel sind dies Leitfadeninterviews mit den beteiligten Journalist:innen. Hinzu kommt auch vielfach eine gezielte Dokumentensammlung, um Hintergrundinformationen zur redaktionellen Organisation und den Entscheidungsabläufen zu sammeln. Als Vorbild für Redaktionsbeobachtungen im deutschsprachigen Raum gilt vor allem die Pionierstudie Rühls (1969), jüngere Arbeiten liegen unter anderem mit der Studie Quandts (2005) vor.

Am Beispiel dieser Studie kann auch der Ablauf einer Redaktionsbeobachtung verdeutlicht werden. Das Ziel der Arbeit bestand darin, Muster im Handeln von Online-Redakteur:innen zu identifizieren und auf dieser Basis die Bildung von Handlungsregeln im Online-Journalismus nachvollziehen zu können. Die Studie wurde in fünf Online-Redaktionen durchgeführt, die auf Basis theoretischer Erwägungen ausgewählt wurden. Beobachtungsobjekt waren jeweils einzelne Redakteur:innen, die für zwei Wochen während der gesamten Arbeitszeit beobachtet wurde und deren Handeln in codierter Form in spezielle Codebögen eingetragen wurde. In Ergänzung zu den vorab festgelegten Ausprägungen wurden zudem Ad-hoc-Codierungen durchgeführt, falls für bestehende Handlungen keine Codewerte zur Verfügung standen, d. h., das Codebuch wurde im Prozess des Codierens noch erweitert. Darüber hinaus bestand die Möglichkeit für ergänzende Anmerkungen in einem freien Eintragungsfeld. Typisch für Redaktionsbeobachtungen kamen weitere ergänzende Instrumente zum Einsatz: Leitfadeninterviews mit den Redakteur:innen und den Redaktionsleiter:innen und ein Codierungstagebuch, in dem Beobachtungseindrücke und Notizen zur Befragung festgehalten wurden. Zudem wurden die redaktionellen Räumlichkeiten fotografiert und ihr Grundriss skizziert, um auch die Bewegungen der Redakteur:innen innerhalb der Redaktion erfassen zu können.

Die Nutzung eines weitgehend geschlossenen Instruments, das auch spätere statistische Analysen ermöglicht, ist in der deutschsprachigen Kommunikationswissenschaft mehrfach erprobt worden. Allerdings werden davon abweichend auch des Öfteren nur schwach oder gar nicht strukturierte Redaktionsbeobachtungen durchgeführt, bei denen in der Hauptsache die Eindrücke der Beobachter:innen mit Hilfe eines Tagebuches „frei" aufgezeichnet werden. Diese Form der redaktionellen Beobachtung kann jedoch problematisch sein, da klare Durchführungsregeln fehlen und das Vorgehen mithin schwer nachvollziehbar ist.

Insgesamt gilt aber für alle Redaktionsbeobachtungen, dass die Auswahl der Beobachtungssubjekte und damit verbunden der Orte, Zeiträume und Kontexte der Beobachtung, natürlich nicht zufällig erfolgen kann. Weiterhin können die Arbeitsprozesse kaum in einer Redaktion oder gar in einem ganzen Journalismusbereich in ihrer Gänze erfasst werden. Insofern sind die Schlüsse auf Basis solcher Beobachtungen

kaum inferenzstatistisch abzusichern, sondern müssen durch eine transparente Untersuchungsanlage, umfassende Darstellungen der Beobachtung und klar nachvollziehbare
Ableitungen *intersubjektiv nachvollziehbar* gemacht werden.

11.3.2 Rezeptionsforschung

Studien, die sich mit dem Prozess der Rezeption befassen, nutzen ebenfalls
Beobachtungsdaten. Dies kann klassisch dadurch geschehen, dass menschliche
Beobachter:innen das Verhalten von Personen im Umgang mit Medien erfassen. Damit
kann man beispielsweise ermitteln, wie angespannt bzw. aufmerksam Rezipient:innen
die jeweiligen Medieninhalte verarbeiten. Um beispielsweise zu ermitteln, *wie*
Zuschauer:innen fernsehen, haben englische Forscher:innen in den Wohnzimmern einer
Stichprobe von Haushalten Kameras auf die Fernsehgeräte installiert, die das Verhalten
der Zuschauer:innen aufzeichneten (Gunter et al. 1995). Die aufgezeichneten Verhaltensweisen wurden dann mit einem Codebuch analysiert, z. B. nach der Art der Tätigkeit
(bügeln, telefonieren, essen etc.), nach der Körperhaltung (sitzend, liegend etc.) oder
nach der Blickrichtung (voll zum Gerät gewandt, vollständig abgewandt). Die Ergebnisse solcher Beobachtungsstudien können helfen, die Kontaktqualität während des
Fernsehens zu beschreiben (siehe auch Abschn. 13.1). Ob durch die Analyse der Körperhaltung und der Blickrichtung tatsächlich Aufmerksamkeit erfasst werden kann, werden
wir im nächsten Kapitel bei der Beschreibung der Gütekriterien für Beobachtungen diskutieren.

Eine weitere Form der Beobachtung während der Mediennutzung bezieht sich auf
die Reaktionen der Zuschauer:innen auf das laufende Programm. Es handelt sich hier
um eine Form der Selbstbeobachtung. Rezipient:innen erhalten einen Schiebe- oder
Drehregler, der beispielsweise erfasst, wie gut oder schlecht sie sich gerade fühlen.
Die entsprechende Methode wird als „continuous response measurement" (CRM) oder
„real time response" (RTR) bezeichnet. Diese Bezeichnungen (response bedeutet ja
Antwort) machen deutlich, dass in einigen Fällen die Grenze zwischen Beobachtung und
Befragung fließend verläuft. Streng genommen basieren viele Antworten von Befragten
auf Selbstbeobachtungen – so etwa Antworten auf Fragen nach dem Mediennutzungs-
verhalten. Allerdings werden diese erst im Nachhinein erfasst. Bei den eben genannten
Verfahren wird in Echtzeit und vor allem kontinuierlich ein bestimmter Wert (z. B. das
aktuelle Wohlbefinden) erhoben.

11.3.3 Werbewirkungsforschung

In der Werbewirkungsforschung (vgl. Brosius und Fahr 1996) wird untersucht, welche
Wirkungen Werbebotschaften auf das Erleben und Verhalten von Konsument:innen
bzw. Rezipient:innen haben. Dabei geht es nicht allein um die Frage, ob Menschen

beworbene Produkte auch tatsächlich kaufen, sondern auch um durch Werbung beeinflusste Meinungen, Einstellungen, Urteile, Kenntnisse, Kaufabsichten etc. Während meist Befragungen eingesetzt werden (z. B. Fragebögen zur Erinnerungsleistung oder zur Bewertung von Werbespots), gibt es auch Beobachtungsmethoden.

Eine relativ einfache Beobachtungssituation stellen sogenannte *Kaufbühnen* dar. Nach einer Präsentation von Werbebotschaften (in Form von Anzeigen oder Werbespots) werden den Versuchspersonen verschiedene Produkte dargeboten, die in der rezipierten Werbung vorkamen oder nicht. Dabei wird den Personen häufig gesagt, sie könnten sich als Belohnung für ihre Teilnahme an der Untersuchung ein Produkt aussuchen. Kombiniert man diese Methode mit experimentellen Vorgehensweisen, kann man Kaufentscheidungen nachbilden. Eine Versuchsgruppe würde beispielsweise einen Werbeblock präsentiert bekommen, in dem ein bestimmter Werbespot enthalten ist. Eine andere Gruppe würde den gleichen Block ohne genau diesen Spot bekommen. Entscheidet sich die erste Gruppe häufiger für das beworbene Produkt, kann man davon ausgehen, dass der entsprechende Werbespot gewirkt hat.

Eine weitere Form der Beobachtung im Umfeld von Werbeforschung ist die sogenannte *Blickbewegungsregistrierung*. Dabei wird mit verschiedenen Messverfahren der Blickverlauf beim Betrachten meist statischer Reizvorlagen (hier in der Regel Printanzeigen) erhoben. Meist wird dabei die sogenannte Corneal-Reflex-Methode verwendet. Dabei wird ein Infrarotstrahl auf das Auge gelenkt. Durch das Verhältnis des Pupillenreflexes zum Hornhautreflex kann nach einer Kalibrierung die Blickrichtung eindeutig identifiziert werden. Eine Kamera zeichnet dann praktisch den Blickverlauf auf, dieser kann grafisch über die jeweilige Reizvorlage gelegt werden. Diese Methode erlaubt es den Versuchspersonen, ihren Kopf relativ frei und unbeeinträchtigt zu bewegen. Man kann durch diese ebenfalls technische Beobachtungsmethode ermitteln, welche Stellen einer Anzeige wie lange betrachtet werden. Dadurch kann man Schwächen der Anzeigengestaltung auf die Spur kommen. Häufig kann man beispielsweise zeigen, dass sexuelle Elemente in einer Anzeige den Blick anziehen, die zentrale Botschaft der Anzeige dagegen nicht bewusst wahrgenommen wird. Dies wird in der Literatur auch als Kannibalisierungseffekt bezeichnet.

11.3.4 Gewaltforschung

Die Theorie des sozialen Lernens von Bandura (s. Bandura et al. 1963; Bandura 1973) geht davon aus, dass Menschen, also auch Fernsehzuschauer:innen, durch Beobachtung ein bestimmtes Verhalten zunächst einmal lernen. Die Nachahmung eines beobachteten Verhaltens wird dann begünstigt, wenn Belohnung folgt; sie wird gehemmt, wenn es bestraft wird (Bandura 1973, S. 71–72). Auf die Medienwirkungsforschung übertragen bedeutet dies, dass mediale Gewalt zu verstärkter Aggression bei den Rezipient:innen führt, wenn die Aggressor:innen in einem Film für ihr Verhalten Anerkennung erhalten – und entsprechend zu weniger Aggression führt, wenn das Verhalten getadelt wird.

Um die soziale Lerntheorie zu überprüfen, haben die Autor:innen 1963 ein Experiment veröffentlicht, in dem die Methode der Beobachtung zur Anwendung kam. Die Autor:innen stellten die Hypothese auf, dass frustrierte Versuchspersonen, die Aggression beobachten, aggressiver sind als jene, die kein aggressives Verhalten gezeigt bekommen. Untersucht wurden 48 Jungen und 48 Mädchen einer Vorschule der Stanford-Universität. Die Kinder waren zwischen drei und sechs Jahre alt. Sie wurden in drei Experimental- und eine Kontrollgruppe(n) zu je 24 Kindern aufgeteilt. Vor dem Experiment bewerteten Vorschullehrer:innen und Versuchsleiter:innen das aggressive Verhalten der Kinder, nach dem sie dann gleichmäßig auf die verschiedenen Gruppen verteilt wurden. Die Versuchspersonen der ersten Experimentalgruppe saßen an einem Spieltisch mit Malutensilien, während eine erwachsene Person in einer anderen Ecke des Zimmers eine große Clownpuppe („bobo doll") aggressiv traktierte. Dabei boxte die Person die Puppe, schrie sie an, trat auf sie ein, setzte sich darauf, schlug mit einem kleinen Hammer auf ihren Kopf und äußerte dabei verbale Aggressionen. In der zweiten Experimentalgruppe erhielten die Kinder ebenfalls Malutensilien und während sie an einem Bild arbeiteten, wurde ihnen ein Film gezeigt, der die erwachsene Person bei dem aggressiven Verhalten gegenüber der Puppe darstellte. Die dritte Experimentalgruppe bekam auch die Gelegenheit, zu malen, während ein Zeichentrickfilm vorgeführt wurde. Darin traktierte eine als Katze verkleidete Person auf gleiche Art und Weise wie in den anderen beiden Experimentalgruppen die Clownpuppe. Um die Unwirklichkeit des Cartoons zu verstärken, enthielt der Film eine zeichentrickähnliche Phantasiekulisse und Musik. Der Kontrollgruppe wurde kein aggressives Verhalten vorgeführt.

Anschließend wurden die Kinder frustriert, indem ihnen verboten wurde, mit bestimmten Spielsachen zu spielen. In der letzten Phase des Versuchs erhielten alle Kinder die Möglichkeit, sich mit verschiedenen Spielsachen 20 min lang in dem Experimentalzimmer zu beschäftigen. Unter den Spielsachen befand sich auch die Clownpuppe. Das Verhalten der Kinder wurde von geschulten Codierer:innen beobachtet. Dabei wurden verschiedene Kategorien verwendet, unter anderem auch solche für aggressives Verhalten. Die Ergebnisse zeigen, dass alle Kinder aus den Experimentalgruppen aggressiver waren als jene in der Kontrollgruppe. Die Beobachtung eines aggressiven Films rief dabei am meisten aggressives Verhalten bei den Kindern hervor.

Die Qualität der Studie hängt dabei erkennbar von der Reliabilität des Beobachtungsinstruments ab. Können die beteiligten Codierer:innen zuverlässig erfassen, wann ein kindliches Verhalten der Puppe gegenüber als aggressiv einzustufen ist und wann nicht? Gerade in Fällen, in denen Verhalten weniger offensichtlich mit inneren Zuständen von Personen in Zusammenhang gebracht werden kann, muss auch die Frage der Validität eine Rolle spielen. Erfasse ich also tatsächlich die Art von Verhalten, die ich untersuchen möchte? Bei manchem beobachteten Verhalten ist das vergleichsweise einfach. *Ob* eine Person gerade vor dem Fernseher sitzt, lässt sich zuverlässig erfassen. *Wie* die Person hingegen fernsieht, ob sie z. B. dabei aufmerksam ist oder sich nur berießeln lässt, ist deutlich schwerer zu beobachten.

Aggressives Verhalten wird in der Gewaltforschung auch noch auf andere Art beobachtet. In zahlreichen Experimenten (beispielhaft Berkowitz und Geen 1967) wurden Versuchspersonen zunächst frustriert. In dem vorliegenden Experiment wurden sie von einer eingeweihten Person durch sieben Elektroschocks verärgert, nachdem sie eine schriftliche Aufgabe gelöst hatten. Anschließend sahen zwei Drittel eine Filmsequenz eines Preisboxkampfs. Es gab eine Version mit gerechtfertigter Aggression und eine mit ungerechtfertigter Aggression. Das andere Drittel sah einen aufregenden Film über ein Rennen. Anschließend erhielten die Versuchspersonen die Gelegenheit, ihrem „Frustrator" Elektroschocks zu geben. Die Menge und die Stärke der ausgeteilten Elektroschocks wurden als Indikator für die Stärke der Aggressivität der Versuchspersonen genommen. Letztlich handelt es damit auch um eine apparativ gestützte Form der Beobachtung, denn von der Höhe der Voltzahl wird auf eine innere Disposition der Versuchspersonen geschlossen. In Frage steht auch hier letztlich die Validität – messen also Elektroschocks tatsächlich aggressives Verhalten? So ist ungeklärt, ob die Vergabe von Elektroschocks eine Folge von Gehorsam gegenüber den Versuchsleiter:innen oder von Aggression ist. Die Versuchspersonen durften zwar frei entscheiden, ob sie Elektroschocks verteilen, jedoch wurden sie von den Versuchsleiter:innen explizit dazu angehalten.

11.4 Klassifikation von Beobachtungsformen

Nachdem im vorigen Kapitel einige Anwendungsgebiete der Beobachtung dargestellt wurden, soll das folgende Kapitel vor allem dabei helfen, die unterschiedlichen Varianten einzuordnen. Die Beobachtung ist vermutlich die vielseitigste Methode der Datenerhebung und kennt eine erhebliche Anzahl von Varianten. Im Folgenden versuchen wir, in Anlehnung an Gehrau (2017), die verschiedenen Formen zu systematisieren. Dies geschieht anhand einer Reihe von dichotomen Kriterien, nach denen konkrete Beobachtungsstudien klassifiziert werden können. Diese Kriterien können – wie in der nachfolgenden Abbildung dargestellt – den drei Bereichen *Beobachter:in, Situation* und *Erhebung* zugeordnet werden (Abb. 11.1).

11.4.1 Beobachter:in

Hinsichtlich der Person bzw. Rolle der Beobachterin bzw. des Beobachters lassen sich drei Merkmale unterscheiden. Dabei sollte vor allem die Entscheidung darüber gut überlegt sein, ob die Beobachter:innen selbst an dem zu beobachtenden Geschehen teilnehmen.

Beobachter:in	Interne Beobachter:innen versus extern beauftragte Beobachter:innen
	Selbst- versus Fremdbeobachtung
	Teilnehmende versus nicht-teilnehmende Beobachtung
Beobachtungs-situation	Offene versus verdeckte Beobachtung
	Wissentliche versus unwissentliche Beobachtung
	Feld- versus Laborbeobachtung
	Beobachtung mit versus ohne Stimulus
Erhebungs-verfahren	Standardisierte versus nicht standardisierte Protokollierung
	Direkte Beobachtung versus indirekt über Verhaltensresultate
	Unvermittelte Beobachtung versus vermittelt über Aufzeichnung
	Manuelle versus apparativ-automatisierte Protokollierung

Abb. 11.1 Systematisierung der Beobachtungsvarianten nach Gehrau (2017)

11.4.1.1 Interne versus extern beauftragte Beobachter:innen

Bezüglich der Person der Beobachterin bzw. des Beobachters lässt sich zunächst zwischen Untersuchungen unterscheiden, bei denen die Forscher:innen die Beobachtung selbst durchführen und solchen, bei denen extern beauftragte Personen zum Einsatz kommen. Bei der Entscheidung dieser Frage stehen oft forschungsökonomische Gründe im Vordergrund. Bei geringem Budget werden Beobachtungen somit meist von den Forscher:innen selbst durchgeführt. Das hat den Vorteil, dass die Beobachter:innen mit der wissenschaftlichen Fragestellung vertraut sind. Sie wissen, auf welches Verhalten es ankommt und können bei der Beobachtungsprotokollierung Irrelevantes auslassen. Dass die Forscher:innen mit dem Beobachtungsziel vertraut sind, kann aber ebenso eine Störquelle darstellen und somit die Validität der Ergebnisse gefährden. Dieser Aspekt ist vergleichbar mit den sogenannten Versuchsleiter:inneneffekten bei Experimenten (vgl. Abschn. 15.4).

Bei einer Inhaltsanalyse müssen Codierer:innen beispielsweise eine Aussage oder einen Artikel interpretieren, um erfassen zu können, welche Position der Autor oder die Autorin zu einem Sachverhalt einnimmt. Gleichermaßen bedeutet auch Beobachten, menschliches Verhalten zu interpretieren. Beobachten Forscher:innen selbst, kann ihre Wahrnehmung durch Vorannahmen über das zu erwartende Verhalten verzerrt sein (hypothesengeleitete Wahrnehmung). Externe Beobachter:innen können hingegen über den Hintergrund der Untersuchung zumindest teilweise im Unklaren gelassen werden und können so das Verhalten der Beobachteten weitgehend unvoreingenommen erfassen. Der Einsatz von gut geschulten externen Beobachter:innen, die sich im Zweifelsfall bei anwesenden Forscher:innen rückversichern können, wäre folglich wünschenswert. Dies ist jedoch die teuerste und zeitaufwändigste Variante.

11.4.1.2 Selbst- versus Fremdbeobachtung

Der zweite Aspekt betrifft die Frage, ob man andere oder sich selbst beobachtet. Was Fremdbeobachtung bedeutet, muss nicht weiter erläutert werden. Die Selbstbeobachtung oder Introspektion wurde hauptsächlich in der Psychologie entwickelt und ist vor allem dazu geeignet, Prozesse abzubilden, die sich der direkten Beobachtung entziehen, da sie nicht oder kaum mit extern erfassbaren Reaktionen einhergehen. So können beispielsweise psychische Prozesse untersucht werden.

Weiterhin wird die Selbstbeobachtung eingesetzt, wenn sich aufgrund des Untersuchungsgegenstandes eine Fremdbeobachtung ausschließt. Ein Beispiel sind Zeitbudgetstudien. Externe Beobachter:innen, die eine Person den ganzen Tag über begleiten und beobachten, sind kaum denkbar: Abgesehen davon, dass sich kaum jemand dazu bereit erklären würde, an einer derartigen Studie teilzunehmen, ist es sehr unwahrscheinlich, dass sich die zu Beobachtenden natürlich und nicht aufgrund der Anwesenheit eines Beobachters oder einer Beobachterin anders verhalten würden (Reaktivität). Die Versuchspersonen dokumentieren somit selbst, welcher Tätigkeit sie jeweils im Tagesverlauf nachgegangen sind. An diesem Beispiel erkennt man den fließenden Übergang zwischen der Selbstbeobachtung und der Befragung. Eine genaue Abgrenzung ist nur schwer möglich, da auch Antworten auf Fragen nach dem Verhalten in einem Fragebogen streng genommen auf einer Selbstbeobachtung beruhen.

Kritikwürdig ist an der Methode der Selbstbeobachtung vor allem, dass das Vorgehen und die Ergebnisse schlecht intersubjektiv nachvollziehbar und somit auch nicht durch andere replizierbar sind. Nur der bzw. die (Selbst-)Beobachtende kann nachvollziehen, wie die Ergebnisse zustande kamen und deren Validität abschätzen. Das bedeutet aber keineswegs, dass die Selbstbeobachtung als wissenschaftliche Methode generell abgelehnt werden sollte. Wie erwähnt basieren auch Antworten auf Fragen nach Verhalten im Prinzip auf einer Selbstbeobachtung. Die Ergebnisse einer Befragung sollten aber, ebenso wie die einer Selbstbeobachtung, reflektiert und unter Berücksichtigung möglicher Verzerrungen interpretiert werden.

11.4.1.3 Teilnehmende versus nicht teilnehmende Beobachtung

Die Entscheidung darüber, ob die Beobachter:innen an dem Geschehen, das sie beobachten sollen, teilnehmen, ist von zentraler Bedeutung für die Validität einer Untersuchung. Hierbei stehen drei Fragen im Mittelpunkt:

- Können teilnehmende Beobachter:innen das Geschehen adäquat beobachten und festhalten?

- Gibt es eine Rolle, die teilnehmende Beobachter:innen einnehmen können, ohne dass sie zu großen Einfluss auf die Situation ausüben?
- Wie groß ist die Wahrscheinlichkeit, dass die Anwesenheit nicht teilnehmender Beobachter:innen zu beobachtendes Verhalten beeinflusst?

Zunächst muss hier überlegt werden, ob teilnehmende Beobachter:innen in der Lage sind, die relevanten Handlungen überhaupt wahrzunehmen und festzuhalten. Vor allem komplexe Situationen und Erhebungsinstrumente stellen hierbei ein Problem dar. Sind die Beobachter:innen Teil des Geschehens, übersehen sie möglicherweise relevante Handlungen anderer Personen. Dieses Problem wird umso größer, je aktiver die Beobachter:innen am Geschehen beteiligt sind. Darüber hinaus sind sie als Teilnehmer:innen möglicherweise nicht in der Lage, alle relevanten Handlungen in Echtzeit zu protokollieren und müssen dies im Nachhinein auf Basis ihrer Erinnerungen nachholen.

Die zweite und dritte Frage beziehen sich jeweils auf denselben Aspekt. Die Rolle der Beobachterin bzw. des Beobachters sollte so gewählt werden, dass diese möglichst wenig Einfluss auf das zu beobachtende Verhalten ausüben. Es interessiert die Forscher:innen in der Regel nicht, wie sich Journalist:innen oder Mediennutzer:innen verhalten, wenn sie das Gefühl haben, dass ihre Handlungen beobachtet werden. Ziel sollte sein, ihr „natürliches", unvoreingenommenes Verhalten zu erfassen. Wenn Beobachter:innen nicht am Geschehen teilnehmen, wirken sie oft wie ein „Fremdkörper" (zumindest, wenn es sich um eine offene Beobachtung handelt; vgl. Abschn. 14.4.2). Ihre Anwesenheit macht es den Versuchspersonen bewusst, dass sie beobachtet werden. Sie werden sich Gedanken darüber machen, welches Verhalten von ihnen erwartet wird und wie ihr Verhalten auf die Beobachter:innen wirken könnte. Viele werden darüber hinaus versuchen, ihre eigene Rolle möglichst positiv darzustellen. Diese Gefahr ist umso größer, je wertbeladener das zu beobachtende Verhalten ist.

Nehmen Beobachter:innen dagegen am Geschehen teil, ist darauf zu achten, dass sie sich möglichst passiv verhalten und nicht aktiv in das Geschehen eingreifen. Je aktiver Beobachter:innen in der Situation auftreten, desto größer ist die Gefahr, dass sie das Geschehen verfälschen und Ergebnisse produzieren, die vor allem auf ihre Anwesenheit zurückzuführen sind. Es muss also in der Situation eine Funktion geben, die Beobachter:innen übernehmen können, ohne dass sie dadurch zu großen Einfluss auf die Ergebnisse ausüben.

Insgesamt ist je nach Untersuchungsgegenstand und -anlage sehr genau abzuwägen, welches Risiko höher einzuschätzen ist. Betrifft der Untersuchungsgegenstand allerdings den Bereich abweichenden Verhaltens, ist meist nur eine teilnehmende Beobachtung möglich. Eine Besonderheit stellen noch solche Untersuchungen dar, in denen das zu beobachtende Verhalten normalerweise nicht oder nur selten auftritt. Dann können Beobachter:innen in die Situation auch eingreifen und das entsprechende Verhalten erleichtern bzw. sogar provozieren. Fragen der Validität entsprechender Untersuchungsergebnisse müssen dabei natürlich berücksichtigt werden.

11.4.2 Beobachtungssituation

Hinsichtlich der Situation der Beobachtung lassen sich vier Aspekte unterscheiden, wobei die ersten beiden eng miteinander verknüpft sind und deshalb gemeinsam dargestellt werden. Geht man von den *Beobachter:innen* aus, können diese offen zu sehen sein oder im Verborgenen bleiben. Geht man von den *Beobachteten* aus, bezieht sich die Unterscheidung auf deren (Nicht-)Wissen darüber, dass sie beobachtet werden. Gleichzeitig stellt dies die wichtigste Entscheidung hinsichtlich der Situation dar.

11.4.2.1 Wissentliche versus unwissentliche Beobachtung

Die Frage, ob die Beobachtung offen oder verdeckt erfolgt, ist eng mit dem Aspekt verbunden, ob den Beobachteten bewusst ist, dass sie beobachtet werden, aber nicht damit identisch. So kann (z. B. in einer Laborsituation) die Beobachtung durchaus verdeckt erfolgen, den Beobachteten aber gleichzeitig bewusst sein, dass ihr Verhalten beobachtet wird. Im günstigsten Fall „vergessen" die Beobachteten jedoch nach einiger Zeit, dass sie beobachtet werden und zeigen ihr natürliches Verhalten. Im ungünstigsten Fall kann aber gerade dieses „Nichtsehen" ein unangenehmes Gefühl bei den Beobachteten verursachen und deren Verhalten massiv beeinflussen. Meist wird eine offene Beobachtung auch mit Wissen der handelnden Personen stattfinden und umgekehrt. Zwei Aspekte sind zentral und sollten bedacht werden:

- Wie groß ist die Wahrscheinlichkeit, dass das Wissen um die Beobachtung das zu beobachtende Verhalten beeinflusst?
- Handelt es sich um ein Verhalten, das ohne Wissen der handelnden Personen beobachtet werden darf?

Die erste Frage bezieht sich auf die Natürlichkeit des Verhaltens und ist bereits im letzten Teilabschnitt diskutiert worden. Im Vordergrund steht die Frage, ob valide Ergebnisse zu erwarten sind, wenn die Beobachteten vorher eingeweiht werden. Dies ist unwahrscheinlich, wenn man beispielsweise die Reaktion von Passant:innen auf die Schlagzeilen von Straßenverkaufszeitungen untersuchen will. Spricht man sie zehn Meter vor den „stummen Verkäufern" an, um sie über die Beobachtung zu informieren, wird man ihre Reaktion beim Passieren der Verkaufskästen sicher beeinflussen, da sie möglicherweise erst so darauf aufmerksam wurden. Wenn eine Beobachtung mit Wissen der handelnden Personen nicht in Betracht kommt, muss aber sehr genau überlegt werden, ob eine „heimliche" Beobachtung überhaupt zulässig ist.

Es muss sichergestellt sein, dass eine verdeckte Beobachtung die Privatsphäre der beobachteten Personen nicht verletzt. Es spricht sicher nichts dagegen, wie im genannten Beispiel die Reaktionen von Passant:innen auf die Schlagzeilen der Straßenverkaufszeitungen an Kiosken oder Verkaufsständen zu beobachten. Problematischer wird die Sache, wenn Gespräche und Interaktionen von Menschen in Gaststätten oder am Arbeitsplatz ohne deren Wissen beobachtet werden sollen. Dass das Anbringen von Kameras und Mikrofonen in einem Wohnzimmer zum Zweck der Beobachtung der Rezeptionssituation nur mit Wissen und Zustimmung aller dort wohnenden Personen erfolgen kann, muss nicht diskutiert werden.

11.4.2.2 Feld- versus Laborbeobachtung

Die beiden folgenden Merkmale zur Klassifikation von Beobachtungsstudien beziehen sich eher auf die Untersuchungsanlage als auf die Methode. Zunächst kann an dem Ort beobachtet werden, wo das zu untersuchende Verhalten natürlicherweise auftritt – also in Redaktionen, Wohnzimmern, Cafés, auf der Straße etc. Da fehlende Authentizität des erfassten Verhaltens die Ergebnisse jeder Beobachtung nahezu wertlos macht, finden viele Studien im Feld statt. Hier ist die Wahrscheinlichkeit höher, authentisches Verhalten zu beobachten. Das soll allerdings nicht bedeuten, dass dies nicht auch im Labor möglich wäre. Der Vorteil der Beobachtung im Labor liegt dagegen in der Möglichkeit, Störvariablen auszuschließen oder zumindest zu kontrollieren. Daher wird man vor allem im Rahmen einer experimentellen Untersuchungsanlage überlegen, die Beobachtung im Labor durchzuführen.

In den Kapiteln zum Experiment wird noch detaillierter auf den Begriff „Labor" eingegangen. Nur so viel schon vorweg: Damit ist keineswegs ein steriler Raum gemeint, an den man zunächst bei diesem Begriff denken mag. Als Kommunikationswissenschaftler:in kann man ein „Labor" auch wie ein Wohnzimmer mit Sofa, Pflanzen, Fernseher etc. einrichten. Wichtig ist dabei, dass man selbst den Raum nach den Erfordernissen der Untersuchung gestalten kann. Nehmen wir an, es soll beobachtet werden, wie Menschen fernsehen, ob sie dabei eine Programmzeitung nutzen und welchen Einfluss dies auf die Fernsehnutzung hat. Man könnte also ein Labor mit Fernseher, Sessel, Couchtisch und Fernsehzeitschrift einrichten. Mögliche Drittvariablen, die wirksam werden könnten, wenn man die Beobachtung bei den Personen zu Hause durchführt, können so ausgeschaltet werden. Dort gäbe es beispielsweise unterschiedliche Fernseher mit einer unterschiedlichen Senderplatzbelegung, ein Teilnehmer würde alleine wohnen, eine andere Teilnehmerin in einer großen WG, wo laufend jemand das gemeinsame Wohnzimmer betritt usw.

An diesem Beispiel wird aber auch deutlich, was es bedeutet, wenn dem erfassten Verhalten ein Teil der Natürlichkeit verloren geht. Selbstverständlich können die Beobachteten im Labor umschalten, in der Fernsehzeitschrift lesen oder eben den Fernseher ausschalten. Viel mehr Handlungsmöglichkeiten stehen ihnen aber nicht zur Verfügung. Zu Hause könnten sie beispielsweise auch den PC einschalten und nur noch nebenbei fernsehen, telefonieren, sich etwas zu essen holen etc.

11.4.2.3 Beobachtung mit oder ohne Stimulus

Dieses Merkmal ist eng mit dem vorhergehenden verknüpft, wiederum aber nicht damit identisch. Besonders dann, wenn das interessierende Verhalten nur relativ selten auftritt und man einen sehr langen Zeitraum darauf warten müsste, stellt sich die Frage, ob man die Versuchspersonen nicht zu dem Verhalten auffordern oder dieses zumindest provozieren sollte. Laborbeobachtungen sind letztlich immer Beobachtungen mit Stimulus, da allein die Einrichtung des Labors bzw. die Auswahl der bereitgestellten Gegenstände bestimmtes Verhalten gezielt ermöglicht und anderes Verhalten ausschließt. Man kann das gewünschte Verhalten aber auch noch zusätzlich stimulieren, in dem man die Versuchspersonen instruiert, dieses zu zeigen – also sie im obigen Beispiel explizit darum bittet, einmal in die bereitgelegte Programmzeitschrift zu schauen. Bei Feldbeobachtungen hingegen liegt der Verzicht auf Stimuli nahe, da man sonst den großen Vorteil dieser – die Beobachtung authentischen, natürlichen Verhaltens – wieder zunichtemacht. Allerdings kann es auch hier bei seltenem Verhalten sinnvoll sein, nachzuhelfen. Neben zuvor am Ort der Feldbeobachtung bereitgestellter Gegenstände (z. B. eine Auswahl an Zeitschriften in einem Café) kommen hier auch häufig sogenannte Interventionen zum Einsatz, insbesondere dann, wenn *Reaktionen* auf andere Handlungen beobachtet werden sollen. Hierbei wird das initiierende Verhalten von einer instruierten Person ausgeführt und man beobachtet dann, wie die Beobachteten auf dieses Verhalten reagieren. Wichtig ist bei der Entscheidung für oder gegen Stimuli vor allem die Abwägung, ob sich trotz der durch den Stimulus hervorgerufenen Abweichung vom natürlichen Verhalten das interessierende Verhalten trotzdem (oder gerade deshalb) valide erfassen lässt.

11.4.3 Erhebungsverfahren

Die dritte Dimension, anhand derer sich Beobachtungen einteilen lassen, steht im Zusammenhang mit der Art und Weise der Protokollierung. Die beiden letzten Gesichtspunkte (unvermittelte vs. vermittelte und manuelle vs. automatisierte Beobachtung) sind dabei eher technische Aspekte.

11.4.3.1 Standardisierte versus unstandardisierte Protokollierung

Wie auch bei Befragungen kann der Standardisierungsgrad von Beobachtungen variieren. Bei Befragungen reicht die Spanne von vollkommen standardisierten Befragungen mit engen Antwortvorgaben über Leitfadeninterviews bis hin zu vollständig unstrukturierten Interviews (vgl. Abschn. 6.2). Ausschlaggebend für die Entscheidung über den Standardisierungsgrad ist dabei nicht zuletzt das Vorwissen über den Untersuchungsgegenstand. Dies trifft auch auf die Beobachtung zu. Unstandardisierte Beobachtungsprotokolle kommen vor allem dann zum Einsatz, wenn der Untersuchungsgegenstand bislang wenig erforscht ist. In diesem Fall ist eine standardisierte Protokollierung wenig sinnvoll. Der Vorteil der offenen Erfassung liegt in der potenziell hohen Validität der so gewonnenen Daten. Die Beobachter:innen protokollieren frei in ihren eigenen Worten. Allerdings müssen sie dafür gut geschult werden, damit sie das relevante Verhalten erkennen und aufzeichnen. Daneben müssen sie den Spagat zwischen Beobachten und Protokollieren beherrschen, da man eben nur entweder beobachten oder protokollieren kann. Soll die Protokollierung im Nachhinein aus dem Gedächtnis erfolgen, muss auch dies trainiert werden. Das so gewonnene Material muss später von den Forscher:innen gesichtet und systematisiert werden, bevor mit der Ergebnisdarstellung und -interpretation begonnen werden kann.

Bei einer standardisierten Protokollierung ist ein Teil dieser Arbeit bereits im Vorfeld erfolgt. Diese kann nur zum Einsatz kommen, wenn ausreichendes Vorwissen über den Untersuchungsgegenstand vorhanden ist. Auf Basis solchen Vorwissens wird ein Beobachtungsschema erstellt, das detaillierte Instruktionen enthält, welches Verhalten wie zu protokollieren ist. Die Protokollierung erfolgt nicht in Worten, sondern mit Hilfe festgelegter Kategorien und deren Ausprägungen, die der unmittelbaren Klassifikation des zu beobachtenden Verhaltens dienen. Diese Kategorien sind Teil des bereits erwähnten Beobachtungsschemas, das mit dem Codebuch einer Inhaltsanalyse vergleichbar ist (vgl. Abschn. 9.3). Bei standardisiertem Vorgehen müssen Beobachter:innen meist „nur" Ausprägungen für bestimmte Handlungen vergeben. Es ist daher wesentlich einfacher, nahezu gleichzeitig zu beobachten und zu protokollieren. Während sich somit die unstandardisierte Erfassung durch eine potenziell hohe Validität auszeichnet, ermöglicht die standardisierte Protokollierung eine hohe Reliabilität der Messung. Sie erfordert einen größeren Arbeitsaufwand vor Beginn der Feldphase, dafür spart man bei der Ergebnisauswertung an Zeit.

Natürlich ist auch die Kombination beider Varianten denkbar. Die Beobachter:innen bekommen dabei einen standardisierten Beobachtungsbogen und einen Notizblock mit der Anweisung, hier zu vermerken, was ihnen im Zusammenhang mit der beobachteten Handlung noch aufgefallen ist. Diese in vielen Fällen sicherlich wünschenswerte Kombination erhöht allerdings wiederum den Aufwand.

11.4.3.2 Direkte Beobachtung versus Analyse von Verhaltensresultaten

Oft wird das zu untersuchende Verhalten direkt, das heißt unmittelbar beobachtet. Dies ist aber nicht immer möglich und es stellt sich die mehrfach diskutierte Frage, ob das Verhalten der Beobachteten nicht hierdurch beeinflusst wird. Eine direkte Beobachtung ist demnach nicht möglich oder zu präferieren, wenn 1) die Privatsphäre der Beobachteten verletzt würde oder 2) eine Verhaltensbeeinflussung zu erwarten ist. Dieser Problematik kann begegnet werden, indem nicht das Verhalten an sich, sondern Verhaltensresultate erfasst werden. Ein einfaches Beispiel: möchte man das Mülltrennungsverhalten untersuchen, könnte man sich natürlich in die Küche der Personen setzen und direkt beobachten und protokollieren, was wohin entsorgt wird. Zielführender und effizienter wäre aber eine indirekte Beobachtung, in dem die Verhaltensresultate – die Inhalte der unterschiedlichen Mülltonnen – untersucht werden. Für die Kommunikationswissenschaft relevante Verhaltensresultate ließen sich früher selten gut beobachten und vor allem selten eindeutig auf die zu untersuchende Handlung zurückführen (welche Verhaltensresultate zeigt das Zeitunglesen?). Durch die Ausweitung der Online- und Mobilkommunikation hat sich dies jedoch geändert, so dass sogenannte digitale Verhaltensspuren inzwischen eine gewichtige Rolle in der Kommunikationsforschung einnehmen. Diese werden daher in Abschn. 13.2 detailliert behandelt.

11.4.3.3 Unvermittelte Beobachtung versus Aufzeichnung

Ein weiteres Unterscheidungsmerkmal von Beobachtungsstudien ist, ob das zu beobachtende Verhalten aufgezeichnet oder unvermittelt beobachtet wird. Sind die Beobachter:innen vor Ort, erhalten sie zwar einen authentischen Eindruck in die Situation. Dennoch kann es aber sinnvoll sein, das Geschehen aufzuzeichnen und die Handlungen später zu erfassen. Dabei geht zwar etwas vom Eindruck der Gesamtsituation verloren und die Validität der Erhebung verringert sich – abhängig von der Qualität der Aufzeichnung – so eventuell etwas. Gleichzeitig bietet die Aufzeichnung aber die Möglichkeit, das Geschehen mehrfach zu beobachten, was besonders bei komplexen Beobachtungen hilfreich ist. Unter dem Gesichtspunkt einer hohen Reliabilität ist die Aufzeichnung demnach zu befürworten. An dieser Stelle sei ausdrücklich darauf hingewiesen, dass die Aufzeichnung und Speicherung von Bild- und vor allem Tondateien nur mit dem Wissen und Einverständnis der zu beobachtenden Personen erfolgen sollten.

11.4.3.4 Manuelle versus apparativ-automatisierte Protokollierung

Bei der manuellen Protokollierung sind die Beobachter:innen vor Ort und erfassen mit Hilfe eines Beobachtungsbogens die relevanten Handlungen oder protokollieren anhand von Video- und/oder Tonaufzeichnungen. Der Nachteil der manuellen Erhebung liegt auf der Hand: Man benötigt dafür Menschen. Die kosten Geld und können Fehler machen. Eine andere Möglichkeit ist die automatisierte Protokollierung, die beispielsweise bei der telemetrischen Rezeptionsforschung zum Einsatz kommt (vgl. Abschn. 13.1). Deren Vorteil liegt in der hohen Reliabilität (vorausgesetzt, die Geräte funktionieren einwandfrei). Allerdings nimmt man dabei meist Abstriche im Hinblick auf die Validität in Kauf, da so nur eine sehr begrenzte Anzahl an Merkmalen erfasst werden kann. Menschliche Beobachter:innen könnten festhalten, ob eine Person konzentriert fernsieht oder nebenbei liest, ob sie lacht oder Verärgerung äußert usw. Abgesehen davon, dass die automatisierte Protokollierung einen zeitintensiven Vorlauf benötigt und die technische Realisierung meist sehr teuer und/oder technisch anspruchsvoll ist, sollte man also sehr genau abwägen, ob das Forschungsinteresse eine automatisierte Beobachtung zulässt.

11.4.4 Zusammenfassung

Anhand dieser Merkmale der drei Dimensionen *Beobachter:innen, Situation* und *Erhebungsverfahren* kann jede Beobachtungsstudie charakterisiert werden. Dabei ist nicht jede Entscheidung gleich wichtig, oft determiniert der Untersuchungsgegenstand eine der Varianten oder legt die Entscheidung zumindest nahe. Zentrale Entscheidungen bei der Konzeption einer Beobachtungsstudie sind:

- ob die Beobachter:innen selbst am Geschehen teilnehmen sollen
- ob die Beobachtung offen oder verdeckt erfolgt

- ob die Datenerhebung standardisiert vorgenommen wird

Es sollte weiterhin deutlich geworden sein, dass nicht alle Varianten frei miteinander kombinierbar sind. Apparative bzw. automatisierte Beobachtungen erfolgen immer mit einem gewissen Standardisierungsgrad, da man vorab festlegen muss, welche Aktionen in welcher Form apparativ protokolliert werden müssen. Ebenso wird es schwierig sein, eine unwissentliche Laborbeobachtung durchzuführen, da sich die Versuchspersonen kaum von selbst dort einfinden werden. Alle Entscheidungen, die bei der Konzeption einer Beobachtung anstehen, sollten auf Basis von Überlegungen über Reliabilität und Validität getroffen werden.

▶ Um eine hohe Reliabilität und Validität zu erreichen, sollte sichergestellt sein, dass das relevante Verhalten von den Beobachter:innen (oder automatisiert) gut erfasst werden kann und die Beobachtung selbst dieses Verhalten nicht (in zu starkem Maße) beeinflusst.

12.1 Durchführung einer Beobachtungsstudie

In den folgenden Abschnitten sollen nun die Schritte, die bei der Konzeption und Durchführung einer Beobachtungsstudie anfallen, dargestellt werden. Dabei ist es ratsam, sich (wie bei Befragung und Inhaltsanalyse) an dem im ersten Kapitel dargestellten Ablauf des Forschungsprozesses zu orientieren. Dieses Vorgehen mit Entdeckungs-, Begründungs- und Verwertungszusammenhang ist bereits mehrfach erörtert worden, daher beginnt die folgende Darstellung direkt beim Schritt der empirischen Umsetzung.

12.1.1 Untersuchungseinheiten

Um wissenschaftlichen Standards zu genügen und intersubjektive Nachvollziehbarkeit zu gewährleisten, muss die Untersuchungseinheit definiert werden. Bei der Inhaltsanalyse wird diese als Analyseeinheit bezeichnet, bei der Beobachtung als Beobachtungseinheit. Die Festlegung erfolgt dabei in drei Schritten. Das *Beobachtungsfeld* definiert das zu beobachtende Verhalten räumlich und zeitlich. Die Beobachter:innen dürfen nicht willkürlich auswählen, wo und wann sie beobachten. Das Beobachtungsfeld kann durch räumliche Grenzen (Redaktionsbüro), aber auch anderweitig (fünf Meter Umkreis um einen Zeitungskiosk) definiert sein. Weiterhin wird festgelegt, in welchem Zeitintervall beobachtet wird.

Nachdem das Beobachtungsfeld definiert wurde, muss innerhalb des Feldes das *Beobachtungsobjekt* festgelegt werden. Objekte der Beobachtung können sein:

- einzelne Personen (z. B. eine Journalistin, ein Smartphonenutzer)
- eine Gruppe von Personen (z. B. Angehörige einer Redaktion)

H.-B. Brosius et al., *Methoden der empirischen Kommunikationsforschung,* Studienbücher zur Kommunikations- und Medienwissenschaft, https://doi.org/10.1007/978-3-658-34195-4_12

- ein Objekt, in Bezug auf das gehandelt wird (z. B. Meldung einer Nachrichten-
  agentur)

Schließlich muss der *Beobachtungsfall* definiert werden. Dieser kann (muss aber nicht)
mit dem Beobachtungsobjekt identisch sein. Wenn beide identisch sind, werden die
Handlungen einer Person oder Gruppe insgesamt erfasst. So kann beispielsweise festgehalten werden, wie viele Minuten Zuschauer:innen aufmerksam fernsehen, wie
viele Minuten sie abwesend wirken und wie viele Minuten sie mit Nebentätigkeiten
beschäftigt sind. Der einzelne Zuschauer bzw. die einzelne Zuschauerin liefert somit
einen Fall. Ebenso ist es möglich, nach unterschiedlichen Sendungen oder Sendungs-
typen zu differenzieren. Dann würde z. B. pro Sendungstyp aufgezeichnet, wie viele
Minuten ein Zuschauer bzw. eine Zuschauerin jeweils aufmerksam, abwesend oder
mit Nebentätigkeiten beschäftigt fernsieht. Ein Zuschauer bzw. eine Zuschauerin
(Beobachtungsobjekt) steht dann für mehrere Beobachtungsfälle. Dies entspricht im
Wesentlichen der hierarchischen Codierung bei der Inhaltsanalyse: So wie ein Artikel
mehrere Aussagen enthalten kann, kann eine beobachtete Person mehrere Verhaltensweisen ausüben.

▶ Die Einheit der Beobachtung ist die Beobachtungseinheit. Sie wird über
Beobachtungsfeld, Beobachtungsobjekt und Beobachtungsfall definiert. Die
Beobachtungseinheit entspricht dem Merkmalsträger, über den später Aussagen
getroffen werden. Ähnlich wie bei der Inhaltsanalyse können Beobachtungseinheiten
hierarchisch strukturiert sein.

12.1.2 Stichprobenziehung

Im vierten Kapitel haben wir dargestellt, dass die Zufallsstichprobe im Normalfall die
einfachste und zuverlässigste Methode ist, um eine Stichprobe zu erhalten, die ein verkleinertes Abbild der Grundgesamtheit darstellt. Leider ist die Ziehung einer solchen
Stichprobe bei den meisten Beobachtungsstudien schwierig. Mit diesem Problem sehen
sich vor allem Beobachtungen konfrontiert, die im Feld stattfinden. Natürlich kann man
dort z. B. jeden n-ten Passanten bzw. jede n-te Passantin beobachten. Die Problematik
liegt in der unterschiedlichen Wahrscheinlichkeit, mit der die Elemente der Grundgesamtheit in das Beobachtungsfeld kommen und somit zu Beobachtungsobjekten
werden. Diese unterschiedliche Wahrscheinlichkeit resultiert ganz einfach aus der unterschiedlichen Mobilität von Menschen.

Oft werden daher eine quotierte Auswahl oder die Auswahl von typischen Fällen eingesetzt (beides Formen der bewussten Auswahl). Handelt es sich um Daten aus einer
automatisierten Beobachtung (z. B. telemetrische Daten zur Fernsehnutzung), wird man
dagegen wie bei einer Inhaltsanalyse vorgehen und z. B. eine künstliche Woche bilden.

Sind Beobachtungsobjekt und Beobachtungsfall nicht identisch, werden entweder alle Fälle zu einem Objekt beobachtet oder es ist ein weiteres Auswahlverfahren notwendig.

12.1.3 Beobachtungsinstrument

Die Entscheidung über die Art der Protokollierung ist wie dargestellt nur eine (wenn auch eine sehr wichtige) Entscheidung innerhalb der Konzeption einer Beobachtung. An einem Beispiel soll verdeutlicht werden, wie ein unstrukturiertes und ein strukturiertes Protokoll aussehen könnten. Der Untersuchungsgegenstand sind Handlungsmuster und Arbeitsroutinen im Online-Journalismus.[1] Dazu sollen Online-Journalist:innen in ihrem Arbeitsalltag bei ihren Tätigkeiten (z. B. Recherche, Verfassen von Beiträgen) beobachtet werden. Die Beobachtung wird als offene, teilnehmende Beobachtung durchgeführt. Das Beobachtungsfeld ist über vorgegebene Orte (die Redaktionsräume) und Zeitpunkte (je eine Arbeitswoche pro Beobachtungsobjekt) definiert. Beobachtungsobjekte sind Journalist:innen. Die Beobachtungsfälle sind die journalistischen Handlungen eines Journalisten oder einer Journalistin. Zu einem Beobachtungsobjekt können somit mehrere Fälle protokolliert werden, wenn eine Handlung erkennbar abgeschlossen wurde (z. B. durch einen Ortswechsel, das Schließen eines Textverarbeitungsprogramms oder das Ende einer Redaktionsbesprechung) und eine neue beginnt.

Im ersten Fall soll ein *unstandardisiertes Beobachtungsprotokoll* zum Einsatz kommen. Die Beobachter:innen erhalten zur Orientierung eine Liste mit Merkmalen, die sie notieren sollen. Festgehalten werden sollen der Ort und der Zeitpunkt der Handlung sowie ob die Handlung alleine oder in Zusammenarbeit mit anderen durchgeführt wird. Ansonsten sind die Beobachter:innen in ihrem Vorgehen relativ frei. Sie sollen alles notieren, was die beobachtete Journalistin bzw. der beobachtete Journalist im konkreten Handlungsfall tut. Mit diesem Vorgehen erhält man eine große Menge an Informationen über die Art und Weise, wie Journalist:innen arbeiten.

Bevor aber die Ergebnisdarstellung beginnen kann, müssen die Inhalte der Beobachtungsprotokolle *systematisiert* werden. Dies erfolgt schrittweise: 1) Zunächst werden die relevanten Passagen aus den Protokollen ausgewählt – in unserem Fall also diejenigen, die Angaben über spezifisch journalistische Handlungen und Routinen enthalten. 2) Diese werden sortiert und anhand von Gemeinsamkeiten zu Gruppen zusammengefasst. 3) Im letzten Schritt wird unter Rückbezug auf die Theorie versucht, zu erklären, wie und warum diese Gruppen zustande kamen. In unserem Fall liefert diese Systematisierung mehrere Erkenntnisse. Es zeigt sich unter anderem, dass der erste Schritt einer Recherche-Handlung häufig in der Nutzung einer Suchmaschine besteht.

---

[1] Quandt (2005) führte eine solche Studie durch. Die folgende Darstellung erfolgt in Anlehnung an die Untersuchung, ohne dabei die Studie in ihren Einzelheiten wiederzugeben.

Tab. 12.1 Ausschnitt aus einem Beobachtungsschema (eigene Darstellung)

Ort
1 = eigener Arbeitsplatz 2 = Arbeitsplatz/Büro Kolleg:in 3 = Konferenzraum 4 = Archiv 9 = Anderer Ort (Ort im Beobachtungsbogen unter „Anderer Ort" notieren)
Art der Handlung
1xx = Recherche → 101 = Suche in einer Suchmaschine → 102 = Anruf bei Korrespondent:in → 103 = Gang ins Archiv → 104 = Teilnahme an Pressekonferenz → 199 = Sonstige Recherche (im Beobachtungsbogen unter „Art der Handlung – Sonstige" notieren)
2xx = Textproduktion → 201 = Neuen Text erstellen → 202 = eigenen Text umarbeiten → 203 = Fremdtext umarbeiten …

Im zweiten Fall soll nun ein *standardisiertes Beobachtungsprotokoll* zum Einsatz kommen. Für dessen Konstruktion müssen die eben dargestellten Aufgaben bereits vor der eigentlichen Erhebung erledigt werden. Deshalb können solche Protokolle nur bei genügend großem Vorwissen eingesetzt werden. Man wird also theoriegeleitet oder auf der Grundlage einer Voruntersuchung mit einer kleinen Fallzahl ein Beobachtungsschema mit Kategorien entwickeln. Das Beobachtungsschema ist mit dem Kategoriensystem, der Beobachtungsbogen mit dem Codebogen bei der Inhaltsanalyse vergleichbar. An die Kategorien und Kategoriensysteme sind identische inhaltliche und formale Anforderungen zu stellen wie bei der Inhaltsanalyse. Sie müssen trennscharf und vollständig sein.

Wir entscheiden uns unter anderem für die Überkategorie „Art der journalistischen Handlung", die mit einigen festgelegten Unterkategorien weiter ausdifferenziert werden kann. In einem strukturierten Beobachtungsprotokoll kommen häufig Skalen zum Einsatz (vgl. zu den unterschiedlichen Skalierungsverfahren Kap. 3). Die Ausprägungen der Überkategorie *Art der Handlung* entsprechen einer Nominalskala, die unter anderem die Ausprägungen „Recherche", „Textproduktion", und „Organisation" enthält, die zugehörigen Unterkategorien umfassen Ausprägungen wie „Suche in einer Suchmaschine", „Anruf bei Korrespondent:in" etc. Denkbar wären aber auch quasimetrische Skalen, mit denen beispielsweise die Laune der Journalistin bzw. des Journalisten mit den Endpunkten „sehr schlecht gelaunt" und „sehr gut gelaunt" und drei Zwischenwerten erfasst werden soll.

Tab. 12.1 zeigt einen Ausschnitt aus dem hypothetischen Beobachtungsschema. Alle zu beobachteten Handlungen wurden mit Zahlencodes verschlüsselt. Die

Beobachter:innen werden dann angewiesen, den entsprechenden numerischen Code in ihrem Beobachtungsbogen einzutragen. Mit diesem Beobachtungsschema und -bogen werden die Beobachter:innen ins Feld geschickt. Im Gegensatz zur unstrukturierten Protokollierung wird man nun eine größere Fallzahl an Beobachtungen anstreben. Eventuell wird man für die Auswahl der Beobachtungsobjekte Quoten wie Alter, Geschlecht und Dienstjahre anstreben. Auf diese Weise kann später analysiert werden, ob beispielsweise dienstältere Journalist:innen sich in der Durchführung bestimmter Tätigkeiten von jüngeren unterscheiden.

12.1.4 Schulung

Nach der Konzeption des Beobachtungsinstrumentes müssen die Beobachter:innen lernen, mit diesem zu arbeiten und auf ihre Rolle als Beobachter:innen vorbereitet werden. Dabei sollte man nicht dem Irrtum unterliegen, dass Personen, die an der Erstellung des Instrumentes beteiligt waren, nicht geschult werden müssen. Auch wenn für die Schulung bei externen Beobachter:innen ein längerer Zeitraum einkalkuliert werden sollte: Auch Forscher:innen müssen geschult werden, um sicherzustellen, dass die Beobachtungsobjekte und -fälle reliabel und valide erfasst werden.

Bei einer strukturierten Protokollierung gleicht der Schulungsprozess, was die Protokollierung angeht, dem der Codiererschulung bei Inhaltsanalysen. Man lässt also beispielsweise einige testweise aufgezeichnete Situationen von allen Beobachter:innen protokollieren und vergleicht dann die Protokolle, um Gründe für Abweichungen herauszuarbeiten und diese zu beseitigen, oder man geht gemeinsam einige hypothetische, typische Beobachtungsfälle durch. Weiterhin müssen alle Beobachter:innen hinsichtlich der definierten Auswahl der Beobachtungsobjekte und ihres eigenen Verhaltens in der Situation geschult werden. Es muss klar sein, welche Personen oder Gruppen zu Beobachtungsobjekten werden. Zusätzlich müssen die Beobachter:innen wissen, welche Rolle sie einnehmen sollen, wo sie sich aufhalten sollen, wie sie reagieren sollen, wenn sie von den Beobachteten etwas gefragt werden etc. Um hier eine möglichst große Übereinstimmung zwischen allen Beobachter:innen zu erreichen, ist eine gründliche Schulung unabdingbar.

Die letztgenannten Anforderungen treffen natürlich auch auf eine unstrukturierte Protokollierung zu. Bei dieser Variante müssen die Beobachter:innen zusätzlich lernen, das Verhalten in ihren eigenen Worten wiederzugeben und vor allem das Protokollieren in der Beobachtungssituation üben bzw. ihr Gedächtnis trainieren, wenn erst im Nachhinein protokolliert wird.

12.1.5 Auswertung

Auf das unterschiedliche Vorgehen bei der Auswertung von standardisierten und unstandardisierten Protokollen wurde bereits hingewiesen. Wie auch bei der Inhaltsanalyse wird man die beobachteten Handlungen zunächst auszählen oder Mittelwerte bilden. Man kann also angeben, welche Rechercheform am häufigsten durchgeführt wird oder welchen durchschnittlichen Anteil das eigentliche Verfassen von Artikeln an einem Arbeitstag einnimmt. Die Ergebnisse vieler Beobachtungen lassen sich weiterhin gut mit denen einer Inhaltsanalyse oder Befragung kombinieren. Im obigen Beispiel könnte man zusätzlich zu der Beobachtung die produzierten journalistischen Texte inhaltsanalytisch untersuchen und dann deren Inhalte unter Berücksichtigung der zugrundeliegenden journalistischen Handlungen interpretieren – lässt sich ein bestimmtes Framing im Artikel beispielsweise dadurch erklären, dass der Artikel kurz vor Dienstschluss und weitestgehend auf Basis einer Pressemitteilung verfasst wurde?

12.2   Gütekriterien und Fehlerquellen

Für die Beobachtung gelten die gleichen Gütekriterien wie für Befragung und Inhaltsanalyse. Diese sind bereits an mehreren Stellen angesprochen worden und sollen hier nur kurz zusammengefasst werden, bevor abschließend auf mögliche Fehlerquellen bei der Beobachtung eingegangen wird. Voraussetzung für die folgenden Aussagen ist eine sinnvolle Konzeption der Untersuchung.

Die *Validität* einer Beobachtung steht und fällt mit der Authentizität des beobachteten Verhaltens. Um eine hohe *Reliabilität* zu erreichen, müssen die Beobachter:innen sorgfältig geschult werden. Sie müssen lernen, das relevante Verhalten zu erkennen und es präzise und nachvollziehbar zu protokollieren. Daneben müssen sie lernen, sich in der Beobachtungssituation richtig zu verhalten. Bei einer strukturierten Protokollierung muss ihnen ein Beobachtungsschema zur Verfügung stehen, dessen Kategorien *trennscharf* und *vollständig* sind. Die Auswahl der Untersuchungseinheiten und die Stichprobenziehung müssen dokumentiert werden, um *intersubjektive Nachvollziehbarkeit* zu gewährleisten.

Im Folgenden wird ein knapper Überblick der unterschiedlichen Fehlerquellen gegeben. Wir orientieren uns dabei an der Systematik von Greve und Wentura (1997), ohne hier detailliert auf alle Beispiele einzugehen. Für eine ausführliche Darstellung der Probleme und die zugrundeliegenden Mechanismen sei auf diesen Titel verwiesen. Als Fehlerquellen kommen 1) die Beobachter:innen selbst, 2) die Konzeption der Untersuchung bzw. die Tatsache, dass beobachtet wird und 3) äußere Bedingungen in Betracht. Auf einzelne Fehlerquellen ist bereits im Laufe des Kapitels hingewiesen worden. Diese werden jetzt zusammengefasst und ergänzt.

12.2.1 Fehler der Beobachter:innen

Manuelles Beobachten bedeutet, wie dargestellt, Handlungen wahrzunehmen, zu interpretieren, evtl. zu erinnern und schließlich wiederzugeben. Alle diese Leistungen müssen die Beobachter:innen erfüllen. Sie werden dabei zur potenziellen Fehlerquelle. Beispiele für *Wahrnehmungs- und Interpretationsfehler* sind z. B. Konsistenz- oder Erwartungseffekte der Beobachter:innen und die Tendenz zur Mitte. Konsistenzeffekte entstehen aus der Tendenz, widerspruchsfrei urteilen zu wollen. Beobachter:innen können daher von einem schnellen ersten Eindruck über die Beobachteten für den Rest der Beobachtung beeinflusst werden. Erwartungseffekte wurden bereits thematisiert, als die Nachteile von Forscher:innen als Beobachter:innen dargestellt wurden. Sie bewirken, dass die Wahrnehmung in Richtung der Erwartungen verzerrt wird. Mit der Tendenz zur Mitte (zentrale Tendenz) ist gemeint, dass Personen die Tendenz haben, die Eckpunkte einer Skala zu vermeiden, wenn sie menschliches Verhalten einschätzen sollen.

Erinnerungsfehler sind selbstverständlich nur zu erwarten, wenn das Geschehen nicht sofort codiert oder aufgezeichnet wird. Hierbei spielt die Kapazität der Beobachter:innen eine wichtige Rolle. Ist eine Protokollierung im Nachhinein vorgesehen, dürfen die Dauer der Beobachtung und die Anzahl der zu erfassenden Merkmale die Erinnerungsleistung der Beobachter:innen nicht überfordern. Daneben sei auf die bereits bekannten Primacy-/Recency-Effekte (vgl. Abschn. 5.4.5) verwiesen, die dazu führen, dass vor allem Handlungen vom Beginn und Ende der Beobachtung erinnert werden. *Wiedergabefehler* betreffen hauptsächlich unstrukturierte Beobachtungen. Vor allem ungeübte Beobachter:innen werden Schwierigkeiten haben, ihre Beobachtungen valide in eigenen Worten niederzuschreiben.

Häufig wird als Ausweg die apparative Beobachtung empfohlen. Apparate können aber ebenso gut Fehler produzieren, indem sie z. B. störanfällig sind oder falsch konfiguriert werden. Wesentlich zentraler ist aber, dass Apparate – ähnlich wie Computer bei der automatisierten Inhaltsanalyse – relativ blind für die Vielfalt der Beobachtungssituationen und die Qualität des beobachteten Verhaltens sind. *Wie* ferngesehen wird, kann ein telemetrisches Gerät eben nur unzureichend erfassen.

12.2.2 Fehler aufgrund von Situation und Konzeption

Der erste hier zu nennende Grund für Fehler ist relativ naheliegend und trivial. Das Beobachtungsfeld muss so gewählt sein, dass das zu beobachtende Verhalten überhaupt stattfinden kann. Wenn man das Mediennutzungsverhalten von Jugendlichen beobachten will, kann man diese Untersuchung nicht in einem Labor mit einem alten Schwarzweiß-Fernseher und den gesammelten Werken von Kleist durchführen. Ebenso muss bei einer strukturierten Beobachtung darauf geachtet werden, dass das Beobachtungsschema eine valide Erfassung der Handlungen zulässt.

Viel schwieriger vorherzusehen und abzustellen sind die Probleme, die sich aufgrund der Tatsache, *dass überhaupt* beobachtet wird, ergeben. Der Fachbegriff dafür ist „Reaktivität der Methode". Dieser Sachverhalt ist bereits an mehreren Stellen thematisiert worden, wenn die Authentizität oder Natürlichkeit des zu beobachteten Verhaltens im Mittelpunkt stand. Reaktiv ist eine Methode immer dann, wenn die Erhebung selbst den Untersuchungsgegenstand verändert. Problematisch ist bei der Beobachtung vor allem die schlechte Abschätzbarkeit der Reaktivität. Ob ein Beobachtungsbogen „funktioniert" hat oder nicht, werden die Beobachter:innen den Wissenschaftler:innen auf Nachfrage sagen können. Ob sich aber die Beobachteten authentisch verhalten haben oder nicht, darüber kann nur gemutmaßt werden. Man kann sie dazu leider nicht sinnvoll im Nachhinein befragen. Entweder haben sie sich unbewusst anders verhalten oder die Gründe für ihr unnatürliches Verhalten würden dazu führen, dass sie auch die anschließenden Fragen nicht wahrheitsgemäß beantworten. Allenfalls könnte man in Situationen, die sowohl eine Beobachtung mit als auch ohne Wissen der handelnden Personen zulassen, die Ergebnisse beider Varianten vergleichen. Natürlich erhöht dies den Aufwand deutlich.

12.2.3 Fehler aufgrund äußerer Bedingungen

Schließlich können äußere Einflüsse zum Problem werden. So kann beispielsweise aufgrund der Lichtverhältnisse oder etwaiger Hindernisse die Sicht der Beobachter:innen auf das Beobachtungsfeld eingeschränkt sein. Bei einer vermittelten Beobachtung kann die Ton- oder Bildqualität zu schlecht sein, als dass die Beobachter:innen alle relevanten Handlungen und Äußerungen genau wahrnehmen können. Die Wahrscheinlichkeit, dass solche Probleme auftreten, kann allerdings gut durch sorgfältige Planung und einen Pretest minimiert werden.

Beobachtung III: Automatisierte Beobachtung

13

Das Verhalten der Menschen im Umgang mit Medien ist ein zentraler Forschungs-gegenstand der Kommunikationsforschung, der auch an verschiedenen Stellen dieses Buches thematisiert wird. Wie, wann, in welchem Umfang und aus welchen Gründen Menschen Medien nutzen – das sind nicht nur für die akademische bzw. universitäre Forschung relevante Fragestellungen, sondern auch für die gesamte Medienindustrie. Journalist:innen möchten wissen, wie oft ihre Beiträge gelesen, gehört oder gesehen wurden. Die Programmforschung von Fernsehsendern möchte Hinweise erhalten, welches Programm auf welchen Sendeplatz passt oder welche Stellen innerhalb einer Sendung die Zuschauer:innen zum Wegschalten veranlassen. Und die Werbevermarktung möchte Anzeigen natürlich vorrangig dort platzieren, wo die meisten Menschen, die das entsprechende Produkt verwenden könnten, mit der Anzeige in Kontakt kommen könnten.

Zur Erfassung der Mediennutzung bietet sich zunächst die Methode der Befragung an: Man kann Menschen befragen, wie lange sie im Durchschnitt fernsehen und welche Inhalte sie dabei nutzen, ob und wenn ja welchen Radiosender sie gestern gehört haben, oder wie häufig sie eine bestimmte Internetseite aufsuchen. Dies kann mittels direkter Befragung oder durch die Tagebuchmethode erfolgen. Bei zweitgenannter Erhebung handelt es sich letztlich um eine Form der Selbstbeobachtung. Die Befragten werden gebeten, anhand eines in Zeitintervallen (z. B. Viertelstunden) aufgeteilten Tagebuchs zu verzeichnen, was sie in der jeweiligen Zeiteinheit gemacht haben. Falls sie ferngesehen haben, werden sie gebeten, den Sender oder die Sendung aufzuschreiben. Allerdings gibt es bei Selbstauskünften eine ganze Reihe von Verzerrungen des Antwortverhaltens, mit denen man rechnen muss und die man unter drei Punkte subsumieren kann.

1) Mangelnde Erinnerung: Viele Menschen können sich nicht mehr im Einzelnen an ihren Medienkonsum erinnern, zumal an den, der schon länger zurückliegt. Dies sei

H.-B. Brosius et al., *Methoden der empirischen Kommunikationsforschung*, Studienbücher zur Kommunikations- und Medienwissenschaft, https://doi.org/10.1007/978-3-658-34195-4_13

am Beispiel des Fernsehkonsums verdeutlicht: Selbst wenn man beispielsweise nach dem gestrigen Fernsehkonsum fragt, haben die Befragten vielleicht kurze Ein- und Umschaltungen vergessen. 2) Soziale Erwünschtheit: Es mag Rezipient:innen geben, die nur ungern zugeben, dass sie Genres wie Trash-TV, Erotikfilme oder Boulevard-Magazine ansehen. Sie geben für entsprechende Sendungen geringere Nutzungsdauern an, während sie für „seriöse" Sendungen wie Nachrichten, Kulturprogramme und Bildungsfernsehen längere Nutzungsdauern nennen. 3) Konzentration auf das Wesentliche: Kurze Nutzungsepisoden haben Rezipient:innen schon vergessen oder sie scheinen ihnen nicht wesentlich zu sein. Ebenso wird Werbung vielleicht unterschlagen. Es kann auch sein, dass die Zuschauer:innen angeben, einen ganzen Spielfilm angesehen zu haben; während der Werbepausen haben sie aber tatsächlich weggeschaltet (Zapping) oder den Raum verlassen. Ganz ähnliche Probleme können natürlich auch auf andere Mediengattungen zutreffen, so dass sich auch hier Abweichungen zwischen der selbstberichteten und tatsächlichen Nutzung ergeben (siehe z. B. Scharkow 2016 für eine Untersuchung zur selbstberichteten versus tatsächlichen Internetnutzung).

Eine zumindest augenscheinlich unverzerrte Alternative stellt die Beobachtung des tatsächlichen Mediennutzungsverhaltens dar. Natürlich ist es, gerade wenn man Aussagen auf quantitativ breiter Basis treffen möchte (z. B. 15 % der erwachsenen Bevölkerung Deutschlands haben gestern den Tatort geguckt), nicht praktikabel, dies mit einer manuellen Beobachtung zu tun. Aber man kann die Mediennutzung vieler Menschen auch apparativ und automatisiert beobachten, etwa mit speziellen Geräten, die an den Fernseher angeschlossen werden und jeden Ein- und Ausschaltvorgang sowie jeden Senderwechsel sekundengenau aufzeichnen. Tatsächlich wird die tägliche Fernsehnutzung der Deutschen seit nun einigen Jahrzehnten genau mit einer solchen automatisierten Beobachtung erfasst, wohingegen „harte Zahlen" zur Radio-, Zeitungs- und Zeitschriftennutzung weiterhin vorrangig durch große Repräsentativbefragungen (etwa durch die regelmäßigen Studien der Arbeitsgemeinschaft Media-Analyse) erhoben werden. Über keine andere Art der Mediennutzung wusste die Kommunikationsforschung daher lange Zeit so gut Bescheid wie über die Fernsehnutzung. Dies ist nicht nur durch den hohen Stellenwert, den das Fernsehen in der Gesellschaft genießt, zu erklären, sondern auch dadurch, dass sich die für die automatisierte Beobachtung relevanten Signale bei der Fernsehnutzung einfacher und genauer technisch erfassen lassen als beispielsweise der Frequenzwechsel beim Radio (vom Umblättern einer komplett elektronikfreien Zeitung ganz zu schweigen).

Durch die zunehmende Digitalisierung und Verschiebung der Mediennutzung in das Internet hat sich das grundlegend geändert. Jede Aktion, die Mediennutzer:innen online ausführen, kann (und wird) auf vielfältige Art protokolliert und kann so als sogenannte digitale Verhaltensspur Auskünfte über das Nutzungsverhalten geben. Wir gehen daher im Folgenden auf diese beiden für die Kommunikationsforschung sehr bedeutsamen Formen der automatisierten Beobachtung – die telemetrische Messung des Fernsehkonsums und die Erhebung und Analyse digitaler Verhaltensspuren – genauer ein. Ein besonderes Augenmerk wird dabei aber auch auf die Probleme, die mit diesen Verfahren einhergehen, gelegt.

13.1 Telemetrie

Das Fernsehen war (und ist in den meisten Bevölkerungsschichten auch immer noch) das reichenweitenstärkste und am intensivsten genutzte Medium. Entsprechend werden auch weiterhin die größten Werbeumsätze mit Fernsehwerbung generiert. Da es sowohl auf Sender- als auch auf Werbetreibenden-Seite um große Investitionsentscheidungen geht, wird die Fernsehnutzung der Deutschen sehr detailliert erfasst. Die kommerzielle Fernsehforschung in Form der Arbeitsgemeinschaft Videoforschung (ehemals Fernsehforschung, AGF) setzt dabei seit geraumer Zeit[1] auf die sogenannte *Telemetrie*.

▶ Bei telemetrischen Verfahren werden durch Messeinrichtungen, die an das Fernsehgerät einer Stichprobe von Zuschauer:innen angeschlossen werden, alle An-, Um- und Ausschaltvorgänge der Menschen vor diesem Gerät erfasst. Die Erfassung erfolgt mit hoher zeitlicher Auflösung (häufig sekundengenau).

Letztlich wird das Fernsehverhalten der Zuschauer:innen also apparativ beobachtet, wobei die rund 5000 teilnehmenden Haushalte über das Vorhandensein des Apparates informiert sind und auch ihr Einverständnis erklärt haben. Durch eine spezielle Fernbedienung meldet sich jede Person, die das Gerät einschaltet oder bei einer laufenden Sendung hinzukommt, bei dem System an. Die entsprechenden Daten werden jede Nacht an eine Zentrale übermittelt. Dort werden die Werte aggregiert und auf die Grundgesamtheit – die deutschsprachige Bevölkerung – hochgerechnet. Einmal im Jahr nehmen sämtliche Personen in der Stichprobe an einer Strukturbefragung teil, in der Merkmale des Haushaltes (z. B. Geräteausstattung, Einkaufsgewohnheiten) sowie der einzelnen Personen (z. B. Demografie, Meinungen und Interessen, Hobbies) erhoben werden. Diese Strukturdaten werden dann mit den sekundengenauen Daten der Fernsehnutzung zusammengeführt. Zusätzlich werden von den Sendern bereitgestellte, mit einem gemeinsamen Codierbogen erfasste Daten zu den Fernsehinhalten hinzugespielt, also Informationen darüber, zu welcher Uhrzeit auf welchem Sender welche Sendung oder welcher Werbespot lief. Die Zusammenführung der Daten und die Hochrechnung auf die

---

[1] Die technische Erfassung der Fernsehnutzung beginnt bereits in den 1960er-Jahren. Da die Senderauswahl damals aber noch sehr beschränkt war – auch nach der Gründung der Zweiten Deutschen Fernsehens ZDF 1963 konnten noch einige Jahre lang viele Haushalte nur das erste Programm empfangen – wurde dies über die mechanische Messung der Stromspannung an den Fernsehgeräten ausgewählter Haushalte realisiert. Seit 1975 wurden elektronische Messgeräte eingesetzt, der Startschuss der heutigen telemetrischen Verfahren begann Mitte der 1980er-Jahre nach der Einführung des dualen Rundfunksystems (siehe Buß & Darschin 2004).

Gesamtbevölkerung ermöglichen dann, eine ganze Reihe von Kennwerten zu berechnen, die das Fernsehverhalten der Zuschauer:innen beschreiben.

- Die *Einschaltquote* sagt aus, wie viele Haushalte oder wie viele Personen eine bestimmte Sendung gesehen haben. Dabei werden Zuschauer:innen-Anteile verrechnet. Haben also beispielsweise zwei Zuschauer:innen die Sendung jeweils zur Hälfte gesehen, bilden sie sozusagen einen (virtuellen) Zuschauenden. Die Quote kann in Prozent aller Fernsehzuschauer:innen oder in Millionen ausgedrückt werden.
- Der *Marktanteil* bezieht diejenigen Haushalte oder Personen, die eine bestimmte Sendung sehen, auf alle gerade fernsehenden Haushalte und Personen. Da nachts deutlich weniger Menschen fernsehen, kann eine Sendung leicht einen Marktanteil von 10 % erreichen, obwohl nur einige wenige Hunderttausend Zuschauer:innen eingeschaltet haben.
- Die *Verweildauer* sagt aus, wie viele Minuten die einzelnen Menschen am Tag fernsehen.

Viele weitere Kennwerte werden in der Praxis der Forschung berechnet. Die Kennwerte können dann auch für spezifische Personengruppen (häufig auch *Zielgruppen* genannt) ermittelt werden. Zum Beispiel kann man feststellen, wie viel Prozent der Haushalte, die sich in nächster Zeit ein neues Auto anschaffen wollen, den Volkswagen-Werbespot bei der ARD-Sportschau am letzten Samstag gesehen haben. Oder man kann berechnen, wie alt die Zuschauer:innen der *heute*-Nachrichten des ZDF sind. Wenn die Daten für wissenschaftliche Zwecke zur Verfügung gestellt werden, können auch interessante theoretische Fragestellungen untersucht werden. Ettenhuber (2007) und Reiter (2006) haben beispielsweise untersucht, wie viel Prozent aller Zuschauer:innen, die eine Sendung einschalten, diese auch zu Ende sehen oder wie lange eigentlich Zuschauer:innen bei einem bestimmten Sender bleiben, bevor sie wieder weiterschalten.

Die automatisierte Erfassung der Fernsehnutzung durch Telemetrie scheint also sehr detaillierte Daten zu liefern. Allerdings gibt es auch einige methodische Probleme, die mit der Methode und ihrer Anwendung einhergehen. Da ist zunächst die *Kontaktqualität* zu nennen. Die Telemetrie liefert uns Informationen, ob der *Fernseher* eines Panel-Haushaltes eingeschaltet ist. Man kann aus den Daten aber nicht ablesen, ob tatsächlich alle angemeldeten Personen (und nur diese) fernsehen. Und noch viel entscheidender: Man weiß nicht, *wie* sie dies tun. Ob jemand gerade aufmerksam die Fernsehnachrichten verfolgt oder nebenbei telefoniert, isst, sich unterhält, bügelt oder gar schläft, kann die Methode nicht erfassen. Gerade in den letzten Jahren hat aber die Menge der Nebentätigkeiten beim Fernsehen – ähnlich wie schon länger beim Radiohören – deutlich zugenommen. Die Betreiber:innen solcher Systeme stellen durch interne *Coincidental Checks* zumindest stichprobenartig sicher, dass diejenigen, die laut Aufzeichnung fernsehen müssten, dies tatsächlich tun und ob, umgekehrt, diejenigen auch angemeldet sind, die gerade fernsehen. Durch unangekündigte Telefonanrufe bei den Panel-Haushalten wird dies ermittelt. Dabei scheint sich der Anteil derjenigen, die laut Apparat fernsehen, dies aber nach telefonischer Auskunft gerade nicht tun, dem Anteil derjenigen, die angeben, dass sie gerade fernsehen, obwohl der Apparat keine Nutzung vermeldet, in etwa zu entsprechen.

Ein weiterer Kritikpunkt bezieht sich auf die Reaktivität des Verfahrens: Wenn Menschen wissen, dass eine Apparatur ihre Fernsehnutzung erfasst, werden sie möglicherweise anders fernsehen, als sie das sonst getan hätten. Die Messung beeinflusst also das Ergebnis. Offenbar verlieren aber Teilnehmer:innen an den telemetrischen Verfahren nach einiger Zeit das Gefühl, beobachtet zu werden und verhalten sich wieder eher natürlich, sehen also so fern, wie sie es auch ohne Beobachtung getan hätten. Dies lässt sich aber nicht mit Sicherheit und für alle Situationen bestätigen.[2] In der Praxis wird des Weiteren die *Panelqualität* kritisiert. In der Regel werden Quotenstichproben verwendet. Da immer wieder Fernsehhaushalte nach einiger Zeit aus unterschiedlichen Gründen aus dem Panel aussteigen (z. B. Umzug, kein Interesse mehr), werden „baugleiche" Haushalte rekrutiert, um die ausgeschiedenen Haushalte zu ersetzen. Diese haben die gleichen soziodemografischen Merkmale wie die ausgeschiedenen Haushalte. Dennoch kann dies zu Verzerrungen der Stichprobe führen, weil entsprechend der Logik der Quotenstichprobe nur die quotierten Merkmale gleich sind, die nicht-quotierten es nicht sein müssen. Die Betreiber:innen von telemetrischen Verfahren (in Deutschland die GfK) treiben allerdings häufig großen Aufwand, um die Repräsentativität ihrer Panels zu überprüfen und zu gewährleisten.

Die zunehmende Ausdifferenzierung der Empfangsmöglichkeiten des Fernsehens (z. B. über Kabel, Satellit, Internet) stellt die telemetrische Nutzungsforschung vor neue Herausforderungen. Einigen davon kann durch technische Lösungen begegnet werden: so setzen die modernen Telemetrie-Apparate beispielsweise eine Technologie namens *Audiomatching* ein, um die gerade eingeschaltete Sendung an deren Tonspur unabhängig vom technischen Übertragungsweg und auch bei zeitversetzter Nutzung zu erkennen. Wenn die Fernsehnutzung aber zunehmend auch auf anderen Endgeräten als dem stationären Fernsehgerät im Wohnzimmer stattfindet, z. B. wenn die Programme zeitversetzt über Mediatheken oder als Livestream am Laptop oder Smartphone genutzt werden, dann müssen andere Verfahren eingesetzt werden, um auch diese Nutzung valide zu erfassen. Dies leitet über zu einer in den vergangenen Jahren stark angestiegenen Form der automatisierten Beobachtung: der Erhebung und Analyse von digitalen Verhaltensspuren.

---

[2] Zur Überprüfung werden externe Coincidental Checks durchgeführt, bei denen eine unabhängige, externe Repräsentativstichprobe zur gleichen Grundgesamtheit gebildet wird, um anschließend „Stichprobenzwillinge" hinsichtlich ihrer Fernsehnutzung zu vergleichen. Dazu werden die Mitglieder der externen Stichprobe telefonisch zu festgelegten Zeitpunkten, ähnlich wie beim internen Coincidental Check, zu ihrer aktuellen Fernsehnutzung befragt.

13.2 Digitale Verhaltensspuren

Eine Folge der Digitalisierung ist es, dass nahezu alles, was wir tun, Daten produziert und hinterlässt. Wenn wir im Supermarkt an der Kasse per Karte zahlen, existiert davon sowohl beim Supermarkt als auch bei der Bank ein Eintrag. Wenn wir auf dem Weg dorthin eine Fußgängerampel betätigen, registriert das vermutlich auch die Stadtverwaltung. Und da wir auf dem Weg höchstwahrscheinlich mehrere Funkzellen durchqueren, weiß unser Mobilfunkanbieter, dass wir uns bewegt haben, selbst wenn wir unser Smartphone nicht aktiv benutzt haben. Das Aufkommen und die Potenziale solcher riesiger Datenmengen werden insbesondere im wirtschaftlichen Kontext oft unter dem Begriff „Big Data" diskutiert; dies umfasst dann generell große Datenmengen, wie sie beispielsweise auch in der digitalisierten industriellen Produktion oder der automatisierten Aufzeichnung von Wetterdaten entstehen. Etwas spezifischer lässt sich von *digitalen Verhaltensspuren* (engl. *digital trace data*) sprechen, wenn diese Daten aus dem alltäglichen, natürlichen Verhalten von Menschen generiert werden.

▶ Als digitale Verhaltensspuren werden Daten bezeichnet, die aus dem natürlichen Verhalten von Menschen durch automatisierte Beobachtungsverfahren erfasst und gespeichert werden.

Das Einkaufs- oder Mobilitätsverhalten von Menschen zählt in der Regel nicht zum primären Interesse der Kommunikationswissenschaft. Aber natürlich fallen solche digitalen Verhaltensspuren auch und gerade bei der digitalen Mediennutzung an. Jegliche Navigations- und Transaktionshandlungen im Internet werden an irgendeiner Stelle automatisiert erfasst. Die Erhebung und Auswertung digitaler Verhaltensspuren hat daher unter Begriffen wie *Computational Social Science* bzw. *Computational Communication Science* in den vergangenen Jahren auch in der akademischen Kommunikationsforschung stark an Bedeutung gewonnen.

13.2.1 Erhebung digitaler Verhaltensspuren

Eine zentrale Unterscheidung bei der Erhebung digitaler Verhaltensspuren ist die Frage nach dem Beobachtungsobjekt. Hier sind im Mediennutzungskontext zwei grundsätzliche Kategorien von Beobachtungsobjekten denkbar: Man kann beobachten, wie *Menschen* Medien nutzen; und man kann beobachten, wie *Medien*(-angebote) von Menschen genutzt werden.

Beginnen wir mit dem zweiten Fall: Gerade für die angewandte Medienforschung spielen beispielsweise Zugriffs- und Abrufzahlen von (Online-)Medienangeboten eine wichtige Rolle. Durch die Verwendung von Zählpixeln oder der Erstellung von Logfiles ist es für die Betreiber:innen eines Online-Angebots einfach, jede einzelne

Nutzungsaktion zu protokollieren und auszuwerten. Die Informationsgemeinschaft zur Feststellung der Verbreitung von Werbeträgern (IVW) ermittelt so nach Angaben der Seitenbetreibenden die Anzahl der *Page Impressions* (gesamte Aktionen in einem bestimmten Zeitintervall) und *Visits* (Nutzungsepisoden in einem bestimmten Zeitintervall), mit denen die Reichweite von Websites bestimmt werden kann. Zwar sagen diese Werte – ähnlich wie die reine Einschaltquote im Fernsehpanel – noch nichts über die Kontaktqualität aus, sondern lediglich, dass die Seite aufgerufen wurde, mit zusätzlichen technischen Maßnahmen kann aber beispielsweise auch erfasst werden, wie lange einzelne Nutzer:innen auf einem Angebot verweilen, ob sie bis zu einer bestimmten Stelle in einem längeren Artikel gelesen bzw. gescrollt haben, oder wie lange sie ein auf der Website eingebundenes Video angesehen haben. Durch weitere Maßnahmen wie *Cookies* und *Canvas Fingerprinting* können einzelne Nutzer:innen zudem über verschiedene Angebote hinweg „verfolgt" bzw. wiederkehrende Nutzer:innen identifiziert werden. Die eigentlich interessante Analyse und der damit verbundene Mehrwert der Daten entstehen in dem Moment, in dem diese mit den jeweiligen Inhalten verbunden werden. Dann sieht man auf einmal, wie viele Menschen einen Videoclip bei Youtube angeschaut haben, wie viele davon über eine Facebook-Empfehlung gekommen sind und was die Nutzer:innen danach gemacht haben. Die werbetreibende Industrie kann genau verfolgen, ob ein Werbebanner angeklickt wurde, ob danach die Website des Unternehmens besucht wurde und letztlich auch, ob dann beispielsweise das beworbene Produkt online gekauft wurde.

Der große Vorteil der Erfassung digitaler Verhaltensspuren auf Seite der Medienangebote besteht darin, dass es sich um Vollerhebungen handelt; man weiß also sehr genau, was wann aufgerufen wurde und muss keine Hochrechnungen aus Stichproben, die ja immer mit Irrtumswahrscheinlichkeiten verbunden sind, anstellen. Man weiß aber dadurch noch nichts über die Menschen, die das Angebot genutzt haben. Zwar können aus den Nutzungsdaten gewisse Rückschlüsse gezogen werden – beispielsweise können der Zugriffsort näherungsweise über die IP-Adresse oder das Zugriffsgerät über Browser-Informationen bestimmt werden – aber *wer* genau hinter einer Nutzungsepisode steckt, bleibt einer rein serverseitigen Erfassung im Verborgenen.

Zur Beobachtung, wie Menschen (Online-)Medien nutzen, kommen daher sogenannte *Tracking*-Verfahren zum Einsatz. Hierbei wird einer Stichprobe spezifische Software (z. B. in Form von Browser-Plugins oder Smartphone-Apps) installiert, die dann alle gewünschten Parameter und Variablen (z. B. Website-Besuche bzw. allgemeiner das Navigationsverhalten online) erfassen und aufzeichnen. Über Fragebögen können dann die relevanten persönlichen Merkmale der Stichprobe erfasst werden. So können dann auch Aussagen beispielsweise darüber getroffen werden, wann welche Bevölkerungsschichten welche Online-Angebote nutzen oder ob Nachrichtenbeiträge in sozialen Medien eher angeklickt werden, wenn die Nutzer:innen über ein hohes politisches oder Themen-Interesse verfügen. Die Verbindung von Nutzungs- und Personendaten ermöglicht daher sehr tiefgehende Analysen; zugleich sind solche Tracking-Verfahren aber auch deutlich kostspieliger und zeitaufwändiger, so dass der Betrieb von Tracking-Panels in der Regel den großen, kommerziellen Forschungsinstituten vorbehalten ist. Auch basiert die Auswertung dann gezwungenermaßen wieder auf einem kleinen Ausschnitt der Nutzer:innenschaft. Im Idealfall werden daher beide Erhebungszugänge kombiniert. So erhebt die Arbeitsgemeinschaft Videoforschung (siehe Abschn. 13.1) die Videostreamingnutzung deutscher Rundfunkangebote zum einen durch eine Vollerhebung auf Angebotsseite, als auch durch zwei Panels, in denen die stationäre bzw. mobile Nutzung durch Messsoftware auf den Endgeräten der Panel-Teilnehmer:innen erfasst wird.

13.2.2 Kennzeichen digitaler Verhaltensspuren

Digitale Verhaltensspuren können sich prinzipiell auf jedwede Art des menschlichen Verhaltens beziehen und sind somit äußerst vielfältig. Dennoch gibt es einige grundsätzliche Charakteristika, die den wissenschaftlichen Umgang mit digitalen Verhaltensspuren kennzeichnen und aus denen sowohl Vor- als auch Nachteile für die Forschung resultieren.[3]

Zunächst unterscheiden sich digitale Verhaltensspuren von einer Vielzahl anderer sozialwissenschaftlicher Daten dadurch, dass sie aus *natürlichem* Verhalten in echten sozialen Situationen und dem Alltagsleben von Menschen resultieren. Tatsächlich werden in der Kommunikationsforschung genutzte digitale Verhaltensspuren selten durch die Forscher:innen selbst erfasst, sondern beispielsweise von sozialen Medien abgerufen (dazu gleich mehr). Wenn wir hingegen eine Befragung durchführen, dann werden die Daten – die Antworten der Befragten – gezielt „erzeugt". Auch die meisten wissenschaftlichen (manuellen) Beobachtungen, sofern sie nicht als verdeckte und unwissentliche Feldbeobachtung ohne Stimulus konzipiert werden (was wiederum zwangsläufig zu forschungsethischen Problemen führen dürfte), erzeugen eine künstliche Beobachtungssituation, die nicht dem tatsächlichen Alltag der Beobachteten entspricht. Damit einher geht auch die Nicht-Reaktivität der Messung digitaler Verhaltensspuren, womit mit Reaktivität verknüpfte Fehlerquellen wie Effekte durch die Anwesenheit von Interviewer:innen, Beobachter:innen oder Versuchsleiter:innen oder die Anpassung des Verhaltens ausgeschaltet werden. Die Kehrseite der Medaille ist jedoch, dass digitale Verhaltensspuren eben oftmals nicht primär für wissenschaftliche Forschungszwecke erhoben bzw. erfasst werden. Wir haben im Laufe des Buches an verschiedenen Stellen das Übersetzen von abstrakten theoretischen Konstrukten in messbare Indikatoren und damit verbundene Gütekriterien thematisiert. Man versucht also, durch durchdachte und sorgfältige Operationalisierung alle Facetten eines Konstrukts messbar zu machen. Bei dem Umgang mit digitalen Verhaltensspuren sind Forscher:innen aber gewissermaßen

---

[3]Die folgenden Ausführungen sind angelehnt an Salganik (2018) sowie van Atteveldt und Peng (2018); interessierten Leser:innen sei insbesondere Salganiks umfangreiche und leicht verständliche Einführung in die empirische Sozialforschung mit „Big Data" empfohlen.

auf das angewiesen, was da ist. Ob es sich bei den erhobenen Daten dann um hinreichend valide Indikatoren für das untersuchte theoretische Konstrukt handelt, ob also beispielsweise die Likes unter einem Instagram-Post für ein höheres Engagement mit diesem stehen können, muss in jedem Fall bedacht und begründet werden. Man kann sogar darüber streiten, ob es sich bei dem Nutzungsverhalten auf bestimmten Plattformen tatsächlich um „natürliches" Verhalten handelt, da beispielsweise soziale Medien und ihre Empfehlungsalgorithmen bestimmtes Verhalten fördern, anderes Verhalten einschränken – letztlich also ähnliche Vorkehrungen treffen wie ein Forschungsteam, das ein Beobachtungslabor vorbereitet (vgl. Abschn. 11.4.2). Salganik verwendet hierfür auch die Bezeichnung „algorithmisch konfundiertes" (2018, S. 35) Verhalten (siehe zu Konfundierung Abschn. 14.6).

Ein weiteres naheliegendes Kennzeichen digitaler Verhaltensspuren ist die Datenfülle und -menge. Täglich hinterlassen Menschen eine schier unendliche Menge an digitalen Verhaltensspuren und somit potenziell untersuchbare Daten; allein auf einer gut besuchten Nachrichtenwebsite finden täglich mehrere Millionen Aktionen von Nutzer:innen statt. Natürlich gleicht eine größere Datenmenge nicht einer valideren oder hochwertigeren Messung. Aber es lassen sich in größeren Datensätzen auch feingliedrige Effekte, kleine, aber bedeutsame Unterschiede und Dynamiken mit hoher zeitlicher Auflösung identifizieren. Demgegenüber stehen aber wiederum einige Einschränkungen und Probleme: 1) Zunächst darf nicht der Fehler gemacht werden, von der Menge der Daten auf deren Repräsentativität zu schließen. Insbesondere bei den in der aktuellen Kommunikationsforschung häufig untersuchten digitalen Verhaltensspuren in sozialen Medien dürfte die Verallgemeinerbarkeit eingeschränkt sein. So rekrutieren sich die Nutzer:innen von Plattformen wie Instagram oder Twitter ungleichmäßig aus unterschiedlichen Bevölkerungsschichten, so dass auf Instagram jüngere Menschen, auf Twitter vor allem professionelle Kommunikator:innen wie Journalist:innen und Politiker:innen stark überrepräsentiert sind. Nutzer:innen-Schichten verändern sich zudem im Zeitverlauf – das soziale Netzwerk Facebook mag hierfür ein gutes Beispiel sein: Während man noch vor fünf bis zehn Jahren als Studierender kaum um die Plattform herumgekommen ist, werden seit einigen Jahren insbesondere in jüngeren Bevölkerungsschichten Nutzungsrückgänge verbucht. Es ist also fragwürdig, ob sich aus Social-Media-Posts etwas über die allgemeine Stimmung oder Meinung in der Bevölkerung ableiten lässt. 2) Zudem bedeutet „groß" auch nicht „fehlerfrei" – ganz im Gegenteil nimmt das Bereinigen von Daten und das sprichwörtliche Suchen nach Nadeln (d. h., relevanten Fällen und Merkmalen) im großen Daten-Heuhaufen oftmals einen großen Anteil an der Arbeit ein. 3) Schließlich erfordert der Umgang mit großen Datenmengen sowie das Zusammenführen von Daten aus unterschiedlichen Quellen auch einiges technisches Know-How sowie entsprechende große Rechenleistung und Speicherkapazitäten.

Wie oben angesprochen werden die meisten digitalen Verhaltensspuren nicht primär für wissenschaftliche Zwecke erhoben; dies bedeutet jedoch auch, dass kein konkreter wissenschaftlicher Anlass für die Erhebung bestehen muss. Tatsächlich zeichnen die meisten auf digitale Verhaltensspuren ausgelegten Systeme das Verhalten *kontinuierlich* auf – sie sind also „always-on" (Salganik 2018, S. 21). Dies hat insbesondere dann

Vorteile, wenn mittels digitaler Verhaltensspuren das Verhalten während unerwarteter und überraschender Ereignisse untersucht werden soll. Man stelle sich beispielsweise vor, man möchte das Informationsverhalten bei unübersichtlicher Nachrichtenlage untersuchen, etwa im direkten Nachzug an eine Umweltkatastrophe oder einen Terroranschlag. Selbst wenn man am Tag darauf eine Repräsentativstichprobe ans Telefon bekommt, so wird die Erinnerung der Befragten bereits Lücken aufweisen. Man könnte nun aber z. B. das Teilen von Nachrichtenartikeln in sozialen Medien sekundengenau auch im Nachhinein analysieren und so die Verbreitung von Informationen nachzeichnen. Die vielleicht größte Einschränkung digitaler Verhaltensspuren hängt jedoch ebenso damit zusammen, dass die eigentliche Erhebung meist durch andere Institutionen (z. B. Social-Media-Plattformen) erfolgt: insbesondere bei kommerziellen Anbietern ist der Zugang zu diesen Daten für die akademische Forschung oftmals eingeschränkt, kostenpflichtig, oder mit vielen Restriktionen verbunden. Der Abruf erfolgt beispielsweise über *APIs* (Application Programming Interfaces, also Programmierschnittstellen), deren Zugangsvoraussetzungen von den betreibenden Unternehmen jederzeit geändert werden können. So lässt sich beobachten, dass insbesondere soziale Medien den Forschungszugang zu digitalen Verhaltensspuren in den vergangenen Jahren reduziert, ganz abgeschafft oder hinter willkürlichen und intransparenten Auswahlmechanismen versteckt haben (Bruns 2019). Eine Möglichkeit, diese Zugangsproblematik zu umgehen, besteht in sogenannten *Datenspenden,* bei denen Nutzer:innen durch die Forschenden darum gebeten werden, selbst die interessierenden Daten (z. B. über den Export eines Aktivitätenprotokolls bei einer Social-Media-Plattform, das viele von diesen zur Verfügung stellen) herunterzuladen und anschließend dem Forschungsprojekt zur Verfügung zu stellen.

Schließlich gibt es auch gute Gründe, warum digitale Verhaltensspuren nicht oder nur selten öffentlich zugänglich sind. Da es sich meist um Daten handelt, die nicht primär für wissenschaftliche Zwecke erhoben wurden, sondern um eine wissenschaftliche Zweitverwertung dieser, kann nicht davon ausgegangen werden, dass die betreffenden Personen ihre explizite Einwilligung zur Nutzung ihrer Daten für Forschungszwecke gegeben haben („informed consent", siehe auch Abschn. 14.7.2). Dies betrifft insbesondere den Umgang mit digitalen Verhaltensspuren, die Rückschlüsse auf sensible und private Informationen über Personen ermöglichen. Das ist beispielsweise bei Gesundheitsdaten offensichtlich; aber auch auf den ersten Blick wenig intime Verhaltensspuren können dazu genutzt werden, etwas über die Personen zu erfahren, was diese aus guten Gründen nicht öffentlich gemacht wollen wissen. Dieses Problem wird noch verstärkt, da selbst anonymisierte Datensätze aufgrund der feingliedrigen Beobachtungen die Identifikation einzelner Personen nicht ausschließen können. Beides illustriert der sogenannte Netflix-Prize-Datensatz, in dem der Streaminganbieter die anonymisierten Bewertungen von einer halben Million Nutzer:innen für einen Wettbewerb zur Programmierung von Empfehlungsalgorithmen zur Verfügung stellte. Der Datensatz enthielt lediglich die Bewertungen und einen zugehörigen Zeitstempel, aber keinerlei persönliche Informationen. Dennoch gelang es nur wenige Wochen später zwei Forschern, u. a. durch den Abgleich der Daten mit anderen, öffentlichen

Tab. 13.1 Vor- und Nachteile digitaler Verhaltensspuren. (Eigene Darstellung)

Vorteile	Nachteile
Nicht-reaktive Beobachtung natürlichen Verhaltens	Erhebung bzw. Erfassung oft nicht primär zu wissenschaftlichen Forschungszwecken
Große Datenmengen und Fallzahlen, oft gar Vollerhebungen möglich	Eingeschränkter Datenzugang für akademische Forschung
„Always-on"-Messung ermöglicht Untersuchung unerwarteter und überraschender Ereignisse	Eingeschränkte Repräsentativität für Gesamtbevölkerung
	„Unsaubere", fehlerhafte und algorithmisch konfundierte Daten
	Forschungsethische Problemfälle bei der Nutzung (sensibler) Personendaten
	Technische Hürden bei Datenerhebung, -zusammenführung und -auswertung

Filmbewertungen auf der Internet Movie Database, einzelne Nutzer:innen zu identifizieren (Narayanan & Shmatikov, 2008). Nun mag man einwenden, dass es sich bei Filmbewertungen um eher harmlose persönliche Informationen handelt; allerdings argumentierten die Forscher, dass sich daraus sehr wohl Rückschlüsse über politische Einstellungen oder die sexuelle Orientierung der identifizierten Nutzer:innen ziehen ließen. Forschungsethische Abwägungen und die Gefahr des Datenmissbrauchs sollten beim Umgang mit digitalen Verhaltensspuren also stets bedacht werden.

Auch wenn sich durch digitale Verhaltensspuren also große Potenziale für die Kommunikationsforschung ergeben, so sind diese doch auch mit einigen Nachteilen und Schwierigkeiten verbunden. In Tab. 13.1 sind diese nochmals zusammengefasst.

13.3 Zusammenfassung: Möglichkeiten und Grenzen der Methode Beobachtung

Im Vergleich der drei hier im Buch vorgestellten Methoden der Datenerhebung nimmt die Beobachtung in der Kommunikationswissenschaft eine untergeordnete Rolle ein. In einer Auswertung zwischen 2000 und 2010 erschienener kommunikationswissenschaftlicher Fachzeitschriftenaufsätze etwa stellen Hamachers und Gehrau (im Druck) fest, dass in lediglich 4 % der berücksichtigten empirischen Beiträge die Beobachtung die zentrale Methode darstellte, wohingegen knapp zwei Drittel auf eine Befragung und ein Fünftel auf eine Inhaltsanalyse setzten. Mit der fortschreitenden Digitalisierung und einer damit einhergehenden Zunahme der Verfügbarkeit digitaler Verhaltensspuren dürfte die Methode aber insbesondere in ihrer automatisierten Form in den vergangenen Jahren an Bedeutung gewonnen haben und auch weiterhin gewinnen.

Die vorangegangenen Beispiele zu Anwendungsgebieten und Durchführungen haben die Vielseitigkeit der Beobachtung illustriert. Ob man etwa als stille Teilnehmerin in einer Redaktion sitzt und die journalistischen Arbeitsprozesse beobachtet, Videoaufnahmen von Personen codiert oder sich am Rechner durch Abermillionen von automatisiert erfassten Datenpunkten wühlt, bedeutet jeweils einen gänzlich anderen Forschungsalltag samt wechselnder Anforderungen an die Forschenden. Diese Vielseitigkeit ist eine Stärke der Beobachtung, macht es aber zugleich auch schwerer, allgemeingültige Empfehlungen auszusprechen und Gütekriterien zu etablieren (siehe auch Gehrau und Hamachers, im Druck). Gemein ist allen Herangehensweisen, dass das tatsächliche Verhalten von Menschen im Fokus der Untersuchung steht. Das große Versprechen der Methode liegt darin, dieses ohne die Verzerrungen, die sich bei (Selbst-)Auskünften über Verhalten ergeben können (siehe Abschn. 7.5), zu erfassen.

Das setzt aber voraus, dass das zu erforschende Verhalten auch tatsächlich unverfälscht beobachtbar ist. Die häufige Folge ist ein Spannungsverhältnis zwischen der Bewahrung der Natürlichkeit des Verhaltens (etwa indem die Versuchspersonen nicht über den wahren Zweck der Untersuchung unterrichtet oder gar unwissentlich beobachtet werden) und der ethischen Vertretbarkeit der Untersuchungsanlage. Das für die Sozialwissenschaften relevante Verhalten spielt sich nun mal auch im privaten oder halböffentlichen Raum ab – zumindest aber an Orten, an denen die Anwesenheit von Wissenschaftler:innen bzw. unabhängigen Beobachter:innen weder gegeben noch unbedingt erwünscht ist. Im Vergleich zur Befragung nehmen forschungsethische Überlegungen und Bedenken daher bei der Beobachtung eine (noch) gewichtigere Rolle ein.

Weitere Voraussetzungen der Methode stellen die möglichst eindeutige Wahrnehmbarkeit des Verhaltens sowie die forschungslogistische Machbarkeit dar. In der Regel wird das Verhalten durch menschliche Beobachter:innen protokolliert und codiert – diese können aber ebenso Fehlwahrnehmungen und -interpretationen unterliegen wie Befragte, die zu ihrem eigenen Verhalten Auskunft geben sollen. In allen Fällen sind manuelle Beobachtungen sehr aufwändig, da sowohl die Schulung der Beobachter:innen als auch die Beobachtungsphase selbst viel Zeit in Anspruch nehmen. Manuelle Beobachtungen sind daher in der Regel auf kleine Stichproben beschränkt. Diese Einschränkung existiert nicht bei automatisierten Beobachtungen, allerdings sind auch solche apparativen bzw. automatisierten Verhaltensprotokollierungen nicht zwangsläufig besser geeignet, um das zu untersuchende Verhalten valide zu erfassen. Man erfährt beispielsweise mit telemetrischen Messungen sekundengenau, dass ein Fernseher eingeschaltet war, während ein bestimmter Werbespot lief – *ob* und *wie* dieser von den Zuschauer:innen aber tatsächlich geschaut und verarbeitet wurde, lässt sich darüber nicht erfassen. Solche Eindrücke und Auskünfte erhält man, trotz aller damit verbundenen Einschränkungen, wohl genauer über Befragungen. Nicht zuletzt deshalb werden Beobachtungen häufig in Kombination mit anderen Methoden der Datenerhebung eingesetzt (Hamachers und Gehrau, im Druck), um die unterschiedlichen Stärken und Schwächen aufeinander abzustimmen.

Experiment I: Grundlagen

14.1 Einordnung in die Forschungslogik

Die empirische Kommunikationsforschung untersucht Phänomene der sozialen Realität mit dem allgemeinen Ziel, diese Phänomene systematisch zu beschreiben und Erklärungen bzw. Prognosen daraus abzuleiten. Wissenschaft wie Alltagsverstand geben sich jedoch nie mit der Darstellung einer Tatsache, eines Zusammenhangs zufrieden, sondern wollen die *Ursache* wissen. Der Alltagsverstand, und das kann jeder schnell nachvollziehen, ist voll mit sogenannten *Kovariationen*, mit denen man sich das Leben offenbar leichter und besser erklären kann:

- „Weil ich frustriert bin, schaue ich mir eine Komödie an."
- „Weil die Leute rauchen wie ein Schlot, kriegen sie Lungenkrebs."
- „Weil Jugendliche Counter-Strike spielen, sinkt ihre Hemmschwelle für Gewalttaten."

Es ist keineswegs gesagt, dass diese Zusammenhänge falsch sein müssen. Bloß: Dass das eine die Ursache des anderen ist, kann man streng genommen nicht beweisen. Solche Einsichten dienen eher dazu, für das eigene Verhalten und das der anderen plausible Begründungen zu finden, die einem das Leben zumindest subjektiv erklären.

▶ Wissenschaftliche Experimente sind Untersuchungsanordnungen, mit denen Kausalzusammenhänge überprüft werden.

Damit unterscheidet sich das Experiment grundsätzlich von den Methoden der empirischen Kommunikationsforschung, die bisher dargestellt wurden. Das wissenschaftliche Experiment ist *keine Methode der Datenerhebung* wie die Befragung oder

H.-B. Brosius et al., *Methoden der empirischen Kommunikationsforschung*, Studienbücher zur Kommunikations- und Medienwissenschaft, https://doi.org/10.1007/978-3-658-34195-4_14

die Inhaltsanalyse, sondern bezeichnet eine bestimmte Form der Untersuchungsanlage (vgl. auch Abb. 1.1 in Kap. 1). Im Rahmen einer experimentellen Untersuchungsanlage kann man Befragungen durchführen, Menschen beobachten oder Texte inhaltsanalytisch untersuchen. Im Unterschied zu nicht-experimentellen Untersuchungsanlagen muss jedoch eine entscheidende Bedingung erfüllt sein, damit man Ursachen für bestimmte Wirkungen tatsächlich nachweisen kann: Man braucht einen Vergleichspunkt, einen Maßstab, um zum Beispiel sagen zu können, dass das Aggressionspotenzial von Jugendlichen steigt, wenn sie Computerspiele nutzen. Man braucht also Jugendliche, die keine Computerspiele nutzen, um die Steigerung der Aggressivität wirklich auf die Spiele zurückzuführen. Allgemein gesprochen:

▶ Ein wissenschaftliches Experiment untersucht den Einfluss unabhängiger Variablen (UV) auf zu messende abhängige Variablen (AV).

Um gemessene Veränderungen der abhängigen Variablen tatsächlich auf den Einfluss der unabhängigen Variablen (und nicht etwa anderer Einflussfaktoren) zurückzuführen, vergleicht man Gruppen von Versuchspersonen miteinander:

▶ Die Gruppe, die einen Stimulus (eine Ausprägung der unabhängigen Variablen) bekommt, nennt man Experimentalgruppe, diejenige, die den Stimulus nicht bekommt (die andere Ausprägung der UV), die Kontrollgruppe. Bis auf die Variation der UV müssen sich Kontroll- und Experimentalgruppe in ihren sonstigen Merkmalen vollständig gleichen.

Experimente werden häufig in den Naturwissenschaften, aber auch in der Psychologie durchgeführt. Medizinische Versuche, die Wirkungen von Medikamenten testen, sind beispielsweise dadurch bekannt geworden, dass man den sogenannten Placebo-Effekt entdeckte.[1] In der Kommunikationswissenschaft wird diese Untersuchungsanlage z. B. bei der Werbewirkungs-, der Persuasions- oder der Gewaltforschung eingesetzt. Typische Fragestellungen sind zum Beispiel:

- Werden Tandem-Werbespots besser erinnert als Einzelspots?
- Führen glaubwürdigere Quellen zu einer häufigeren Meinungsänderung?
- Erhöht das Spielen von gewalthaltigen Computerspielen das Aggressionsniveau von Jugendlichen?

---

[1] Placebo-Effekt: Das subjektive Schmerzgefühl bei Patient:innen verringert sich nicht wegen einer Schmerzsubstanz, sondern aufgrund der Auskunft, dass sie eine Schmerzsubstanz bekommen hätten, während sie tatsächlich nur eine Zuckerpille erhielten.

14.2 Untersuchung kausaler Zusammenhänge

Wir erleben die Welt als ein komplexes Gefüge von Wenn-dann-Beziehungen bzw. kausalen Zusammenhängen. Dabei ist man geneigt, Korrelationen, also Zusammenhänge aller Art, als Kausalitäten wahrzunehmen. Dass zwei Dinge miteinander verknüpft sind, heißt aber noch lange nicht, dass das eine *wegen* des anderen existiert. Ein beliebtes Beispiel aus der Statistik: Man kann nachweisen, dass in Gegenden, in denen viele Störche nisten, die Kinderzahl signifikant höher ist als in Gegenden ohne Störche. Werden Kinder also von Störchen gebracht, sind die Störche die *Ursache* für den Kinderreichtum? Warum ist diese Vermutung falsch, obwohl dieser Zusammenhang nachweislich existiert? Zwei Gründe gibt es dafür. Zum einen könnte es sein, dass die vermutete Wirkung umgekehrt funktioniert: Wo viele Kinder geboren werden, siedeln sich gerne Störche an. Ein Zusammenhang kann also prinzipiell immer in zwei Richtungen interpretiert werden, wenn man nach der Ursache und nach der Wirkung fragt. Zweitens besteht die Möglichkeit, dass beide Phänomene (Anzahl der Störche und Kinderreichtum) durch dritte Größen beeinflusst werden, so dass wir es mit einem Scheinzusammenhang zu tun haben: Störche nisten lieber auf Reetdächern als auf Hochhäusern und ländliche Gegenden sind ein besserer Platz, um Kinder großzuziehen als Städte. Der Urbanisierungsgrad einer Gegend ist also eine *Drittvariable,* die den von uns vermuteten Zusammenhang beeinflusst. Ein Zusammenhang zwischen zwei Variablen lässt sich also in dreierlei Richtung kausal interpretieren: A beeinflusst B, B beeinflusst A, C beeinflusst A und B gleichermaßen. In nicht-experimentellen Untersuchungsanlagen kann man einen Zusammenhang aufgrund dieser Mehrdeutigkeit nie kausal interpretieren. Nur ein experimentelles Untersuchungsdesign ist in der Lage, ein *Ursache-Wirkungs-Verhältnis* zu identifizieren.

14.3 Manipulation und Kontrolle

Bei der Identifizierung einer Ursache-Wirkungs-Beziehung steht zunächst eine unüberschaubare Zahl von intervenierenden Sachverhalten im Weg. Beispielsweise hat die Frage „Verursacht Rauchen Lungenkrebs?" ganze Generationen von Wissenschaftler:innen beschäftigt. Ist es wirklich das Rauchen oder gibt es ganz andere Ursachen, z. B. Umweltverschmutzung? Wie findet man nun heraus, was *wirklich* die Ursache ist? Durch Befragungen oder einfache Beobachtungen lässt sich die Frage nicht lösen. Zum Beispiel stellt man fest, dass 90 % der Lungenkrebsopfer früher geraucht haben, was aber – siehe oben – keinen Beweis für die kausale Verknüpfung darstellt, denn es handelt sich hier um eine *Kovariation.* Es gibt tausend andere Dinge, in denen sich Rauchende von Nichtrauchenden unterscheiden und die ebenso für den Lungenkrebs verantwortlich sein könnten. Haben Rauchende vielleicht ein bestimmtes Gen, das den Lungenkrebs auslöst? Empfinden Rauchende Stress stärker als Nichtrauchende?

Trinken Rauchende mehr Alkohol als Nichtrauchende? A priori ist nicht zu entscheiden, welche Variable oder welche Kombination von Einflussfaktoren den Lungenkrebs bei Rauchenden bewirkt.

Hier kommt die Logik des Experiments zum Tragen. Wir bilden zwei identische Versuchsgruppen, die sich in ihren sozialen, genetischen oder sonstigen Merkmalen nicht unterscheiden. Die eine Gruppe muss über einen längeren Zeitraum rauchen, die andere Gruppe darf dies nicht tun.[2] Wir messen einige Zeit später, wie viele Personen der Raucher- und der Nichtrauchergruppe an Lungenkrebs erkrankt sind. Sind es in der Rauchergruppe überzufällig mehr Personen als in der Nichtrauchergruppe, dann muss das Rauchen, denn nur darin unterscheiden sich die beiden Gruppen, die Ursache für Lungenkrebs sein. Dieses Konstanthalten der Untersuchungsbedingungen und die gleichzeitige kontrollierte Variation der einen uns interessierenden Variablen (Rauchen vs. Nichtrauchen) sind grundlegend für jedes Experiment.

▶ Manipulation und Kontrolle heißt: Es wird systematisch mindestens eine unabhängige Variable variiert und dann gemessen, welchen Effekt diese Veränderung auf die abhängige Variable hat. Gleichzeitig werden mögliche Wirkungen von anderen (Stör-) Variablen ausgeschaltet.

Das Experiment stellt, und darauf war dieses Beispiel auch angelegt, eine künstliche Situation dar, die möglicherweise nicht dem Alltagsleben entspricht. Immerhin zwingen wir Menschen, die eigentlich nicht rauchen, zu rauchen. Wir *manipulieren* die natürlichen Bedingungen so weit, dass nur noch eine einzige Ursache (zum Beispiel Rauchen) übrigbleibt, um die vermutete Wirkung (Lungenkrebs) herauszufinden. Wir *kontrollieren* alle anderen Bedingungen derart, dass sich die beiden Untersuchungsgruppen ansonsten nicht unterscheiden.

14.4   Unabhängige und abhängige Variablen

Bei wissenschaftlichen Experimenten unterscheidet man grundsätzlich zwischen *unabhängigen Variablen,* die aktiv von den Forschenden verändert werden, und den *abhängigen Variablen,* mit deren Messung eine Veränderung beobachtet werden soll. Im Beispiel ist das Rauchen bzw. Nichtrauchen die unabhängige Variable, das Auftreten von Lungenkrebs die abhängige. In der Kommunikationsforschung sind die unabhängigen Variablen häufig variierte Medieninhalte, im Prinzip kann aber jeder Sachverhalt, den Wissenschaftler:innen manipulieren, unabhängige Variable[3] sein:

---

[2] Selbstverständlich würde man ein solches Experiment aufgrund von ethischen Bedenken nicht durchführen (vgl. Abschn. 14.7).

[3] Unabhängige Variablen werden in der Literatur auch als Treatment oder als Stimulus bezeichnet.

- Filmsequenzen,
- Werbespots,
- Kleidung einer anwesenden Person,
- Raumausstattungen usw.

Ein konkretes Beispiel für eine unabhängige Variable in der Kommunikationswissenschaft wäre die Bebilderung von Fernsehnachrichten. Wir wollen feststellen, ob Bilder die Informationsaufnahme bei Nachrichten fördern oder eher vom Nachrichtentext ablenken. Einer Gruppe von Versuchspersonen wird eine Nachricht mit Fernsehbildern (Bebilderung ja) präsentiert, einer in ihren Merkmalen identischen Gruppe werden die Nachrichten ohne Bilder (Bebilderung nein) gezeigt. Die abhängigen Variablen sind Merkmale, deren Veränderung gemessen wird. In unserem Beispiel könnte das die Erinnerung an die Inhalte der Nachrichten sein. Diese würde im Anschluss an die Präsentation durch eine Befragung gemessen, so dass damit unsere Forschungsfrage beantwortet werden könnte. In der Kommunikationswissenschaft sind diese abhängigen Variablen üblicherweise Urteile, Einstellungen, Wissen oder Verhaltensweisen von Menschen, im Zusammenhang mit Experimenten auch Versuchspersonen genannt. Merkmale, deren Veränderung beobachtet wird, könnten sein:

- Aggressionspotenzial,
- Gehorsam,
- Erinnerung,
- Einstellung gegenüber Fremden usw.

14.5 Störvariablen

Störvariablen sind all jene Einflussfaktoren, die die abhängige Variable ebenfalls beeinflussen und im Ablauf eines Experiments *unkontrolliert* auftreten. In jedem Fall beeinträchtigen sie das generelle Ziel von wissenschaftlichen Experimenten, nämlich, einen kausalen Zusammenhang zwischen Ursache (z. B. Bebilderung) und Wirkung (z. B. Erinnerungsleistung) zu identifizieren. Störvariablen sind Sachverhalte oder Merkmale, die durch die Zusammensetzung der Versuchspersonen, die Durchführung des Experiments oder den Messvorgang bedingt sein können. Ziel eines jeden Experiments ist es deshalb, die Wirkung von Störvariablen entweder zu neutralisieren oder aktiv in die Untersuchung einzubeziehen. Das setzt allerdings voraus, dass man die Störvariable kennt und sie dann als zusätzliche unabhängige Variable ins Untersuchungsdesign einfügen kann. Störvariablen könnten in unserem Beispiel zu Fernsehnachrichten darin bestehen, dass 1) sich die beiden Versuchsgruppen nicht völlig gleichen (in der einen sind beispielsweise mehr Personen, die regelmäßig Nachrichten sehen), 2) während der Untersuchung der einen Gruppe eine weitere Person den Raum betritt und die Versuchspersonen ablenkt oder 3) der Fernseher aussetzt, so dass die Nachrichtenrezeption unterbrochen wurde.

14.6   Konfundierung

Störvariablen können auch im Treatment selbst, also im Kontext der Variation der unabhängigen Variablen angesiedelt sein. Wenn man beispielsweise (wie die ersten Experimente zur Gewaltforschung) seine unabhängige Variable so konzipiert, dass Gruppe A einen Gewaltfilm, Gruppe B überhaupt keinen Film sieht und man nachher nach dem Aggressionspotenzial der Versuchspersonen fragt, könnte eine solche Störvariable schon in der Anlage der Untersuchung liegen. War es wirklich der Gewaltfilm oder vielleicht eher die Tatsache, dass die eine Gruppe einen Film vorgesetzt bekam und die andere nichts, also warten musste? In diesem Fall hätten wir also nicht eine unabhängige Variable (Gewaltfilm versus Film ohne Gewalt), sondern zwei unabhängige Variablen (Film versus kein Film *und* Gewalt versus keine Gewalt) variiert. Man spricht hier von einer Konfundierung von zwei Variablen. Diese besteht darin, dass die beiden Gruppen sich nicht in einem, sondern in zwei oder sogar mehr Merkmalen unterscheiden. Das Ergebnis des Experiments, dass eine Gruppe gewalttätiger als die andere wurde, kann man nicht kausal auf eine Ursache zurückführen, wenn die beiden Gruppen sich in zwei Sachverhalten unterscheiden. Das Experiment ist in Bezug auf die Wirkung von Gewalt wertlos.

   Die Lösung in diesem Fall wäre, beiden Gruppen einen Film zu zeigen. Eine Gruppe bekommt nun einen Naturfilm vorgesetzt, die andere den Gewaltfilm. Auch hier kann man kritisch „Konfundierung!" rufen, denn es muss nicht die Gewalthaltigkeit des Films sein, die die Experimentalgruppe gewaltbereiter gemacht hat. War es nicht eher der schnellere Schnitt des Gewalt- im Vergleich zum Naturfilm, der die Versuchspersonen unruhig und aggressiv machte? Man müsste also die Schnittfolgen angleichen, so dass auch diese Störvariable kontrolliert, d. h. gleich gehalten werden kann. Die Kritiker:innen sind immer noch nicht zufrieden, denn sie bemängeln, dass in einem Fall Menschen, im anderen Tiere gezeigt werden, und das würde doch auf das Gewaltniveau wirken. … Eine solche Vorgehensweise mag zwar kleinkariert klingen, sie schützt jedoch letztlich vor irreführenden Ergebnissen, und Kritik bzw. Vorsicht hat Wissenschaft noch selten geschadet.

   Man kann sich ausmalen, welche Variablen noch aufzufinden wären. Festzuhalten ist in jedem Fall folgender Aspekt: Das Auffinden von Konfundierungen heißt zwar unter Umständen, dass ein Experiment im Nachhinein nicht mehr viel wert ist. Entscheidend ist jedoch, dass ein neues Untersuchungsdesign häufig der Schritt zu einem differenzierteren Umgang mit dem Untersuchungsgegenstand ist.

▶ Das Aufdecken von Konfundierungen befruchtet deshalb langfristig den Forschungsprozess, anstatt ihn zu behindern.

Man erfährt mehr über Randbedingungen und Wirkungszusammenhänge und man ist sogar in der Lage, die einst störenden Drittvariablen konstruktiv in ein weiteres Experiment mit einzubauen. Man lernt an diesem Beispiel, dass die Gefahr einer

Konfundierung steigt, je komplexer ein Stimulus ist. Filme (oder allgemeiner Medieninhalte) sind äußerst komplex und nie bis ins Letzte in einem Experiment zu kontrollieren. Der Ausweg, der deshalb gewählt werden muss, ist der Versuch, wirklich nur ein minimales Detail zu manipulieren, in dem sich die Gruppen unterscheiden. Man würde also im vorliegenden Fall beiden Gruppen denselben Film vorführen und vielleicht eine kleine Gewaltsequenz variieren. Je stärker der experimentelle Ablauf kontrolliert wird und je geringer das Ausmaß der experimentellen Manipulation ist, desto unwahrscheinlicher sind Konfundierungen.

Aber Achtung: Die Kontrolle sämtlicher möglicher Einflussfaktoren und die Standardisierung des experimentellen Ablaufs können dahinführen, dass das Experiment unter völlig unrealistischen Bedingungen abläuft und damit fragwürdig ist, ob man die Ergebnisse überhaupt auf die Realität übertragen kann (vgl. Abschn. 15.2). Wenn man beispielsweise Versuchspersonen auf einem Stuhl anbindet und ihre Köpfe in Apparaturen einspannt, so dass man Augenbewegungen beim Überfliegen von Zeitschriftenseiten genau messen kann, dann hat man in einer solchen Anordnung alle Störvariablen kontrolliert. Der große Nachteil allerdings ist, dass eine völlig künstliche Situation geschaffen wird, die mit der realen Wahrnehmung nicht mehr viel zu tun hat. Kein Mensch liest in einer solchen Situation in Zeitschriften. Die Ergebnisse sind dann im Rahmen des Experiments mustergültig, man muss sich jedoch fragen, ob sie auch Gültigkeit in Bezug auf das wirkliche Leben haben.

14.7 Experimental- und Kontrollgruppen

Eine experimentelle Überprüfung eines Ursache-Wirkungs-Zusammenhangs sieht gegenüber einer nicht-experimentellen Untersuchungsanlage immer vor, dass ein Vergleich zwischen mindestens zwei gleichen Gruppen angestellt wird: der Experimentalgruppe und der Kontrollgruppe. Die Herstellung zweier (oder mehrerer) Vergleichsgruppen ist der Ausgangspunkt jedes Experiments, ohne Kontrollgruppe sind Wirkungen eines Treatments, das die Experimentalgruppe erhält, nicht interpretierbar.

▶ Die Experimentalgruppe erhält ein Treatment, die Kontrollgruppe bekommt dieses Treatment nicht.

Alle anderen Bedingungen werden gleich gehalten, das heißt kontrolliert. Beide in ihren sonstigen Merkmalen vergleichbaren Gruppen unterscheiden sich nur in der Gabe des experimentellen Stimulus. Nur dieses Treatment und nichts anderes ist dann für Unterschiede verantwortlich, die man später zwischen den beiden Gruppen misst. Um die Wirkung von Rauch auf das Ausbrechen von Lungenkrebs festzustellen, werden häufiger Tierversuche angestellt, denn mit Menschen kann man ein solches Experiment wohl kaum durchführen. Man würde also Ratten eines Wurfs nehmen, die völlig identisch sind, um die genetischen Voraussetzungen für das Ausbrechen von Lungenkrebs für alle Versuchstiere gleich zu halten. Zwanzig Ratten werden in zwei Gruppen geteilt. Sie leben in Räumen, die identisch sind. Das Futter, die Fütterungszeit, die Raumtemperatur, die Hygiene – alle Umweltbedingungen sind gleich, bis auf eine: Bei einer Gruppe wird in regelmäßigen Abständen Zigarettenrauch in den Raum geblasen. Die Untersuchung läuft dann vielleicht ein Jahr. Im Anschluss daran werden die Ratten auf Lungenkrebs untersucht. Stellt man signifikante Unterschiede zwischen beiden Gruppen fest, kann man sagen, dass bei dieser Gruppe von Ratten der Rauch eine ursächliche Wirkung auf den Lungenkrebs hatte. Diese Untersuchungsanlage erfüllt beide Voraussetzungen eines Experiments: Manipulation des experimentellen Stimulus und Kontrolle der Versuchsbedingungen.

14.7.1 Selbstselektion

Einmal abgesehen davon, dass Ergebnisse, die man bei Ratten findet, nicht auf Menschen übertragen werden können, wird man derart extreme Untersuchungsanlagen mit Menschen nicht in Erwägung ziehen. Zunächst findet man keine identischen Menschen; die genetischen Bedingungen sind individuell verschieden. Menschen haben im Gegensatz zu Ratten einen selbstbewussten Willen, d. h. Rauchende und Nichtrauchende haben sich entschieden, ob sie rauchen oder nicht rauchen wollen. Und natürlich kann man bei Menschen die Lebensbedingungen nicht in derselben Art und Weise kontrollieren wie im Tierversuch. Jetzt kann man einwenden, wir können doch einfach Rauchende und Nichtrauchende, die in einer relativ ähnlichen Umwelt unter relativ gleichen Bedingungen leben, untersuchen, beispielsweise Insass:innen in Vollzugsanstalten oder Soldat:innen in einer Kaserne. Wir hätten doch dann eine Experimental- und eine Kontrollgruppe, oder?

Eine solche Untersuchungsanordnung stellt kein Experiment dar, da die Versuchspersonen sich *selbst* für Experimental- oder Kontrollgruppe (Rauchen vs. nicht rauchen) entschieden hätten. Sobald Menschen sich durch Selbstselektion der einen oder anderen Gruppe zuordnen, sind die Gruppen von vornherein nicht mehr vergleichbar. Die Grundbedingung, um später Unterschiede eindeutig als Wirkung eines Merkmals interpretieren zu können, wird verletzt. Selbstselektion muss also bei der Rekrutierung von Versuchspersonen unter allen Umständen ausgeschaltet werden. Anderenfalls haben wir wieder das Problem, dass sich Rauchende und Nichtrauchende in tausend anderen Merkmalen unterscheiden. Ließe man in einem Experiment zur Gewaltforschung den Versuchspersonen die Wahl, ob sie lieber einen Gewalt- oder einen Naturfilm sehen wollten, würden vielleicht alle gewaltbereiten Personen in die eine, alle „Sanftmütigen" in die andere Gruppe gehen. Schon sind die Ergebnisse beider Gruppen nicht vergleichbar, weil sich beide in mindestens einem anderen Merkmal (nämlich der vorherigen Gewaltbereitschaft) als dem experimentellen Stimulus unterscheiden.

▶ Eine Grundbedingung des wissenschaftlichen Experiments, nämlich die Vergleichbarkeit von Gruppen, wird durch Selbstselektion verletzt. Die Ergebnisse eines solchen Experiments lassen sich nicht kausal interpretieren.

14.7.2 Ethische Probleme

Menschen sind keine Versuchskaninchen. Man kann viele Experimente mit Menschen nicht durchführen, weil man ihre persönliche Freiheit oder ihre Selbstbestimmung grob verletzen würde. Allerdings ist die Spannweite dessen, was man ihnen als Versuchspersonen zumutet, recht groß. Insbesondere dann, wenn Menschen nicht wissen, dass sie an einem Experiment teilnehmen, werden experimentelle Designs fragwürdig. Überaus kritisch wird die Situation, wenn Menschen durch das Experiment in irgendeiner Art geschädigt werden. Damit ist nicht unbedingt eine körperliche, sondern auch eine psychische Schädigung gemeint. Wenn man beispielsweise von der schädlichen Wirkung von Pornografie überzeugt ist, ist es zumindest fragwürdig, der Experimentalgruppe mehrere Pornofilme zu zeigen und der Kontrollgruppe normale Spielfilme. Man würde ja dadurch in Kauf nehmen, dass die Mitglieder der Experimentalgruppe einen psychischen Schaden davontragen. Diskussionswürdig ist aber auch, wenn man Versuchspersonen für das Experiment ein anderes als das eigentliche Forschungsziel nennt. Eine solche Täuschung kann notwendig sein, damit sich die Versuchspersonen nicht schon im Wissen über den Zweck des Experimentes anders verhalten, als sie das sonst tun würden. Spätestens im Anschluss an das Experiment sollten die Versuchspersonen über den wahren Sachverhalt aufgeklärt werden. Man nennt das *Debriefing*.

In der medizinischen, aber auch der psychologischen Forschung wird durch die Versuchsleiter:innen in der Regel um eine sogenannte *Einwilligung nach erfolgter Aufklärung* gebeten („informed consent"). Versuchspersonen werden über den Sinn und Zweck eines Experiments und über mögliche Risiken und Nebenwirkungen aufgeklärt und stimmen dann ausdrücklich zu, dass sie an dem Experiment teilnehmen wollen. In der kommunikationswissenschaftlichen Forschung passiert dies noch selten, allerdings nehmen Studien mit „informed consent" in letzter Zeit zu. Eine weitere Möglichkeit, die ethische Unbedenklichkeit eines Experiments sicherzustellen, ist die Einrichtung von Ethikkommissionen an den Forschungseinrichtungen. Forschende übermitteln ihr Experimentaldesign und die entsprechenden Erhebungsinstrumente (in der Kommunikationswissenschaft in der Regel Fragebögen) an die Kommission und bitten um eine Unbedenklichkeitsbescheinigung, die ggf. nach der Erfüllung von Auflagen dann erteilt wird. Vor allem in den USA spielen Ethikkommissionen, die dort meist Institutional Review Board (IRB) genannt werden, eine große Rolle. Forschende und Universitäten verpflichten sich dann, ohne ein „approval" des IRB keine Forschung durchzuführen.

Gerade weil es beim Experiment darauf ankommt, eine kausale Beziehung zwischen zwei Sachverhalten zu belegen und zugleich aber klar ist, dass es in der Kommunikationswissenschaft keine monokausalen Zusammenhänge gibt, nimmt die Beachtung und Identifikation von *Randbedingungen* einen breiten Raum ein. Experimente sind immer unter dem Aspekt zu prüfen, ob ein Ergebnis tatsächlich ein Ursache-Wirkungs-Verhältnis abbildet oder möglicherweise durch andere, unkontrollierte Variablen zustande gekommen sein könnte. Bevor die eigentliche Durchführung eines Experiments ansteht, muss man sich deshalb größtmögliche Klarheit über denkbare *Interventionen* verschaffen, die das Ergebnis verfälschen könnten.

15.1 Repräsentativität experimenteller Ergebnisse

Experimente und ihre Ergebnisse leben vom Vergleich. Der Unterschied zwischen Experimental- und Kontrollgruppe(n) ist es, der ein Experiment aussagekräftig macht. Die absolute Höhe der gemessenen abhängigen Variablen kann nicht von der verwendeten Stichprobe auf die Grundgesamtheit hochgerechnet werden. Wie bereits bei den Ausführungen über die Auswahlverfahren dargestellt (Kap. 4), ist ein Repräsentationsschluss nur dann zulässig, wenn die untersuchte Stichprobe ein verkleinertes Abbild der Grundgesamtheit darstellt. Bei einem Experiment werden die Versuchspersonen zwar nach einem Zufallsprinzip der Experimental- bzw. Kontrollgruppe zugeschlagen (vgl. dazu Parallelisieren, Randomisieren in Abschn. 16.3.3). Sie stehen jedoch in der Regel nicht für eine Grundgesamtheit, d. h., die Summe der Teilnehmer:innen der Experimental- und Kontrollgruppe ist nicht repräsentativ und muss dies auch nicht sein. Bis auf den Sonderfall, dass innerhalb einer repräsentativen

H.-B. Brosius et al., *Methoden der empirischen Kommunikationsforschung*, Studienbücher zur Kommunikations- und Medienwissenschaft, https://doi.org/10.1007/978-3-658-34195-4_15

Befragung bestimmte Frageformulierungen experimentell variiert werden (Split-Ballot), handelt es sich bei experimentellen Stichproben in der Regel um eine *bewusste Auswahl*. Während das generelle Ziel von repräsentativen Bevölkerungsumfragen verallgemeinerbare Aussagen über eine bestimmte Population ist, will das Experiment *relative Aussagen* machen: Wie hat sich eine Variable aufgrund eines experimentellen Stimulus verändert? Dafür ist hinsichtlich der Zusammensetzung von Experimental- und Kontrollgruppe(n) lediglich von Bedeutung, dass sie zufällig und nicht aufgrund individueller Vorlieben der Versuchspersonen zustande kommt.

Man darf auf der Grundlage von experimentellen Untersuchungen also sagen, dass Alkohol am Steuer die Fahrtüchtigkeit beeinträchtigt oder dass unter bestimmten Bedingungen Gewaltfilme die Gewaltbereitschaft erhöhen. Man kann meist keine Aussagen darüber treffen, um wie viel Prozent die Fahrtüchtigkeit verringert wird, da das Experiment beispielsweise nur bei bestimmten sozialen Gruppen durchgeführt wurde und insofern die Ergebnisse *nicht generalisierbar* sind. Die Verfügbarkeit von Versuchspersonen ist in der Tat ein Problem, weshalb sich bewusste Auswahlverfahren nicht vermeiden lassen. Immer dort, wo Menschen zumeist aus beruflichen Gründen zusammenkommen und deshalb verfügbar sind, liegt es für die Forschung nahe, diese Gruppe für ihre Untersuchung zu rekrutieren. Auf diese Weise werden besonders häufig Studierende, Soldat:innen, Schüler:innen oder Arbeiter:innen in einem großen Betrieb in Experimenten untersucht.

Die Kritik bleibt nicht aus: Man messe ja nur Mediennutzungsverhalten, Aggressivität oder ähnliche Merkmale von Studierenden und nicht von *der* Bevölkerung. Studierende seien in ihrem Mediennutzungsverhalten aber völlig anders als die allgemeine Bevölkerung, deshalb seien einschlägige Ergebnisse nicht verallgemeinerbar. Unter bestimmten Umständen ist der Vorwurf berechtigt. Man muss allerdings differenzieren: Messergebnisse sind generalisierbar, wenn der zu untersuchende Sachverhalt unabhängig von der jeweiligen Teilgruppe existiert, an der er untersucht wird. Dies ist etwa bei den klinischen Tests für neue Schmerzmittel der Fall, in der eine Gruppe die Schmerzsubstanz, die andere ein Placebo bekommt. Wenn man dann feststellt, dass bei denjenigen, die die Schmerzsubstanz erhalten hatten, sechzig Prozent und bei denjenigen, die das Placebo nahmen, nur dreißig Prozent von einer Linderung ihrer Schmerzen sprechen, dann kann man feststellen, dass das Medikament wirkt. Und es gäbe in so einem Fall keinen Grund, anzunehmen, dass das Schmerzmittel bei Studierenden anders als bei der allgemeinen Bevölkerung wirkt. Ob das Schmerzmittel in der Bevölkerung im Durchschnitt in 60 % der Fälle wirkt, darf man allerdings nicht verallgemeinern.

Ähnliches gilt für unser Beispiel der Bebilderung von Fernsehnachrichten. Vermutlich wird sich der Unterschied in der Erinnerungsleistung zwischen bebilderten und nicht bebilderten Nachrichten, der bei Studierenden gefunden wurde, auch bei anderen Bevölkerungsgruppen finden, wenn auch auf einem anderen Niveau. Ein anderes Beispiel sind Experimente zur Werbewirksamkeit von Tandemspots. Die Versuchspersonen werden in Gruppen eingeteilt und bekommen einen Film mit Werbeunterbrechung zu sehen. Der Werbeblock besteht aus zehn Spots und wird allen Versuchsgruppen vorgeführt. Die Variation besteht darin, dass ein Teil (Experimentalgruppe) sogenannte *Tandemspots* zu sehen bekommt, während dem anderen Teil (Kontrollgruppe) die zweite Hälfte des Spots vorenthalten wird. Dieses Experiment wurde mit studentischen Versuchspersonen durchgeführt. Man kann annehmen, dass Menschen Werbung unterschiedlich aufmerksam verarbeiten, und dabei beispielsweise ihr Interesse an dem beworbenen Produkt eine Rolle spielt. Rentner:innen werden sich kaum für einen Bausparvertrag, Studierende kaum für eine Haftcreme interessieren. Die Erinnerung an Werbung kann somit auch von bestimmten sozialen Merkmalen abhängig sein. Es gibt aber keinen Grund, zu vermuten, dass die gemessenen Unterschiede zwischen der Experimentalgruppe (Tandemspot) und der Kontrollgruppe (einfacher Spot) von sozialen Merkmalen abhängen. Es mag allerdings sein, dass die Unterschiede bei Studierenden auf einem anderen Behaltensniveau auftreten als beispielsweise bei Rentnern. Auch in diesem Fall könnte man die Ergebnisse also generalisieren.

15.2 Externe und interne Validität

Unmittelbar an das Problem der Verallgemeinerungsfähigkeit von experimentell gewonnenen Ergebnissen schließt sich die Frage nach der Validität an. Die Validität macht ja Aussagen darüber, ob ein Messinstrument wirklich das misst, was es messen soll. In Abschn. 3.2 wurde dargestellt, dass sich die Gültigkeitsprüfung auf die Vollständigkeit der ausgewählten Dimensionen *(Inhaltsvalidität)* und die theoretische und sachlogische Angemessenheit der verwendeten empirischen Indikatoren im Verhältnis zum theoretischen Konstrukt *(Konstruktvalidität)* bezieht. Auch bei einem wissenschaftlichen Experiment stellt sich den Forschenden das Problem der Gültigkeit, mehr noch, der Begriff der Validität ist hier entscheidend erweitert.

Nehmen wir ein Beispiel aus der experimentellen Forschung zur Wirkung von Mediengewalt: Es soll gemessen werden, unter welchen Bedingungen Personen nach der Rezeption von Gewaltfilmen aggressiv reagieren. Die Versuchspersonen werden dazu einzeln in einem Labor untersucht.[1]

Dieses Labor besteht aus zwei Räumen. Im ersten Raum ist eine sogenannte Aggressionsmaschine aufgebaut, die über eine Tastatur mit verschieden starken Voltzahlen verfügt. Die Versuchsperson wird in diesen ersten Raum gebeten. Die zweite Person ist eine studentische Mitarbeiterin, die in die Versuchsanordnung eingeweiht ist und schauspielert, was die tatsächliche Versuchsperson natürlich nicht weiß. Die beiden setzen sich, werden dann verkabelt und müssen sich nun gegenseitig Fragen stellen. Wenn die Frage falsch beantwortet wurde, soll man zur Bestrafung einen Elektroschock seiner Wahl geben. Der Versuch läuft unter zwei verschiedenen experimentellen

---

[1]Im Zusammenhang mit wissenschaftlichen Experimenten spricht man gerne von einem Labor, um die Künstlichkeit der Situation zu unterstreichen.

Bedingungen ab. Einer Gruppe von Versuchspersonen werden auch dann (ungefährliche) Schocks verteilt, wenn sie eine richtige Antwort gegeben hatten, die andere Gruppe erhält keine Elektroschocks (weil die Fragen so einfach gehalten sind, dass sie normalerweise immer richtig beantwortet werden können). Wir haben also eine Experimentalgruppe, die das Treatment „Provokation" bzw. „Frustration" erhält, während die Kontrollgruppe nicht provoziert wird. Danach werden beide Versuchspersonen in den anderen Raum geführt, wo sie einen Film sehen. Das ist entweder ein Gewaltfilm oder ein Naturfilm. Danach wird das Procedere mit den Elektroschocks noch einmal durchgeführt.

Die Annahme ist, dass Personen, die gewalthaltige Medieninhalte konsumieren, nur dann aggressiver werden, wenn sie vorher frustriert bzw. provoziert wurden. Die Höhe der Elektroschocks ist also ein *Indikator* für Gewaltbereitschaft. Zwei einander unbekannte Menschen sitzen sich also gegenüber und verabreichen einander Elektroschocks mit der Unterstellung, dass die Höhe der Elektroschocks ein Indikator für Aggressivität ist. Es mag nun sein, dass die echte Versuchsperson tatsächlich frustriert ist und sie die Elektroschocks tatsächlich als Zeichen ihrer Aggressivität einsetzt. Das bedeutet also, dass in der experimentellen Situation tatsächlich gemessen wird, was gemessen werden soll. In diesem Fall ist die interne Validität des Experimentes gegeben.

▶ Die interne Validität sagt etwas darüber aus, inwieweit innerhalb der experimentellen Situation das gemessen wird, was gemessen werden soll.

Die interne Validität stellt somit sicher, dass die Veränderung einer abhängigen Variablen tatsächlich auf die unabhängige zurückgeführt werden kann und Konfundierungen zwischen der unabhängigen und einer Störvariable ausgeschlossen werden können. Erst wenn alle Variablen kontrolliert sind, kann man sicher sein, dass ein Kausalschluss zulässig ist. Mit der vollständigen Kontrolle der experimentellen Situation erreicht man andererseits, dass die Situation so unnatürlich wird, dass sie in der tatsächlichen Realität nicht oder kaum je auftreten wird. Diesen Sachverhalt bezeichnet die externe Validität.

▶ Die externe Validität sagt etwas darüber aus, inwieweit sich die Ergebnisse eines Experimentes generalisieren lassen, also auch außerhalb des Labors und somit im realen Leben auftreten.

Die interne Validität eines Experiments ist die notwendige Bedingung, um ein Ursache-Wirkungs-Verhältnis zu identifizieren. Die Forschungsfrage des Experiments bezog sich aber auf den kausalen Zusammenhang zwischen gewalthaltigen Medieninhalten und dem Aggressionspotenzial von Mediennutzern. Hier kann man zu Recht fragen, wann in der Realität jemand gewalthaltige Medieninhalte konsumiert und danach die Möglichkeit hat, an einer solchen Aggressionsmaschine Elektroschocks an ein unbekanntes Gegenüber auszuteilen. In solchen Fällen muss man zu Recht fragen: Darf man die gefundenen Ergebnisse auf die soziale Realität übertragen? Werden Menschen tatsächlich aggressiver, wenn sie Gewaltfilme konsumiert haben und wie äußern sie dies dann? Wenn man beispielsweise nach der Gewaltrezeption einer bekannten Person gegenübersteht, wird die Aggression vielleicht eher unterdrückt.

Experimentelle Untersuchungsanlagen aus dem Bereich der Marktforschung verdeutlichen das Problem noch einmal: In diesem Bereich beschäftigt man sich häufig mit der Frage, wie Anzeigen bzw. Werbebotschaften wahrgenommen werden. Für die werbetreibende Wirtschaft ist das natürlich eine spannende Frage, denn sie will wissen, wie die Anzeigen platziert werden müssen und wie man sie optimal gestaltet. Man kann die Wahrnehmung der Verbraucher direkt messen: Wo schauen sie beim Betrachten einer Zeitschriftenseite zuerst hin? Wie lange fixieren sie bestimmte Regionen auf einer Seite? Wo gehen sie aus der Seite heraus? Eine experimentelle Untersuchungsanlage würde dann verschiedene Details einer Zeitungsseite variieren und diese den Gruppen vorlegen. Wenn man wissen will, worauf der Blick zuerst springt, müsste man also jedes Detail bis auf ein Merkmal gleich halten. Um die Augenbewegungen der Personen reliabel zu erfassen, würden die Probanden auf einen Stuhl gesetzt, womöglich festgeschnallt, das Kinn auf eine Ablage, der Kopf fixiert … und dann sollen sie Zeitung lesen. Natürlich übertreiben wir hier und beschreiben eine fiktive Untersuchungsanlage. Das Problem sollte aber dennoch deutlich werden. Die Erhöhung der internen Validität durch Kontrolle aller Variablen geht häufig zu Lasten der Übertragbarkeit der Ergebnisse auf die Realität außerhalb des experimentellen Labors: Je höher die interne Validität einer Untersuchungsanlage, desto geringer wird die externe – und umgekehrt.

Die externe Validität einer experimentellen Untersuchungsanlage wird nicht nur durch die Künstlichkeit der Laborsituation verringert. Zwei weitere Gesichtspunkte müssen bei der Konzeption eines experimentellen Forschungsvorhabens berücksichtigt werden: 1) Egal, ob man Versuchspersonen über den Zweck des Experimentes zunächst täuscht oder nicht: Sie werden immer versuchen, sich selbst eine Erklärung zurechtzulegen, was wohl demnächst von ihnen verlangt wird – insbesondere dann, wenn die Laborsituation hochgradig künstlich ist wie im geschilderten Fall. Vielleicht sind sie wider besseres Wissen in dieser speziellen Situation der Auffassung, dass sie Voltstöße verteilen müssen, obwohl ihnen gesagt wurde, dass sie gefährlich sind. Gerade die Unsicherheit der Situation führt dazu, dass sich Versuchspersonen Hypothesen über den Grund für das Experiment zurechtlegen. Sogenannte *demand characteristics* beeinflussen die externe Validität der Ergebnisse, weil sich Personen im Experiment völlig anders verhalten, als sie es außerhalb tun würden. Möglicherweise identifizieren die Versuchspersonen in unserem Beispiel die experimentelle Anordnung als eine Art Videospiel, bei dem man seinen Spieltrieb austoben kann. 2) Hinzu kommt die Tatsache des *forced exposure*. Die Versuchspersonen haben in einer Laborsituation keine Chance, sich anders zu verhalten, als man es ihnen vorgibt. Sie können nicht einfach nach Hause gehen oder mit der Fernbedienung das Gewaltprogramm wegzappen. Dies beeinträchtigt ebenfalls die Übertragbarkeit des Messergebnisses auf die tatsächliche Realität.

Generell besteht bei der Abklärung sowohl der internen als auch der externen Validität das Problem, dass man sie nicht – wie etwa die Intercoderreliabilität einer Inhaltsanalyse – mathematisch genau bestimmen kann. Die Wissenschaftler müssen sich auf ihre Erfahrung, auf das Urteil vorangegangener Untersuchungen und nicht zuletzt auf den Alltagsverstand verlassen, um ein vertretbares Maß zwischen interner und externer Validität herzustellen. Entscheidend ist natürlich letztlich die externe Validität, denn wir wollen ja Probleme unserer gesellschaftlichen Realität lösen. Die Vernachlässigung der internen Validität macht aber möglicherweise die Ergebnisse des Experimentes unbrauchbar, weil wir den angestrebten Kausalschluss nicht belegen können.

15.3 Zufällige und systematische Fehler

15.3.1 Zufällige Fehler

Die eben geschilderte experimentelle Untersuchungsanlage zur Messung des Aggressionspotenzials ist als Einzeluntersuchung konzipiert. Jede Versuchsperson (ob Teil der Experimental- oder der Kontrollgruppe) betritt das Labor allein und bekommt die Treatments einzeln verabreicht. Dabei wird bei der Konzeption des Untersuchungsdesigns darauf geachtet, dass alle Bedingungen der Untersuchung kontrolliert, d. h. gleich gehalten werden. Dies betrifft den Ablauf, die zweite Person, die am Experiment teilnimmt, sowie alle situativen Faktoren wie die Ausstattung des Labors, die Temperatur, vielleicht sogar die Tageszeit, zu der der Versuch durchgeführt wird. Trotzdem kann es passieren, dass während des Ablaufs eine unvorhergesehene Situation eintritt. Es kann sein, dass der Versuchsperson schlecht wird und sie deshalb für die Ergebnisauswertung nicht mehr in Frage kommt. Es kann sein, dass die studentische Hilfskraft eines Tages schwer erkältet ist und das Mitleid der Versuchsperson derart erregt, dass alle Aggressivität wie weggeblasen ist. Oder es könnte vorkommen, dass ein Stromausfall die gesamte Untersuchungsanlage durcheinanderbringt. Hinzu kommen natürlich zahlreiche Störfaktoren, die man entweder nicht kennt (z. B. die Stimmung der Versuchspersonen) oder die man übersieht (z. B. die Vorfreude auf einen Kinoabend). Allerdings, und das ist der große Vorteil von Einzelversuchen, sind nicht alle, sondern nur diese singulären Messungen von bekannten oder unbekannten Störvariablen beeinflusst. Man hat es in diesem Fall mit einem *zufälligen Fehler* zu tun.

▶ Ein zufälliger Fehler verringert lediglich die Genauigkeit der Ergebnisse, beeinflusst diese aber nicht in eine bestimmte Richtung.

Je mehr zufällige Fehler auftreten, desto ungenauer werden die Ergebnisse, was im Extremfall dazu führen kann, dass ein vorhandener Unterschied zwischen Experimental- und Kontrollgruppe verdeckt wird.

15.3.2 Systematische Fehler

Angenommen, man teilt ein studentisches Seminar in zwei Gruppen. Die Experimentalgruppe erhält als Treatment einen Gewaltfilm, die anderen bekommen einen Naturfilm
zu sehen. Bei diesem Design stimmen Experimental- und Kontrollgruppe mit den zu
untersuchenden Gruppen überein, man führt also einen Gruppenversuch durch. Beide
Gruppen werden zur selben Zeit in getrennte Räume, die natürlich vollständig identisch
ausgestattet sind, geführt, und der Film beginnt. Nach zehn Minuten betreten bei der
Experimentalgruppe drei Handwerker den Raum und erklären, sie müssten die Heizung
reparieren. Natürlich werden sie von der Versuchsleiterin sofort verjagt – aber trotzdem:
Veränderungen des Aggressionspotenzials, die bei der Experimentalgruppe gefunden
werden, können nicht mehr kausal auf den Stimulus Gewaltfilm zurückgeführt werden,
weil eine Störvariable vorliegt und es letztlich zu einer Konfundierung zwischen Gewaltfilm und Störung gekommen ist.

▶ Systematische Fehler bewirken eine Konfundierung: Störung und Treatment gehen
eine Wechselwirkung ein, so dass die Veränderung eines Merkmals nicht mehr kausal auf
die eigentliche unabhängige Variable zurückgeführt werden kann.

Die beiden Gruppen unterscheiden sich nicht nur in der Präsentation des Filmes,
sondern auch in dem Vorhandensein einer Störung, was sich als *systematischer Fehler*
im Messergebnis niederschlägt. Die gemessenen Ergebnisse sind für die Prüfung eines
kausalen Zusammenhangs zwischen Ursache (Gewaltfilm) und Wirkung (Aggressionspotenzial) letztlich unbrauchbar. Theoretisch müsste man das Experiment wiederholen, was immer ein Zeit- und Kostenproblem ist. Um die Gefahr von systematischen
Fehlern, die auf Umweltbedingungen zurückzuführen sind, auszuschließen, werden deshalb häufig Einzelversuche durchgeführt. Die drei Handwerker stören dann nicht eine
komplette Gruppe, sondern nur eine einzige Versuchsperson, so dass bei einer Gruppenstärke von beispielsweise 30 Versuchspersonen eben nur ein Dreißigstel der Messungen
der Experimentalgruppe nicht verwendet werden kann. Das Messergebnis dieser Versuchsperson verändert die Genauigkeit des Gesamtergebnisses um ein Dreißigstel.
Die Genauigkeit der Ergebnisse wird demnach durch zufällige Fehler beeinflusst,
während systematische Fehler das Ergebnis insgesamt verzerren. Nicht das Auftreten
eines bestimmten Sachverhaltes an sich bestimmt, ob es sich um einen systematischen
oder zufälligen Fehler handelt, sondern ob dieser Sachverhalt systematisch mit der
Experimental- und Kontrollgruppe variiert. Die Handwerker sind in einem Fall ein
systematischer, im anderen Fall ein zufälliger Fehler.
Die Entscheidung für Einzelversuche ist aus methodischen Erwägungen heraus also
notwendig. Wer eine Experimentalgruppe mit 5000 Versuchspersonen als Einzeluntersuchung ablaufen lässt, wird selbst beim Auftreten mehrerer Zufallsfehler immer noch
ein extrem genaues Ergebnis präsentieren können. In der Praxis wird aber auch hier eine

Abwägung zwischen Kosten und Nutzen zu treffen sein. Einzelversuche kosten deutlich mehr Zeit und Geld als Gruppenversuche. Wie so oft liegt der Kompromiss je nach Finanzstärke irgendwo in der Mitte: Je nach Zeit und Geld wird man deshalb die große Gruppe in mehrere kleine teilen, ohne gleich zu Einzelversuchen zu gelangen. Natürlich hängt es auch vom Inhalt und der Messmethode ab, ob eher Einzel- oder Gruppenversuche gemacht werden. Will ich beispielsweise Gehirnströme aufzeichnen, muss es im Einzelversuch geschehen, liegt meine experimentelle Variation in gedruckten Zeitungsartikeln, kann ich in Unterrichtsstunden mehrere Personen parallel untersuchen. Online-Befragungsexperimente (vgl. Abschn. 16.1.3) haben diese Abwägungsproblematik nicht. Großzahlige Einzelversuche sind möglich. Allerdings ergibt sich hier das Problem, dass die Forschenden nicht wissen, in welcher Situation das Experiment stattfindet, was die Genauigkeit bzw. die interne Validität des Experiments beeinträchtigt.

Neben der Frage nach dem zeit- und kostenmäßigen Aufwand von Einzelversuchen rückt ein zweites Problem ins Blickfeld: Da Einzelversuche im Labor zwangsläufig über einen längeren Zeitraum laufen müssen, können – je nach Thema – *Lern- und Reifungseffekte* einen Einfluss auf die Güte der Versuchsergebnisse ausüben: 1) Die Versuchsleiter:innen werden erfahrener. Sie werden vermutlich die erste Versuchsperson anders behandeln und einweisen als die letzte Versuchsperson. Sie werden möglicherweise nicht mehr mit derselben Sorgfalt bei den Erklärungen vorgehen, wenn sie das Procedere schon hundertmal durchgemacht haben. 2) Der Versuch spricht sich herum. Meistens werden wissenschaftliche Experimente in einem relativ begrenzten sozialen Raum durchgeführt, sei es ein Universitätsinstitut, ein Krankenhaus oder ein Freizeitzentrum. Nachfolgende Versuchspersonen entwickeln also andere Vorstellungen vom Sinn und Zweck der Untersuchung als die ersten, wissen vielleicht schon von denjenigen, die schon teilgenommen haben, was von ihnen verlangt wird und werden entsprechend ihr Verhalten danach richten.

15.4 Versuchsleiter:innen als Quelle zufälliger und systematischer Fehler

Eine ganz markante Störquelle stellen die Versuchsleiter:innen dar. Diese sind in aller Regel nicht identisch mit der forschenden Person. Die Gründe für diese Trennung liegen nicht nur in den zeitlichen bzw. physischen Beschränkungen. Indem Forscher:innen die Feldarbeit, also die eigentliche Durchführung der Befragung, der Inhaltsanalyse oder des Experiments geschulten Personen überlassen, versuchen sie, größtmögliche Objektivität und Neutralität in der Vorgehensweise zu erreichen. Dies ist ein wesentlicher Punkt, um Forschungsergebnisse intersubjektiv nachvollziehbar zu machen. Durch die Trennung der Rollen von Forscher:innen und Versuchsleiter:innen will man verhindern, dass die Wissenschaftler:innen bewusst oder unbewusst durch ihre Hypothesen die Erhebung beeinflussen. Deshalb sind Interviewer:in, Codierer:in und Versuchsleiter:in oft nicht einmal in die Zielsetzung der Untersuchung eingeweiht. Sie haben lediglich ihre genauen

Anweisungen, wie in diesem Fall eine experimentelle Untersuchung durchzuführen ist. Die Versuchsleiter:innen erklären den Ablauf des Experiments, führen die Messungen durch, präsentieren den Versuchspersonen das Stimulusmaterial (z. B. einen Fernsehfilm), achten auf die gleichbleibende Situation und geben den Versuchspersonen bei Rückfragen Hilfestellung.

Ebenso wie bei persönlichen Interviews kann es bei experimentellen Anordnungen zu unerwünschten Effekten kommen, die auf die Versuchsleiter:innen zurückzuführen sind und sich systematisch auf die Messergebnisse auswirken. Die Versuchsleiterin wird aufgrund der unsicheren Situation im Labor genau beobachtet und die Versuchsperson versucht, aus ihr herauszulesen, um was es wohl gehen könnte. Oder man findet ihn schlicht attraktiv, hat Mitleid mit ihr oder glaubt, ihr einen Gefallen zu tun, wenn man sich auf eine besondere Weise verhält. Das ist dann genau das Problem: Das Verhalten der Versuchspersonen ist nicht mehr natürlich, sondern wird auch durch die Person der Versuchsleiter:in beeinflusst. Unerwünschte Effekte der Versuchsleiter:innen kann man grob in drei Kategorien einteilen. Dabei ist immer unterstellt, dass die Versuchsleiter:innen aufgrund dieser Merkmale das Untersuchungsergebnis unbewusst beeinflussen:

- Effekte physischer oder sozialer Merkmale der Versuchsleiter:in
- Lern- und Gewöhnungseffekte
- Effekte von Erwartungen der Versuchsleiter:in an die Untersuchung

In die erste Gruppe gehören Merkmale wie Alter und Geschlecht der Versuchsleiter:innen, ihr Dialekt, ihre physische Attraktivität: Attribute, die schon in den Abschnitten zur Befragung problematisiert wurden. In die zweite Gruppe gehören die schon erwähnten Reifungs- und Lernprozesse, durch die sich das Verhalten der Versuchsleiter:innen während der Untersuchung verändert. Die Versuchsleitereffekte, die aufgrund bestimmter Erwartungen an die Versuchsleiter:innen nachgewiesen werden können, sind eng mit dem Namen *Rosenthal* verbunden, der diesen Effekt Mitte der 1960er-Jahre nachweisen konnte: Rosenthal verwendete für sein Experiment, bei dem die vermeintlichen Versuchsleiter:innen tatsächlich seine Versuchspersonen waren, eine in der Tierpsychologie gängige Untersuchungsanlage. Ratten lernen, sich in einem Labyrinth zurechtzufinden, an dessen Ausgang eine Futterpille liegt. Die Versuchsleiter:innen sollten messen, wie schnell die Ratten das Labyrinth durchlaufen. Bei den Versuchspersonen handelte es sich um Studierende der Psychologie, die mit diesen Untersuchungsanlagen vertraut waren. Rosenthal täuschte sie nun über den wahren Grund der Untersuchung, indem er zwei verschiedene Erwartungen bei der Experimental- und der Kontrollgruppe schuf. Der einen Gruppe erzählte er, dass es sich um einen Versuch mit genetisch veränderten Ratten handele, deren Intelligenz messbar höher liege als bei durchschnittlichen Ratten. Die Kontrollgruppe erhielt die gegenteilige Auskunft: Eure Ratten sind nachweisbar dumm. Die „Versuchsleiter:innen" – eigentlich waren sie ja die Versuchspersonen – sollten nun die Zeit messen, welche die Tiere brauchten, um die Futterpille zu erreichen. Tatsächlich handelte es sich aber um genetisch identische Ratten aus einem Wurf. Die Hypothese war nun, dass die Erwartungen der „Versuchsleiter:innen" systematisch die Messergebnisse verzerren können. Es kam, wie man schon ahnt, zu den prognostizierten Ergebnissen. Die angeblich schlauen Ratten unterschieden sich von ihren „dummen" Artgenoss:innen dadurch, dass sie deutlich schneller durchs Labyrinth fanden! Die Erwartungen der „Versuchsleiter:innen" hatten einen Effekt produziert, der tatsächlich nicht vorhanden war. Diese Anordnung ist ein Beleg dafür, dass die Kenntnisse von Versuchsleiter:innen über den Sinn und Zweck der Untersuchungsanlage einen Effekt auf das Ergebnis haben können. Insbesondere aus diesem Grund ist beim wissenschaftlichen Experiment die Trennung von Forschenden und Versuchsleiter:innen von größter Bedeutung für die Validität der Ergebnisse.

15.5 Kontrolle der Versuchsleitereffekte

Versuchsleitereffekte sind nichts anderes als Konfundierungen: Das Verhalten der Versuchsleiter:in ist konfundiert mit der experimentellen Bedingung, weshalb die Ergebnisse nicht kausal interpretiert werden dürfen. Es gibt nun verschiedene Möglichkeiten, solche Effekte in den Griff zu bekommen.

15.5.1 Ausschalten bzw. Standardisierung der Versuchsleitereffekte

Das Ideal der Kontrolle von derlei Effekten wäre die vollständige Ausschaltung, was allerdings nicht in jeder Anordnung möglich ist, denn nicht immer kommt man ohne Versuchsleiter:innen aus. Will man Versuchsleitereffekte komplett vermeiden, müsste man die Person zum Beispiel durch eine schriftliche Instruktion ersetzen. Damit vermeidet man zwar nicht, dass sich die Versuchspersonen ihre Gedanken zur Anordnung machen, aber zumindest können sie sich nicht am Verhalten der Versuchsleiter:in orientieren. Kann man auf den Einsatz von Versuchsleiter:innen nicht verzichten, dann kann man die Standardisierung der Situation verbessern, beispielsweise durch Vorlage einer schriftlichen oder aufgezeichneten Instruktion. Dadurch vermeidet man Effekte, die sich schon durch die Betonung und andere Merkmale der Sprache einschleichen könnten. Allerdings ist hier wiederum zu beachten, dass dies die Künstlichkeit der Situation erhöht. In den Fällen, in denen eine lebendige Versuchsleiter:in anwesend sein muss, braucht es eine intensive Schulung dieser Personen, um ein halbwegs standardisiertes Verhalten zu erreichen. Sie müssen lernen, die Instruktion immer in derselben Stimmlage vorzulesen, müssen wissen, wie sie auf Nachfragen seitens der Versuchspersonen reagieren dürfen etc.

15.5.2 Ausschaltung von Erwartungseffekten

Um zu testen, ob tatsächlich eine Gleichhaltung der Erwartungen von Versuchsleiter:innen (zum Beispiel durch entsprechende Schulung) gelungen ist, kann man sogenannte Erwartungskontrollgruppen einsetzen. Dieser Gruppe, der dritten neben der Experimental- und Kontrollgruppe, wird ebenso wie der Kontrollgruppe der experimentelle Stimulus nicht appliziert, die Erwartung der Versuchsleiter:in wird allerdings in der Weise manipuliert, dass sie ein Ergebnis wie in der Experimentalgruppe zu erreichen glaubt. Findet man dann tatsächlich vergleichbare Ergebnisse in der Experimental- und der Erwartungskontrollgruppe, hatte die Erwartung der Versuchsleiter:in immer noch einen Einfluss auf das Messergebnis.

Sehr gebräuchlich, vor allem in medizinischen Tests, sind die sogenannten Doppelblindversuche ("double blind"), die die Placebo-Effekte bei der Gabe von Medikamenten kontrollieren bzw. aufdecken, um so die tatsächliche Wirksamkeit eines Medikaments aufgrund von dessen Inhaltsstoffen und nicht aufgrund von (sozialen) Rahmenbedingungen belegen. Der Placebo-Effekt ist ja bekannt: Ein Arzt verabreicht Zuckerpillen, sagt seiner Patientin, dass es sich hier um ein neues Medikament handle, und prompt wirkt es auch. Die Gründe können vielfältig sein: Vielleicht sagt die Patientin nur, dass es ihr besser geht, weil sie ihrem Arzt einen Gefallen tun will; vielleicht ist eine Spontanheilung eingetreten; vielleicht bewirkt alleine die Aufmerksamkeit des Arztes einen positiven Effekt bei der Patientin.

Der erste Schritt zur Kontrolle dieses Placebo-Effektes ist also eine Täuschung der Versuchspersonen. Man sagt ihnen nicht, ob sie Zucker oder Medikament erhalten. Und trotzdem: Der Placebo-Effekt kann aber immer noch auftreten. Warum? Weil die Versuchsleiter:in über die Ziele des Experiments weiß und ebenso weiß, was sie gerade verabreicht. Offenbar verhält sich eine Ärztin, die ihren Patient:innen ein Medikament verabreicht, unbewusst anders, als wenn sie ihnen Zucker verabreicht. Vielleicht fragt sie in der Experimentalgruppe so lange nach, ob das Medikament auch wirklich geholfen hat, bis die Patientin „Ja" sagt. Vielleicht vermittelt sie in der Kontrollgruppe unbewusst den Eindruck, dass die Pille gar nicht helfen kann. Deshalb laufen medizinische Experimente „doppelt blind": Weder Arzt oder Ärztin noch Patient oder Patientin wissen, was sie verabreichen bzw. schlucken. Der Arzt hat keine Chance, sich hypothesenkonform zu verhalten und die Patientin kann nicht aufgrund des Verhaltens des Arztes erahnen, was sie wirklich bekommen hat. Nur die Forscher:in im Hintergrund weiß, was Arzt A an diesem Tag Patientin 1 für eine Substanz gibt. Damit wird ausgeschlossen, dass der Arzt sich hypothesenkonform verhalten kann, wie es der Versuchsleitereffekt voraussagt, und da alle Patient:innen etwas bekommen, wird der Placebo-Effekt ebenfalls ausgeschlossen. Nicht ausgeschlossen sind dadurch natürlich „Forschereffekte", durch die die Forschenden die Ärzt:innen schon hypothesenkonform instruieren.

Experiment III: Varianten und Durchführung

16.1 Typen von Experimenten

Die bisher dargestellten Beispiele experimenteller Anordnungen beziehen sich alle auf sogenannte *Laborexperimente*. Es gibt allerdings noch weitere Möglichkeiten, unter experimentellen Bedingungen kausale Zusammenhänge zwischen einem Stimulus und einer abhängigen Variablen aufzudecken. Dies soll im Folgenden systematisch dargestellt werden. Bleiben wir zunächst beim Laborexperiment.

16.1.1 Laborexperimente

Als Labor, in dem ein Experiment durchgeführt wird, bezeichnet man die Untersuchungsräume, die speziell für den Forschungszweck ausstaffiert werden und in denen sich oft auch spezielle Geräte befinden, z. B. zur Aufzeichnung von physiologischen Parametern oder Blickbewegungen. Die strikte Kontrolle bzw. Gleichhaltung der Versuchsbedingungen erfordert, dass ein Labor in der Regel relativ einfach ausgestattet ist, so dass die Versuchspersonen nicht abgelenkt werden. Wird die Reduktion auf die grundlegenden Elemente des Experiments allerdings zu stark, leidet die Übertragbarkeit auf die Realität (externe Validität). Man kann daher die Situation auch so gestalten, dass die Versuchspersonen sich möglichst natürlich verhalten können. Für Experimente, bei denen den Versuchspersonen Fernseh- oder Videomaterial gezeigt wird, bedeutet dies beispielsweise, dass man einen Tisch oder eine Couch aufstellt und damit ein „Wohnzimmer" nachstellt, vielleicht sogar Snacks und Chips auslegt und den Versuchspersonen die Möglichkeit gibt, etwas zu trinken.

© Der/die Autor(en), exklusiv lizenziert durch Springer Fachmedien Wiesbaden GmbH, 255
ein Teil von Springer Nature 2022
H.-B. Brosius et al., *Methoden der empirischen Kommunikationsforschung*,
Studienbücher zur Kommunikations- und Medienwissenschaft,
https://doi.org/10.1007/978-3-658-34195-4_16

▶ Laborexperimente zeichnen sich in erster Linie durch die Manipulation der unabhängigen Variablen und eine starke Kontrolle der Versuchssituation aus.

Die experimentellen Bedingungen sind in einer Laborsituation also vollkommen standardisiert. Gerade weil jedes Detail bis auf den experimentellen Stimulus für alle Versuchspersonen gleich sein soll, ist man mit dem Problem einer eher niedrigen *externen Validität* konfrontiert. Man stellt eine Situation her, in der jedes Detail festgelegt ist und die interne Validität damit hoch ist. Wenn also Chips und Getränke, dann für alle. Wegen der Künstlichkeit der Situation muss man jedoch Abstriche bei der Generalisierbarkeit der Ergebnisse machen.

16.1.2 Feldexperimente

Sogenannte Feldexperimente unterscheiden sich in einigen wesentlichen Punkten vom Laborexperiment. In einem Feldexperiment wird die natürliche Umgebung, in der Leute sich bewegen, weitgehend beibehalten. Feldexperimente finden an Orten statt, an denen sich Menschen normalerweise aufhalten. Die experimentelle Variation, die vorgenommen wird, sowie die Teilung von Versuchspersonen in Experimental- und Kontrollgruppe sind weitgehend in diese Lebenssituation mit eingebaut. In der Regel wissen die Versuchspersonen nicht, dass sie an einem Experiment teilnehmen, sie verhalten sich also vollkommen natürlich.

▶ Feldexperimente zeichnen sich durch eine hohe externe Validität aus.

Der Nachteil ist spiegelbildlich, d. h., Versuchsleiter:innen können weder den experimentellen Stimulus aktiv variieren, noch die Situation und den Ablauf kontrollieren, was zu Lasten der internen Validität geht. Problematisch ist insofern auch die Interpretation solcher Untersuchungen, weil eine unbekannte Zahl von Störvariablen auf das Ergebnis Einfluss nehmen kann.

Zur Verdeutlichung der Unterschiede zwischen Labor- und Feldexperimenten sind oben die Kriterien schematisch zusammengefasst (Tab. 16.1). Die Frage, ob man eine Labor- oder eine Feldsituation wählt, hängt natürlich in erster Linie vom Erkenntnisinteresse ab. Mit Kindern wird man beispielsweise eher in ihrer natürlichen Umgebung (Kindergarten) arbeiten. Die Situation während des Experiments ist dann allerdings sehr anfällig für Störungen. Ähnliches gilt, wenn man Experimente in Fußgängerzonen oder an anderen öffentlichen Orten durchführt. Zentral ist für Feldexperimente auch, dass sich die Versuchspersonen nicht durch Selbstselektion für die Experimental- oder Kontrollgruppe entscheiden können. Eine Unterform des Feldexperiments ist das *natürliche Experiment*.

Tab. 16.1 Vergleich zwischen Labor- und Feldexperimenten hinsichtlich ihrer Versuchsplanung (Eigene Darstellung)

Kriterien	Labor	Feld
Ort der Untersuchung	spezielle Räumlichkeiten	natürliche Umgebung
Manipulation der UV	auf allen gewünschten Stufen möglich	nur so weit es der natürlichen Umgebung angemessen ist
Kontrolle der Situation	ja, soweit man Störvariablen kontrollieren kann	Einfluss von Störungen kann nicht verhindert werden
Verhalten der Versuchspersonen	instruiertes Verhalten	natürliches Verhalten
interne Validität	hoch	niedrig
externe Validität	niedrig	hoch

	Messung t1 vor Einführung TV	UV	Messung t2 nach Einführung TV
Experimentalgruppe: Dorf ohne TV	AV: Einstellungen, Lebensgewohnheiten	Einführung TV	AV: Einstellungen, Lebensgewohnheiten
Kontrollgruppe: Dorf mit TV	AV: Einstellungen, Lebensgewohnheiten	TV wie gehabt	AV: Einstellungen, Lebensgewohnheiten

Abb. 16.1 Versuchsanordnung in einem natürlichen Experiment. (Eigene Darstellung)

▶ In einem natürlichen Experiment werden natürliche Veränderungen der Lebensbedingungen genutzt, um Experimental- und Kontrollgruppen zu schaffen.

In der Literatur häufig erwähnt sind Untersuchungen, die in den 1950er- und 1960er-Jahren zum Einfluss des Fernsehens auf die Lebensverhältnisse von Menschen gemacht wurden. Williams (1986) hat beispielsweise die Lebensgewohnheiten von Menschen zweier Orte untersucht. Die Orte glichen sich in ihrer soziodemografischen Struktur, unterschieden sich aber dadurch, dass in einem Dorf der Empfang von Fernsehen möglich war, im anderen noch nicht, jedoch in Kürze seinen Einzug halten sollte. Williams fand also eine Lage vor, in der durch diese technische Bedingung zwei Populationen in Experimental- und Kontrollgruppe geteilt werden konnten. Ein *Versuchsplan* zu dieser Untersuchung könnte etwa so aussehen (Abb. 16.1).

Der gravierende Nachteil dieser Methode und allgemein von Feldexperimenten ist die mangelhafte Kontrolle möglicher intervenierender Variablen. Dies kann in Konfundierungen münden, durch die eine kausale Interpretation der Unterschiede zwischen den Orten unmöglich gemacht wird. Selbst wenn Einwohnerzahl, Familienzusammensetzung und Einkommen, also der sozioökonomische Status, in beiden Populationen ähnlich ist, kann man nicht ausschließen, dass sie sich generell in einer wesentlichen Variablen unterscheiden, so dass das Anliegen, den Einfluss des Fernsehens kausal zu interpretieren, deutlich beeinträchtigt ist. Vielleicht gibt es in einem Dorf einen Pfarrer, der das Gemeindeleben stark prägt oder einen Sportverein, der seine Mitglieder jeden Samstag aufs Spielfeld ruft, und im anderen Ort eben nicht. Die einen schauen also Live-Fußball, die anderen schauen fern.

Die Ausgangssituation solcher Forschung ist dennoch ausgesprochen reizvoll. Man konnte unter natürlichen Bedingungen untersuchen, was passiert, wenn im zweiten Dorf das Fernsehen eingeführt wird. Wie *verändern* sich Einstellungen und Meinungen zur politischen Lage, Konsum- und Freizeitverhalten, überhaupt die Lebensgewohnheiten bis hin zu familiären Aktivitäten gegenüber der fernsehlosen Zeit? Die Messung erfolgte durch Befragungen, und zwar zu zwei Zeitpunkten t_1 und t_2 in beiden Dörfern. Zeitpunkt t_1 in der Experimentalgruppe ist sozusagen eine Nullmessung, die als Maßstab für spätere veränderte Messwerte gilt. Die Messungen t_1 und t_2 in der Kontrollgruppe dienen der Überprüfung: Wenn die Ergebnisse beider Messungen gleich sein würden, könnte man etwaige Unterschiede aus den Erhebungen im Experimentaldorf tatsächlich auf die Einführung des Fernsehens zurückführen. Würden sich die Messungen im Kontrolldorf signifikant voneinander unterscheiden, wäre dies ein Hinweis auf eine oder mehrere intervenierende Variable(n). Denkbar wäre zum Beispiel, dass eine Wahl, eine Naturkatastrophe oder die Olympischen Spiele systematisch auf die sonst üblichen Lebensverhältnisse Einfluss nehmen könnten.

Auch in Deutschland sind derartige Feldexperimente gemacht worden, beispielsweise ab 1984 bei der Einführung des privaten Fernsehens in den sogenannten Kabelpilotprojekten in Ludwigshafen, Berlin, Dortmund und München. Die Experimentalgruppe bestand aus Haushalten, die bereits an das Kabel angeschlossen waren oder sich anschließen lassen wollten, die Kontrollgruppe aus Haushalten, die weiterhin nur über Antenne Fernsehen empfangen und die privaten Kanäle nicht sehen konnten. Dadurch konnten Untersuchungen des Fernseh- und Freizeitverhaltens in einer Experimental- und einer Kontrollgruppe mit *Messwiederholungen* (Vorher-Nachher-Messung) durchgeführt werden. Die zentrale Forschungsfrage war, wie sich durch die Vervielfältigung der Kanäle die Sehgewohnheiten verändern, wie sich dies wiederum auf das familiäre Zusammenleben auswirkt und wie sonstige Freizeitgewohnheiten beeinflusst werden. Man fand heraus, dass *bestimmte Zuschauersegmente,* die sehr unterhaltungszentriert fernsehen, in einer Vielkanalumgebung systematisch um Informationsprogramme „herumkurven" und Nachrichtensendungen zugunsten von Talkshows, Quiz- oder Sportsendungen regelrecht vermeiden *(Unterhaltungsslalom).* Die wichtigste Variable war natürlich die Nutzungsdauer. Sie hat tatsächlich zugenommen, allerdings nicht so deutlich wie angenommen. Mittlerweile ist die Fernsehnutzung übrigens vor allem in jüngeren Zielgruppen stark rückläufig, was wohl im Wesentlichen an der zunehmenden Nutzung von Streaming-Diensten wie Netflix liegen dürfte.

16.1.3 Online-Fragenbogenexperimente

Die Methode der Online-Befragung haben wir bereits ausführlich dargestellt (Abschn. 6.5). Nachdem mittlerweile ein überwiegender Anteil der Bevölkerung – nicht nur in Deutschland und anderen „Industrieländern" – über digitale Endgeräte mit hinreichenden Übertragungskapazitäten verfügt, kommen die vielfältigen Vorteile dieser Art von Befragungen voll zur Geltung.

Einer dieser Vorteile besteht in der einfachen Einbindung von Texten, Bildern, Filmen oder anderen audiovisuellen Materialien als Stimulusmaterial. Innerhalb der Befragung können den Teilnehmenden also beispielsweise Instagram-Posts oder Videoclips gezeigt werden. Aktuelle Programmier-Software zur Erstellung einer Onlinebefragung ermöglicht es dabei auch, experimentelle Designs zu realisieren.

▶ In Online-Fragenbogenexperimenten wird die unabhängige Variable durch die Präsentation unterschiedlicher Stimuli hergestellt, die abhängige Variable wird durch die Antworten auf die dazu gestellten Fragen gemessen.

Ein einfaches Beispiel: Eine Wissenschaftlerin möchte herausfinden, ob die Anzahl der Likes die Wahrnehmung eines Twitter-Posts der Grünen beeinflusst. Ein passender Tweet wird schnell gefunden und dann manipuliert. In der einen Version erhält der Tweet sagen wir 30 Likes, in der anderen Version 30.000. Die Programmier-Software erstellt nun nach einem Zufallsprinzip zwei experimentelle Gruppen, die sich jeweils nur durch die Anzahl der Likes in dem gezeigten Tweet unterscheiden. In dem Moment, in dem ein Befragter an die entsprechende Stelle im Fragebogen gelangt, wird per Zufall entschieden, welche Version er bekommt. Die entsprechende Instruktion könnte etwa lauten: „Bitte schauen Sie sich den folgenden Tweet aufmerksam an und klicken dann auf WEITER." Im Anschluss wird der Befragte nach seiner Wahrnehmung und Verarbeitung des Tweets gefragt. Die Forscherin hat – entsprechend der Theorie der Schweigespirale – beispielsweise die Hypothese, dass Befragte bei vielen Likes den Rückhalt der Grünen in der Bevölkerung höher einschätzen als bei wenigen Likes. Eine Frage könnte dann lauten „Was glauben Sie, wie groß ist der Rückhalt der Grünen in der deutschen Bevölkerung, mal unabhängig davon, wie viele Leute sie wählen würden?" Unterscheiden sich die Antworten in den beiden experimentellen Gruppen, schreibt die Gruppe, die 30.000 Likes gesehen hat, den Grünen signifikant mehr Rückhalt zu als die andere Gruppe, dann kann man einen Kausalschluss ziehen und sagen, dass die Anzahl der Likes beeinflusst, wie die wahrgenommene Bevölkerungsmeinung über die Grünen ist. Um das Experiment aussagekräftiger zu machen, würde man die gleiche Variation bei Posts anderer Parteien wiederholen.

Diese Art von Untersuchungsanlagen innerhalb von Befragungen sind natürlich nicht auf zwei Gruppen beschränkt. Auch komplexere, mehrfaktorielle experimentelle Designs (vgl. Abschn. 16.2) lassen sich realisieren. Im Prinzip steht einem die gesamte

Bandbreite wie bei Laborexperimenten zur Verfügung, mit dem entscheidenden Unterschied, dass die Versuchsteilnehmer:innen eben nicht im Labor sitzen. Das hat Vor- und Nachteile gleichermaßen. Der Vorteil besteht darin, dass die Befragten den Fragebogen in einer Situation ausfüllen, in der sie sich auch normalerweise befinden, zuhause, in der Bahn, am Arbeitsplatz, etc. Das erhöht die externe Validität (vgl. Abschn. 15.2), die Künstlichkeit der Laborsituation fällt weg. Der Nachteil besteht aber auch genau darin. Die Forschenden wissen nicht, in welcher Situation Befragte den Fragebogen ausfüllen, ob sie beispielsweise unter Stress stehen, abgelenkt sind, in einer proppenvollen U-Bahn stecken, etc. Das verringert die interne Validität. Die bereits aufgezählten Vor- und Nachteile für Online-Befragungen (Abschn. 6.5) gelten analog auch hier. Für Experimente ist die mangelnde Kontrolle der Befragungssituation ein großer Nachteil, weil ja nicht einmal sichergestellt ist, ob die Befragten sich überhaupt mit dem experimentellen Stimulus auseinandergesetzt haben oder ihn einfach nur überblättert haben.

Dennoch erfreuen sich solche Online-Experimente zunehmender Beliebtheit, wenn man in die neueren Publikationen aus dem Bereich der Medienpsychologie oder der Rezeptionsforschung schaut. Wenn es gelingt, eine gute Form der Rekrutierung der Teilnehmenden zu finden, lassen sich auch relativ einfach große Stichproben ziehen. Während im Labor jeder zusätzliche Termin mit Versuchspersonen zusätzlichen (Personal-) Aufwand erfordert, ist dies online selbst bei Hunderten von Versuchspersonen nicht der Fall.

Neben den typischen experimentellen Variationen, bei denen ein Stimulus variiert wird, kann man online auch sog. *Selektionsexperimente* realisieren. Eine Versuchsperson bekommt beispielsweise vier Bildchen von Netflixclips und kann dann anklicken, welchen Clip sie gerne sehen würde. Man kann dabei die Reihenfolge oder die Position der Bildchen variieren und schauen, ob dies einen Einfluss auf die Selektionsentscheidung hat. Oder man kann eine manipulierte Liste von Google-Suchergebnissen vorlegen und schauen, welche Ergebnisse angeklickt werden und wie groß dabei der Einfluss der Position eines Suchergebnisses im Vergleich zu den individuellen Präferenzen der Versuchsteilnehmer:innen ist. Die Experimente enthalten somit typischerweise eine Selektions- und eine Rezeptionsphase, nach denen dann die Erfassung der abhängigen Variablen durch den Fragebogen erfolgt. Denkbar, aber nicht ganz einfach, sind dann auch *Navigationsexperimente,* bei denen Selektion und Rezeption mehrfach hintereinandergeschaltet sind. So könnte man eine manipulierte Facebook-Timeline erstellen und schauen, welche Posts nach welchen Navigationsbewegungen ausgewählt und dann rezipiert werden. Eine mögliche abhängige Variable könnte dann die Verweildauer auf einzelnen Posts sein, die man aufgrund des Online-Charakters der Studie leicht miterfassen kann. Eine weitere Anwendungsmöglichkeit wären *Parallelnutzungsexperimente.* Beispielsweise könnte man Teilnehmer bitten, am Sonntagabend den „Tatort" zu schauen und parallel einen Twitterfeed dazu. Diesen kann man dann hinsichtlich verschiedener Merkmale manipulieren. Eine experimentelle Gruppe bekommt in dem Feed hauptsächlich negative Kommentare zu einem der Protagonisten, die andere positive. Die abhängige Variable wäre dann die Bewertung dieses Protagonisten oder der ganzen Tatortfolge.

Man sieht schon an dieser beispielhaften Aufzählung die Flexibilität dieser Methodik, die im Zusammenspiel mit dem geringen Durchführungsaufwand Online-Befragungsexperimente zu einem nützlichen Instrument der kommunikationswissenschaftlichen Forschung macht. Allerdings sind Vorkehrungen zur Qualitätssicherung notwendig, wie sie allgemein bei Onlinebefragungen vorzusehen sind.

16.2   Ein- und mehrfaktorielle Untersuchungsdesigns

Von einfaktoriellen Untersuchungsanlagen spricht man, wenn *eine* unabhängige Variable auf zwei oder mehr Stufen variiert wird. Bei mehrfaktoriellen Designs werden die entsprechenden Stufen bzw. Ausprägungen von *zwei oder mehr* unabhängigen Variablen miteinander kombiniert.

16.2.1 Einfaktorielle Untersuchungsdesigns

Im einfachsten Fall, aus dem auch die bisherigen Beispiele stammen, ergeben sich bei einer einfaktoriellen Anordnung auf zwei Stufen die Ausprägungen Experimentalgruppe und Kontrollgruppe. Es sind jedoch auch einfaktorielle Designs denkbar, die mehr als zwei Stufen aufweisen. Ein Beispiel wäre die Wirkung verschiedener medialer Präsentationsformen auf die Behaltensleistung der Nutzer. Die unabhängige Variable könnte auf vier Stufen variiert werden:

- Nachricht im TV
- Nachricht im Hörfunk
- Nachricht im Printmedium
- Nachricht im Internet

Man zeigt vier Gruppen dieselbe Nachricht in der jeweiligen medialen Aufbereitungsform und befragt sie anschließend zu den Inhalten. Man kann zunächst erkennen, dass in einem solchen Fall die Unterscheidung in Experimental- und Kontrollgruppe überflüssig wird, denn alle Gruppen werden miteinander verglichen und kontrollieren sich sozusagen gegenseitig.

16.2.2 Mehr- oder multifaktorielle Untersuchungsdesigns

Es gibt aber auch Experimente, in denen mehr als ein Faktor variiert wird. Dies wurde schon im Experiment zur Wirkung von Gewaltfilmen auf das Aggressions-

	UV2a: Naturfilm	UV2b: Gewaltfilm	
UV1a: Frustration	Messung: 20 Volt	Messung: 40 Volt	Summe: 60 Volt
UV1b: keine Frustration	Messung: 20 Volt	Messung: 20 Volt	Summe: 40 Volt
	Summe: 40 Volt	Summe: 60 Volt	

Abb. 16.2 Zweifaktorielles Untersuchungsdesign. (Eigene Darstellung)

niveau angedeutet. In diesem Fall war das Untersuchungsdesign zweifaktoriell; man spricht auch von einem 2 × 2-Design: Zwei Faktoren werden auf jeweils zwei Stufen miteinander kombiniert, so dass insgesamt vier Gruppen untersucht werden. Würde man einen Faktor auf drei und den anderen Faktor auf zwei Stufen variieren, läge ein 3 × 2-Design mit sechs Versuchsgruppen vor. Einen dreifaktoriellen Untersuchungsplan mit je zwei Stufen beschreibt man als 2 × 2 × 2-Design.

Ein Vorteil solcher mehrfaktoriellen Designs ist die größere Differenziertheit der Aussagen. Wenn zwei oder mehr unabhängige Variablen gleichzeitig in ihrem Einfluss auf die abhängige Variable untersucht werden, entspricht dies eher der Komplexität der sozialen Realität. In einer derartigen Untersuchungsanlage ist man vor allem in der Lage, mögliche Wechselwirkungen zwischen den Variablen zu bestimmen (Abb. 16.2).

Hätte man lediglich die Variation Natur- vs. Gewaltfilm untersucht (UV1b), würde man (fälschlicherweise) schließen, dass Gewaltfilme das Aggressionsniveau nicht erhöhen (jeweils 20 V). Indem man jedoch eine weitere unabhängige Variable (in diesem Fall die Frustration) mitberücksichtigt, fällt das Ergebnis differenzierter aus: Gewaltfilme erhöhen das Aggressionspotenzial nur dann, wenn Rezipienten vorher frustriert wurden (40 V). Man kann sich leicht vorstellen, dass gerade auf diesem politisch und pädagogisch brisanten Feld solche differenzierten Aussagen zur Versachlichung der Diskussion beitragen können.

Was wir in dem vorliegenden Fall gefunden haben, ist eine sogenannte Wechselwirkung oder Interaktion. Durch das Zusammenspiel von mehr als einer Variablen entstehen Effekte, die man bei isolierter Betrachtung der unabhängigen Variablen allein nicht nachweisen könnte. Für die statistische Analyse solcher Wechselwirkungen setzt man mehrfache Varianzanalysen ein. Wechselwirkungen erlauben, wie im vorliegenden Fall, differenziertere Aussagen über Ursache-Wirkungs-Verhältnisse bzw. über die soziale Realität, als dies durch mehrere einfaktorielle Untersuchungsdesigns möglich wäre.

In der Regel fängt wissenschaftliche Forschung meist mit einfaktoriellen Designs an. Man hat eine allgemeingültige Hypothese und untersucht einen einfachen Zusammen-

	A1	A2	A3
B1	C1, C2, C3	C2, C3, C1	C3, C1, C2
B2	C2, C3, C1	C3, C1, C2	C1, C2, C3
B3	C3, C1, C2	C1, C2, C3	C2, C3, C1

Abb. 16.3 Realisierung eines Untersuchungsplanes mit drei Faktoren als lateinisches Quadrat. (Eigene Darstellung)

hang. Nach und nach stößt man jedoch auf intervenierende Variablen, die den untersuchten Zusammenhang modifizieren (verstärken oder auch abschwächen) und die durch mehrfaktorielle Designs überprüft werden können. Dieses Vorgehen hat natürlich seine Grenzen. Bei mehr als drei Faktoren werden die Versuchspläne ziemlich unübersichtlich, zumal nicht unbedingt alle „Zellen" wirklich relevant sind. Zudem gehen dem Forscher in der Regel das Geld und vor allem die Versuchspersonen aus. Wenn man davon ausgeht, dass bei einem dreifaktoriellen $3 \times 3 \times 3$-Design bereits 27 Gruppen à zwanzig bis dreißig Versuchspersonen benötigt werden, sind schnell die Grenzen der Machbarkeit erreicht. Bei der Variation von vier Faktoren wären es schon 81 Versuchsgruppen.

In bestimmten Fällen kann man durch sogenannte Messwiederholungen Zellen einsparen. Während man bei einem echt faktoriellen $3 \times 3 \times 3$-Design 27 experimentelle Gruppen untersucht, wären es beim sogenannten *lateinischen Quadrat* nur $3 \times 3 = 9$ Zellen, wenn man den dritten Faktor als Messwiederholungsfaktor konzipiert. In diesem Fall werden die gleichen Versuchspersonen nacheinander drei experimentellen Treatments (den drei Variationen des dritten Faktors) ausgesetzt. Um nicht Reihenfolgeeffekte zu erzeugen, werden die Treatments in Form lateinischer Quadrate eingesetzt, was im nachfolgenden Schema verdeutlicht wird. Dabei seien die ersten echten beiden unabhängigen Variablen (Faktoren) mit A und B bezeichnet, der Messwiederholungsfaktor mit C (Abb. 16.3).

Ein solcher Messwiederholungsfaktor könnte beispielsweise die Bebilderung eines Zeitungsbeitrags sein, die in drei Variationen vorliegt: keine Bebilderung (C1), Schwarzweiß-Bild (C2) und Farbbild (C3). Die Versuchspersonen lesen nacheinander drei Beiträge, jeder in einer anderen Bebilderungsform. Zusätzlich wurden in diesem fiktiven Element die Bedingungen „Schriftgröße" (Faktor A) und „Quelle des Beitrags" (Faktor B) jeweils dreifach variiert. Würde man jeder Person nur einen Beitrag zu lesen geben, bräuchte man 27 Versuchsgruppen, bei Messwiederholung nur 9.

Messwiederholungen werden auch vorgenommen, wenn man in Experimenten zu verschiedenen Messzeitpunkten die gleiche abhängige Variable erhebt. Wenn wir beispielsweise in unserem Gewaltexperiment das Aggressionsniveau sofort und eine Woche später erheben, haben wir einen Messwiederholungsfaktor gebildet, der formal den Zeitabstand zwischen Treatment und Messung bezeichnet.

	UV Text ja	UV Text nein
UV Bild ja	Bild/Text	Bild
UV Bild nein	Text	???

Abb. 16.4 Unvollständiges Versuchsdesign. (Eigene Darstellung)

Eine weitere Besonderheit faktorieller Designs kann auftreten, wenn aufgrund der Eigenschaften der unabhängigen Variablen nicht alle Zellen sinnvoll besetzt werden können. In diesem Fall spricht man von *unvollständigen faktoriellen Designs* (Abb. 16.4).

Wenn man untersuchen möchte, mit welcher Kombination eine Nachricht am ehesten behalten wird, ist ein 2×2-Design denkbar. Man kombiniert entsprechend und erzeugt notgedrungen eine Zelle, in der die Variation „nichts" vorliegt, die nicht realisiert werden kann. Die eigentliche Stärke mehrfaktorieller Designs, nämlich Wechselwirkungen zwischen beiden Variablen darzustellen, kommt hier nicht zum Tragen. Denn was tatsächlich vorliegt, ist ein einfaktorieller Untersuchungsplan mit drei Versuchsgruppen. In der Zusammenschau kann man demnach folgende grundlegenden Designtypen unterscheiden:[1]

- ein- und mehrfaktorielle Designs
- vollständige und unvollständige Designs
- Designs mit und ohne Messwiederholung (Zeitfaktor)

16.3 Durchführung wissenschaftlicher Experimente

Nachdem in den letzten beiden Abschnitten ein erster Überblick zu den generellen Zielsetzungen wissenschaftlicher Experimente gegeben wurde sowie eine Einführung in das spezielle Vokabular und die vielfältigen Rahmenbedingungen dieses Verfahrens, kann mit diesem Rüstzeug ein prototypischer Ablauf durchgespielt werden. Dabei werden wir uns als Beispiel auf das Experiment zur Wirkung von gewalthaltigen Medieninhalten auf das Aggressionsniveau von Versuchspersonen beziehen.

Die Durchführung von Experimenten läuft im Prinzip nach dem bekannten Schema *Entdeckungs-, Begründungs- und Verwertungszusammenhang* ab, wie es ausführlich im ersten Abschnitt dargestellt wurde:

---

[1]Experimentelle Designs können noch wesentlich komplizierter sein, es gibt auch alle möglichen Mischformen.

- Formulierung einer zentralen forschungsleitenden Fragestellung
- Zerlegung in überprüfbare Hypothesen
- Hinzuziehung relevanter Theorien und Darstellung des Forschungsstandes
- Definitionen und Operationalisierung
- Entwicklung des methodischen Instrumentariums sowie der Vorgehensweise
- Stichprobe/Auswahlverfahren
- Feld- bzw. Laboruntersuchung/Datenerhebung
- Datenanalyse, Ergebnisdarstellung
- Interpretation und Forschungsbericht

Soweit ganz grob das allgemeine Vorgehen. Experimentelle Anordnungen unterscheiden sich von nicht-experimentellen Vorgehensweisen insbesondere in der Untersuchungsplanung und in der Durchführung.

16.3.1 Operationalisierung der Hypothesen

Wie im Abschn. 1.9 geschildert, beschäftigt sich die Kommunikationsforschung in der Regel mit deskriptiven Begriffen, die einen indirekten empirischen Bezug haben. Es handelt sich um theoretische Konstrukte, die mittels Indikatoren messbar gemacht werden müssen. *Politische Partizipation, Gewaltbereitschaft* oder *Werbewirkung* sind nur einige Beispiele, die hier schon öfter herangezogen wurden. Bei der Messung eines theoretischen Konstrukts mittels verschiedener Indikatoren muss beachtet werden, dass die Indikatoren das theoretische Konstrukt vollständig, exklusiv und angemessen abbilden. Die Besonderheit des Experiments liegt nun in der allgemeinen Zielsetzung, *Veränderungen* der abhängigen Variablen, zumeist Merkmale von Versuchspersonen, zu erfassen und nicht das Konstrukt in seiner ganzen Vielfalt abbilden zu wollen. In unserem Gewalt-Experiment wird die Aggression der Versuchspersonen durch die Stärke der Stromstöße operationalisiert, die sie an der Aggressionsmaschine austeilen. Die allgemeine Fragestellung in unserem Beispiel lautete ja, ob gewalthaltige Medieninhalte aggressiv machen. Eine Arbeitshypothese war, dass nur unter bestimmten Umständen ein Effekt zu beobachten sei. Demnach sind in diesem Fall zwei unabhängige Variablen und eine abhängige Variable zu operationalisieren:

UV 1   Frustrierung der Versuchsperson
UV 2   Medieninhalt
AV   Aggressionsniveau

Bekanntermaßen wurden UV 1 und UV 2 mit jeweils zwei Ausprägungen operationalisiert, also *auf zwei Stufen variiert*. Entweder wurde die Versuchsperson durch ein falsches Verhalten der zweiten Person frustriert oder nicht; entweder bekam die Versuchsperson einen Gewaltfilm zu sehen oder einen Naturfilm. Die Gewaltbereitschaft wurde mit dem Indikator „Verteilen von Stromschlägen" intervallskaliert erhoben.

Üblicherweise handelt es sich bei den unabhängigen Variablen um nominalskalierte, bei den abhängigen Merkmalen um intervallskalierte Variablen. Auf wie vielen Stufen die experimentellen Stimuli variiert werden, hängt natürlich vom Erkenntnisinteresse und der Komplexität des zu untersuchenden Konstrukts ab. Darüber hinaus bemisst sich die Aufteilung der unabhängigen Variablen auch an den zeitlichen und finanziellen Möglichkeiten. Denn je mehr Stufen man einführt, desto mehr Versuchspersonen werden benötigt.

16.3.2 Entwicklung des Untersuchungsdesigns

Hand in Hand mit der Operationalisierung der zentralen Begriffe geht die Entwicklung des Versuchsplans, auch experimentelles Design genannt. Hier wird genau festgelegt, welche abhängigen Variablen zur Prüfung der Arbeitshypothesen gemessen werden müssen und wie die zu untersuchenden Gruppen genau aussehen (Abb. 16.5).

Zwei unabhängige Variablen (Frustration, Art des Films) werden auf je zwei Stufen (Frust ja/nein und Film Gewalt/Natur) variiert. Man spricht in diesem Fall von einem *2 × 2-Design*. Die zusätzliche Besonderheit an diesem Versuchsaufbau ist, dass die abhängige Variable zu *zwei verschiedenen Zeitpunkten* gemessen wird, nämlich während der Frustrierung/Nichtfrustrierung und nach der Vorführung des Films. Man hat es hier mit einer *Vorher-Nachher-Messung* zu tun, die notwendig wird, um die Hypothese zu operationalisieren und zu überprüfen. Die erste Messung kann man als *Nullmessung* auffassen, mit der das Aggressionsniveau geeicht wird. Die zweite Messung

Versuchs-personen	UV Frust Messung t1 AV Strom	UV Film	Messung t2 AV Strom
A	Ja	Gewalt	
B	Nein	Gewalt	
C	Ja	Natur	
D	Nein	Natur	

Abb. 16.5 Versuchsplan Gewaltbereitschaft und Medieninhalte. (Eigene Darstellung)

zeigt dann mögliche Veränderungen der abhängigen Variablen Gewaltbereitschaft. Dabei wird geprüft, ob sich die Versuchspersonen, die einem Gewaltfilm ausgesetzt waren, aggressiver als vorher verhalten, während dies in den anderen Gruppen nicht der Fall ist. Streng genommen haben wir also ein dreifaktorielles Experiment, wobei der Messzeitpunkt also die dritte experimentelle Variable, als Messwiederholungsfaktor konstruiert ist.

16.3.3 Kontrolle der Störvariablen von Versuchspersonen

16.3.3.1 Randomisieren

Beim Randomisieren werden nach dem Prinzip der *Zufallsauswahl,* wie man sie bei den Stichprobenziehungen von Befragungen kennt, die Versuchspersonen auf die verschiedenen experimentellen Bedingungen (Kontrollgruppe, Experimentalgruppe) verteilt.

▶ Mit dem Randomisieren erreicht man, dass potenzielle in den Versuchspersonen begründete Störvariablen sich in gleicher Weise auf die verschiedenen Versuchsgruppen verteilen, so dass die Gruppen sich nur in Bezug auf die unabhängigen Variablen unterscheiden.

Bei der Randomisierung ist es wichtig, ein Zufallskriterium zu wählen, das mit Sicherheit nicht in Verbindung mit dem experimentellen Stimulus steht. Will man etwa ein Seminar in zwei Gruppen teilen, wird man als Trennkriterium nicht die Sitzordnung wählen. Vielleicht sitzen die Aufmerksamen vorne, die Schläfrigen weiter hinten, und man kann nicht ausschließen, ob nicht das Merkmal „Wachheit" mit den beiden unabhängigen Variablen Frust und Film konfundiert sein könnte. Also wird man vielleicht das Geburtsdatum wählen: Alle, die an einem geraden Tag geboren wurden, bilden die Experimentalgruppe, die mit ungeraden Tagen die Kontrollgruppe. Man darf annehmen, dass gerade und ungerade Geburtsdaten etwa gleich häufig vorkommen, also die Gruppenstärke in etwa gleich groß sein wird. Man darf weiterhin annehmen, dass diese Zahl keine Beziehung mit den unabhängigen Variablen hat. Andere gängige Verfahren sind Loseziehen oder Würfeln. In jedem Fall wird der Zufall dafür sorgen, dass alle weiteren Merkmale der Versuchspersonen in den beiden Gruppen gleich verteilt sind. Der Nachteil des Verfahrens liegt darin, dass die Randomisierung nur bei größeren Gruppen gut funktioniert, d. h. alle Merkmale von Versuchspersonen mit hoher Wahrscheinlichkeit in den Gruppen gleich verteilt sind, so dass keine potenziellen Störvariablen auftreten. Praktisch heißt das, dass die Gruppenstärke in jeder experimentellen Bedingung etwa 30 Versuchspersonen umfassen sollte. Die Anzahl der Versuchspersonen pro Gruppe ist darüber hinaus in erster Linie von der erwarteten Effektstärke, also dem Einfluss des Treatments auf die zu messende(n) unabhängige Variable(n), abhängig (vgl. hierzu Koch et al. 2019, Kap. 7). Wenn man randomisiert, ist es auf jeden Fall angebracht, eine Überprüfung hinsichtlich der Gleichverteilung der zentralen

Merkmale vorzunehmen. Man würde also nach dem Experiment den Versuchspersonen einen Fragebogen vorlegen und ihnen Fragen zu den Variablen stellen, deren Gleichverteilung für die Interpretation der Ergebnisse wichtig wäre. Somit kann man sich bis zu einem gewissen Grad rückversichern, dass das Randomisieren auch tatsächlich den gewünschten Effekt, nämlich das Merkmal in beiden Gruppen gleich stark zu streuen, erreicht hat.

16.3.3.2 Parallelisieren/Matchen

Die zweite Methode, das sogenannte Parallelisieren oder Matching-Verfahren, wird wesentlich seltener angewandt. Beim Parallelisieren besteht das Prinzip darin, bestimmte Merkmale zu identifizieren, von denen man weiß, dass sie für die Untersuchung ganz zentral sind. Wenn man die Möglichkeit hat, das Aggressionspotenzial von Versuchspersonen vor der Gabe eines Stimulus (Gewaltfilm) valide zu messen, würde man die Gruppen so einteilen, dass das Merkmal Aggressionspotenzial in allen Gruppen gleich groß ist. Legte man ein besonderes Augenmerk auf den Zusammenhang zwischen Geschlecht und Gewalttätigkeit, würde man Männer und Frauen in den Gruppen gleich verteilen. Im Grunde besteht das Verfahren des Matchens in nichts anderem als dem, was eine Sportlehrerin in der Schule bei der Zusammenstellung von zwei Handballmannschaften macht. Wenn sie zwei gleich starke Mannschaften bilden will, steckt sie den oder die beste Spieler:in in die erste, den zweit- und drittbesten Spieler in die zweite Mannschaft, der viert- und fünftbeste Spieler kämen dann wieder in die erste Mannschaft usw., bis die ganze Klasse *hinsichtlich ihrer Spielstärke* parallelisiert ist. Dabei hat sie zunächst *die gesamte Klasse nach Spielstärke in eine Rang folge gebracht* und danach die Spieler:innen hinsichtlich ihrer Stärke gleich verteilt. Dies kann auch dadurch geschehen, dass man *statistische Zwillinge* bildet, also Personen, bei denen nicht nur eines, sondern viele Merkmale gleich sind, und diese dann jeweils auf Experimental- und Kontrollgruppe verteilt. Anders als beim Randomisieren überlässt man somit das zentrale Merkmal einer experimentellen Untersuchung nicht dem Zufall, sondern wählt bewusst aus, um sicherzugehen, dass diese Variable in allen Gruppen gleich verteilt ist.

Aber es ist natürlich denkbar, dass andere Merkmale nach dem Parallelisieren in den Gruppen eben nicht gleich verteilt sind. Beim Randomisieren hatte man ja den Vorteil, dass alle Merkmale wegen der Zufallsauswahl mit großer Wahrscheinlichkeit gleich verteilt sind. Anders ausgedrückt: Man weiß nichts über die Merkmale, die nicht parallelisiert wurden und die daher extrem ungleich verteilt sein können.

Der zweite Nachteil des Parallelisierens besteht in dem ungleich größeren Aufwand, den es gegenüber dem Randomisieren bedeutet. In der Regel muss man einen Fragebogen entwerfen, mit dem man die zu parallelisierenden Merkmale erfasst. Dazu müssen die Versuchspersonen bereits vor dem eigentlichen Experiment untersucht werden. Das ist nicht nur ein Zeitproblem. Es könnte auch unerwünschte Auswirkungen auf das Experiment haben. Wenn man Versuchspersonen vorab auf Aggressivität prüft, wäre es denkbar, dass sie während des Experiments Vermutungen über einen Zusammenhang von beiden Tests anstellen, so dass ihr Verhalten nach dem Treatment systematisch beeinträchtigt wird. Randomisierung ist also üblicherweise das Mittel der Wahl, wenn Experimental- und Kontrollgruppen zusammengestellt werden. Parallelisierung wird nur dann vorgenommen, wenn die Vorabuntersuchung nicht allzu aufwendig ist und diese Messung vermutlich keinen Einfluss auf das Experiment hat.

16.3.3.3 Kontrolle von Messwiederholungseffekten

Bei experimentellen Designs werden häufig vor und nach der Präsentation des Treatments Messungen durchgeführt. Dadurch kann man Veränderungen der abhängigen Variablen feststellen oder auch für das Parallelisieren notwendige Informationen sammeln. Die zweimalige Messung kann aber selbst unerwünschte Effekte nach sich ziehen. Versuchspersonen können sich bei der zweiten Messung bewusst anders verhalten, weil sie die Erwartung des Versuchsleiters spüren, dass sich bei ihnen etwas getan hat, weil sie gelernt haben oder Ähnliches. Um solche unerwünschten Effekte zu kontrollieren, kann man ein Experiment mit dem sogenannten Solomon'schen Vierfelderdesign durchführen. Dabei werden die Experimental- und Kontrollgruppe (EG 1 und KG 1) wie geplant zweimal (vorher und nachher) untersucht, um den Einfluss der unabhängigen Variablen zu messen. Zusätzlich werden zwei weitere Gruppen gebildet, mit denen keine Vorhermessung durchgeführt wird. Die eine Gruppe erhält das experimentelle Treatment (EG 2) und ist damit auch eine Experimentalgruppe, die andere erhält das Treatment nicht und ist damit auch Kontrollgruppe (KG 2). Durch den Vergleich zwischen EG 1 und EG 2 bzw. KG 1 und KG 2 kann man Effekte einer Vorhermessung überprüfen. Gibt es einen solchen Messeffekt, dann müssten sich die beiden Paare unterscheiden, gibt es ihn nicht, müssten sich die Ergebnisse gleichen. Die eigentlichen Ergebnisse des Experiments ergeben sich dann aus dem Vergleich von EG 1 und KG 1 (Abb. 16.6).

	Schritt 1	Schritt 2	Schritt 3	Zum Ausgangswert in t1 kommen hinzu
EG 1	Messung t1	Treatment	Messung t2	Treatment Messwiederholung Störvariablen
KG 1	Messung t1		Messung t2	Messwiederholung Störvariablen
EG 2		Treatment	Messung t2	Treatment Störvariablen
KG 2			Messung t2	Störvariablen

Abb. 16.6 Versuchsanordnung nach dem Solomon'schen Vierfelderdesign. (Eigene Darstellung)

16.3.4 Kontrolle der Störvariablen während der Durchführung

Die Kontrolle der Störvariablen betrifft die Detailplanung des gesamten Experiments und erfordert insbesondere Überlegungen hinsichtlich:

- Räumlichkeiten: Licht, Temperatur, Ausstattung, Lärm
- Wahl der Zeitpunkte für die Durchführung
- Unterbringung und Behandlung der Versuchspersonen
- Instruktionen durch die Versuchsleiter:innen
- Kontext des Einsatzes des Treatments

Generell will man erreichen, dass alle Bedingungen, denen die Versuchspersonen ausgesetzt werden, bis auf den experimentellen Stimulus identisch sind. Da die Experimente nicht im „luftleeren Raum" stattfinden und auch das sterilste Labor einen Eindruck von Räumlichkeit, Wohl- oder Unwohlsein vermittelt, kann man mögliche Einflüsse nicht völlig eliminieren, wohl aber konstant halten. Damit ist nicht gemeint, dass eine konstante Raumtemperatur, dasselbe Licht, dieselbe Verpflegung bei allen Versuchspersonen auch gleich wirken. Jeder reagiert anders auf diese Bedingungen. Auch hier darf man allerdings annehmen, dass sich diese unterschiedlichen Störungen zufällig gleich verteilen, so dass Untersuchungsergebnisse nicht systematisch verzerrt, also unbrauchbar werden.

Im Fall der Störvariablen Versuchsleiter:in kann man auch den umgekehrten Weg gehen. Man hält diese Störquelle nicht konstant, sondern variiert sie systematisch, indem man unterschiedlichen Gruppen unterschiedliche Versuchsleiter vorsetzt. Auch auf diese Weise wird erreicht, dass etwa Sympathien für oder gegen einen Versuchsleiter in den Gruppen zufällig streuen und insofern nicht ins Gewicht fallen. Allerdings darf man nicht der Experimentalgruppe immer den einen und der Kontrollgruppe immer die andere Versuchsleiterin zuordnen, dann würde es sich um einen systematischen Fehler handeln und die unabhängige Variable wäre mit dem zusätzlich (und vermutlich unbemerkt) eingeführten Faktor *Versuchsleiter:in* konfundiert.

Ziel kommunikationswissenschaftlicher Experimente ist es, für die Versuchspersonen eine Umgebung zu schaffen, die nicht nur für alle identisch ist, sondern eine möglichst natürliche Atmosphäre imitiert. Man wird dann zum Beispiel im Falle von Medienwirkungsstudien die Probanden nicht in einem weißen Labor fernsehen lassen, sondern einen Wohnraum nachbilden. Man wird darauf achten, dass kein grelles Licht die Versuchspersonen blendet oder irgendwie irritiert. Generell ist eine Umgebung angebracht, die dem adäquat ist, was von den Versuchspersonen verlangt wird.

Ähnliche Überlegungen gelten auch für die Wahl der Zeitpunkte zur Durchführung der Experimente. Es ist bekannt, dass Menschen im Verlauf eines Tages ihre Höhen und Tiefen haben. Mittags sind sie vielleicht eher schlapp, gegen Abend steigert sich der Biorhythmus. Es ist also angebracht, auf Gleichhaltung oder systematische Variation der Zeitpunkte zu achten. Denn Müdigkeit ist sicher bei einer Vielzahl kommunikationswissenschaftlicher Fragestellungen eine intervenierende Variable. Möglicherweise wird man den Durchgang auch nicht morgens um 9 h abspulen – wer schaut da schon Gewaltfilme an? Wieder gilt aber, dass Zeitpunkt und unabhängige Variable nicht konfundiert sein dürfen, etwa indem alle Mitglieder der Kontrollgruppe morgens und alle der Experimentalgruppe abends untersucht werden.

Diese Gesichtspunkte leiten schon über auf den Bereich der Behandlung von Versuchspersonen, der hier stichpunktartig erwähnt werden soll. Es beginnt mit der Rekrutierung. Erstes Gebot ist natürlich Freiwilligkeit. Wer Studierende zur Teilnahme an einem Experiment nötigt, sollte sich Gedanken über die Validität (extern wie intern) der Ergebnisse machen. Ebenso wie bei Befragungen gilt, dass man die Versuchspersonen nicht über Länge und Umfang des Experiments täuscht, um die Aussteigerquote gering zu halten. Eine Minimalcheckliste für den sorgsamen Umgang mit Versuchspersonen sähe etwa so aus:

- Rekrutierung: Bietet man eine Belohnung an oder nicht?
- zeitlicher Umfang des Experiments: den Versuchspersonen einen realistischen Zeitbedarf nennen
- Versprechen, die gemacht werden, einhalten
- höfliches und freundliches Verhalten während der Dauer des Experiments, kein Kommandoton
- Kontakt zwischen nachfolgenden Versuchspersonen vermeiden, also Zeitpuffer einplanen

16.3.5 Instruktion

Nun ist die Planungs- und Vorbereitungsphase abgeschlossen, die Durchführung beginnt mit der Instruktion der Versuchspersonen. Bei der Instruktion handelt es sich um die Einführung der Versuchspersonen in den genauen Ablauf der Versuchsanordnung. Sie wird in aller Regel nicht von den Forscher:innen selbst, sondern von den Versuchsleiter:innen durchgeführt. Die Versuchsleiter:innen haben wiederum genauen Anweisungen, wie die Probanden auf die Versuchsanordnung vorbereitet werden sollen. Die Analogie zur Schulung von Interviewer:innen bei Bevölkerungsumfragen liegt auf der Hand:

▶ Wichtigstes Kriterium der Instruktion ist die möglichst immer gleiche Art und Weise, wie die Versuchspersonen eingewiesen.[2]

Der Instruktion kommt eine große Bedeutung zu, wenn man in Rechnung stellt, dass in der experimentellen Situation selbst alles wie am Schnürchen laufen muss. Da ist keine Zeit für Zwischenfragen oder gar einen Abbruch. Die Versuchspersonen müssen ganz genau verstehen, was von ihnen verlangt wird. Aus diesem Grund empfiehlt es sich auch, nachzufragen, ob der Ablauf wirklich verstanden wurde. Um eine Instruktion verständlich und eindeutig zu gestalten, empfiehlt Huber (2009) unter anderem:

- die Instruktion in kurzen Sätzen abzufassen
- sie vor dem Experiment mehrfach auf Genauigkeit und Verständlichkeit zu testen
- eine einfache Sprache ohne Fachvokabular zu verwenden
- nichts bei den Versuchspersonen vorauszusetzen

Die Instruktion kann sowohl mündlich als auch schriftlich erfolgen; auch der Einsatz von Instruktionen per Video ist ein gängiges Mittel, das insbesondere Vorteile hinsichtlich der Gleichhaltung der sozialen Situation (Versuchsleiter:in – Versuchsperson) hat. Schriftliche Instruktionen können zum Beispiel bei experimentellen Anordnungen, in denen die Versuchspersonen einen Fragebogen ausfüllen müssen, eingesetzt werden. Generell kann man sagen, dass die Instruktion zur Art des Experiments passen muss. Bei Versuchen, die sich auf das Medium Computer beziehen, wie etwa Tests zur Wirkung von Bannerwerbung oder zur Verständlichkeit von Hypertexten, ist es sinnvoll, auch die Instruktion auf dem Computer zu präsentieren.

Was sagt man nun eigentlich? Einerseits muss die Instruktion für die Versuchspersonen logisch nachvollziehbar, plausibel und glaubwürdig sein. Versuchspersonen dürfen nicht den Eindruck bekommen, dass im Folgenden inkonsistentes oder irgendwie unnatürliches Verhalten von ihnen erwartet wird. Überhaupt soll die Instruktion so ausgelegt sein, dass (falsche) Erwartungshaltungen erst gar nicht aufgebaut werden. Andererseits wird man häufig den wahren Zweck der Untersuchung zumindest verschleiern müssen. Würde man etwa im Fall eines Experiments zur Wirkung von Tandemwerbung die Forschungsfrage den Versuchspersonen mitteilen, wäre die natürliche Rezeption der Filme systematisch beeinflusst. Jeder würde nur noch auf die Tandemwerbung achten und sich vermutlich wesentlich mehr als in einer natürlichen Rezeptionssituation merken. Bei diesen und ähnlichen Werbewirkungsstudien wird deshalb bei der Instruktion das Augenmerk der Versuchspersonen von der Werbung selbst abgelenkt und stattdessen auf das umgebende Fernsehprogramm gelenkt. Das könnte

---

[2]Deshalb ist es eher günstig, wenn die Versuchsleiter:innen die wissenschaftliche Zielsetzung des Experiments nicht kennen. So können sie gar keine Erwartungen aufbauen, die sie dann bewusst oder unbewusst an die Versuchspersonen weitergeben.

sich etwa so anhören: „Unser Team untersucht die Wirkung von Humor in Serien. Ich zeige Ihnen jetzt eine Folge „The Big Bang Theory", wie sie kürzlich im Fernsehen lief. Danach füllen Sie bitte den Fragebogen aus, den ich Ihnen dann austeilen werde ..." Die Versuchspersonen werden sich auf die Folge konzentrieren und die Werbung als unvermeidliche Unterbrechung ansehen. Damit versucht man, eine möglichst natürliche Sehsituation zu imitieren: Kaum jemand wird sich explizit für Werbespots interessieren. Tatsächlich beginnt dann der nachher ausgeteilte Fragebogen mit einer Frage zu „The Big Bang Theory" und Humor, bevor die Fragen zu den Werbespots im Allgemeinen und der Tandemwerbung im Besonderen gestellt werden. Die Versuchspersonen wurden über den wahren Zweck des Experiments getäuscht. Die Bandbreite zwischen Wahrheit und Täuschung ist groß; wie weit eine etwaige Täuschung im Einzelfall gehen kann, muss man sorgfältig unter ethischen Gesichtspunkten abwägen.

16.3.6 Datenauswertung und Verfassen des Forschungsberichts

Nach der Durchführung beginnt (wie bei den anderen Methoden auch) die Dateneingabe, die Bereinigung der Daten und natürlich ihre Auswertung. Dabei gilt wieder, dass sich die Ergebnisse auf die zuvor entwickelten Hypothesen und ihre Prüfung beziehen sollen. Spätestens jetzt zeigt sich, ob in der Planungsphase bedacht wurde, mit welchen statistischen Verfahren welche Hypothese belegt bzw. falsifiziert werden kann. Dies jedoch nur als Hinweis am Rand, da wir uns in dieser Einführung nicht mit der Datenauswertung im Einzelnen befassen wollen. Der Forschungsbericht, auch dies sei als Wiederholung erwähnt, enthält alle Schritte, die dem Leser einen transparenten Eindruck über Zielsetzung und Ergebnis des Forschungsvorhabens geben. Dazu gehören:

- Entwicklung der Forschungsfrage und zugrunde gelegte Theorien
- Entwicklung der Hypothesen
- Entwicklung des Versuchsplanes und methodisches Vorgehen
- Stichprobe
- Darstellung der Durchführung
- Erstellen von Tabellen und Schaubildern mit den zentralen Befunden
- Ergebnisdarstellung und Diskussion der Ergebnisse im Verhältnis zur Forschungsfrage
- Zusammenfassung und Ausblick
- Verwendete Literatur und Anhang mit notwendigen methodischen Details (Fragebogen, Instruktionen, einzelnen Berechnungen o. Ä.).

Wer sich mit einem wissenschaftlichen Experiment beschäftigt, wird schnell merken, dass vor allem die zweite Bedingung experimenteller Anordnungen, nämlich die Kontrolle der Störvariablen, in der Forschungspraxis nur schwer in den Griff zu bekommen ist. Der Raum, der eigentlich versprochen war, ist nun doch besetzt. Das

Setting mit Stühlen und Fernseher ist wieder auseinandergerissen, weil jemand das Gerät brauchte, die Handwerker machen doch Lärm und so weiter und so fort. Das sind zwar streng genommen alles Fehler, die die Interpretation von kausalen Zusammenhängen beeinträchtigten. Wichtig ist aber, dass man bei der Vorbereitung und Durchführung solche Störungen berücksichtigt und die geeigneten Maßnahmen ergreift, sie möglichst weitgehend zu vermeiden. Auch hier lernt man durch Erfahrung. Methoden aus einem Buch lernen und Methoden praktisch anwenden, sind zwei verschiedene Fähigkeiten.

Abschließend soll noch einmal betont werden, dass Sie nur durch Übung und Anwendung in (Projekt-)Seminaren letztlich in der Lage sein werden, den theoretischen Anspruch einer Methode empirisch adäquat umzusetzen. Wir wünschen Ihnen viel Erfolg und interessante Entdeckungen auf diesem Weg. Bleiben Sie neugierig!

Schlüsselbegriffe

17

Wir hoffen, Ihnen mit diesem Buch einen ersten Überblick über die Methoden geliefert zu haben, so dass Sie mit einem Grundverständnis in die praktische Anwendung der einzelnen Methoden einsteigen können. Gleichzeitig möchten wir Ihnen (auf den nächsten Seiten) noch zweierlei mit auf den Weg geben.

Sie finden hier erstens eine Liste mit denjenigen Begriffen, die Sie verinnerlicht haben sollten. Wenn Sie die kurzen Erklärungen nachvollziehen und v. a. auch in eigenen Worten wiedergeben könnten, sind Sie schon einen guten Schritt weiter auf dem Weg, unter Anleitung empirische Studien konzipieren und durchführen zu können. Zweitens möchten wir Ihnen noch einige Bücher für die weitere, vertiefende Lektüre empfehlen.

Intersubjektive Nachvollziehbarkeit (Abschn. 1.8): Ergebnisse empirischer Studien sollen möglichst unabhängig von den Einstellungen und Vorlieben der Forscher:innen zustande kommen. Alle Schritte im Forschungsprozess (Untersuchungsanlage, Konstruktion Messinstrument, Auswahl Untersuchungsobjekte, Datenanalyse und Dateninterpretation) müssen so dokumentiert werden, dass andere Personen die Schritte nachvollziehen und replizieren können.

Operationalisierung (Abschn. 2.1): Empirische Sozialforschung arbeitet fast immer mit Begriffen und Konstrukten, die keinen direkten empirischen Bezug haben. Die Gewaltbereitschaft einer Person lässt sich nicht einfach mit einem technischen Gerät messen. Ein solches Konstrukt muss theoretisch definiert werden. Darauf aufbauend wird es mittels geeigneter Indikatoren messbar gemacht (=operationalisiert).

Reliabilität (Abschn. 3.2.1): Zuverlässigkeit einer Messung. Ein Messinstrument (z. B. Intelligenztest) muss bei mehrfacher Messung eines Konstruktes (Intelligenz) zu einem

H.-B. Brosius et al., *Methoden der empirischen Kommunikationsforschung*, Studienbücher zur Kommunikations- und Medienwissenschaft, https://doi.org/10.1007/978-3-658-34195-4_17

ähnlichen (oder dem gleichen) Ergebnis kommen. Je komplexer ein Messinstrument ist, desto größer ist die Wahrscheinlichkeit, dass es zu Unterschieden bei mehrfacher Messung kommt. Reliabilität ist eine notwendige, aber keine hinreichende Bedingung für die Validität einer Messung.

Validität (Abschn. 3.2.2): Gültigkeit einer Messung. Ein Messinstrument (z. B. Intelligenztest) muss tatsächlich die Intelligenz einer Person und nicht etwa deren Motivation, Geselligkeit etc. messen. Darüber hinaus müssen alle relevanten Dimensionen (z. B. linguistische oder soziale Intelligenz) durch das Messinstrument abgedeckt sein. Die Validität eines Messinstrumentes muss begründet und kann nicht durch einen einfachen Zahlenwert angegeben werden.

Repräsentativität (Abschn. 4.3): Ziel quantitativer empirischer Studien sind verallgemeinerbare Aussagen über die soziale Realität. Diese Aussagen sollen nicht nur für die tatsächlich untersuchten Objekte (z. B. Personen, Zeitungsartikel), sondern für eine größere Menge gelten. Dazu müssen die Personen, Zeitungsartikel etc. nach bestimmten Vorgaben ausgewählt und auch tatsächlich untersucht werden. Die untersuchten Objekte (Stichprobe) sollen ein verkleinertes strukturgleiches Abbild der größeren Menge (Grundgesamtheit) darstellen. Nur dann ist der Repräsentationsschluss von der Stichprobe auf die Grundgesamtheit zulässig.

Zufallsstichprobe (Abschn. 4.4): Diese Art der Stichprobenziehung führt zuverlässig dazu, dass die Stichprobe ein verkleinertes strukturgleiches Abbild der Grundgesamtheit darstellt. Für eine Zufallsstichprobe müssen alle Elemente der Grundgesamtheit bekannt sein. Bei der Auswahl der zu untersuchenden Objekte muss nun jedes Element der Grundgesamtheit dieselbe (von null verschiedene) Chance haben, Teil der Stichprobe zu werden.

Irrtumswahrscheinlichkeit (Abschn. 4.4): Auch wenn alle Schritte im Prozess der empirischen Forschung kompetent und fehlerlos durchgeführt werden, besteht die Möglichkeit, dass die getroffenen Aussagen nicht mit der sozialen Realität übereinstimmen. Wenn von einer Stichprobe mittels statistischer Verfahren auf die Grundgesamtheit geschlossen werden soll, besteht aufgrund von Zufallsfehlern immer die Möglichkeit, einen fehlerhaften Schluss zu ziehen. Man nimmt bei einer Studie also mit einer gewissen Irrtumswahrscheinlichkeit die Möglichkeit in Kauf, dass die Ergebnisse fehlerhaft sein könnten. Die maximal akzeptierte Irrtumswahrscheinlichkeit – in den Sozialwissenschaften häufig 5 % – wird vor einem statistischen Test festgelegt.

Stichprobenausfälle (Abschn. 4.10): V.a. bei Befragungen tritt das Problem auf, dass Personen die Teilnahme an der Untersuchung verweigern. Hierbei ist zwischen systematischen und zufälligen Stichprobenausfällen zu unterscheiden. Systematische Ausfälle sind besonders dann problematisch, wenn ein Merkmal (z. B. politische Einstellung), das mit der Untersuchung (z. B. Wahlabsicht nächste Bundestagswahl) in Zusammenhang steht, einen Einfluss auf die Teilnahmebereitschaft hat. In einem solchen Fall verzerren Stichprobenausfälle die Ergebnisse.

Messfehler: Eine empirische Messung übersetzt einen Ausschnitt sozialer Realität in Zahlen. Dabei wird in der Forschungspraxis die Realität nie 1:1 abgebildet, es kommt zu Verzerrungen. Dafür sind erstens die Forschenden und das konzipierte Messinstrument (Probleme bei Reliabilität und Validität) verantwortlich. Die zweite Fehlerquelle sind Codierer:innen, Beobachter:innen und Intervierer:innen. Drittens können bei den Befragten oder Beobachteten Reaktivität oder Antwortverzerrungen auftreten. Viertens können die Fehler durch die Auswahl der Untersuchungsobjekte und die Verweigerung der Teilnahme entstehen.

Literatur

Literatur-Empfehlungen

Bei den folgenden Literaturempfehlungen handelt es sich um leicht verständliche Einführungswerke für die vertiefende Beschäftigung.

Allgemeine Einführungen

Bortz, J., & Döring, N. (^{5}2016). *Forschungsmethoden und Evaluation für Sozialwissenschaftler.* Heidelberg: Springer.

Diekmann, A. (^{4}2010). *Empirische Sozialforschung. Grundlagen, Methoden, Anwendungen.* Reinbek bei Hamburg: Rowohlt.

Schnell, R., Hill, P. B., & Esser, E. (^{11}2018). *Methoden der empirischen Sozialforschung.* München: Oldenbourg.

Qualitative Herangehensweise

Meyen, M., Löblich, M., Pfaff-Rüdiger, S., & Riesmeyer, C. (^{2}2019). *Qualitative Forschung in der Kommunikationswissenschaft. Eine praxisorientierte Einführung.* Wiesbaden: Springer VS.

Lamnek, S. (^{5}2010). *Qualitative Sozialforschung.* Weinheim: Beltz.

Befragung

Möhring, W., & Schlütz, D. (^{3}2019). *Die Befragung in der Medien- und Kommunikationswissenschaft: Eine praxisorientierte Einführung.* Wiesbaden: Springer VS.

Schnell, R. (^{2}2019). *Survey-Interviews. Methoden standardisierter Befragungen.* Wiesbaden: Springer VS.

Scholl, A. (^{4}2018). *Die Befragung.* Konstanz: UVK.

© Der/die Herausgeber bzw. der/die Autor(en), exklusiv lizenziert an Springer Fachmedien Wiesbaden GmbH, ein Teil von Springer Nature 2022
H.-B. Brosius et al., *Methoden der empirischen Kommunikationsforschung,* Studienbücher zur Kommunikations- und Medienwissenschaft, https://doi.org/10.1007/978-3-658-34195-4

279

Inhaltsanalyse

Früh, W. (^{9}2017). *Inhaltsanalyse. Theorie und Praxis.* Konstanz: UVK.
Rössler, P. (^{3}2017). *Inhaltsanalyse.* Konstanz: UVK.

Beobachtung

Gehrau, V. (^{2}2017). *Die Beobachtung in der Kommunikationswissenschaft. Methodische Ansätze und Beispielstudien.* Konstanz: UVK.
Salganik, M. J. (2018). *Bit by bit: Social research in the digital age.* Princeton: Princeton University Press.

Experiment

Koch, T., Peter, C., & Müller, P. (2019). *Das Experiment in der Kommunikations- und Medienwissenschaft: Grundlagen, Durchführung und Auswertung experimenteller Forschung.* Wiesbaden: Springer VS.

Im Text zitierte Literatur

Die im Text zitierte Literatur ist aus Übersichtsgründen unterteilt in Werke mit Methodenfokus, die den einzelnen Methoden zugeordnet wurden, sowie sonstiger im Text zitierter Literatur, die insbesondere auf Beispielstudien verweist.

Wissenschaftstheorie, Messen und Zählen, Auswahlverfahren

Chalmers, A. F. (^{6}2007). *Wege der Wissenschaft. Einführung in die Wissenschaftstheorie.* Berlin: Springer.
Fahr, A. (Hrsg.). (2011). *Zählen oder Verstehen? Diskussion um die Verwendung quantitativer und qualitativer Methoden in der empirischen Kommunikationswissenschaft.* Köln: Herbert von Halem.
Friedrichs, J. (^{14}1990). *Methoden empirischer Sozialforschung.* Opladen: Westdeutscher Verlag.
Häder, M. (^{2}2010). *Empirische Sozialforschung. Eine Einführung.* Wiesbaden: VS Verlag für Sozialwissenschaften.
Holzkamp, K. (1976). *Kritische Psychologie. Vorbereitende Arbeiten.* Frankfurt/Main: Fischer.
Meyen, M., Löblich, M., Pfaff-Rüdiger, S., & Riesmeyer, C. (^{2}2019). *Qualitative Forschung in der Kommunikationswissenschaft. Eine praxisorientierte Einführung.* Wiesbaden: Springer VS.
Popper, K. R. (^{8}1984). *Logik der Forschung.* Tübingen: Mohr Siebeck.
Prim, R., & Tilmann, H. (1989). *Grundlagen einer kritisch-rationalen Sozialwissenschaft. Studienbuch zur Wissenschaftstheorie.* Heidelberg: UTB.

Schnell, R., Hill, P. B., & Esser, E. ([9]2011). *Methoden der empirischen Sozialforschung*. München: Oldenbourg.

Wagner, H. (1999). *Verstehende Methoden in der Kommunikationswissenschaft*. München: Fischer.

Befragung

Dodou, D., & de Winter, J. C. F. (2014). Social desirability is the same in offline, online, and paper surveys: A meta-analysis. *Computers in Human Behavior, 36*, 487–495.

Haan, M., Lugtig, P., & Toepoel, V. (2019). Can we predict device use? An investigation into mobile device use in surveys. *International Journal of Social Research Methodology, 22*, 517–531.

Häder, S. (2014). Stichproben in der Praxis. *SDM Survey Guidelines*.

Haunberger, S. (2006). Das standardisierte Interview als soziale Interaktion: Interviewereffekte in der Umfrageforschung. *ZA-Information, 58*, 23–46.

Jackob, N., Schoen, H., & Zerback, T. (Hrsg.). (2009). *Sozialforschung im Internet. Methodologie und Praxis der Online-Befragung*. Wiesbaden: VS Verlag für Sozialwissenschaften.

Karnowski, V. (2013). Befragung in situ: Die Mobile Experience Sampling Method (MESM). In W. Möhring & D. Schlütz (Hrsg.), *Handbuch standardisierte Erhebungsverfahren in der Kommunikationswissenschaft* (S. 235–247). Wiesbaden: Springer VS.

Laatz, W. (1993). *Empirische Methoden. Ein Lehrbuch für Sozialwissenschaftler*. Thun, Frankfurt: Harri Deutsch.

Leiner, D. J. (2016). Our research's breadth lives on convenience samples: A case study of the online respondent pool "SoSci Panel". *Studies in Communication and Media (SCM), 5*, 367–396.

Leiner, D. J. (2019). Too fast, too straight, too weird: Non-reactive indicators for meaningless data in Internet surveys. *Survey Research Methods, 13*, 229–248.

Möhring, W., & Schlütz, D. ([3]2019). *Die Befragung in der Medien- und Kommunikationswissenschaft: Eine praxisorientierte Einführung*. Wiesbaden: Springer VS.

Noelle-Neumann, E., & Petersen, T. ([4]2005). *Alle, nicht jeder. Einführung in die Methoden der Demoskopie*. Berlin: Springer.

Schenk, M. ([3]2007). *Medienwirkungsforschung*. Tübingen: Mohr Siebeck.

Schnell, R. ([2]2019). *Survey-Interviews. Methoden standardisierter Befragungen*. Wiesbaden: Springer VS.

Van Vaerenbergh, Y., & Thomas, T. D. (2013). Response styles in survey research: A literature review of antecedents, consequences, and remedies. *International Journal of Public Opinion Research, 25*, 195–217.

Zhang, X., Kuchinke, L., Woud, M. L., Velten, J., & Margraf, J. (2017). Survey method matters: Online/offline questionnaires and face-to-face or telephone interviews differ. *Computers in Human Behavior, 71*, 172–180

Inhaltsanalyse

Berelson, B. (1952). *Content analysis in communication research*. Glencoe: Free Press.

Holsti, O. R. (1969). *Content analysis for the social sciences and humanities*. Reading: Addison-Wesley.

Mayring, P. ([12]2015). *Qualitative Inhaltsanalyse: Grundlagen und Techniken.* Weinheim: Beltz Verlag.

Merten, K. (1995). *Inhaltsanalyse. Einführung in Theorie, Methode und Praxis.* Opladen: Westdeutscher Verlag.

Merten, K., & Großmann, B. (1996). Möglichkeiten und Grenzen der Inhaltsanalyse. *Rundfunk und Fernsehen, 44,* 70–85.

Merten, K., & Teipen, P. (1991). *Empirische Kommunikationsforschung. Darstellung, Kritik, Evaluation.* München: Ölschläger.

Scharkow, M. (2010). Lesen und lesen lassen. Zum State of the Art automatischer Textanalyse. In M. Welker, & C. Wünsch (Hrsg.), *Die Online-Inhaltsanalyse. Forschungsobjekt Internet* (S. 340–364). Köln: Herbert von Halem.

Automatisierte Inhaltsanalyse

Boumans, J. W., & Trilling, D. (2016). Taking stock of the toolkit. An overview of relevant automated content analysis approaches and techniques for digital journalism scholars. *Digital Journalism, 4,* 8–23.

Chan, C., Bajjalieh, J., Auvil, L., Wessler, H., Althaus, S., Welbers, K., van Atteveldt, W., & Jungblut, M. (2021). Four best practices for measuring news sentiment using 'off-the-shelf' dictionaries: A large-scale p-hacking experiment. *Computational Communication Research, 3,* 1–27.

Grimmer, J., & Stewart, B. M. (2013). Text as data: The promise and pitfalls of automatic content analysis methods for political texts. *Political Analysis, 21,* 267–297.

Niekler, A. (2018). *Automatisierte Verfahren für die Themenanalyse nachrichtenorientierter Textquellen.* Köln: Herbert von Halem.

Scharkow, M. (2012). *Automatische Inhaltsanalyse und maschinelles Lernen.* Berlin: epubli.

Scharkow, M. (2013). Automatische Inhaltsanalyse. In W. Möhring & D. Schlütz (Hrsg.), *Handbuch standardisierte Erhebungsverfahren in der Kommunikationswissenschaft* (S. 289–306). Wiesbaden: Springer VS.

van Atteveldt, W., & Peng, T.-Q. (2018). When communication meets computation: Opportunities, challenges, and pitfalls in computational communication science. *Communication Methods and Measures, 12,* 81–92.

Webb Williams, N., Casas, A., & Wilkerson, J. D. (2020). *Images as data for social science research: An introduction to convolutional neural nets for image classification.* Cambridge: Cambridge University Press.

Wettstein, M. (2016). *Verfahren zur computerunterstützten Inhaltsanalyse in der Kommunikationswissenschaft* [Doktorarbeit an der Universität Zürich].

Beobachtung

Bandura, A. (1973). *Aggression: A social learning analysis.* Englewood Cliffs: Prentice-Hall.

Bandura, A., Ross, D., & Ross, S. A. (1963). Imitation of Film-mediated Aggressive Models. *Journal of Abnormal and Social Psychology, 66,* 3–11.

Berkowitz, L., & Geen, R. (1967). Stimulus qualities of the target of aggression: A further study. *Journal of Personality and Social Psychology, 5,* 364–368.

Brosius, H.-B., & Fahr, A. (1996) *Werbewirkung im Fernsehen – Aktuelle Befunde der Medienforschung*. München: R. Fischer.

Esser, F. (1998). *Die Kräfte hinter den Schlagzeilen. Englischer und deutscher Journalismus im Vergleich*. Freiburg: Alber.

Ettenhuber, A. (2007). *Die Beschleunigung des Fernsehverhaltens. Sekundäranalyse von Daten aus dem GfK-Fernsehpanel*. München: Fischer.

Gehrau, V. (²2017). *Die Beobachtung in der Kommunikationswissenschaft. Methodische Ansätze und Beispielstudien*. Konstanz: UVK.

Gehrau, V., & Hamachers, A. (im Druck). Spezifika kommunikationswissenschaftlicher Beobachtungen. Eine Analyse von Beobachtungsstudien in internationalen Fachzeitschriften. In J. Vogelgesang, J. Matthes, C. Schieb, & T. Quandt (Hrsg.), *Beobachtungsverfahren in der Kommunikationswissenschaft* (Bd. 10). Köln: Herbert von Halem.

Greve, W., & Wentura, D. (1997). *Wissenschaftliche Beobachtung. Eine Einführung*. Weinheim: Psychologie Verlags Union.

Hamachers, A., & Gehrau, V. (im Druck). Der Stellenwert der Beobachtung innerhalb der Kommunikationswissenschaft. Eine Analyse empirischer Beiträge aus 22 Internationalen Fachjournals. In J. Vogelgesang, J. Matthes, C. Schieb, & T. Quandt (Hrsg.), *Beobachtungsverfahren in der Kommunikationswissenschaft* (Bd. 10). Köln: Herbert von Halem.

Quandt, T. (2005). *Journalisten im Netz. Eine Untersuchung journalistischen Handelns in Online-Redaktionen*. Wiesbaden: VS Verlag für Sozialwissenschaften.

Reiter, S. (2006). *Nutzen und nicht Sehen. Zur Präzisierung des Nutzungsbegriffs in der Zuschauerforschung. Eine Sekundäranalyse telemetrischer Daten aus dem AGF/GfK-Fernsehpanel*. Unveröffentlichte Magisterarbeit. Ludwig-Maximilians-Universität München.

Rühl, M. (1969). *Die Zeitungsredaktion als organisiertes soziales System*. Bielefeld: Bertelsmann Universitätsverlag.

Salganik, M. J. (2018). *Bit by bit: Social research in the digital age*. Princeton: Princeton University Press.

Experiment

Koch, T., Peter, C., & Müller, P. (2019). *Das Experiment in der Kommunikations- und Medienwissenschaft: Grundlagen, Durchführung und Auswertung experimenteller Forschung*. Wiesbaden: Springer VS.

Williams, T. M. (Hrsg.). (1986). *The impact of television. A natural experiment in three communities*. Orlando, FL: Academic Press.

Sonstige im Text zitierte Literatur

ADM. (2020). *ADM Jahresbericht 2019*. ADM – Arbeitskreis Deutscher Markt- und Sozialforschungsinstitute e. V.: https://www.adm-ev.de/wp-content/uploads/2020/09/ADM_Jahresbericht_2019_020920_WEB.pdf

Beisch, V. N., & Schäfer, C. (2020). Internetnutzung mit großer Dynamik: Medien, Kommunikation, Social Media. *Media Perspektiven, 2020*(9), 462–481.

Boussalis, C., Coan, T. G., & Poberezhskaya, M. (2016). Measuring and modeling Russian newspaper coverage of climate change. *Global Environmental Change, 41*, 99–110.

Breen, M., McMenamin, I., Courtney, M., & McNulty, G. (2020). Daily Judgement: Political News and Financial Markets. *New Political Economy*, 1–15.

Brettschneider, F. (2000). Candidate-Voting. Die Bedeutung von Spitzenkandidaten für das Wählerverhalten in Deutschland, Großbritannien und den USA von 1960 bis 1998. In H. D. Klingemann & M. Kaase (Hrsg.), *Wahlen und Wähler. Analysen aus Anlass der Bundestagswahl 1998* (S. 1–49). Opladen: Westdeutscher Verlag.

Brosius, H.-B., & Esser, F. (1998). Mythen in der Wirkungsforschung: Auf der Suche nach dem Stimulus-Response-Modell. *Publizistik, 43*, 341–361.

Buß, V. M., & Darschin, W. (2004). Auf der Suche nach dem Fernsehpublikum. Ein Rückblick auf 40 Jahre kontinuierliche Zuschauerforschung. *Media Perspektiven, 2004*(1), 15–27.

Chinn, S., Hart, P. S., & Soroka, S. (2020). Politicization and polarization in climate change news content, 1985-2017. *Science Communication, 42*, 112–129.

Garg, N., Schiebinger, L., Jurafsky, D., & Zou, J. (2018). Word embeddings quantify 100 years of gender and ethnic stereotypes. *Proceedings of the National Academy of Sciences, 115*, E3635–E3644.

Greussing, E., & Boomgaarden, H. G. (2017). Shifting the refugee narrative? An automated frame analysis of Europe's 2015 refugee crisis. *Journal of Ethnic and Migration Studies, 43*, 1749–1774.

Groebel, J., & Gleich, U. (1993). *Gewaltprofil des deutschen Fernsehprogramms. Eine Analyse des Angebots privater und öffentlich-rechtlicher Sender.* Opladen: Leske & Budrich.

Gunter, B., Furnham, A., & Lineton, Z. (1995). Watching people watching television: What goes on in front of the TV set? *Journal of Educational Television, 21*, 165–191

Guo, L., & Vargo, C. (2020). "Fake News" and emerging online media ecosystem: An Integrated intermedia agenda-setting analysis of the 2016 U.S. presidential election. *Communication Research, 47*, 178–200.

Haas, A., & Scheufele, B. (2012). Methoden-Kombinationen mit Extra-Media-Daten. Grundlagen, Systematisierung und kommunikationswissenschaftliche Fragestellungen. In W. Loosen & A. Scholl (Hrsg.), *Methodenkombinationen in der Kommunikationswissenschaft. Methodologische Herausforderungen und empirische Praxis* (S. 263–288). Köln: Herbert von Halem.

Haim, M., Karlsson, M., Ferrer-Conill, R., Kammer, A., Elgesem, D., & Sjøvaag, H. (2021). You should read this study! It investigates Scandinavian social media logics 🔎. *Digital Journalism, 9*, 406–426.

Hovland, C. I., Irving, L. J., & Kelley, H. H. (1953). *Communication and persuasion. Psychological studies of opinion change.* New Haven: Yale University Press.

Lange, B. P., Kouros, S., & Schwab, F. (2019). Schön gesagt! Aspekte der Gewandtheit der Nachrichtensprache: Ein empirischer Vergleich der sprachlichen Gewandtheit der Nachrichtensendungen von ARD, ZDF, SAT.1 und RTL. *Medien & Kommunikationswissenschaft, 67*, 45–62.

Maurer, M. (2010). *Agenda Setting.* Baden-Baden: Nomos.

Meltzer, C. E., Eberl, J.-M., Theorin, N., Heidenreich, T., Strömbäck, J., Boomgaarden, H. G., & Schemer, C. (2020). Media effects on policy preferences toward free movement: Evidence from five EU member states. *Journal of Ethnic and Migration Studies*, 1–19.

Noelle-Neumann, E., & Kepplinger, H. M. (1978). Journalistenmeinungen, Medieninhalte und Medienwirkungen. Eine empirische Untersuchung zum Einfluss der Journalisten auf die Wahrnehmung sozialer Probleme durch Arbeiter und Elite. In G. Steindl (Hrsg.), *Publizistik aus Profession. Festschrift für Johannes Binkowski aus Anlass der Vollendung des 70. Lebensjahres* (S. 41–68). Düsseldorf: Econ.

Rossmann, C. (2008). *Fiktion Wirklichkeit. Ein Modell der Informationsverarbeitung im Kultivierungsprozess.* Wiesbaden: VS Verlag für Sozialwissenschaften.

Scharkow, M. (2016). The accuracy of self-reported Internet use—A validation study using client log data. *Communication Methods and Measures, 10,* 13–27.

Schenk, M. (^{3}2007). *Medienwirkungsforschung.* Tübingen: Mohr Siebeck.

Schneider, F. M., Domahidi, E., & Dietrich, F. (2020). What is important when we evaluate movies? Insights from computational analysis of online reviews. *Media and Communication, 8,* 153–163.

Schweiger, W. (2007). *Theorien der Mediennutzung. Eine Einführung.* Wiesbaden: VS Verlag für Sozialwissenschaften.

Stone, P. J., Bales, R. F., Namenwirth, J. Z., & Ogilvie, D. M. (1962). The general inquirer: A computer system for content analysis and retrieval based on the sentence as a unit of information. *Behavioral Science, 7,* 484–498

Unkel, J., & Kümpel, A. S. (2020). (A)synchronous communication about TV series on social media: A multi-method investigation of Reddit discussions. *Media and Communication, 8,* 180–190.

van Dalen, A., de Vreese, C., & Albæk, E. (2017). Economic news through the magnifying glass: How the media cover economic boom and bust. *Journalism Studies, 18,* 890–909.